FORUM RECHTSWISSENSCHAFTEN 11

Friederike Mattes

Die Ministererlaubnis in der Fusionskontrolle

Entstehungsgeschichte und kritische Auseinandersetzung

m press »

Die vorliegende Arbeit wurde von der Juristischen Fakultät
der Eberhard-Karls-Universität Tübingen als Dissertation angenommen.

D 21

Die Deutsche Bibliothek verzeichnet diese
Publikation in der Deutschen Nationalbibliografie; detaillierte bibliografische Daten sind
im Internet über http://dnb.ddb.de abrufbar.

© 2004 Martin Meidenbauer
Verlagsbuchhandlung, München

Alle Rechte vorbehalten. Dieses Werk einschließlich aller seiner Teile ist urheberrechtlich geschützt. Jede Verwertung außerhalb der Grenzen des Urhebergesetzes ohne schriftliche Zustimmung des Verlages ist unzulässig und strafbar. Das gilt insbesondere für Nachdruck, auch auszugsweise, Reproduktion, Vervielfältigung, Übersetzung, Mikroverfilmung sowie Digitalisierung oder Einspeicherung und Verarbeitung auf Tonträgern und in elektronischen Systemen aller Art.

Printed in Germany

Gedruckt auf
chlorfrei gebleichtem, säurefreiem und
alterungsbeständigem Papier (ISO 9706)

ISBN 3-89975-505-7

Verlagsverzeichnis schickt gern:
Martin Meidenbauer Verlagsbuchhandlung
Erhardtstr. 8
D-80469 München

www.m-verlag.net

Vorwort

Die vorliegende Arbeit wurde im Sommersemester 2004 von der juristischen Fakultät der Eberhard-Karls-Universität Tübingen als Dissertation angenommen.

Mein Dank gilt insbesondere meinem Doktorvater, Herrn Professor Dr. Wernhard Möschel, der die Arbeit, ungeachtet der mir überlassenen wissenschaftlichen Freiheit, mit wertvollen Anregungen und hilfreicher Kritik begleitet hat. Für die besonders rasche Korrektur nach Fertigstellung der Arbeit bin ich ihm sehr dankbar. Ebenfalls bedanke ich mich bei Herrn Prof. Dr. Dr. h.c. Georg Sandberger für die Erstellung des Zweitgutachtens.

Bedanken möchte ich mich aber vor allem bei meinem Mann für seine stete Unterstützung und Bestärkung und bei meinen Eltern, die mir ein sorgenfreies Studium und die Promotionszeit ermöglicht und mich in jeder nur erdenklichen Weise gefördert haben.

Köln, im September 2004

Für meine Eltern
und für Hagen und Anton

Inhaltsverzeichnis

Einleitung 17
Voraussetzungen der Ministererlaubnis 19
Praktische Relevanz der Vorschrift 21
Abgrenzung des Themas 22
Gang der Darstellung 23

1. Teil: Historischer Hintergrund der Ministererlaubnis 26

A. Die Einführung der Fusionskontrolle in das GWB 27
I. Der Weg zum GWB von 1958 27
  1. Grundlagen zur Entstehung des GWB 27
  2. Diskussion über eine Zusammenschlusskontrolle 29
  3. Zusammenfassung 32
II. Der Weg zum GWB von 1973 33

B. Die Ausnahmeregelung und ihre damalige Begründung 37
I. Hintergrund: Die Diskussion über eine Fusionskontrolle 37
II. Gründe für die Einführung der Ministererlaubnis 41
  1. Überwindung von Interessengegensätzen zwischen Wettbewerbsschutz und gesamtwirtschaftlichen Zielvorstellungen 42
    a) Allgemeine Relativierung der Wirkungen der Fusionskontrolle 44
    b) Entgegenkommen bei den konkreten Kritikpunkten der Fusionskontrolle 46
    c) Verwirklichung des Ausgleichsgedankens in Anlehnung an § 8 GWB 49
  2. Wahrung der Unabhängigkeit des Bundeskartellamtes 50
  3. Institutionelle Zuständigkeit für die Zusammenschlusskontrolle 51
  4. Zusammenfassung 53

C. Bedenken 54
I. Verfassungsrechtliche Bedenken 54
II. Ordnungspolitische Bedenken 56
  1. Gefahr des Dirigismus 57
  2. Gefährdung der marktwirtschaftlichen Ordnung 59
  3. Gefahr von Einflussnahmen und stillschweigenden Übereinkünften 59

III. Untergrabung der Autorität des Bundeskartellamtes 61
IV. Ergebnis 62

D. Mechanismen zur Kontrolle und Vorbeugung 63
  I. Strenge Voraussetzungen 63
    1. Formelle Voraussetzungen 63
    2. Materielle Voraussetzungen 65
      a) Gemeinwohlgründe 65
      b) Begründung der Entscheidung 67
      c) Bindungswirkung der Bundeskartellamtsentscheidung 68
  II. Gutachten der Monopolkommission 68
  III. Grenzziehung: Gefährdung der marktwirtschaftlichen Ordnung 69
  IV. Kontrolle durch die öffentliche Meinung und das Parlament 70
  V. Gerichtliche Überprüfbarkeit 72

E. Ergebnis 73

2. Teil: Die Ministererlaubnis aus heutiger Sicht 75

A. Die Fusionskontrollpraxis seit 1973 76

B. Tragfähigkeit der vormaligen Begründung der Ausnahmeregelung 78
  I. Überwindung von Interessengegensätzen durch die Ministererlaubnis 78
    1. Meinungsstand zur Fusionskontrolle allgemein 79
      a) Entwicklung der Fusionskontrolle und ihrer Akzeptanz 79
      b) Fusionskontrolle heute 83
    2. Auswirkungen der Ministererlaubnis 85
  II. Realisierung der Gemeinwohlvorteile 87
    1. Schaffung und Erhalt von Arbeitsplätzen 88
      a) Beschäftigungssicherung als Gemeinwohlgrund in der bisherigen Praxis 89
      b) Bewertung 91
    2. Die Sanierungsfusion 93
      a) Das Sanierungsargument in Ministererlaubnisverfahren 94
      b) Das Sanierungsargument in Bundeskartellamtsverfahren 97
      c) Das Sanierungsargument im Fall Holtzbrinck/Berliner Verlag 99

d) Zusammenfassung und Ausblick	101
3. Rationalisierung	102
4. Internationale Wettbewerbsfähigkeit	106
a) Die Behandlung der internationalen Wettbewerbsfähigkeit vor E.ON/Ruhrgas	107
aa) Ministererlaubnis zum Zweck der Verbesserung der internationalen Wettbewerbsfähigkeit	108
bb) Die internationale Wettbewerbsfähigkeit als anerkannter Gemeinwohlgrund	109
cc) Die Rolle deutscher Unternehmen im Ausland als Teilaspekt der internationalen Wettbewerbsfähigkeit	110
dd) Ablehnung der verbesserten internationalen Wettbewerbsfähigkeit	115
ee) Fazit	116
b) Der Fall E.ON/Ruhrgas und das veränderte Verhältnis zur internationalen Wettbewerbsfähigkeit	116
c) Auswirkungen	118
d) Die Rolle von „National Champions"	120
e) Fazit	122
5. Versorgungssicherheit	123
a) Die Versorgungssicherheit im Energiebereich	123
b) Bewertung	128
c) Auswirkungen für die Zukunft	130
6. Erhalt der Meinungs- und Pressevielfalt	130
a) Entscheidungen	131
b) Bewertung	134
aa) Sanierungsfusion	136
bb) Redaktionelle Unabhängigkeit	138
(1) Verfassungsrechtliche Grenze: Neutralitätspflicht des Staates	138
(2) Kartellrechtliche Grenze: Ungeeignetheit von Auflagen	141
cc) Ausblick	143
7. Erhalt von Know-how als Technologieressource	145
8. Auslandsabhängigkeit eines Wirtschaftsbereichs durch Monopolisierungsgefahr	147
9. Verbesserung der Privatisierungsmöglichkeiten und Subventionsabbau	148
10. Angleichung der regionalen Lebensbedingungen und Erhaltung der Kulturlandschaft	149

11. Weitere Gemeinwohlgründe für die Erteilung einer Ministererlaubnis	150
a) Verfassungsrecht als Hilfestellung	152
b) Ergebnis	155
III. Fazit	155
1. Keine Rechtssicherheit	156
2. Keine Verlässlichkeit	158
IV. Weitere Gründe für die Existenz der Ministererlaubnis	159
1. Parallele zu § 8 GWB	159
2. Wahrung der Unabhängigkeit des Bundeskartellamtes	160
3. Zuständigkeitskompromiss	162
V. Ergebnis	163
C. Bedenken	**164**
I. Verfassungsrechtliche Bedenken	165
1. Der Wesentlichkeitsgrundsatz	165
2. Der Bestimmtheitsgrundsatz	167
3. Der allgemeine Gleichheitssatz	169
4. Fazit	172
II. Europarechtliche Bedenken	172
1. Widersprüche zum europäischen Recht	173
a) Verstoß gegen Art. 81 oder Art. 82 EGV	173
b) Verstoß gegen Art. 87 EGV	176
c) Verstoß gegen Art. 12 EGV	177
d) Verstoß gegen Art. 10 EGV	179
e) Ergebnis	180
2. Harmonisierung	181
a) EG-Fusionskontrolle	181
b) Harmonisierungsbedarf	183
III. Ordnungspolitische Bedenken	186
1. Positive Ministererlaubnisentscheidungen	188
a) Dirigismus	189
aa) Die VEBA-Fusionen	189
bb) Der Zusammenschluss Daimler-Benz/MBB	192
cc) Fazit	194
b) Einflussnahmen und stillschweigende Übereinkünfte	195
aa) Der Zusammenschluss E.ON/Ruhrgas	196

bb) Bewertung	198
2. Negative Ministererlaubnisentscheidungen	199
3. Fazit	201
IV. Entmachtung des Bundeskartellamtes	205

D. Wirksamkeit der Kontrollmechanismen 206

I. Kontrolle durch die Öffentlichkeit	207
1. Möglichkeiten der Kontrolle	207
2. Effektivität der Kontrolle	209
a) Rolle der Öffentlichkeit in den ersten Ministererlaubnisentscheidungen	210
b) Der Zusammenschluss Burda/Springer und die Rolle der Öffentlichkeit	211
c) Ministererlaubnis und Rolle der Öffentlichkeit in den achtziger Jahren	212
d) Der Zusammenschluss E.ON/Ruhrgas und die Rolle der Öffentlichkeit	213
e) Der Fall Holtzbrinck/Berliner Verlag und die Rolle der Öffentlichkeit	215
f) Ergebnis	216
g) Bestätigung im Lichte der Neuen Politischen Ökonomie	217
II. Kontrolle durch das Parlament	220
1. Möglichkeiten der Kontrolle	220
2. Effektivität der Kontrolle	221
a) Parlamentskontrolle im Fall Burda/Springer	221
b) Parlamentskontrolle im Fall Daimler-Benz/MBB	222
c) Parlamentskontrolle im Fall E.ON/Ruhrgas	223
d) Parlamentskontrolle im Fall Holtzbrinck/Berliner Verlag	223
e) Bewertung und Ergebnis	224
III. Kontrolle durch die Monopolkommission	227
1. Die Rolle der Monopolkommission im Kartellverwaltungsverfahren	228
2. Wirkung der Sondergutachten	229
a) Sondergutachten bis 2002	229
b) Sondergutachten im Fall E.ON/Ruhrgas	231
c) Sondergutachten im Fall Holtzbrinck/Berliner Verlag	232
d) Sondervoten einzelner Kommissionsmitglieder	233
3. Bewertung	234
IV. Kontrolle durch die Gerichte	236
1. Ausgestaltung der gerichtlichen Kontrolle	236
a) Beschwerdebefugnis	237
b) Stellung der Beigeladenen	239

c) Prüfungsumfang	242
aa) Bindungswirkung	244
bb) Gemeinwohlgründe	247
cc) Materielle Voraussetzungen der Gemeinwohlvorteile	249
dd) Abwägungsvorgang	254
(1) Grundsätze im allgemeinen Verwaltungsrecht	254
(2) Grundsätze im Kartellrecht	256
(3) Vergleichbarkeit	256
(4) Indizien für die Vergleichbarkeit	257
(5) Ergebnis	259
ee) Formelle Voraussetzungen der Ministererlaubnis	259
ff) Fazit	260
2. Schwächen der gerichtlichen Kontrolle	260
3. Reformbestrebungen	262
4. Ergebnis	263
V. Kontrolle durch die normative Grenze: Gefährdung der marktwirtschaftlichen Ordnung	264
VI. Ergebnis	265
E. Zusammenfassung	**266**
3. Teil: Konsequenzen einer zukünftigen Abschaffung	**269**
A. Fusionskontrolle ohne Ausnahmeregelung	**269**
B. Mögliche Probleme	**270**
I. Keine Berücksichtigung wettbewerbstranszendierender Wirkungen	271
II. Einzelweisungsbefugnis des Bundeswirtschaftsministers	278
III. Einflussnahme der Unternehmen	283
IV. Zusammenfassung	283
4. Teil: Konsequenzen einer Beibehaltung der Ministererlaubnis	**285**
5. Teil: Alternativen zur Abschaffung	**287**

A. Reformierung der Regelung 287

B. Stärkung der gerichtlichen Kontrolle 289

C. Parlamentserlaubnis 291

D. Erweiterung des Prüfungsumfangs beim Bundeskartellamt 293

E. Gemeinsame Kontrolle von Bundeskartellamt,
Bundeswirtschaftsminister und Bundestag 295

F. Zusammenfassung 300

Schluss und Ausblick 302

Anhang I : Ministererlaubnisverfahren 305

Anhang II: Fusionskontrollverfahren 1973 – 2002 308

Abkürzungsverzeichnis 310

Literaturverzeichnis 313

Materialienverzeichnis 340

Einleitung

Die Ministererlaubnis in der deutschen Fusionskontrolle – dieser Ausdruck ist spätestens seit dem Zusammenschluss von E.ON und Ruhrgas[1] und dem Verfahren Holtzbrinck/Berliner Verlag auch der breiten Öffentlichkeit kein unbekannter Begriff mehr. In den letzten zwei Jahren wurde in der Presse ausführlich über die umstrittenen Großfusionen berichtet und die Vorschrift der Ministererlaubnis dem allgemeinen öffentlichen Interesse zugänglich gemacht. Es gibt Stimmen, die vehement die Abschaffung dieser „Mauschelerlaubnis"[2] fordern, da sie erlaube, mit „diffusen" Gemeinwohlkriterien klare rechtliche Wertungen auszuhebeln[3], während andere dieses industriepolitische Instrument in jedem Fall stärken wollen.[4] Von zahlreichen Befürwortern wird die Meinung vertreten, sie habe sich als notwendiges

---

[1] *Bundesministerium für Wirtschaft*, Verfügungen vom 5.7.2002 und 18.9.2002, künftig zitiert als: E.ON/Ruhrgas I und II. Die Ministererlaubnis vom 5.7.2002 wurde aufgrund erneuter öffentlicher mündlicher Verhandlung durch die Ministererlaubnis vom 18.9.2002 modifiziert, im übrigen aber aufrechterhalten. Grund für diese zweite Ministererlaubnis waren die Beschlüsse des OLG Düsseldorf, durch die die aufschiebende Wirkung der Beschwerden mehrer Wettbewerber wegen „ernstlicher Zweifeln an der angefochtenen Erlaubnis" angeordnet wurde: OLG Düsseldorf, Beschluss vom 11.7.2002, WuW/E DE-R, 885 ff., abrufbar unter: http://www.olg-duesseldorf.de/presse/material/entscheid/eon%20ruhrgas.pdf, aufrecht erhalten durch Beschluss vom 25.7.2002, WuW/E DE-R, 926 ff., abrufbar unter: http://www.olg-duesseldorf.de/presse/material/entscheid/eon%20.pdf und bestätigt durch Beschluss vom 16.12. 2002, WuW/E DE-R, S. 1013 ff. = ZNER 2002, 346 ff., abrufbar unter: http://www.olg-duesseldorf.de/presse/material/entscheid/kart_25_02v.pdf, künftig zitiert als: OLG Düsseldorf, E.ON/Ruhrgas, Beschluss I, II bzw. III.

[2] *Schauerte*, FAZ v. 6.3.03, S. 13.

[3] *Mussler*, FAZ v. 23.5.2002, S. 13; ders., FAZ v. 10.2.2003, S. 9; ders., FAZ v. 22.4.2003, S. 13; *Hirsch*, FAZ-Gespräch, FAZ v. 29.8.2003, S. 12.

[4] So Bundeswirtschaftsminister Clement, vgl. FAZ v. 20.1.2003, S. 11; Handelsblatt v. 20.1.2003, S. 4.

Korrektiv für den Wettbewerb bewährt[5] und „entspreche dem allgemeinen politischen Konsens".[6]

Was hat es mit der Ministererlaubnis tatsächlich auf sich? Zunächst einmal stellt sie eine Besonderheit innerhalb der Fusionskontrollvorschriften dar. Die Normen über die Kontrolle von Unternehmenszusammenschlüssen in Deutschland sind in den §§ 35 ff. GWB[7] geregelt. Die Zusammenschlusskontrolle in Deutschland ist primär wettbewerblich ausgerichtet. Das bedeutet, dass ein Unternehmenszusammenschluss ab einer bestimmten Größenordnung dann durch das Bundeskartellamt zu untersagen ist, wenn von ihm zu erwarten ist, dass durch ihn eine marktbeherrschende Stellung der jeweiligen Unternehmen begründet oder verstärkt wird.[8] Eine Einschränkung dieses Grundsatzes bildet die sog. Abwägungsklausel in § 36 Abs. 1 HS 2 GWB, die eine Untersagung durch das Bundeskartellamt verbietet, wenn die Unternehmen nachweisen, „dass durch den Zusammenschluss auch Verbesserungen der Wettbewerbsbedingungen eintreten und diese die Nachteile der Marktbeherrschung überwiegen".[9] Das Bundeskartellamt entscheidet also über die Freigabe oder Untersagung eines Unternehmenszusammenschlusses aufgrund wettbewerblicher Kriterien. Liegt eine Wettbewerbsbeschränkung vor (und kann der Nachweis der überwiegenden

---

[5] Vgl. v. *Weizsäcker*, FAZ v. 3.6.2002, S. 8; *Mönch-Tegeder*, Energiewirtschaftliche Tagesfragen 4/2002, S. 202; *Staebe*, WuW 2003, 725; *Schlecht*, FAZ v. 22.8.2002, S. 8; *Kantzenbach*, WuW 2002, 1039; *Wilkens*, Neues Wirtschaftsrecht 2002, S. 6 f.; *Basedow*, EuZW 2002, 417; *Dreher*, WuW 2002, 665; IM-*Mestmäcker/Veelken*, GWB, § 42, Rn. 1 f.; *Bechtold*, GWB, § 42, Rn. 1; *Bunte*, BB 2002, 2393 ff.; *Bundesregierung*, Antwort auf die kleine Anfrage der Abgeordneten R. Brüderle u.a., BT-Drucks. 15/448, S. 2; *Bundesministerium für Wirtschaft und Arbeit*, Entwurf von Eckwerten einer 7. GWB-Novelle, S. 6; *Monopolkommission*, Hauptgutachten XI (1994/1995), Tz. 998; im Grundsatz auch *Böge*, FAZ v. 25.8.2003, S. 11.
[6] *Bechtold*, BB 2003, 2528.
[7] Paragraphen ohne Zusatz beziehen sich auf die gültige Fassung des GWB. Bezieht sich eine Paragraphenangabe auf das GWB in der Fassung vor der 6. GWB-Novelle im Jahre 1998, ist dies durch den Zusatz a.F. gekennzeichnet.
[8] § 36 Abs. 1 GWB.
[9] Zu Bedeutung und Anwendungsbereich der Abwägungsklausel vgl. insbesondere *Schwintowski*, Die Abwägungsklausel in der Fusionskontrolle; *Bechtold*, GWB, § 36, Rn. 23; zur Praxis s. *Bundeskartellamt*, Tätigkeitsbericht 2001/2002, S. 24.

Wettbewerbsverbesserung nicht geführt werden), ist ein Zusammenschluss zu untersagen.

Die Ministererlaubnis nimmt deshalb eine besondere Rolle innerhalb der Fusionskontrollvorschriften ein, weil sie einen Unternehmenszusammenschluss nicht mehr unter wettbewerblichen Kriterien beurteilt, sondern außerwettbewerbliche Gesichtspunkte als Grund für die Freigabe eines Zusammenschlusses heranzieht. Ihr obliegt also die Aufgabe, Zielkonflikten zwischen dem Schutz des Wettbewerbs und davon abweichenden Gemeinwohlzielen Rechnung zu tragen.

Geregelt ist das Institut der Ministererlaubnis in § 42 GWB. Der erste Absatz besagt, dass im Falle eines vom Bundeskartellamt untersagten Zusammenschlusses der Bundesminister für Wirtschaft auf Antrag die Erlaubnis für einen Zusammenschluss erteilt, *„wenn im Einzelfall die Wettbewerbsbeschränkung von gesamtwirtschaftlichen Vorteilen des Zusammenschlusses aufgewogen wird oder der Zusammenschluss durch ein überragendes Interesse der Allgemeinheit gerechtfertigt ist"*.

Voraussetzungen der Ministererlaubnis

Die Folge dieser gesetzlichen Möglichkeit einer Ministererlaubnis ist eine zweistufige Fusionskontrollprüfung. Erste Voraussetzung ist nämlich zunächst eine Untersagungsverfügung des Bundeskartellamtes. Stellen die Unternehmen sodann einen Antrag auf Ministererlaubnis, prüft der Bundeswirtschaftsminister[10] auf einer zweiten Stufe, ob der Zusammenschluss nicht-wettbewerbliche Vorteile mit sich bringt, die mit den bereits festgestellten Wettbewerbsbeschränkungen abzuwägen sind. Wichtig ist insoweit die die Zweistufigkeit des Verfahrens unterstreichende Bindungswirkung

---

[10] Der Einfachheit halber wird weiterhin gemäß dem Normtext vom *Bundesminister für Wirtschaft* gesprochen, auch wenn er seit der 15. Legislaturperiode ebenso das Ministerium für Arbeit leitet und deshalb nunmehr richtigerweise als *Bundesminister für Wirtschaft und Arbeit* zu bezeichnen wäre.

der Bundeskartellamtsentscheidung: Der Minister ist an die wettbewerblichen Feststellungen des Amtes gebunden, darf also selbst keine Prüfung der Wettbewerbswirkungen des Zusammenschlusses vornehmen. Er gewichtet allerdings die vom Bundeskartellamt festgestellten Wettbewerbsbeschränkungen im Rahmen der Abwägung mit den von ihm selbst festgestellten Tatbestandsmerkmalen des § 42 Abs. 1 GWB.

Diese nicht-wettbewerblichen Aspekte eines Unternehmenszusammenschlusses werden in Literatur und Praxis pauschal *Gemeinwohlgründe* genannt. Der Begriff Gemeinwohlgründe umfasst sowohl gesamtwirtschaftliche Vorteile eines Zusammenschlusses als auch überragende Interessen der Allgemeinheit. Eine Differenzierung zwischen „Aufwiegen" und „Rechtfertigen" des Zusammenschlusses wird in der Praxis nicht vorgenommen, vielmehr liegt der Schwerpunkt der Prüfung des Bundeswirtschaftsministers darin, die zuvor festgestellten Gemeinwohlgründe mit den Wettbewerbsbeschränkungen abzuwägen. Das erforderliche Ausmaß der Gemeinwohlvorteile bestimmt sich grundsätzlich nach dem Gewicht der Wettbewerbsbeschränkungen.[11] Eine eindeutige Abgrenzung der Gemeinwohlgründe „gesamtwirtschaftliche Vorteile" und „Interessen der Allgemeinheit" ist kaum möglich,[12] aber auch im Einzelfall nicht nötig. Die gesamtwirtschaftlichen Vorteile sind jedenfalls ein Unterfall der Interessen der Allgemeinheit.[13] Bei den bisherigen Entscheidungen hat der Bundeswirtschaftsminister eine Differenzierung nicht vorgenommen und generell geprüft, ob ein Gemeinwohlvorteil vorliegt oder nicht.[14]

---

[11] *Bechtold*, GWB, § 42, Rn. 6.
[12] *Bechtold*, GWB, § F42, Rn. 4; FK-*Rieger/Quack*, § 24 a.F., Rn. 131; GK-*Bosch*, § 42 Rn. 4; KG WuW/E OLG 1940 (Thyssen/Hüller); *Fatschek*, Die Berücksichtigung außerwettbewerblicher Gesichtspunkte, S. 139 ff.; a.A. *Richter*, in: Wiedemann, Handbuch des Kartellrechts, § 21, Rn. 126.
[13] Vgl. *Knöpfle*, WuW 1974, 5, 17; *Fatschek*, Die Berücksichtigung außerwettbewerblicher Gesichtspunkte, S. 144; *Möschel*, Recht der Wettbewerbsbeschränkungen, Rn. 899; *ders.*, Pressekonzentration und Wettbewerbsgesetz, S. 202; *Kleinmann/Bechtold*, Fusionskontrolle, § 24, Rn. 301; *Bechtold*, GWB, § 42, Rn. 6; KG WuW/E OLG 1940 (Thyssen/Hüller).
[14] Vgl. zuletzt E.ON/Ruhrgas I (Einleitung, Fn. 1), S. 66; *Monopolkommission*, Sondergutachten 36, Tz. 111. Der Ausdruck „Gemeinwohl" ist in der deutschen Rechtssprache iden-

Jeder Ministererlaubnis ist das seit 1980 obligatorische Sondergutachten der Monopolkommission vorgeschaltet. Der Minister ist verpflichtet, die Stellungnahme der unabhängigen Expertenkommission zum konkreten Zusammenschluss einzuholen, bevor er selbst darüber entscheidet, § 40 Abs. 4 Satz 2 GWB. Die Gutachten der Kommission sind jedoch nicht bindend. Liegen die Voraussetzungen des § 42 Abs. 1 GWB vor, besteht ein Anspruch auf Erteilung der Erlaubnis, die einen gebundenen Verwaltungsakt darstellt.[15]

Praktische Relevanz der Vorschrift

Die Ministererlaubnis ist sowohl nach dem Inhalt der Norm als auch nach ihrem Sinn und Zweck eine Ausnahmevorschrift. Sie wird im Einzelfall erteilt, wenn ausnahmsweise außerwettbewerbliche Vorteile des Zusammenschlusses dessen wettbewerbliche Nachteile überwiegen. Entsprechend diesem Ausnahmecharakter wurde die Möglichkeit der Ministererlaubnis weitgehend restriktiv gehandhabt. Sie wurde im Jahre 1973 gemeinsam mit den übrigen Vorschriften über die Fusionskontrolle in das GWB eingeführt. Im GWB von 1958 gab es zuvor überhaupt keine Vorschriften über die Kontrolle von Unternehmenszusammenschlüssen, man hatte lediglich Missbrauchstatbestände in das Wettbewerbsgesetz aufgenommen. In der nunmehr über 30 Jahre dauernden Praxis der Fusionskontrolle wurde die Ministererlaubnis bei über 30.000 angezeigten und rund 140 vom Bundeskartellamt untersagten Zusammenschlüssen in 18 Fällen beantragt. Eine Genehmigung, zumeist mit Auflagen verbunden, haben Unternehmen vom Bundeswirtschaftsminister in sieben Fällen erhalten, in fünf Fällen wurde die Erlaubnis abgelehnt, in den übrigen der Antrag noch vor der Entschei-

---

tisch mit dem „Interesse der Allgemeinheit", „Allgemeininteresse" oder ähnlichen Formulierungen, vgl. *Kirste*, in: Gemeinwohl in Deutschland, in Europa und der Welt, S. 328.
[15] *Bechtold*, GWB, § 42, Rn. 5.

dung zurückgenommen.[16] Der Anwendungsbereich des § 42 GWB in der Geschichte der Fusionskontrolle war also stets begrenzt.

Abgrenzung des Themas

Im Zuge der anstehenden Novellierung der Fusionskontrollvorschriften (im Rahmen der 7. GWB-Novelle) ist geplant, die Vorschrift der Ministererlaubnis beizubehalten, weil sie „sich bewährt" habe.[17] Möglicherweise wird das Verfahren konkreter gesetzlich geregelt werden, möglicherweise wird die gerichtliche Kontrolle der Ministerentscheidungen in veränderter Form gesetzlich geregelt werden, um das Institut zu „stärken". Zur Rechtfertigung der Vorschrift wird angeführt, dass sie erforderlich sei, um Zielkonflikten zwischen reinem Wettbewerbsschutz und anderen politischen Zielen entgegenzuwirken, denn es gibt zweifelsohne noch andere wirtschaftspolitische Ebenen als die des Wettbewerbs. In der Theorie werden solche Zielkonflikte nicht geleugnet. Schon früh wurde betont, „wer für die Abschaffung der Ministererlaubnis plädiert, muss entweder die Möglichkeit eines Konflikts zwischen wettbewerbspolitischen und anderen politischen Zielen leugnen oder im Falle des Konflikts für einen absoluten Vorrang der Wettbewerbspolitik eintreten".[18] Anstelle einer Leugnung dieses Zielkonflikts kann man auch die Meinung vertreten, dass die Ministererlaubnis sich in dieser Form nicht bewährt hat und dass das deutsche Wettbewerbsrecht diese Norm für die Lösung von Zielkonflikten nicht braucht, weil sie dazu nicht geeignet ist.

Es soll daher nicht auf (wettbewerbs-) theoretischer Ebene die Möglichkeit von Zielkonflikten untersucht oder in Frage gestellt, sondern konkret die Ministererlaubnis daraufhin überprüft werden, ob sie sich tatsächlich be-

---

[16] Zu den einzelnen Ministerentscheidungen vgl. die Tabelle im Anhang I.
[17] *Bundesministerium für Wirtschaft und Arbeit,* Entwurf von Eckwerten einer 7. GWB-Novelle, S. 6.
[18] *Kantzenbach,* in: Der Einfluss des Staates auf den Wettbewerb, S. 41.

währt hat, oder ob sie in ihrer Anwendung Mängel und Schwächen aufweist, die einer Beibehaltung der Vorschrift entgegenstehen. Durch empirische Untersuchung der Anwendungsfälle und eine rein praktische Herangehensweise an die Fragestellung sollen die einzelnen Zusammenschlussfälle, in denen eine Ministererlaubnis beantragt wurde, aus heutiger Sicht betrachtet werden. Auf eine konkrete Inhaltsangabe oder wirtschaftliche Bewertung der jeweiligen Zusammenschlussvorhaben wird dabei bewusst verzichtet, denn über viele dieser Fälle ist inhaltlich bereits ausführlich berichtet worden. Es kommt vielmehr darauf an, wie sich die Entscheidungen des Ministers (und auch der Monopolkommission) aus heutiger Sicht unter kritischer Würdigung der Ministererlaubnis, der konkreten Umstände ihrer Erteilung oder Nichterteilung und ihrer Sinnhaftigkeit darstellen.

Gang der Darstellung

Ausgangspunkt der Untersuchung bildet der historische Hintergrund der Ministererlaubnis (Teil 1). Zu diesem gehören die Umstände, unter denen die Fusionskontrollvorschriften und mit ihnen die Ministererlaubnis Eingang in das GWB gefunden haben. Dargestellt werden sollen neben den Schwierigkeiten bei der Einführung einer gesetzlichen Fusionskontrolle und ihrer Umstrittenheit die konkreten Gründe für die Aufnahme einer Generalausnahme in den Regelungskatalog der Fusionskontrollvorschriften. Wiederum werden rein wettbewerbstheoretische Diskussionen nur am Rande angesprochen, von Interesse sind vielmehr die politischen Umstände, denn letztlich handelt es sich bei § 42 GWB um eine primär politische Norm. Da bereits damals heftige Bedenken gegenüber einer solchen Vorschrift geäußert wurden, wurden von Anfang an Mechanismen zu Kontrolle des Ministers und seiner Entscheidungen sowie zur Vorbeugung einer eventuell sogar willkürlichen Handhabung in das Gesetz eingebaut, worauf ebenfalls einzugehen sein wird.

Den Schwerpunkt der Arbeit bildet die Untersuchung der Frage, wie sich die Ministererlaubnis aus heutiger Sicht darstellt (Teil 2). Vor dem Hintergrund der Entwicklung der Fusionskontrolle überhaupt wird zu untersuchen sein, ob die Gründe, die in den siebziger Jahren für die Einführung einer Ausnahmevorschrift sprachen, noch durchweg Geltung haben. Darüber hinaus soll ganz praktisch dargestellt werden, ob die jeweilige „Lösung des Zielkonflikts" durch Ministererlaubnis rückblickend wirklich den angekündigten und erhofften Erfolg hatte. Maßgeblich ist dabei, ob sich die Gemeinwohlvorteile, die letztlich zur Begründung der einzelnen Ministererlaubnisse herangezogen wurden, tatsächlich realisiert haben.

Bedenken gegen eine solche Ausnahmevorschrift innerhalb der Fusionskontrolle wurden nicht nur bei ihrer Einführung, sondern immer wieder, und eben insbesondere im Rahmen der aktuellen Zusammenschlussfälle E.ON/Ruhrgas und Holtzbrinck/Berliner Verlag geäußert. Dazu gehören neben rechtlichen Bedenken vor allem auch solche ordnungspolitischer Art. Von Kritikern wird insbesondere die Gefahr von Einflussnahmen auf den Minister ausgesprochen, und man befürchtet, dass die Ministererlaubnis zu industriepolitischen Zwecken einsetzbar ist. Die Berechtigung dieser Bedenken soll ebenfalls – soweit möglich – empirisch untersucht werden. Zuletzt muss erneut auf die Kontrollmechanismen eingegangen werden, die der Gesetzgeber vor dem Hintergrund der in den siebziger Jahren geltend gemachten Bedenken vorgesehen hat. Deren Effizienz ist ebenfalls anhand der bisherigen Erfahrungen zu untersuchen.

Als Konsequenz der Forderung der Kritiker, die Ministererlaubnis abzuschaffen, ist eine Auseinandersetzung darüber geboten, welche Auswirkungen eine Abschaffung der Ausnahmevorschrift hat (Teil 3). Dabei ist darauf einzugehen, dass die angesprochenen Zielkonflikte keine normative Berücksichtigung mehr finden. Zudem ist das Problem zu erörtern, ob die möglichen Einflüsse auf den Minister oder sein eigenes industriepolitisches

Interesse an einem Zusammenschluss möglicherweise auf das Bundeskartellamt umgelenkt werden können.

Dem gegenüberzustellen ist die Frage, welche Wirkungen eine Beibehaltung des § 42 GWB hat (Teil 4), wobei hier Spekulationen und Mutmaßungen zum Teil nicht zu vermeiden sind.

Abschließend ist im letzten Teil (Teil 5) der Arbeit darauf einzugehen, welche Alternativen es zu einer Abschaffung der Ministererlaubnis gibt. Zum einen soll darin geprüft werden, inwiefern die Vorschrift und ihre Kontrolle selbst verbessert werden können und ob eine Reformierung zu einem positiver zu bewertenden Umgang und einer „besseren Anwendung" der Ausnahmemöglichkeit führt.

Alternativen zur Abschaffung liegen aber nicht nur in einer Veränderung der Ministerbefugnis, sondern auch in einer grundlegenden Änderung der Ausnahmemöglichkeiten innerhalb der Fusionskontrollvorschriften. Auf der Hand liegt die Möglichkeit, die Entscheidungsbefugnis über das Vorliegen von nicht-wettbewerblichen Gründen und die Abwägung darüber auf eine andere Instanz zu verlagern. In Betracht kommt dabei zunächst das Bundeskartellamt, dessen Prüfungsumfang – soweit rechtlich zulässig und wettbewerbspolitisch sinnvoll – erweitert werden könnte. Im Zuge der Diskussionen um die Ministererlaubnis tauchte auch der Vorschlag einer „Parlamentserlaubnis" auf. Nach diesem soll die Entscheidungsbefugnis über nicht wettbewerbliche Aspekte bei einem Zusammenschluss auf das Parlament übertragen werden. Ob dies rechtlich überhaupt möglich und tatsächlich realisierbar ist, muss erörtert werden. Zudem stellt sich die Frage, ob damit die Probleme, welche die Ministererlaubnis in der Vergangenheit aufwarf, für die Zukunft vermieden werden können. Ein letzter Vorschlag beinhaltet eine Kompromisslösung, mit der die Zuständigkeit für eine Ausnahmeregelung zwischen Bundeskartellamt, Bundeswirtschaftsminister und Parlament aufgeteilt wird. Ob dieser Vorschlag den Königsweg aus der „Problematik Ministererlaubnis" darstellt, wird zu untersuchen sein.

1. Teil: Historischer Hintergrund der Ministererlaubnis

Die Ministererlaubnis nach § 42 GWB[1] ist Teil der Vorschriften über die Fusionskontrolle[2] im GWB. Diese Normen wurden erst mit der 2. GWB-Novelle vom 3.8.1973 eingeführt. Zuvor enthielt das deutsche Kartellgesetz keine entsprechenden Regelungen zur Kontrolle von Unternehmenszusammenschlüssen. Die Einführung der Ministererlaubnis ist daher untrennbar mit den Debatten um die Einführung einer Fusionskontrolle verbunden. Diese bildeten von Anfang an, also seit den frühen fünfziger Jahren, einen festen Bestandteil der Diskussionen um die Einführung eines Gesetzes gegen Wettbewerbsbeschränkungen überhaupt. Nachdem sie in der ersten Fassung des GWB keinen Niederschlag gefunden hatten, brach die Diskussion bis zur endgültigen Aufnahme in das GWB im Jahre 1973 nicht ab. Nicht nur hinsichtlich der grundsätzlichen Frage nach dem Ob einer Fusionskontrolle gab es unterschiedliche Standpunkte, vor allem drehte sich die Diskussion um ihre Ausgestaltung. So war auch die Frage nach der Einführung einer Gemeinwohlklausel umstritten, vor allem gegenüber dieser Regelung wurden von Anfang an Bedenken geäußert, denen dann teilweise vom Gesetzgeber Rechnung getragen wurde.

---

[1] Vor der sechsten GWB-Novelle war die fusionsrechtliche Ministererlaubnis in § 24 Abs. 3 GWB a.F. geregelt; vgl. die Übersicht bei *Bechtold*, GWB, Anhang A 1, A 2.
[2] Seit Einführung der Vorschriften hat sich der Begriff „Fusionskontrolle" neben „Zusammenschlusskontrolle" und „Konzentrationskontrolle" durchgesetzt, obwohl er anfangs als nicht korrekt zurückgewiesen wurde. Die Bezeichnung betrifft genau genommen nur die Verschmelzung, nicht aber andere Konzentrationen und Zusammenschlüsse von Unternehmen (Pars pro toto). In der Praxis umfasst die Fusionskontrolle nicht nur Fusionen im eigentlichen Sinne, sondern praktisch alle Formen externen Unternehmenswachstums, die mit entsprechenden Einflussmöglichkeiten verbunden sind; vgl. *Rittner*, DB 1970, 669; *Scholz*, Konzentrationskontrolle und Grundgesetz, S. 1 m.w.N.; *Kartte*, Ein neues Leitbild für die Wettbewerbspolitik, S. 69; *Canenbley/Moosecker*, Fusionskontrolle, S. 6.

A. Die Einführung der Fusionskontrolle in das GWB

Die Tatsache, dass das GWB vor der zweiten Novellierung im Jahre 1973 noch keine Fusionskontrollvorschriften enthielt, bedeutet nicht, dass der Gesetzgeber sich nicht schon viel früher mit der Problematik der Unternehmenskonzentration durch Zusammenschlüsse beschäftigt hätte. In das GWB in seiner ersten Fassung von 1957 (in Kraft getreten am 1.1.1958) wurden zwar lediglich Vorschriften zur Kontrolle des Missbrauchs von Macht durch marktbeherrschende Unternehmen aufgenommen, in den ersten Entwürfen war eine Fusionskontrolle aber bereits vorgesehen gewesen.

I. Der Weg zum GWB von 1958

1. Grundlagen zur Entstehung des GWB

Die grundsätzliche Notwendigkeit eines Gesetzes gegen Wettbewerbsbeschränkungen wurde schon bald nach dem Zweiten Weltkrieg erkannt.[3] Vor 1945 fehlte in Deutschland eine kontinuierliche Wettbewerbspolitik, geschweige denn gab es ein Gesetz, das eine solche konsequent regelte. Robert teilt die Kartellpolitik des Deutschen Reiches vor 1945 in drei Phasen ein.[4] Den Zeitraum von der Reichsgründung bis zum Erlass der Kartellverordnung 1923 bezeichnet er als Phase der Kartellfreiheit, da es kaum Rechtsvorschriften gab, die der Eindämmung von wirtschaftlicher Macht durch Kartelle Einhalt geben konnten. Die anschließende Phase der staatlichen Missbrauchsaufsicht begann 1920 und endete mit dem Einsetzen der Weltwirtschaftskrise. Zwar wurde in dieser Phase ebenso wenig in das Kartellwesen eingegriffen, jedoch wurde erstmals eine lockere Missbrauchs-

---

[3] Zur deutschen Kartellpolitik vor Entstehung des GWB vgl. etwa *Kartte/Holtschneider*, in: Handbuch des Wettbewerbs, S. 200 ff.; ausführlich *Robert*, Konzentrationspolitik in der Bundesrepublik, S. 61–72, 97–110.
[4] *Robert*, Konzentrationspolitik in der Bundesrepublik, S. 61–73.

aufsicht über Kartelle beschlossen.[5] Die dann folgende Phase des Übergangs zur staatlichen Zwangswirtschaft begann mit der nationalsozialistischen Machtergreifung 1933 und dauerte bis zum Ende des Zweiten Weltkrieges. Während dieser Zeit wurde der vorhandene Trend zur Unternehmenskonzentration begrüßt und durch Zwangskartelle gefördert. Angesichts dieser unsteten Entwicklung lässt sich eine Gemeinsamkeit festhalten: Die kartellpolitischen Maßnahmen der verschiedenen Reichsregierungen entsprachen weitestgehend den Interessen der Wirtschaft. Der Wettbewerb zwischen Unternehmen wurde nicht gefördert und der Konzentrationsprozess nicht nachhaltig behindert.[6]

Nach Ende des Zweiten Weltkrieges trat zum ersten Mal eine grundlegende Wende in der deutschen Kartellpolitik ein. Es war ein wichtiges wirtschaftliches Ziel der Alliierten, die übermäßige Konzentration in der deutschen Wirtschaft zu beseitigen. Dies geschah einerseits durch Entflechtungsverfahren in einzelnen Wirtschaftszweigen, andererseits durch so genannte Dekartellierungsgesetze bzw. -verordnungen, die der Auflösung der im Dritten Reich entstandenen und geförderten Zwangskartelle dienten. Neben dem Ziel, durch Dezentralisierung die deutsche Wirtschaftsmacht und Rüstungskapazität zu beseitigen, wollte man das Prinzip der Wettbewerbsfreiheit unter starker Anlehnung an die amerikanische Antitrustpolitik in Deutschland durchsetzen. Die Grundrichtung für eine deutsche Wettbewerbsgesetzgebung war damit vorgegeben.[7] Dieser Weg fand auch seinen Rückhalt in den Theorien der so genannten Freiburger Schule.[8] Danach galt die Freiheit des Wettbewerbs als staatlich zu sicherndes Recht, das uneingeschränkte Laissez-faire des Liberalismus wurde abgelehnt und die Forderung nach einer „Wettbewerbsordnung" aufgestellt. Diese sollte vom Staat

---

[5] Vgl. Verordnung gegen den Missbrauch wirtschaftlicher Machtstellungen vom 2.11.1923 (Kartellverordnung), RGBl. 1923 I, S. 1067 ff.
[6] Vgl. *Robert*, Konzentrationspolitik in der Bundesrepublik, S. 73.
[7] Vgl. *Möschel*, Recht der Wettbewerbsbeschränkungen, Rn. 27; *I. Schmidt*, Wettbewerbspolitik und Kartellrecht, S. 164.
[8] Vgl. *Möschel*, Recht der Wettbewerbsbeschränkungen, Rn. 26; *Raisch*, in: Fusionskontrolle, S. 19 m.w.N.

gesteuert werden. Durch diese Ordnungsfunktion des Staates sollte das marktwirtschaftliche Gleichgewicht auch da hergestellt werden, wo es von selbst nicht gegeben war.[9] Zum ersten Mal wurde entgegen den Interessen der Wirtschaft ein Weg in Richtung Wettbewerbssteuerung und Wettbewerbspolitik eingeschlagen.

2. Diskussion über eine Zusammenschlusskontrolle

Anfang 1949 wurde ein erster ausgefeilter Entwurf eines Gesetzes zur Sicherung des Leistungswettbewerbs von Dr. Paul Josten – der so genannte Josten-Entwurf – vorgelegt. Dieser Entwurf regelte zwar eine Zusammenschlusskontrolle (unter anderem durch Entflechtungsbestimmungen zur Beseitigung von Machtstellungen),[10] hingegen enthielt er keine Regelung zur präventiven Kontrolle von Unternehmenszusammenschlüssen. Aus verschiedenen Gründen scheiterte dieser Entwurf und das Bundeswirtschaftsministerium entwickelte daraufhin selbst mehrer Referentenentwürfe.[11] Bereits der erste Regierungsentwurf eines Gesetzes gegen Wettbewerbsbeschränkungen vom Juni 1952, der im Februar 1954 abermals in unveränderter Form dem Deutschen Bundestag zuging, beinhaltete in den §§ 18–22 Regelungen zur Zusammenschlusskontrolle. Nach § 18 des Entwurfs war ein Zusammenschluss von Unternehmen erlaubnispflichtig, sofern dieser eine marktbeherrschende Stellung zur Folge haben würde.[12] Nach der Begründung des Gesetzesentwurfs sollten diese Vorschriften verhindern, dass

---

[9] Vgl. *Günther*, WuW 1951, 23 f. Zu den Charakteristika ordoliberalen Denkens vgl. *Möschel*, in: FS Pfeiffer, S. 707 ff.; *Günther*, in: FS Böhm, S. 184, 189 ff.

[10] Vgl. Josten-Entwurf vom 5. Juli 1949, §§ 15 ff., teilweise abgedruckt bei *Günther*, Probleme der Fusionskontrolle, S. 20.

[11] Vgl. dazu *Günther*, in: FS Böhm, S. 197 ff.; *Kartte/Holtschneider*, in: Handbuch des Wettbewerbs, S. 202 ff.

[12] BT-Drucks. I/3462 und BT-Drucks. II/1158. Die Beratungen zum ersten Regierungsentwurf wurden wegen der Arbeitsbelastung am Ende der Legislaturperiode und den schwierigen materiellen Fragen nicht zu Ende geführt; vgl. *Ausschuss für Wirtschaftspolitik*, Schriftlicher Bericht, zu BT-Drucks. II/3644, S. 1.

sich mehrere Unternehmen zusammenschließen und auf diese Weise eine monopolartige Stellung im Markt begründen, die die Verwirklichung des vom Gesetz angestrebten Zustands einer möglichst vollständigen Wettbewerbswirtschaft erschwert. Die Konzentration von Unternehmensmacht sollte demnach vorbeugend verhütet werden.[13] Die diesbezüglichen Änderungsvorschläge des Bundesrates ergänzten § 18 Abs. 2 durch eine Generalklausel, die derjenigen der heutigen Ministererlaubnis nicht unähnlich ist. Darin heißt es: *„Die Erlaubnis darf in den Fällen, in denen die [...] Unternehmen durch den Zusammenschluss [...] die Stellung eines marktbeherrschenden Unternehmens erlangen würden, erteilt werden, wenn die Antragssteller nachweisen, dass der Zusammenschluss der Erfüllung volkswirtschaftlich wichtiger Aufgaben dient, die ohne den Zusammenschluss nicht erfüllbar sind, und wenn die privatwirtschaftlichen Interessen an dem Zusammenschluss nicht in einem Missverhältnis zu den volkswirtschaftlichen Aufgaben stehen."*[14] Die Bundesregierung stimmte der Einführung eines Generalausnahmetatbestands zu, soweit die Erteilung der Erlaubnis im Interesse der „Gesamtwirtschaft und des Gemeinwohls" notwendig sei, denn die Aufrechterhaltung des Leistungswettbewerbs dürfe nicht aus den Augen verloren werden.[15]

Trotz der vordergründig positiven Haltung der Bundesregierung gegenüber einer präventiven Zusammenschlusskontrolle wurden diese Vorschriften in den endgültigen Entwurf des GWB nicht aufgenommen. Der Ausschuss für Wirtschaftspolitik kam zu dem Ergebnis, dass die Einführung einer Erlaubnispflicht für Unternehmenszusammenschlüsse „möglicherweise die vom volkswirtschaftlichen Standpunkt aus begrüßenswerte Tendenz zur optimalen Betriebsgröße an ihrer vollen Entfaltung hindern könne" und dass insofern eine bloße Anmeldepflicht für bestimmte Zusammenschlüsse genüge. Man müsse zunächst die volle Übersicht auf diesem schwierigen Gebiet

---

[13] Vgl. *Bundesregierung*, Entwurf eines GWB, BT-Drucks. II/1158, S. 26 f.
[14] *Bundesregierung*, Entwurf eines GWB, BT-Drucks. II/1158, S. 67.
[15] *Bundesregierung*, Entwurf eines GWB, BT-Drucks. II/1158, S. 80.

gewinnen.[16] Der Bundestag schloss sich dieser Auffassung an und stimmte für eine Streichung der Fusionskontrollvorschriften.[17]

Dieser Entscheidung gegen die Aufnahme einer Fusionskontrolle waren eine Reihe jahrelanger heftigster Diskussionen vorausgegangen, die nicht nur zum Verzicht auf Fusionskontrollvorschriften, sondern zu einer allgemeinen Entschärfung, ja „verwässerten Fassung"[18] des ursprünglich geplanten GWB geführt hatten.

Bereits die Wiedereinbringung des ursprünglichen Regierungsentwurfs von 1952 war nicht unproblematisch gewesen. Die Bundesregierung, respektive der Bundeswirtschaftsminister Ludwig Erhard, wollte mit diesem Gesetz zu erkennen geben, dass er der schrankenlosen Freiheit der Unternehmer Grenzen zu setzen gedachte. Das kollidierte von Anfang an mit den Interessen einflussreicher Kreise in der Wirtschaft.[19] Zwar setzte Erhard die Wiedereinbringung des Gesetzesentwurfs durch, die weitere Arbeit daran stellte sich jedoch als äußerst problematisch und kontrovers dar. Vor allem der BDI als der wohl mächtigste Wirtschaftsverband in der Bundesrepublik[20] und Sprecher der deutschen Industrie stellte sich gegen jedes verschärfte Vorgehen gegen die Unternehmenskonzentration, unterstützt von einer überwältigenden Mehrheit der industriellen Unternehmerschaft.[21] Er fand auch innerhalb der Regierungsfraktion, sowie in Kreisen der CDU, CSU und FDP breite Zustimmung.

Hauptziel der Kritiker war, das Kartellverbot im Regierungsentwurf in ein Missbrauchsverbot umzuwandeln. Nach intensiver Verhandlung im wirtschaftspolitischen Ausschuss der CDU, an dem die Befürworter des Gesetzesentwurfs ebenso wie die Gegner aus den Reihen des BDI teilnahmen,

---

[16] Vgl. *Ausschuss für Wirtschaftspolitik*, Schriftlicher Bericht, zu BT-Drucks. II/3644, zu § 18, S. 27.
[17] Stenograph. Berichte 38/ 222 vom 3.7.1957, S. 13128, 13155.
[18] *Robert*, Konzentrationspolitik in der Bundesrepublik, S. 344.
[19] Vgl. *Robert*, Konzentrationspolitik in der Bundesrepublik, S. 244.
[20] So *Robert*, Konzentrationspolitik in der Bundesrepublik, S. 375.
[21] Vgl. *Robert*, Konzentrationspolitik in der Bundesrepublik, S. 251.

wurde ein Kompromiss erzielt. Maßgeblich für die weitere Entstehungsgeschichte der Fusionskontrolle sind zwei Bestandteile dieses Kompromisses. Zum einen die Übereinkunft, dass man es zwar beim geplanten kartellrechtlichen Verbotsprinzip beließ, dafür aber erheblich erweiterte Ausnahmebestimmungen, insbesondere eine Generalklausel (die spätere Ministererlaubnis nach § 8 GWB), einführte.[22] Zum anderen die Tatsache, dass man den Bestimmungen über die Zusammenschlusskontrolle nicht allzu große Aufmerksamkeit widmete. Als die Wettbewerbsexperten des BDI daher im Oktober 1954 vorschlugen, auf die Vorschriften der §§ 18–22 des Entwurfs zu verzichten, nahmen die Vertreter des Bundeswirtschaftsministeriums dies offensichtlich ohne großen Widerstand hin.[23] Im weiteren Verlauf des Gesetzgebungsvorhabens wurden mehrere unterschiedliche Entwürfe mit und ohne Fusionskontrollvorschriften eingebracht, bis schlussendlich der Wirtschaftsausschuss in seinem Abschlussbericht im Juni 1957 von einer Einführung der Erlaubnispflicht für Unternehmenszusammenschlüsse abriet.[24]

3. Zusammenfassung

Die Entstehungsgeschichte des GWB ist von extrem kontroversen Standpunkten gekennzeichnet. Auf der einen Seite standen die Vertreter des Wettbewerbsgedankens, die zum Ziel hatten, der fortschreitenden Unternehmenskonzentration in jedem Fall Einhalt zu gebieten. Letztlich gehörten

---

[22] *Robert*, Konzentrationspolitik in der Bundesrepublik, S. 266; *Kartte/Holtschneider*, in: Handbuch des Wettbewerbs, S. 208. Für Kartelle hatte die Bundesregierung zunächst eine generalklauselartige Ausnahme abgelehnt, das Risiko einer solchen sei, dass sie sowohl nach den Grundsätzen der Marktwirtschaft als auch denen der Planwirtschaft ausgelegt werden könne, vgl. FK-*Bunte*, § 8, Rn. 4.
[23] Vgl. Vermerk von Referat I B 5 über eine Besprechung mit dem Arbeitskreis der Industrie über den Entwurf eines GWB am 18.10.1954. Amtliche Materialien zum GWB, 539, S. 5, zit. bei *Robert*, Konzentrationspolitik in der Bundesrepublik, S. 262; *Kartte/Holtschneider*, in: Handbuch des Wettbewerbs, S. 208.
[24] *Ausschuss für Wirtschaftspolitik*, Schriftlicher Bericht, zu BT-Drucks. II/3644, zu § 18, S. 27. Vgl. zum Ganzen *Robert*, Konzentrationspolitik in der Bundesrepublik , S. 272–315; kürzer bei *Kartte/Holtschneider*, in: Handbuch des Wettbewerbs, S. 208–210.

hierzu der Bundeswirtschaftsminister und der ihm verbundene ordoliberale Kreis,[25] sowie die SPD, die sich als einzige Partei – wenn auch nach langem Zögern – geschlossen hinter die Wettbewerbspolitik Erhards stellte[26]. Auf der anderen Seite stand eine mächtige (Verbände-) Lobby, die ihren Rückhalt in den Reihen der Unternehmerschaft – vor allem aus der Industrie – und in den unternehmerfreundlichen Abgeordneten fand. Aber auch in den übrigen Parteien und in den Gewerkschaften waren die Gegner zu finden. Sie sahen eine Gefahr für die wirtschaftliche Leistungsfähigkeit in der BRD, sollte ein zu strenges, (nach Meinung der Verbände auch verfrühtes) Wettbewerbsgesetz verabschiedet werden.[27] Nachdem der Gedanke einer strengen Wettbewerbsordnung in Deutschland relativ neu war und zum ersten Mal vor der konkreten Unsetzung stand, ist dies nicht weiter verwunderlich. Das GWB von 1958 stellt insoweit eine abgeschwächte Fassung des ursprünglich geplanten dar. Sowohl die „Vorgängervorschrift" der fusionsrechtlichen Ministererlaubnis, nämlich das in § 8 GWB geregelte „Ministerkartell", als auch die Streichung der ursprünglich geplanten Fusionskontrollvorschriften zeigen die Nachgiebigkeit des Gesetzgebers. Die übrig gebliebene Anzeigepflicht für Zusammenschlüsse und die Missbrauchsaufsicht hatten zumindest eine positive Wirkung, die Öffentlichkeit immer mehr für das Problem einer zunehmenden Unternehmenskonzentration zu sensibilisieren.[28]

II. Der Weg zum GWB von 1973

Die Diskussion über die Einführung einer präventiven Zusammenschlusskontrolle verstummte nach Einführung des GWB nicht. Der Bundestag hat sich mehrfach auf verschiedene Anträge aller Fraktionen mit der Frage

---

[25] Vgl. *Möschel*, Recht der Wettbewerbsbeschränkungen, Rn. 24.
[26] Vgl. *Robert*, Konzentrationspolitik in der Bundesrepublik, S. 202, 300.
[27] Vgl. *Robert*, Konzentrationspolitik in der Bundesrepublik, S. 175, 177, 191, 195.
[28] *Emmerich*, Kartellrecht, 7. Aufl., S. 338.

nach der Einführung einer Fusionskontrolle beschäftigt.[29] Die Bundesregierung verhielt sich jedoch – wohl nach den negativen Erfahrungen der fünfziger Jahre – im Hinblick auf die Frage einer Zusammenschlusskontrolle sehr zurückhaltend. In ihrem Bericht über Änderungen des Gesetzes gegen Wettbewerbsbeschränkungen aus dem Jahre 1962 (Kartellbericht) geht sie auf die verschiedenen Anregungen über eine Kontrolle von Zusammenschlüssen ein, stellt aber letztlich fest, dass derartige Regelungen zum gegenwärtigen Zeitpunkt nicht getroffen werden sollten. Die Erfahrungen aus den vier Jahren seit Einführung des GWB reichten noch nicht aus, man müsse die Entwicklungen länger beobachten. Eine Erlaubnispflicht mit den verbundenen Konsequenzen für bestimmte Zusammenschlüsse sei ein „sehr schwerwiegender direkter Eingriff".[30] Auch in den darauf folgenden Jahren änderte sie diese Haltung nicht.[31]

Bereits im Jahre 1969 aber hatte eine erhöhte Zahl von Unternehmenszusammenschlüssen[32] die öffentliche Diskussion um diese Entwicklung angeregt. Immerhin stellte die Bundesregierung als Reaktion darauf fest, dass ein Konzentrationsvorgang, der zu einer wesentlichen Beschränkung des Wettbewerbs führe, „bedenklich" sei, wenngleich es meist nur schwer zu beurteilen sei, wie sich derartige Konzentrationen gesamtwirtschaftlich

---

[29] Vgl. *Bundesregierung*, Bericht über Änderungen des GWB, BT-Drucks. IV/617, S. 61 f. mit Verweis auf die verschiedenen Anträge, BT-Drucks. III/ 702, III/1279 und III/2293. Stimmen für die Einführung einer Fusionskontrolle gab es auch außerhalb des Parlaments, vgl. etwa *Eckstein u.a.*, in: Wettbewerb als Aufgabe, S. 21. Hier sprechen sich sämtliche Autoren in einer gemeinsamen Stellungnahme für eine solche Regelung aus.

[30] Vgl. *Bundesregierung*, Bericht über Änderungen des GWB, BT-Drucks. IV/617, S. 66–68.

[31] In ihrer Stellungnahme zur Konzentrationsenquete von 1964 führt die Bundesregierung aus, dass Konzentration an sich weder als gut noch als schlecht zu beurteilen sei, obwohl die Konzentrationsenquete festgestellt hat, dass die Konzentrationen von 1954 bis 1960 zugenommen hatten, BT-Drucks. IV/2320, S. 90. Nach *Kartte*, Ein neues Leitbild für die Wettbewerbspolitik, S. 70, „spielte sie dieses Problem herunter". Die erste Novellierung des GWB im Jahre 1966 enthielt in der Konsequenz keine Vorschriften über eine Fusionskontrolle. Auch in den nachfolgenden Jahren änderte die Bundesregierung ihre Einstellung nicht. So erklärte sie im Jahre 1968 in der Stellungnahme zum Tätigkeitsbericht des Bundeskartellamtes 1967, dass die Frage einer präventiven Fusionskontrolle auf europäischer Ebene behandelt werden müsse, BT-Drucks. V/2841, S. 3.

[32] Lag die Zahl der Zusammenschlüsse in den Jahren 1967/1968 noch bei jeweils 65, wurden 1969 bereits 168 Zusammenschlüsse registriert, vgl. die Übersicht bei *Jäckering*, Die politischen Auseinandersetzungen, S. 61, sowie Anhang II.

auswirkten. Zur Klärung, ob eine Änderung des GWB notwendig sei, wurde eine Arbeitsgruppe „Wettbewerbspolitik" zum Thema „Unternehmensgröße und Wettbewerb" eingesetzt. Die Ergebnisse dieser Untersuchung[33] bildeten die Vorarbeiten für den Regierungsentwurf vom Mai 1971. In der Regierungserklärung vom 28.10.1969 vertrat der Bundeskanzler explizit die Meinung, dass Unternehmenskonzentration nicht zur Ausschaltung des wirksamen Wettbewerbs führen dürfe und dass daher die Einführung einer vorbeugenden Fusionskontrolle erforderlich und geplant sei.[34] Der Gesetzesentwurf der Bundesregierung zur zweiten Änderung des GWB vom 19.5.1971 hatte zum Ziel, die Voraussetzungen für einen funktionsfähigen Wettbewerb weiter zu verbessern. Hierzu gehörte für die Bundesregierung auch die Einführung einer vorbeugenden Fusionskontrolle, denn die Konzentration von Unternehmen dürfe nicht zur Ausschaltung des wirksamen Wettbewerbs führen.[35]

Dem Regierungsentwurf vorangegangen waren zwei Referentenentwürfe des Bundeswirtschaftsministeriums vom 20.3. und 28.10.1970.[36] Der erste Referentenentwurf hatte noch keine präventive Fusionskontrolle vorgesehen, lediglich nachträgliche Maßnahmen. Das erklärt sich aus der insgesamt sehr zurückhaltenden Einstellung zu starken Änderungen des GWB. Wolfgang Kartte, der damalige Wettbewerbsexperte beim Bundeswirtschaftsministerium, schrieb 1969 hinsichtlich der Notwendigkeit von Änderungen des GWB: *„Bei diesen Erwägungen spielt selbstverständlich auch die Frage der Durchsetzbarkeit eine Rolle. Hier geht es nicht nur um das Problem, inwieweit sich gesamtwirtschaftliche Vernunft gegenüber Gruppeninteressen behaupten kann. In der gesamtwirtschaftlichen Ver-*

---

[33] In der Stellungnahme zum Tätigkeitsbericht des Bundeskartellamts für das Jahr 1969 zusammengefasst, BT-Drucks. VI/950, S. 3; ebenso bei *Jäckering*, Die politischen Auseinandersetzungen, S. 68.
[34] Regierungserklärung von 1969, zit. in: *Bundesregierung*, Entwurf eines zweiten GWB, BT-Drucks. VI/2520, S. 14 = WuW 1971, 544.
[35] Vgl. *Bundesregierung*, Entwurf eines Zweiten GWB, BT-Drucks. VI/2520, S. 14 = WuW 1971, 544.
[36] Abgedruckt bei *Scholz*, Konzentrationskontrolle und Grundgesetz, S. 125 ff.

nunft scheint mir auch der Gedanke eingeschlossen zu sein, dass Ordnungspolitik [...] beständig sein muss. Bruchartige Veränderungen müssen Überzeugungskraft haben. Andernfalls schaffen sie keine Grundlage für eine harmonische gesellschaftliche Entwicklung. Das gilt um so mehr, wenn man der Wettbewerbsordnung auch meta-ökonomische Bedeutung zumisst. In diesem Sinne ist das Gesetz gegen Wettbewerbsbeschränkungen kein Experimentierfeld für die Wettbewerbstheorie, und nicht jede von einem bestimmten Konzept her erwünschte Änderung ist eine notwendige Änderung der geltenden Ordnung. [...] Nach meiner Auffassung bedürfen Änderungen des geltenden Rechts einer Begründung, die sich nicht nur auf bekannte theoretische Schlussfolgerungen, sondern auch auf ausreichende neue Erfahrungstatsachen und konkrete wirtschaftspolitische Bedürfnisse stützt."[37] Im Hinblick auf die Zusammenschlusskontrolle lagen nach Kartte solche Tatsachen und Bedürfnisse zwar vor, dennoch näherte man sich sehr vorsichtig einer Zusammenschlusskontrolle. Der zweite Entwurf vom 28.10.1970 regelte dann bereits die Erlaubnispflicht für Zusammenschlüsse. Nach neuerlichen Hearings im Dezember 1970, zahllosen weiteren Gesprächen zwischen Parteien, Verbänden und Bundeswirtschaftsministerium wurde schließlich im Kabinett Einigkeit über den Entwurf erzielt und er wurde am 18.8.1971 dem Bundestag zugeleitet[38] und in der darauf folgenden Legislaturperiode unverändert wieder in den Bundestag eingebracht.[39] Nach den Beratungen im Bundestag wurden zwar einige Veränderungen durchgeführt, die Vorschriften über die präventive Fusionskontrolle mit Ausnahmeregelung wurden als solche hingegen belassen.

Die zweite Novellierung des GWB vom 3.8.1973 (die Zusammenschlusskontrolle betreffenden Vorschriften traten rückwirkend zum 7.6.1973 in

---

[37] *Kartte*, Ein neues Leitbild für die Wettbewerbspolitik, S. 50.
[38] *Bundesregierung*, Entwurf eines Zweiten GWB, BT-Drucks. VI/2520.
[39] *Fraktionen der SPD und FDP*, Entwurf eines Zweiten GWB, BT-Drucks. 7/76. Die vorzeitige Auflösung des 6. Deutschen Bundestags hatte die Arbeiten an der Kartellnovelle unvorhergesehen vorzeitig beendet, vgl. *Jäckering*, Die politischen Auseinandersetzungen, S. 191, 242.

Kraft[40]) brachte eine vorbeugende Kontrolle von Unternehmenszusammenschlüssen in das GWB.

B. Die Ausnahmeregelung und ihre damalige Begründung

Um die Gründe für die Aufnahme der Ministererlaubnis in die Fusionskontrollvorschriften zu erfassen, muss zunächst auf den Hintergrund dieser Norm, mithin die Debatte um die Fusionskontrolle überhaupt, eingegangen werden. Die Diskussion im Zusammenhang mit der Zweiten GWB-Novelle ist zwar in ihrer Heftigkeit derjenigen um die Einführung des GWB vergleichbar[41], sie spielte sich jedoch vor einem veränderten Umfeld ab. Ging es in den fünfziger Jahren noch um die generelle Frage nach dem Sinn einer Wettbewerbsordnung überhaupt und eines Kartellverbots im Besonderen, so rückte in der Diskussion Anfang der siebziger die Frage nach dem Sinn einer Fusionskontrolle und vor allem ihrer Ausgestaltung in den Vordergrund. In den Nachkriegswirren nach dem Zweiten Weltkrieg und gab die Bundesregierung bei der Fusionskontrollfrage rasch nach, um zumindest das Verbotsprinzip für Kartelle einführen zu können. Fast zwanzig Jahre später hatte man bereits erste Erfahrungen mit Unternehmenskonzentration und ging insofern anders und stärker in die Debatte.

I. Hintergrund: Die Diskussion über eine Fusionskontrolle

Die Frage einer präventiven Fusionskontrolle bildete lange Zeit Gegenstand von Debatten. Spätestens nach dem offenkundigen „Bekenntnis" der Bundesregierung in der Regierungserklärung von 1969 mehrten sich die Diskurse und sowohl die Öffentlichkeit als auch die Wissenschaft beschäf-

---

[40] *Bechtold*, GWB, Einführung, Rn. 10.
[41] So auch *Scholz*, Konzentrationskontrolle und Grundgesetz, Vorwort.

tigten sich mit diesem Thema.[42] Die Haltung der Bundesregierung war nach dem zögerlichen Verhalten in den vorangegangenen Jahren eindeutig durch den Willen gekennzeichnet, eine effektive Fusionskontrolle durchsetzen zu wollen.[43] Verwunderlich ist insoweit, dass der erste Entwurf vom 20.3.1970 keine Vorschriften für eine präventive Fusionskontrolle enthielt. Eine Erklärung bildet vielleicht die oben zitierte Haltung Karttes[44], der zu Zurückhaltung aufrief und vor wettbewerbspolitischen Regelungsexperimenten warnte. Angesichts der schon bald offenkundigen Tatsache, dass die Mehrheit der Diskussionsteilnehmer positiv zu einer Fusionskontrolle und auch zu einer präventiven Fusionskontrolle stand, beinhaltete der zweite Entwurf vom 28.10.1970 bereits härtere Fusionskontrollvorschriften.[45]

An der Diskussion über das Ob und Wie einer Fusionskontrolle beteiligten sich Wettbewerbsexperten aus Praxis und Wissenschaft. Neben den Parteien und ihren Fraktionen taten sich besonders die betroffenen Verbände als Vertreter ihres jeweiligen Wirtschaftszweiges hervor. Wolfgang Kartte bedauerte, dass das breite Publikum nicht an der Diskussion beteiligt war, *„obgleich doch das Problem der Macht eine Lebensfrage für unsere Gesellschaft ist."* Die öffentliche Meinung neige eher dazu, Größe und Macht zu bewundern, als sie kritisch zu betrachten.[46]
Hinsichtlich der grundsätzlichen Frage nach der Notwendigkeit einer Fusionskontrolle kann man auf der einen Seite die Bundesregierung und sämtliche Parteien sowie den DGB (der wie die SPD von Anfang an für eine prä-

---

[42] So auch *Reich*, ZRP 1971, 234.
[43] Vgl. Regierungserklärung von 1969, zit. in: *Bundesregierung*, Entwurf eines GWB, BT-Drucks. VI/2520, S. 14 f. = WuW 1971, 544; Jahreswirtschaftsbericht 1970 der Bundesregierung, abgedruckt bei *Raisch/Sölter/Kartte*, Fusionskontrolle, S. 138, 139.
[44] Ministerialrat im Bundeswirtschaftsministerium und insoweit Repräsentant der Haltung des Ministeriums.
[45] S. oben, Fn. 38.
[46] *Kartte*, in: Fusionskontrolle, S. 101, 100. Das scheint sich im Laufe der Diskussionen gewandelt zu haben, denn drei Jahre später schreibt er, dass die öffentliche Meinung kritisch gegenüber dem Aufbau wirtschaftlicher Macht stehe, *Kartte/Röhling*, in: Auslegungsfragen, S. 98.

ventive Kontrolle eintrat) als Befürworter einordnen. Von den vielen Verbänden, die überwiegend negative Stellungnahmen abgaben, stand der ASU als Ausnahme ganz auf der Linie einer Fusionskontrolle.[47] Auch das Bundeskartellamt sprach sich zunehmend für eine präventive Fusionskontrolle aus.[48] Von den Theoretikern, die sich äußerten, wurde ebenfalls grundsätzlich die Notwendigkeit einer verschärften Fusionskontrolle bejaht.[49] Ganz allgemein, ohne in die wettbewerbstheoretische Tiefe zu gehen, standen die Befürworter der Zusammenschlusskontrolle für die Stärkung eines funktionsfähigen Wettbewerbs. Oberstes Ziel und Leitbild der Konzeption der Bundesregierung war, ein Optimum an wirtschaftlicher und gesellschaftlicher Freiheit zu erreichen. Die Realisierung dieses Ziels setzte voraus, dass die Ausnutzung von Macht (durch marktbeherrschende Stellungen etwa) verhindert wird, und das konnte nur auf der Ebene eines funktionsfähigen Wettbewerbs geschehen. Kernstück der Novelle war daher die Fusionskontrolle mit dem Ziel, schon die Entstehung von wirtschaftlicher Macht unter wettbewerblichen Gesichtspunkten zu prüfen.[50] Die Befürworter verfolgten stets das wirtschaftspolitische Ziel, den Wettbewerb als Institution zu schützen, ebenso wie das gesellschaftspolitische Ziel, eine freiheitliche und soziale Wirtschafts- und Gesellschaftsordnung zu schützen.

---

[47] Vgl. *Jäckering*, Die politischen Auseinandersetzungen, S. 119; *Rittner*; DB 1970, 670.
[48] Vgl. die Arbeitsunterlage einer Arbeitsgruppe im Bundeskartellamt, abgedruckt bei *Raisch/Sölter/Kartte*, Fusionskontrolle, S. 221 ff. sowie *Klaue u.a.*, Zur Problematik der Fusionskontrolle, S. 16 ff.; *Klaue*, Der Volkswirt 32/1970 S. 37 f.; 33/1970, S. 35 f.; *Rittner*, DB 1970, 670; *Günther*, Probleme der Fusionskontrolle, S. 16; *Ortwein*, Das Bundeskartellamt, S. 198.
[49] So insbesondere von *Hoppmann*, Fusionskontrolle, S. 6; *Kantzenbach*, Volkswirt 9/1970, 41; *Raisch*, in: Fusionskontrolle, S. 11 ff.; *ders.*, Volkswirt 9/1970, S. 42; *Rittner*, DB 1970, 670.
[50] Vgl. *Schlecht*, in: Auslegungsfragen, S. 2, 4; zudem *Bundesregierung*, Entwurf eines Zweiten GWB, BT-Drucks. VI/2520, S. 14 = WuW 1971, 544; *SPD/FDP-Fraktionen*, Entwurf eines Zweiten GWB BT-Drucks. 7/76, S. 14. Es gab auch noch weitere Argumente für eine Fusionskontrolle, etwa das Ungleichgewicht zwischen der Behandlung von Kartellen und Zusammenschlüssen, obwohl die Zusammenschlüsse sich als das „größere" Problem herausstellten, vgl. *Kartte*, in: Fusionskontrolle, S. 94; *ders.*, Ein neues Leitbild für die Wettbewerbspolitik, S. 9; *Heuss*, Volkswirt 9/1970, S. 42.

Diese Ziele sollten dabei nicht getrennt betrachtet werden, sondern als notwendige, gegenseitige Ergänzung.[51]

Auf der anderen Seite stand die Mehrheit der Wirtschaftsverbände, die sich im Tenor gegen eine Fusionskontrolle aussprach[52] und negativ auf das Gesetzgebungsvorhaben der Bundesregierung reagierte. Besonders der BDI, der sich als Stimme der Unternehmen sah, wehrte sich aufs Heftigste gegen eine Fusionskontrolle, ebenso der DIHT. Die Gegner der Fusionskontrolle argumentierten im Wesentlichen auf zwei Ebenen. Zum einen auf der Ebene der Wettbewerbstheorien: Im Grundsatz wurde die ökonomische Vorteilhaftigkeit des Wettbewerbs in Frage gestellt.[53] Auf der anderen Seite wurden auch gesellschafts-, wirtschaftspolitische und praktische Probleme der Fusionskontrolle angeführt. Diese Argumente der Gegner einer Fusionskontrolle lassen sich folgendermaßen zusammenfassen:[54]

- Der technische Fortschritt erfordert die Konzentration, denn nur Unternehmen ab einer bestimmten Größe sind in der Lage, moderne Forschung zu betreiben.
- Nur größere Unternehmenseinheiten sind in der Lage, die internationale Wettbewerbsfähigkeit der westdeutschen Industrie zu sichern.
- Wegen des Zusammenwachsens der Mitgliedsländer der EWG erfordert der größere Markt auch größere Unternehmenseinheiten. Zudem steht eine nationale Fusionskontrolle im Widerspruch zu dem Grundgedanken der EWG. Sie würde die Entwicklung der Gemeinschaft zu einer ausgewogenen Wirtschafts- und Wettbewerbsstruktur unmög-

---

[51] Vgl. Regierungsbegründung, BT-Drucks. VI/ 2520, S. 15 = WuW 1971, 544; *Schlecht*, in: Auslegungsfragen, S. 2; *Simmat*, Die fusionsrechtliche Ministererlaubnis, S. 19; *Fatschek*, Die Berücksichtigung außerwettbewerblicher Gesichtspunkte, S. 6 f. m.w.N.
[52] Vgl. dazu nur Volkswirt 8/1970, S. 15; WRP 1970, 106.
[53] Entwickelt wurde dieser Gedankengang u.a. von Schumpeter, Galbraith, Villard, Lilienthal und Salin, vgl. *Klaue u.a.*, Zur Problematik der Fusionskontrolle, S. 12.
[54] Vgl. hierzu ausführlicher *Klaue u.a.*, Zur Problematik der Fusionskontrolle, S. 12–22; *Benisch*, WRP 1970, 93–95; *Sölter*, in: Fusionskontrolle, S. 45–86; *Günther*, Probleme der Fusionskontrolle, S. 1–8.

lich machen, und die Integration der staatlichen Wirtschaften erheblich beeinträchtigen.[55]
- Durch die Fusionskontrolle wird staatlicher Dirigismus betrieben.

Sölter, Wettbewerbsexperte und Sprachrohr des BDI, vertrat den Standpunkt, dass eine staatliche Fusionskontrolle zwar grundsätzlich denkbar sei, jedoch in der BRD die Zeit hierfür noch nicht reif und der Geltungsbereich für eine Fusionskontrolle innerhalb der BRD zu eng sei.[56] Der DIHT gab an, dass allein die Fiktion einer Wettbewerbsbeschränkung noch nicht einen so harten Eingriff in die unternehmerische Freiheit rechtfertige, wie ihn die Fusionskontrolle darstelle. Erst müsse die konkrete Notwendigkeit einer Fusionskontrolle nachgewiesen werden.[57]

Hatten die Gegner der Fusionskontrolle in den fünfziger Jahren noch Erfolg mit ihrer Haltung, so mussten sie in den siebziger Jahren eine Niederlage hinnehmen – die Fusionskontrolle wurde eingeführt. Der gesamten Diskussion zugrunde lag dennoch die Erkenntnis, dass man noch nicht abschließend beurteilen konnte, wie sich Zusammenschlüsse langfristig auswirken, und ob sich ihre Kontrolle als richtig erweisen wird, denn man betrat politisches, wirtschaftliches und juristisches Neuland. Vor dem Hintergrund dieser Diskussion ist die Einführung der Ministererlaubnis zu sehen.

II. Gründe für die Einführung der Ministererlaubnis

Nachdem von der Mehrheit der Diskussionsbeteiligten die Notwendigkeit einer Fusionskontrolle erkannt oder zumindest akzeptiert wurde, war deren

---

[55] Vgl. DIHT-Vorstand zur Fusionskontrolle, abgedruckt bei *Raisch/Sölter/Kartte*, Fusionskontrolle, S. 220 sowie WRP 1970, 106; *Benisch*, WRP 1970, 95.
[56] *Sölter*, in: Fusionskontrolle, S. 46.
[57] Vgl. Stellungnahme des DIHT vom 15.1.1970, auszugsweise abgedruckt bei *Raisch/Sölter/ Kartte*, Fusionskontrolle, S. 213, 216; sowie WRP 1970, 106.

Ausgestaltung umso umstrittener.[58] Einen festen Bestandteil der Diskussion bildete die Frage einer Ausnahmeregelung, wobei sich gerade in den parlamentarischen Beratungen niemand grundsätzlich gegen eine solche stellte.[59] Von Anfang an tauchten Vorschläge für eine Generalausnahme für bestimmte Zusammenschlussfälle in den Debatten auf.[60] Dies kann vor allem vor dem Hintergrund der heftigen Kontroversen um die Ausgestaltung einer Fusionskontrolle gesehen werden. Auch die Bundesregierung hatte bereits in ihrem Jahreswirtschaftsbericht von 1970 die Möglichkeit berücksichtigt, einen Zusammenschluss aus überwiegenden Gründen der Gesamtwirtschaft und des Gemeinwohls zu genehmigen.[61]

Die Gründe für die Aufnahme der Ministererlaubnis als Generalklausel lassen sich daher vor allem aus der Diskussion um die Zusammenschlusskontrolle herausfiltern. Die darin angeführten Argumente finden teilweise ihren Niederschlag in der Formulierung der Vorschrift. Allerdings lassen sich auch Gründe finden, die so in den Diskussionen um die Fusionskontrolle nicht ausgesprochen wurden und dennoch eine Rolle gespielt haben mögen.

1. Überwindung von Interessengegensätzen zwischen Wettbewerbsschutz und gesamtwirtschaftlichen Zielvorstellungen

Einer der Hauptgründe der Ministererlaubnis dürfte der Ausgleichsgedanke gewesen sein. So bestanden bis zur Verabschiedung des GWB von 1973 Differenzen darüber, ob eine Zusammenschlusskontrolle rein wettbewerblich orientiert sein oder sich auch nach außerwettbewerblichen Aspekten richten sollte. Kartte/Röhling[62] erklärten die Einführung der Minister-

---

[58] So auch *Hoppmann*, Fusionskontrolle, S. 6; *Rittner*, DB 1970, 669, 670.
[59] Vgl. *Kartte/Röhling*, in: Auslegungsfragen, S. 92.
[60] Schon die Reaktionen und Änderungsvorschläge zum ersten Entwurf eines GWB einschließlich Fusionskon-trolle beinhalteten die Aufnahme eines Ausnahmetatbestands für bestimmte Zusammenschlüsse. Vgl. oben A. I. 2.
[61] BT-Drucks. VI/281, S. 22 f.; abgedruckt in *Raisch/Sölter/Kartte*, Fusionskontrolle, S. 138 f.
[62] Ministerialrat Kartte und Dr. Röhling gehörten zu diesem Zeitpunkt beide der Abteilung Wettbewerbspolitik im Bundeswirtschaftsministerium an.

erlaubnis als Notwendigkeit, „*weil allen am Gesetzgebungsverfahren Beteiligten klar war, dass Großfusionen vielfältige wirtschafts-, sozial- und gesellschaftspolitische Aspekte haben. Die abschließende Beurteilung eines derartigen Vorgangs unter ausschließlich wettbewerbspolitischen Gesichtspunkten wäre daher nicht sachgerecht gewesen.*"[63] Diese Erklärung der Vertreter des Bundeswirtschaftsministeriums macht deutlich, dass hier ein Zugeständnis an diejenigen gemacht wurde, die den Wettbewerbsschutz nicht als alleiniges Ziel gesetzgeberischen Handelns sehen wollten. Eine Fusionskontrolle, die sich ausschließlich an wettbewerblichen Kriterien orientiert, war letztlich nicht durchsetzbar, denn man hatte noch keine Erfahrungen mit derartigen Regelungen. Ob die Zusammenschlusskontrolle wirklich den gewünschten Zweck erreichen könne und hierfür das richtige Mittel sei, war ungewiss. Insofern war die Zusammenschlusskontrolle ein bewusst angesetztes „Regelungsexperiment".[64] Mit der Ministererlaubnis innerhalb der Fusionskontrollvorschriften hatte man einen Kompromiss[65] gefunden, der dank der Betonung als Ausnahme für alle Seiten akzeptabel schien. Bereits der Wissenschaftliche Beirat hatte in seiner Stellungnahme vom Februar 1970,[66] die mit maßgeblich und ausschlaggebend war für die Aufnahme der Ministererlaubnis,[67] die Überlegung angestellt, ob Ausnahmeregelungen in die Fusionskontrolle aufgenommen werden sollten. Die Untersuchung erfasst neben der Prüfung einer „wettbewerbspolitischen

---

[63] *Kartte/Röhling*, in: Auslegungsfragen, S. 91.
[64] *Scholz*, Konzentrationskontrolle und Grundgesetz, S. 34; *Rittner*, DB 1970, 674.
[65] So auch *Noll*, Wettbewerbs- und ordnungspolitische Probleme der Konzentration, S. 192.
[66] Vgl. im Einzelnen Stellungnahme des Wissenschaftlichen Beirats, abgedruckt in *Raisch/Sölter/Kartte*, Fusionskontrolle, S. 164, 167 f.
[67] Vgl. *Jäckering*, Die politischen Auseinandersetzungen, S. 83; *Kartte/Röhling*, in: Auslegungsfragen, S. 91, wobei Kartte auch schon vorher für eine dem § 8 entsprechende Regelung eingetreten war: *Kartte*, Ein neues Leitbild für die Wettbewerbspolitik, S. 77.

Ausnahme" auch die einer „politischen Ausnahme"[68]. Der Beirat äußerte sich im Ganzen sehr vorsichtig und plädierte nicht für die unbedingte Aufnahme einer Ausnahmeregelung. Jedoch sah er wohl die Möglichkeit, dass der Gesetzgeber sich hierzu gezwungen sehen könnte und riet zur konkreten Ausgestaltung der einen oder anderen Alternative. Die endgültige Fassung des § 24 GWB a.f. berücksichtigt beide Möglichkeiten kumulativ. So berücksichtigt § 24 Abs. 1 Nr. 2 GWB a.F. die Möglichkeit einer Wettbewerbsverbesserung und damit eine „wettbewerbspolitische Ausnahme", wie sie der Beirat vorgeschlagen hatte. § 24 Abs. 3 GWB a.f. sieht die Regelung der Ministererlaubnis als „politische Ausnahme" vor. Die Gesetzesverfasser hatten befürchtet, dass die wettbewerbliche Abwägungsklausel allein möglicherweise nicht ausreichen werde, um in allen Fällen eine zutreffende Entscheidung zu ermöglichen; die Zusammenschlusskontrolle sollte wirklich nur bei bedeutenden Zusammenschlüssen eingreifen.[69]

a) Allgemeine Relativierung der Wirkungen der Fusionskontrolle

Hintergrund dieses Zugeständnisses war der mangels Erfahrung fehlende Überblick über die mittel- bis langfristigen Probleme der Unternehmenskonzentration. Es fehlte noch weitgehend an ausführlichen empirischen Untersuchungen und Erkenntnissen über die Relevanz sowie Ursachen und Wirkungen der Unternehmenskonzentration in Deutschland.[70] Auch in anderen europäischen Ländern gab es noch kaum Fusionskontrollvorschrif-

---

[68] Erstere Ausnahmeregelung könnte nach dem Beirat eingreifen, wenn wettbewerbsbeschränkende Zusammenschlüsse auch eine positive Wirkung auf den Wettbewerb haben. Dann könnte zwar der wettbewerbsbeschränkende Charakter ohnedies abgelehnt werden, jedoch erforderten „Effektivität und Klarheit" der Wettbewerbsordnung eine derartige Ausnahmeregelung. Als explizite Alternative zu einer solchen wettbewerbspolitischen Ausnahmeregelung schlug der Wissenschaftliche Beirat eine politische Ausnahme vor. Für diese sollte dann vorzugsweise die Formulierung des § 8 GWB als Generalklausel herangezogen werden.
[69] *Bundesregierung*, Entwurf eines Zweiten GWB, BT-Drucks. VI/2520, S. 31.
[70] Vgl. *Fatschek*, Die Berücksichtigung außerwettbewerblicher Gesichtspunkte, S. 9.

ten.⁷¹ Noch nicht feststellbar war auch, ob mit der Fusionskontrolle das erhoffte Ziel „mehr Wettbewerb" auf dem richtigen Wege erreichbar war, denn man war auf Prognosen angewiesen, deren Richtigkeit nur die zukünftige Entwicklung bestätigen konnte.⁷² Nach wie vor nicht geklärt war weiter, ob der technische Fortschritt etwa nicht doch eher in Großunternehmen erreichbar war.⁷³ Zwar hatte sich der „alte" Zielkonflikt zwischen dem Streben nach Rationalisierung, technischem Fortschritt und Wachstum einerseits und der Aufrechterhaltung des Wettbewerbs andererseits relativiert.⁷⁴ Dennoch stand er nach wie vor im Raum, auch wenn Ziel und Schutzzweck der Zusammenschlusskontrolle nicht nur Förderung und Erhalt des wirtschaftlichen Wettbewerbs, sondern eben auch gesellschaftspolitischer Schutz der individuellen verfassungsrechtlichen Freiheit sein sollte. In dieses Konzept passte die Ausnahmeregelung, war man sich doch nicht ganz sicher, ob eine wettbewerbsschädliche Fusion nicht doch überwiegend positive Auswirkungen haben könnte, die dem Wettbewerbsschutz vorzuziehen waren. Insofern wollte man sich diesem Problem nur mit „vorsichtigen Schritten" nähern⁷⁵ und keine völlig abschließende Regelung schaffen, die auf dem puren Wettbewerbsprinzip beruht. Die Ministererlaubnis sollte gerade auch unvorhergesehene Fälle erfassen.⁷⁶ Das erklärt auch die letzte Entwicklung der Ausnahmeklausel: Während im vorletzten Entwurf vom Herbst 1970 noch als Erlaubnisgrund galt, wenn diese „ausnahmsweise aus überwiegenden Gründen der Gesamtwirtschaft *und* des

---

[71] Innerhalb Europas gab es nur in Großbritannien und für die Montanunion Vorschriften. Ansonsten hatten die USA, Kanada und Japan Regelungen über Zusammenschlüsse, vgl. *Günther*, Probleme der Fusionskontrolle, S. 9. Die Regelungen sind dort auszugsweise abgedruckt unter Anhang 2. – 3.4.2.
[72] Vgl. etwa *Scholz*, Konzentrationskontrolle und Grundgesetz, S. 23. Der Gesetzesentwurf der SPD/FDP-Fraktionen berücksichtigt daher explizit, dass „die Zusammenschlusskontrolle für die Bundesrepublik Deutschland und die Europäische Wirtschaftsgemeinschaft Neuland ist", vgl. SPD/FDP-Fraktion*en*, Entwurf eines Zweiten GWB, BT-Drucks. 7/76, S. 17.
[73] Vgl. *Raisch*, in: Fusionskontrolle, S. 30 m.w.N.
[74] Vgl. *Kartte*, Ein neues Leitbild für die Wettbewerbspolitik, S. 73.
[75] *Kartte*, Ein neues Leitbild für die Wettbewerbspolitik, S. 74.
[76] So ausdrücklich *Kartte/Röhling*, in: Auslegungsfragen, S. 91; *Raisch*, in: Fusionskontrolle, S. 35.

Gemeinwohls notwendig ist", so beinhaltete der letzte Entwurf die bis heute geltende Formulierung „wenn die Wettbewerbsbeschränkung von gesamtwirtschaftlichen Vorteilen des Zusammenschlusses aufgewogen wird *oder* der Zusammenschluss durch ein überragendes Interesse der Allgemeinheit gerechtfertigt ist". Durch das Austauschen des Wörtchens „und" durch ein „oder" konnte die wirtschaftliche Realität nun allein für einen Zusammenschluss maßgeblich sein, ohne dass dafür ein außerwirtschaftlicher Gemeinwohlgrund zugleich gegeben sein musste.[77] Es ging bei den gesamten Diskussionen in Bezug auf die Fusionskontrolle letztlich so gut wie nur um wirtschaftliche Erwägungen. Mit der Generalklausel sollten gerade gesamtwirtschaftliche Zielvorstellungen neben dem Wettbewerbsschutz nicht zu kurz kommen.

b) Entgegenkommen bei den konkreten Kritikpunkten der Fusionskontrolle

Geht man auf die einzelnen zur Diskussion gebrachten Kritikpunkte[78] der Fusionskontrolle ein, so stellt sich die Ministererlaubnis in vielerlei Hinsicht auch im Konkreten als Einlenken des Gesetzgebers dar.
Geltend gemacht wurde zunächst das Argument, dass durch eine Fusionskontrolle der technische Fortschritt, der nur durch Großunternehmen erreichbar sei, gehemmt und die wirtschaftliche Entwicklung gebremst werde. Zudem werde die internationale Wettbewerbsfähigkeit eingeschränkt. Als Reaktion auf diese von Anfang an in den Diskussionen auftauchenden Kritikpunkte kann die Regelung des § 24 Abs. 1 c) 1. und 2. im ersten Regierungsentwurf vom März 1970[79] verstanden werden. Die dort aus-

---

[77] Vgl. *Scholz*, Konzentrationskontrolle und Grundgesetz, S. 111.
[78] Vgl. oben B. I.
[79] „Der Bundesminister für Wirtschaft kann von einer Anordnung nach Abs. 1 absehen, soweit [...] durch den Zusammenschluss die Voraussetzungen für den Wettbewerb verbessert werden oder [...] die Wettbewerbsfähigkeit der Unternehmen außerhalb des Geltungsbereichs dieses Gesetzes gefährdet wäre [...]"; abgedruckt bei *Scholz*, Konzentrationskontrolle und Grundgesetz, S. 139, linke Spalte.

geführte so genannte Struktur- und Weltmarktklausel sollte einen Zusammenschluss aus unternehmensautonomen Gründen ermöglichen, wenn durch ihn die Voraussetzungen für den Wettbewerb verbessert werden oder wenn die Wettbewerbsfähigkeit des Unternehmens auf ausländischen Märkten ansonsten gefährdet wäre. Die allerseits heftige Kritik an diesem Entwurf führte zwar dazu, dass die Regierung in dem zweiten Entwurf vom Oktober 1970 den Forderungen nach einer präventiven Fusionskontrolle nachgab und zugleich die Ausnahmeregelung der Ministererlaubnis anstelle der Struktur- und Weltmarktklausel aufnahm. Damit konnte ein Zusammenschluss nicht mehr aus betriebswirtschaftlichen Gründen genehmigt werden. Mit der Regelung wurde aber ein Kompromiss erzielt, der die „Leistungsvorteile der Konzentration dort erhalten sollte, wo sie objektiv aus gesamtwirtschaftlichen und Gemeinwohl-Gründen geboten sind".[80] Der technische Fortschritt konnte nunmehr auch innerhalb eines Ministererlaubnisverfahrens Berücksichtigung finden, allerdings nicht mehr aus unternehmensautonomen Gründen, sondern aus gesamtwirtschaftlichen Gründen.

Der internationalen Wettbewerbsfähigkeit der beteiligten Unternehmen wurde im zweiten Entwurf vom Oktober 1970 noch keine Bedeutung zugemessen, dafür aber in der endgültigen Fassung des Gesetzes. In ihrer letzten Ausgestaltung bei Inkrafttreten 1973 ist in die Ausnahmeregelung die Wettbewerbsfähigkeit auf Märkten außerhalb des Geltungsbereichs des GWB aufgenommen worden – fast entsprechend der Weltmarktklausel im ersten Referentenentwurf von 1970. Die CDU/CSU-Fraktion hatte einen solchen ausdrücklichen Zusatz gewünscht und auch der Ausschuss für Wirtschaft hatte sich dafür ausgesprochen, im Rahmen der Ministererlaubnis die Exportfähigkeit der beteiligten Unternehmen zu prüfen. Auch die internationale Konkurrenz müsse berücksichtigt werden, sofern sie sich

---

[80] So *Scholz*, Konzentrationskontrolle und Grundgesetz, S. 21. Er sieht mit dieser Klausel den Kompromiss zwischen den von *Günther*, Probleme der Fusionskontrolle, S. 6, aufgezeigten Alternativen reiner Wettbewerbsschutz auf Kosten volkswirtschaftlicher Effizienz und relativer Wettbewerbsschutz bei volkswirtschaftlicher Leistungssteigerung,

auf die inländische Wettbewerbssituation auswirkt.[81] Daraufhin wurde in die Ausnahmeklausel des § 24 Abs. 3 GWB a.F. die Prüfung der internationalen Wettbewerbsfähigkeit eingebaut: *„Hierbei ist auch die Wettbewerbsfähigkeit der beteiligten Unternehmen auf Märkten außerhalb des Geltungsbereichs dieses Gesetzes zu berücksichtigen."*[82]

Dem Dirigismus-Argument, das gegen die Fusionskontrolle vorgebracht wurde, kam man entgegen, indem immer wieder betont wurde, dass im Rahmen der Fusionskontrollvorschriften die Eingriffsbefugnis des Staates auf das zum Schutz des Wettbewerbs notwendige Maß beschränkt werde. So hatte die Bundesregierung in der Begründung zum Regierungsentwurf von 1971 betont, dass Zusammenschlusskontrolle kein Dirigismus sei. In der Marktwirtschaft gelte der Vorrang unternehmerischer Freiheit nur so lange, als der Gebrauch dieser Freiheit nicht zur „Vermachtung" der Märkte und damit zur Beseitigung des Wettbewerbs und der Freiheit anderer führt. Freilich sei darauf zu achten, dass die Eingriffsbefugnisse des Staates sich auf das notwendige Maß beschränkten.[83] In der Konsequenz sollte gerade auch die Generalklausel den Eingriffscharakter der Zusammenschlusskontrolle relativieren. Der Staat dürfe nur da in die unternehmerische Freiheit eingreifen, wo es unbedingt nötig war. Wo „höherrangige" Ziele staats-, wirtschafts- oder gesellschaftspolitischer Art angestrebt werden, würde der Staat in diese Freiheit nicht eingreifen und den Zusammenschluss zulassen.

Der Einwand, dass eine Fusionskontrolle nur auf der Ebene der EWG geregelt werden könne, wurde von der Bundesregierung als der schwächste eingestuft und es wurde ihm im Laufe der Diskussion immer weniger Auf-

---

[81] Vgl. *Ausschuss für Wirtschaft*, Bericht, BT-Drucks. 7/765, S. 7 = WuW 1973, 590; *Kartte/ Röhling*, in: Auslegungsfragen, S. 93.
[82] In der aktuellen Fassung § 42 Abs. 1 Satz 2.
[83] Vgl. die Betonung der *Bundesregierung* im Entwurf eines Zweiten GWB, BT-Drucks. VI/2520, S. 16 = WuW 1971, S. 545, und BT-Drucks. 7/76, S. 14.

merksamkeit gewidmet. Denn auch eine europäische Fusionskontrolle stünde – wie die nationale – vor der Schwierigkeit, außerhalb ihres Geltungsbereichs liegende Wettbewerbsverhältnisse berücksichtigen zu müssen. So lange keine „Weltfusions-kontrolle" existiere, sei dieses Problem nicht zu lösen.[84] Eine internationale Zusammenarbeit auf diesem Gebiet wurde ohnedies teilweise als unerlässlich angesehen. Dadurch werde auch die prinzipielle Bedeutung einer nationalen Zusammenschlusskontrolle bestätigt.[85] Dieses Argument findet daher keine unmittelbare Berücksichtigung innerhalb der Ausnahmeregelung, allerdings ist mit dem Aspekt der internationalen Wettbewerbsfähigkeit innerhalb der Ministererlaubnisregelung auch dem Wirtschaftsraum der EWG Rechnung getragen worden.

c) Verwirklichung des Ausgleichsgedankens in Anlehnung an § 8 GWB

Es lag für die Befürworter einer Ausnahmeregelung nahe, eine dem § 8 Abs. 1 GWB[86] entsprechende Formulierung zu übernehmen. Diese Norm wurde in das GWB von 1958 unter nicht ganz unähnlichen Bedingungen eingeführt, denn das Kartellverbot des § 1 GWB sollte relativiert werden und man wollte einen Notbehelf haben, um wirtschaftliche „Notstände" bei Versagen aller wettbewerbsgerechten wirtschaftspolitischen Maßnahmen doch noch beseitigen zu können.[87] So entstammte § 24 Abs. 3 GWB a.F. einem ähnlichen Gedanken wie § 8 GWB und wurde

---

[84] Vgl. *Kartte*, in: Fusionskontrolle, S. 97; *Bundesregierung*, Stellungnahme zum Tätigkeitsbericht des Bundeskartellamtes für 1969, BT-Drucks. VI/950, S. 4.
[85] Vgl. *Mestmäcker*, FAZ v. 14.3.1970, S. 15.
[86] Abs. 1:„Liegen die Voraussetzungen der §§ 2 bis 7 nicht vor, so kann der Bundesminister für Wirtschaft und Technologie Vereinbarungen und Beschlüsse vom Verbot des § 1 freistellen, wenn ausnahmsweise die Beschränkung des Wettbewerbs aus überwiegenden Gründen der Gesamtwirtschaft und des Gemeinwohls notwendig ist."
[87] So auch *Bartram*, WuW 1974, 377; IM-*Immenga*, GWB, § 8, Rn. 4 ff., sowie oben A. I. 2.

in Anlehnung an diesen und vor dem Hintergrund, dass es sich auch hier um eine politische Entscheidung handelt, formuliert.[88] Begriffsmäßig stellt die fusionsrechtliche Ministererlaubnis damit ein Pendant zur Ministererlaubnis für Kartelle dar. Der Ausgleich war auch in dieser Hinsicht perfekt, denn wie man den Kritikern des Kartellverbots mit § 8 entgegengekommen war, so kam man nun den Kritikern der Fusionskontrolle in gleicher Weise entgegen.

2. Wahrung der Unabhängigkeit des Bundeskartellamtes

Die Unabhängigkeit des Bundeskartellamtes kann einerseits dadurch gewahrt werden, dass es möglichst frei von ministeriellen Weisungen gehalten wird. Seit Bestehen des GWB ist umstritten, ob der Bundeswirtschaftsminister neben der gesetzlich geregelten Möglichkeit zu allgemeinen Weisungen[89] auch das Recht hat, dem Amt Weisungen im Einzelfall zu erteilen.[90] Unabhängig von den konträren Positionen zu dieser Frage sollte eine speziell dem Bundeswirtschaftsminister eingeräumte Erlaubnisberechtigung zumindest die Inanspruchnahme eines möglichen Einzelweisungsrechts einschränken.[91]

Die Unabhängigkeit des Amtes kann aber auch anders definiert werden. So soll das Bundeskartellamt nicht nur frei von ministeriellen Einflüssen und Weisungen gehalten werden, sondern auch von politischen Kontroversen und diversen anderen Einflussnahmen, etwa aus Kreisen der Wirtschaft.

---

[88] IM-*Immenga*, GWB, § 8, Rn. 7, 23; *Kartte*, Ein neues Leitbild für die Wettbewerbspolitik, S. 77; *ders.*, BB 1970, 1407 f; *ders.*, in: Fusionskontrolle, S. 113; *Bundesregierung*, Entwurf eines Zweiten GWB, BT-Drucks. VI/2520, S. 31= WuW 1971, 560; *Kantzenbach*, Volkswirt 9/1970, 42.

[89] § 52 GWB.

[90] Auf den Meinungsstreit hierzu kommt es an dieser Stelle noch nicht an, vgl. aber unten 3. Teil, B. II.

[91] Fatschek wertet dies als Indiz dafür, dass der Minister zumindest nicht in die einzelnen Beschlussverfahren des Bundeskartellamts eingreifen kann, *Fatschek*, Die Berücksichtigung außerwettbewerblicher Gesichtspunkte, S. 73.

Die Ministererlaubnis war nach Meinung der Befürworter für beide Möglichkeiten das geeignete Mittel. Indem der Minister sämtliche außerwettbewerblichen Aspekte eines Zusammenschlusses berücksichtigt und auf einer zweiten Stufe einen Zusammenschluss nach kartellamtlicher Untersagung doch noch genehmigen kann, werden jegliche politische und außerwirtschaftlichen Einflüsse auf ihn umgelenkt[92] und das Bundeskartellamt von diesen Einflüssen freigehalten. Die dem Bundeskartellamt immer schon zugesprochene Autoritätsstellung sollte also in zweifacher Weise unangetastet bleiben.

3. Institutionelle Zuständigkeit für die Zusammenschlusskontrolle

Die Ministererlaubnis könnte auch als zusätzlicher Kompromiss in der Streitfrage darüber gesehen werden, wer für die Kontrolle von Zusammenschlüssen zuständig sein sollte. Hatten der erste Regierungsentwurf und auch das GWB von 1958 noch die Zusammenschlussregelungen in den Händen des Bundeskartellamtes gesehen,[93] da nur diese Behörde in der Lage sei, Wettbewerbsfragen zu beurteilen, so regelte der erste Referentenentwurf von 1970 die Zusammenschlusskontrolle durch den Bundeswirtschaftsminister.[94] Man ging davon aus, dass eine so tief greifende Interventionsbefugnis nur dem Bundeswirtschaftsminister als politisch legitimiertes Organ zustehen könne, da es sich schließlich um eine politische Entscheidung handle. Zudem befürchtete man, dass die gebotene rasche Abwicklung des präventiven Verfahrens bei Einschaltung von zwei Behörden ge-

---

[92] So der *Ausschuss für Wirtschaft* in seinem Bericht, BT-Drucks. 7/765, S. 8 = WuW 1973, 590.
[93] Vgl. § 44 Abs. 1 Nr. 1 c) GWB (1957), BGBl. I, S. 1090. Nur nach § 8 GWB sollte der Minister die Befugnis zur Genehmigung des sog. Ministerkartells haben, § 44 Abs. 1 Nr. 2 GWB (1957), a.a.O.
[94] Vgl. hierzu auch IM-*Mestmäcker/Veelken*, § 42, Rn. 2.

fährdet wäre. Diese „Ministerlösung" wurde mehrfach vertreten,[95] wobei teilweise die Vorschaltung einer unabhängigen Monopolkommission gefordert wurde.[96] Diese Lösung war aufs Heftigste angegriffen worden, so dass die Forderung nach einer unabhängigen Institution in den Vordergrund rückte. Dazu gab es Vorschläge für die Einrichtung einer gerichtlichen, also unabhängigen Entscheidungsinstanz,[97] aber auch für die Monopolkommission als Entscheiderin.[98] Wieder andere sprachen sich für die Zuständigkeit des Bundeskartellamts aus.[99] Die vordergründige Frage nach der Zuständigkeit hätte als Konsequenz des bereits angesprochenen grundsätzlichen Konflikts gesehen werden können: Sollte es eine „brave wettbewerbsrechtliche Entscheidung des Bundeskartellamtes oder eine politische Entscheidung des Bundeswirtschaftsministers sein?"[100] Allerdings ist mit Kartte festzustellen, dass diese Streitfrage nicht die Entscheidung „Wettbewerb oder Politik" treffen sollte, denn auch die Befürworter der Bundeskartellamts-Lösung wehrten sich nicht gegen eine politische Ausnahmeregelung.[101] Eine starke Meinung plädierte denn auch in Fortführung der kompromissorientierten Haltung für eine Spaltung: die wettbewerbliche Prüfung sollte dem Bundeskartellamt obliegen, die Entscheidung über die Ausnahmegenehmigung dem Bundeswirtschafts-

---

[95] Hierfür setzte sich die CSU-Landesgruppe ein. *Jäckering*, Die politischen Auseinandersetzungen, S. 165; auch *Kantzenbach*, Volkswirt 9/1970, S. 41; *Rittner*, DB 1970, 719, 720; *Benisch*, WuW 1970, 718, 726.
[96] So *Rittner*, DB 1970, 720.
[97] Vorschlag einiger Mitglieder des Wirtschaftsrats der CDU, vgl. *Jäckering*, Die politischen Auseinandersetzungen, S. 163, und des DIHT, DIHT-Vorstand zur Fusionskontrolle, DIHT-Nachrichten vom 19.4.1970, abgedruckt bei *Raisch/Sölter/Kartte*, Fusionskontrolle, S. 220.
[98] So anfangs die CDU/CSU-Fraktion, vgl. *Benisch*, WuW 1970, 718; Stellungnahme des Sprechers der CDU/ CSU-Fraktion, Marktwirtschaft 5/1970, S. 17 f., abgedruckt bei *Raisch/ Sölter/Karte*, Fusionskontrolle, S. 230 f.
[99] Etwa Angehörige des Bundeskartellamtes wie *Klaue*, Volkswirt 33/1970, 35, aber auch einzelne Wissenschaftler wie *Rittner*, DB 1970, 719; *Heuß*, Volkswirt 9/1970, S. 42; *Steindorff*, BB 1970, 839; im Prinzip auch *Raisch*, Volkswirt 9/1970, S. 43.
[100] *Kartte*, in: Fusionskontrolle, S. 104.
[101] Vgl. *Kartte*, in: Fusionskontrolle, S. 104.

minister.[102] Dem schloss sich die Bundesregierung an, nicht zuletzt auch wegen der konsequenten Fortführung des Gedankens des § 8 GWB. Damit stellt die Ministererlaubnis auch in der Zuständigkeitsdiskussion einen Kompromiss dar. Der Grund für diese Zuständigkeitsverteilung war nicht zuletzt auch die dadurch gewonnene Transparenz des Verfahrens. Durch eine klare Trennung zwischen der Prüfung der wettbewerblichen Auswirkungen eines Zusammenschlusses und seinen außerwettbewerblichen Aspekten lässt sich die Verantwortlichkeit für die jeweilige Entscheidung klar zuordnen.[103]

4. Zusammenfassung

Die Ministererlaubnis wurde letztlich deshalb eingeführt, um den zahlreichen Argumenten der Kritiker einer Fusionskontrolle den Wind aus den Segeln zu nehmen. Aber auch weil man die Auswirkungen der Fusionskontrollvorschriften nicht absehen konnte, wollte man sich eine Möglichkeit offen halten, um auf mögliche Sonderfälle angemessen reagieren zu können und damit allzu negative Auswirkungen zu relativieren. Durch die Aufnahme dieser Generalklausel erlangte die Zusammenschlusskontrolle in ihrer Zielsetzung die eines Kompromisses zwischen einer rein wettbewerbspolitisch ausgerichteten und einer wirtschafts- bzw. gesellschaftspolitischen ausgerichteten Regelung. Beide Ziele sollten angestrebt werden. Ob die Kritikpunkte an der Zusammenschlusskontrolle berechtigt oder unberechtigt waren, konnte man nicht mit letzter Sicherheit feststellen, das sollten erst die Erfahrungen im Laufe der kommenden Jahre entscheiden.

---

[102] Hierfür stand bereits der Wissenschaftliche Beirat, vgl. *Raisch/Sölter/Kartte*, Fusionskontrolle, S. 170 f., ebenso im Grundsatz Raisch und Kartte, ebenda, S. 43. Auch die SPD-Fraktion vertrat diese Ansicht, vgl. Stellungnahme des Sprechers der SPD-Fraktion Lenders, Marktwirtschaft 5/1970, S. 14, abgedruckt in *Raisch/Sölter/Kartte*, Fusionskontrolle, S. 226 ff.
[103] Vgl. Stellungnahme des Wissenschaftlichen Beirats, abgedruckt in *Raisch/Sölter/Kartte*, Fusionskontrolle, S. 171.

C. Bedenken

Gegen die Aufnahme einer Ausnahmeregelung in die Zusammenschlusskontrolle erhoben sich vielerlei Bedenken. Jene, die sich gegen eine Generalklausel überhaupt wehrten und für eine strengere Fusionskontrolle plädierten, versuchten mit ihren Argumenten eine Streichung der Vorschrift zu erzielen. Aber auch die Befürworter der Ministererlaubnis glaubten, mögliche Gefahren und Schwächen der Regelung zu erkennen. Um diesen von vornherein vorzubeugen, mussten sie zunächst einmal aufgedeckt und ausgesprochen werden. Auch noch einige Zeit nach Inkrafttreten der Fusionskontrollvorschriften wurden Schwächen aufgedeckt und problematisiert. Auch diese Gedanken sollen hier Berücksichtigung finden, denn sie alle entspringen nicht einer Praxis der Ministererlaubnis, sondern der bloßen Existenz der Vorschrift.

Stellenweise lassen sich die Nachteile der Sonderregelung nur schwer von denen der Fusionskontrolle überhaupt trennen. Die Kritiker der Fusionskontrolle führten alles ins Feld, was nur irgendwie „verwendbar" schien. Insofern können sich die Kritikpunkte der Ministererlaubnis mit denen der Zusammenschlusskontrolle vermengen. In der Relation spielten in der gesamten Diskussion um die Ausgestaltung der Zusammenschlusskontrolle die kritischen Argumente gegenüber einer Ministererlaubnis eine deutlich untergeordnete Rolle. Die absolute Mehrheit der Diskussionsbeteiligten war sich des – vielleicht wirtschaftspsychologischen – Hintergrunds der Regelung bewusst und akzeptierte ihn weitgehend.

I. Verfassungsrechtliche Bedenken

Sobald es um die Einführung eines neuen oder veränderten Gesetzes geht, werden häufig verfassungsrechtliche Mängel, Verstöße gegen das Grundgesetz, ins Feld geführt. Nicht anders verhielt es sich, als die Vorschriften über die Fusionskontrolle eingeführt wurden. Gegenüber diesen Regelungen wurden verschiedene verfassungsrechtliche Bedenken geltend gemacht. Sie standen zwar als solche nicht im Vordergrund der Diskussion, da die Kritiker eher mit „populäreren" Argumenten vorgingen. Die Schlagwörter lassen sich aber teilweise auf die Ebene des Verfassungsrechts übertragen. Dass die Zusammenschlusskontrolle einen „dirigistischen Eingriff" und einen „Eingriff in die Wettbewerbsfähigkeit" der Unternehmen darstelle, hat Scholz in verfassungsrechtliche Kritikpunkte „übersetzt". Für die Ministererlaubnis relevant und auf sie übertragbar sind hiervon die folgenden Vorwürfe[104]:

- Der Gleichheitssatz nach Art. 3 GG sei wegen willkürlicher Konzentrationsbeschränkung und gleichheitswidriger Sonderaufsicht über die Großunternehmen verletzt.
- Die Normen widersprächen als zu vage Generalklauseln den Grundsätzen der rechtsstaatlichen Bestimmtheit.

Die Ministererlaubnis als Teil der Zusammenschlusskontrolle blieb daher von diesen Vorwürfen nicht verschont, wenngleich sie deren Wirkungen an sich minimieren sollte. So wurde das Risiko eines Verstoßes gegen den Gleichheitsgrundsatz auch bei § 24 Abs. 3 GWB a.F. gesehen. Wegen ihres „unterschiedlichen Zugangs zum Staat" könnten manche Unternehmen mit entsprechenden politischen Verbindungen eher eine Chance auf die Sondergenehmigung haben als andere Unternehmen, womit letztere in diskriminierender Weise behandelt würden.[105] Zwar sei die Ungleichbehandlung zwischen großen und kleinen bzw. mittleren Unternehmen nicht zu vermeiden, denn nur erstere fielen unter die Zusammenschlusskontrolle, aber unter den von den §§ 22 ff. GWB a.F. betroffenen Unternehmen könne es theoretisch auch ungerechtfertigte ungleiche Behandlungen geben. Dieses Argument konnte im Grunde nur entkräftet werden, indem man dem jewei-

---

[104] Vgl. im Einzelnen und ausführlicher *Scholz*, Konzentrationskontrolle und Grundgesetz, S. 25 f.
[105] Vgl. *Kartte/Röhling*, in: Auslegungsfragen, S. 98; *Kartte*, in: Fusionskontrolle, S. 96. Im Ansatz auch *Mestmäcker*, FAZ v. 14.3.1970, S. 15.

ligen Politiker eine gewisse integre Kompetenz zur entsprechenden Verwaltungspraxis zugestand. Letztlich sollte es am Ministerium liegen, derartigen Risiken vorzubeugen und für eine möglichst ausgewogene und gerechte Praxis der Minister-erlaubnis zu sorgen. Was die Verletzung des verfassungsrechtlichen Bestimmtheitsgrundsatzes angeht, so führten nach Meinung der Kritiker allzu vage Generalklauseln zu einem Gefühl der Rechtsunsicherheit, was insbesondere in Bezug auf den viel zu allgemein und unbestimmt formulierten § 24 Abs. 3 GWB a.F. gelte.[106] Aber auch dieser Kritikpunkt wurde nicht weiter vertieft, handelte es sich bei der Ministererlaubnis doch nicht um die erste Generalklausel innerhalb des GWB.

II. Ordnungspolitische Bedenken

Die Hauptdiskussionspunkte bei der Generalklausel waren ordnungspolitischer Natur.[107] Bereits in den Bundestagsdebatten wurden immer wieder derartige Bedenken gegen die Ministererlaubnis erhoben. Die Einführung einer Zusammenschlusskontrolle war nichts anderes als ein Element der Ordnungspolitik[108] und die Ministererlaubnis stellt in diesem System als politisches Gegengewicht zur wettbewerbsbezogenen Beurteilung des

---

[106] Vgl. *Knöpfle*, BB 1970, 718 f. für § 22 GWB a.F.; *Klaue u.a., Zur Problematik der Fusionskontrolle*, S. 34; *Rittner*, DB 1970, 671; *ders.,* WuW 1969, 76.

[107] Der Begriff „Ordnungspolitik" wird unterschiedlich verwendet. In einer engeren Abgrenzung gelangt er als *Teil der Wirtschaftspolitik* (neben der Struktur- und Konjunkturpolitik) *zur Gestaltung einer marktwirtschaftlichen Wirtschaftsordnung* zur Anwendung, als weite Begriffsbestimmung kann er auch für die Konstruktion einer jeden Wirtschaftsordnung – ob marktwirtschaftlich oder nicht – zugrundegelegt werden. Die ordnungspolitische Ausgestaltung in Deutschland ist die der sozialen Marktwirtschaft und vor deren Hintergrund ist der Begriff zu verstehen. Die deutsche Ordnungspolitik geht dabei auf die Freiburger Ordoliberalen (dazu auch oben A. I. 1. a.E.), insbesondere Walter Eucken zurück. Das ordnungspolitische Leitbild wird nach ihm wie folgt formuliert: *„Staatliche Planung der Formen – ja; staatliche Planung und Lenkung des Wirtschaftsprozesses – nein."* Vgl. dazu eingehend *Behrends*, Neue Politische Ökonomie, S. 221.

[108] Vgl. *Klaue*, Volkswirt 33/1970, S. 37; *Bartram*, WuW 1974, 373; *Eeckhoff*, in: Monopolkommission, Wettbewerbspolitik im Wandel, S. 21.

Bundeskartellamtes zumindest eine Besonderheit dar[109]. Insofern lag es nahe, dass man sich dieser Besonderheit von der ordnungspolitischen Seite näherte.

1. Gefahr des Dirigismus

Als besonders starkes Argument gegen die Ministererlaubnis wurde die Gefahr der staatlichen Wirtschaftslenkung – des Dirigismus – angeführt. Dieser Vorwurf wurde nicht nur gegen die Ministererlaubnis als einzelne Regelung geltend gemacht, sondern insbesondere gegen die Einführung der Fusionskontrolle überhaupt.[110] Da im ersten Referentenentwurf von 1970 noch der Bundeswirtschaftsminister für die gesamte Fusionskontrolle zuständig sein sollte, war das Argument, dass der Minister durch die Fusionskontrolle Dirigismus betreiben könne, schnell zur Hand. Nachdem aber bereits im zweiten Referentenentwurf die Fusionskontrolle (nach wettbewerblichen Gesichtspunkten) in die Hände des Bundeskartellamtes gelegt wurde, hat sich dieses Argument relativiert und verblieb eher für die Kritiker der Ausnahmeregelung. Diese befürchteten, dass der Bundeswirtschaftsminister, indem er bestimmte Zusammenschlüsse aus allgemeinen, nicht wettbewerblichen Gründen genehmigen könne, in der Lage sei, lenkend in den Wirtschaftskreislauf einzugreifen und Wirtschaftspolitik, vielmehr Industriepolitik, auf anderem Wege zu betreiben. Scholz sprach davon, dass mit der Entscheidung über die Vorrangigkeit des Gemeinwohls als ein allgemein staats-, wirtschafts- oder gesellschaftspolitisches Interesse „zugleich die Entscheidung über diejenige Marktstruktur gefällt wird, die der Gesetzgeber für optimal hält". Die staatliche Wirtschaftspolitik werde nunmehr in den Stand versetzt, über die Erlaubniskompetenz des

---

[109] *Rittner* ist der Meinung, § 8 und damit auch § 42 GWB stören die Homogenität des Kartellgesetzes, DB 1970, 717; a.A. *Scholz*, Konzentrationskontrolle und Grundgesetz, S. 32: die Normen unterstreichen gerade das gesetzgeberische „Bekenntnis zur Marktwirtschaft".
[110] Vgl. oben B. I.

§ 24 Abs. 3 GWB a.F. eigene (unternehmensheteronome) Zielvorstellungen in den Wettbewerb einzuführen bzw. gegenüber dem Wettbewerb durchzusetzen. Mit der Entscheidung über ein vom Staate mitbestimmtes Leistungsoptimum erweise sich das wettbewerbspolitische Ordnungskonzept vollends als das einer „limitierten Marktwirtschaft".[111] In erster Linie werde dadurch ein staatliches Organ zu bestimmten Maßnahmen ermächtigt.[112] Im Hauptverfahren stünden wirtschaftspolitische Fragen im Mittelpunkt.[113] Auch Klaue wandte sich energisch dagegen, dass mit der Fusionskontrolle durch die Ministererlaubnis „punktuell Strukturpolitik oder sonst geartete Prozesspolitik" betrieben werde.[114] Die Berücksichtigung von Entscheidungskriterien, etwa solche des Stabilitätsgesetzes, der Vollbeschäftigung oder auch sozialstaatlicher Art, seien in einer Fusionskontrolle völlig ungeeignet. Reich geht sogar so weit, dass er die Ministererlaubnis als ein wichtiges Mittel der „Mikro-Steuerung" wirtschaftlicher Vorgänge sieht. Die Formulierung lege nahe, dass es bei den Entscheidungen nicht mehr um die Gestattung eines notwendigen Übels gehen könne, sondern um die Feststellung von Vorteilen oder Rechtfertigungsgründen eines Zusammenschlusses.[115] Von Fusionsbekämpfung könne man nicht mehr sprechen, sondern von einer Fusionserlaubnis wettbewerbsfeindlicher Zusammenschlüsse, die in bestimmter Weise sogar die Konzentrationsbewegung fördere.[116]

---

[111] *Scholz*, Konzentrationskontrolle und Grundgesetz, S. 19 f.
[112] Vgl. *Rittner*, DB 1970, 717 – noch zum ersten Referentenentwurf.
[113] Vgl. *Benisch*, WRP 1970, 98. In diese Richtung geht auch – wenngleich weniger kritisch – *Kantzenbach*, Volkswirt 9/1970, S. 42: „Es handelt sich mithin bei jeder Einzelentscheidung um ein wirtschaftspolitisches Werturteil, das sich nicht von der wirtschaftspolitischen Gesamtkonzeption, ja u.U. nicht einmal von außen- oder verteidigungspolitischen Überlegungen isolieren lässt."
[114] *Klaue*, Volkswirt 32/1970, S. 37 f., und 33/1970, S. 35, 37.
[115] Vgl. die Formulierung des Referentenentwurfs vom Oktober 1970 und der übrigen darauffolgenden Entwürfe bzw. der endgültigen Regelung: „... aus überwiegenden Gründen der Gesamtwirtschaft *und* des Gemeinwohls *notwendig* ist ..." und „... von gesamtwirtschaftlichen Vorteilen *aufgewogen* oder durch ein überragendes Interesse der Allgemeinheit *gerechtfertigt* ist." Abgedruckt bei *Scholz*, Konzentrationskontrolle und Grundgesetz, S. 139.
[116] *Reich*, ZRP 1971, 236 f.

2. Gefährdung der marktwirtschaftlichen Ordnung

Das Dirigismus-Argument in seiner letzten Konsequenz bedeutete für Mestmäcker die Gefährdung der marktwirtschaftlichen Ordnung. Er sprach sich deutlich gegen die Aufnahme einer Generalklausel auf und forderte eine rein wettbewerblich ausgerichtete Fusionskontrolle. Der Grundsatz im GWB müsse dahingehend lauten, dass der Ausschluss von Wettbewerb durch einen wettbewerbsbeschränkenden Zusammenschluss nicht erlaubnisfähig ist. Mit der Zulassung von wettbewerbsbeschränkenden Zusammenschlüssen würde dem Ministerium ein Mittel in die Hand gegeben, mit dem es gesamtwirtschaftliche Ziele direkt mit Hilfe der fusionierenden Unternehmen anzusteuern vermöge. Damit würde „der Rahmen der marktwirtschaftlichen Ordnung zerbrechen". Eine Gemeinwohlklausel könne nur dazu dienen, gesamtwirtschaftliche Ziele mit Hilfe direkter Interventionen dadurch zu erreichen, dass das erwartete Verhalten von den Unternehmen direkt gefordert oder erzwungen werden könne.[117] Der Wettbewerbsschutz würde durch diese Regelung verwässert, denn die Fusionskontrolle würde sich auf jeden Fall von ihrer wettbewerblichen Grundlage entfernen, da dem Staat die Möglichkeit eingeräumt werde, wettbewerbsschädigende Zusammenschlüsse zuzulassen.[118]

3. Gefahr von Einflussnahmen und stillschweigenden Übereinkünften

Indem der Gesetzgeber die Zusammenschlusskontrolle aus nicht-wettbewerblichen Gründen in die Hände des Bundeswirtschaftsministers legte,

---

[117] *Mestmäcker*, FAZ v. 14.3.1970, S. 15. Auch der Wissenschaftliche Beirat hatte dieses Problem erkannt: „Je großzügiger [die Ausnahmeregelung] angewandt würde, um so weniger wirkungsvoll wäre die Fusionskontrolle, um so mehr würde deren Einführung – wegen der großzügigen Handhabung – sogar zur Folge haben, das GWB auch auf anderen Gebieten auszuhöhlen." Vgl. Stellungnahme des Wissenschaftlichen Beirats beim Bundeswirtschaftsministerium, teilweise abgedruckt bei *Raisch/Sölter/Kartte*, Fusionskontrolle, S. 164, 168.
[118] *Kartte*, in: Fusionskontrolle, S. 96.

schuf er auch die Gefahr, dass dieser sich von Kreisen der Wirtschaft oder auch von anderen gesellschaftlichen Gruppen, etwa von Gewerkschaften oder Parteien, beeinflussen lassen könnte und dabei die Wettbewerbspolitik und am Ende die Verbraucher ins Hintertreffen geraten könnten.[119] Diese Befürchtung hängt eng mit der des Dirigismus zusammen. Sie wurde auch von den Kritikern der Fusionskontrolle überwiegend in diesem Gewand (des Dirigismus) ausgesprochen, sonst hätten die Wirtschaftsverbände als Hauptgegner ihre Mitglieder und deren Organe in Verruf bringen können. Denn diese wären es ja dann, die im Zweifel unrechtmäßigen Einfluss, vielleicht sogar Druck auf den Politiker ausüben würden. Das aber wollte keiner der Beteiligten öffentlich unterstellen. Auch wollte niemand wirklich behaupten, dass der Bundeswirtschaftsminister anfälliger für Einflussnahmen sei als etwa die Beamten in den Beschlusskammern des Bundeskartellamtes.[120] Allerdings hatte der Ausschuss für Wirtschaft in seinem Bericht bereits darauf hingewiesen, dass der Wirtschaftsminister – stärker als ein unabhängiges Gremium – unterschiedlichen Einflüssen ausgesetzt sei.[121] Fatschek hat diese Befürchtungen vier Jahre später konkreter ausgedrückt: Eine Verständigung zwischen dem Minister (oder auch dem Bundeskartellamt) und den Unternehmen könne zwar Vorteile mit sich bringen, berge aber auch Gefahren in sich. Der Bundeswirtschaftsminister könnte versuchen, durch Nachgeben in einzelnen Punkten wirtschaftpolitisch erwünschte Unternehmensentscheidungen auszuhandeln, die sonst nicht erzwingbar wären. Hier könnte er sich auch dem Druck der Unternehmen ausgesetzt sehen, die ohne sein Entgegenkommen etwa Investitionsentscheidungen zu Ungunsten der deutschen Wirtschaft treffen könnten. Solche Übereinkünfte seien „akzeptabel", sofern das Wesen der Zusammen-

---

[119] Vgl. etwa *Rauschenberg*, NJW 1973, 1857, 1860.
[120] In den fünfziger Jahren hatte man eine Zuständigkeit der Bundesregierung für Ausnahmen nach § 8 GWB sogar noch damit begründet, dass diese dem Druck nicht in gleichem Maße ausgesetzt sei wie eine nachgeordnete Behörde: *Bundesregierung*, Entwurf eines GWB, BT-Drucks. II/1158, S. 62.
[121] *Ausschuss für Wirtschaft*, Bericht, BT-Drucks. 7/765, S. 8 = WuW 1973, 590.

schlusskontrolle nicht ausgehöhlt werde, das Hauptproblem liege aber im Informationsdefizit bei derartigen Vorgängen, da solche Absprachen in aller Regel nicht oder nur unvollständig an die Öffentlichkeit gelangen würden.[122] Zudem dürfe nicht übersehen werden, dass eine politische Zusammenarbeit mit Großunternehmen erfahrungsgemäß einfacher sein kann als mit einer Mehrzahl konkurrierender Unternehmen, die häufig divergierende Wirtschaftsinteressen haben.[123] Daher könnte gerade der Wirtschaftsminister anfällig sein für eine Unterstützung dieser Unternehmen.

III. Untergrabung der Autorität des Bundeskartellamtes

Ein weiterer Gesichtspunkt, der in der damaligen Debatte nicht wirklich zur Aussprache kam und dennoch möglicherweise ein Problem der Ministererlaubnis hätte darstellen können: Sollte sich nach einiger Zeit, in der die Praxis der ministeriellen Ausnahmeentscheidung gefestigt wird, abzeichnen, dass der jeweilige Minister allzu leicht zu einer solchen Erlaubnis zu bewegen ist, so könnte das Auswirkungen auf die Entscheidungsautorität des Bundeskartellamtes haben. Die Industrie würde dann ihre Hoffnung gegen eine negative Entscheidung des Bundeskartellamtes auf den Bundeswirtschaftsminister lenken. Wettbewerbsschutz wird aber gerade durch die Existenz und das Ansehen des Amtes erlangt.[124] Dieses könnte darunter leiden, dass seine Untersagungen die Unternehmen nicht mehr in dem Maße treffen, weil sie darauf vertrauen können, dass der Bundeswirtschaftsminister die Genehmigung so oder so erteilt. Dieser wirtschaftspsychologische Aspekt lag zur Zeit der Einführung der Fusionskontrolle noch in weiter Ferne, die Praxis der ministeriellen Entscheidungen musste erst abgewartet werden. Jedenfalls wurde die Befürchtung aufrecht gehal-

---

[122] *Fatschek*, Die Berücksichtigung außerwettbewerblicher Gesichtspunkte, S. 188 f.
[123] *Mestmäcker*, FAZ v. 14.3.1970, S. 15.
[124] Vgl. *Fatschek*, Die Berücksichtigung außerwettbewerblicher Gesichtspunkte, S. 138 f.

ten, dass bei zu großzügiger Handhabung der Ministererlaubnis die Fusionskontrolle durch das Bundeskartellamt weitgehend gegenstandslos bzw. ausgehöhlt werden könnte.[125]

IV. Ergebnis

Im Ergebnis wurden vielerlei Bedenken geltend gemacht, die zum Teil bereits noch während der laufenden Diskussionen relativiert wurden.[126] Im Wesentlichen konzentrieren sie sich auf die Sorge, dass ein Wirtschaftsminister die Praxis der Ministererlaubnis nicht bedächtig genug ausüben könnte und damit entgegen dem Prinzip der freien Marktwirtschaft doch noch ein Mittel zur staatlichen Wirtschaftslenkung in Händen hätte. Der Gesetzgeber reagierte auf diese Kritikpunkte mit entsprechenden Kontrollmechanismen, die noch genauer aufzuzeigen sind. Neben diesen Vorsichtsmaßnahmen blieb allen Beteiligten nichts weiter, als abzuwarten, wie sich die zukünftige Praxis der Ministererlaubnis gestalten würde. Noch stand die Bewährungsprobe aus, ob eine ordnungspolitisch akzeptable Praktizierung der Ministererlaubnis erfolgen würde.[127]

Rückblickend bemerkenswert an der gesamten Diskussion ist, dass nur wenige überlegten, ob ein Anwendungsbereich für die Ausnahmeregelung überhaupt gegeben sein kann. Es wurde so gut wie nie darüber nachgedacht, ob die Erlaubnis eines Zusammenschlusses aus gesamtwirtschaftlichen oder gemeinwohlbezogenen Gründen vielleicht gar nicht den gewünschten Erfolg erzielen könnte, ob vielleicht die Ministererlaubnis das

---

[125] Vgl. *Möschel*, Recht der Wettbewerbsbeschränkungen, Rn. 898; *Noll*, Wettbewerbs- und ordnungspolitische Probleme der Konzentration, S. 196.
[126] So z.B. für die verfassungsrechtlichen Bedenken *Scholz*, Konzentrationskontrolle und Grundgesetz, S. 32 f., 60, 93, 100.
[127] Vgl. *Kartte/Röhling*, in: Auslegungsfragen, S. 98.

gänzlich ungeeignete Mittel sein könnte, um gesamtwirtschaftliche Zielvorstellungen zu verwirklichen.[128]
Als Grund für diesen Mangel an Kritik – wo doch die übrige Kritik an der Fusionskontrolle an Argumenten nicht sparte – kann einzig die Tatsache herangezogen werden, dass niemand ahnen konnte, welche Konsequenzen, Auswirkungen und Entwicklungen die Zusammenschlusskontrolle überhaupt bringen würde. Nur wenige wollten explizit in Frage stellen, ob es eine wirtschafts- und ordnungspolitische Ebene außerhalb der wettbewerblichen gab, die ebenso erstrebenswert wäre.

D. Mechanismen zur Kontrolle und Vorbeugung

Um den Bedenken gegen die Regelung der Ministererlaubnis zu begegnen, einigte man sich rasch darauf, diese gesetzliche Sonderregelung nur in Ausnahmefällen und sehr restriktiv zuzulassen. Der Gesetzgeber baute Mechanismen ein, die der Kontrolle der Entscheidungen des Bundeswirtschaftsministers dienen und mögliche Gefahren – vor allem die der politischen Wirtschaftslenkung – von vornherein ausschließen sollten.

I. Strenge Voraussetzungen

1. Formelle Voraussetzungen

Da stehen an erster Stelle die entsprechenden formellen Voraussetzungen.[129] Der Zweck solch strenger Verfahrensgarantien liegt darin, dass die Entscheidung nachvollziehbar und einer konkreten gerichtlichen Kontrolle

---

[128] Warnungen wie die von *Lukes*, in: Die Konzentration in der Wirtschaft, S. 598 f. m.w.N., dass eine solche Entscheidung eine so große Anzahl von Prämissen und einzelnen Faktoren erfordere, dass sie nurmehr politisch oder opportunistisch ergehen könne und die wertausfüllungsbedürftigen Generalklauseln mangels tatsächlicher Erweisbarkeit zum großen Teil nicht praktikabel seien, gab es gleichwohl.
[129] Zu den Voraussetzungen einer Ministererlaubnis vgl. IM-*Mestmäcker/Veelken*, GWB, § 42, Rn. 13 ff.

zugänglich wird.[130] An den formellen Anforderungen hat sich im Laufe der gesetzlichen Weiterentwicklung des GWB nichts wesentlich geändert, sie wurden allerdings in den Sondergutachten der Monopolkommission und in den Entscheidungen des Bundeswirtschaftsministers noch weiter konkretisiert.[131]

Eine Ministererlaubnis kommt nur in Betracht, wenn vorher eine Untersagungsverfügung des Bundeskartellamts ergangen ist. Die Verfügung des Ministers setzt einen fristgerecht eingereichten schriftlichen Antrag im Sinne des § 42 Abs. 1, 3 GWB voraus. Dieser kann parallel zur Einlegung einer Beschwerde gegen die Bundeskartellamts-Entscheidung gemäß § 63 Abs. 1 Satz 1 GWB eingereicht werden.[132] Das Verfahren beginnt mit der Einholung eines Gutachtens der Monopolkommission (§ 42 Abs. 4 GWB), an deren Feststellungen der Bundesminister für Wirtschaft allerdings nicht gebunden ist.[133] Der Bundesminister entscheidet als Kartellbehörde auf Grund öffentlicher Verhandlung. Mit Einverständnis der Beteiligten kann auch ohne diese entschieden werden (§ 56 Abs. 3 Satz 3 i.V.m. § 56 Abs. 3 Satz 1 GWB). Die Erlaubnis kann nach § 42 Abs. 2 mit Bedingungen und Auflagen verbunden werden. Auflagen dürfen sich jedoch nicht darauf richten, die beteiligten Unternehmen einer laufenden Verhaltenskontrolle zu unterstellen, § 42 Abs. 2 Satz 2 i.V.m. § 40 Abs. 3 GWB. Handeln die beteiligten Unternehmen einer Auflage zuwider, so kann der Bundeswirtschaftsminister die Erlaubnis widerrufen oder durch Anordnung neuer

---

[130] So auch *Fatschek*, Die Berücksichtigung außerwettbewerblicher Gesichtspunkte, S. 165. Als Reaktion auf den ersten Referentenentwurf traten bereits Vorschläge auf, die das „geringe Maß an materieller Rechtssicherheit" in der Fusionskontrolle durch ein Mehr an Verfahrensgarantien ausgleichen wollten, vgl. *Steindorff*, BB 1970, 829; *Scholz*, Konzentrationskontrolle und Grundgesetz, S. 100 m.w.N.

[131] Im Folgenden werden nur noch die Normen des GWB von 1999 zitiert und auf eine Darstellung der alten Fassungen verzichtet, vgl. aber die synoptische Übersicht bei Bechtold, GWB, Anhang A 1, A 2.

[132] Vgl. IM-*Mestmäcker/Veelken*, GWB, § 42 Rn. 14 f.; *Bechtold*, GWB, § 42, Rn. 14.

[133] Bis zur 4. GWB-Novelle war das Gutachten nicht obligatorisch, die Monopolkommission hat aber stets von der Möglichkeit Gebrauch gemacht, sich zu den Zusammenschlussvorhaben zu äußern, vgl. *Monopolkommission*, Sondergutachten 2, 3, 4 und 6 sowie die Übersicht in Anhang I.

Nebenbestimmungen ändern (§ 42 Abs. 2 Satz 2 i.V.m. § 40 Abs. 3 Satz 3 GWB). Durch die strengen formellen Voraussetzungen, die eingehalten werden müssen, sollte die Entscheidung des Ministers transparent und kontrollierbar werden. Einzelnen Verfahrensteilen und -abschnitten kommt darüber hinaus noch eine weitreichendere Bedeutung zu, wie im Folgenden zu zeigen sein wird.

2. Materielle Voraussetzungen

Für die Anwendung der Ministererlaubnis wichtiger schien der Bundesregierung von Anfang an die Betonung der materiellen Eingriffsvoraussetzungen der Regelung. Diese sollten hoch angesetzt sein, denn die Norm war als Ausnahmebestimmung konzipiert[134] und formuliert („im Einzelfall"), und dies galt es durch die Ausgestaltung der Eingriffsvoraussetzungen zu unterstreichen. Zwar sollte allein schon die Tatsache, dass die Ministererlaubnis nur in Ausnahmefällen eingreift, zur restriktiven Anwendung beitragen. Hierfür wurden aber noch weitere Schranken eingebaut. Im Laufe der Praxis der Ministererlaubnis wurden auch diese Voraussetzungen konkretisiert.

a) Gemeinwohlgründe

Nach der Begründung der Norm setzen die Tatbestandsmerkmale „gesamtwirtschaftliche Vorteile" und „Interessen der Allgemeinheit" (Gemeinwohlgründe) in jedem Fall voraus, dass der Zusammenschluss nicht nur den beteiligten Unternehmen nützt, sondern ein allgemeiner staats-, wirtschafts- oder gesellschaftspolitischer Rechtfertigungsgrund für den Zu-

---

[134] *Bundesregierung*, Entwurf eines Zweiten GWB, BT-Drucks. VI/2520, S. 31 = WuW 1971, 560.

sammenschluss gegeben ist. Dafür sind auch die Grundsätze des Stabilitäts- und Wachstumsgesetzes vom 10.5.1967 zu verwirklichen.[135] Damit wurde der Regelung ein konkreter Hintergrund gegeben. Man konnte nicht erwarten, dass bei einer begriffsmäßig so weitgefassten Generalklausel die gewünschte Wirkung ohne weiteres zu erzielen war. Bei Anwendung der Norm hätte es ansonsten Schwierigkeiten und Missverständnisse geben können. Hierauf hatte bereits der Wissenschaftliche Beirat beim Bundeswirtschaftsministerium hingewiesen, der empfohlen hatte, die „Anwendung der Ausnahmebestimmung in jedem Fall zu erläutern". So sollte als wichtige Entscheidungshilfe für den Minister etwa beispielhaft angegeben werden, wann die Ausnahmeregel eingreift, allerdings ohne eine voreilige Festlegung.[136] Damit gab man einerseits eine gewisse Anwendungslinie vor, ließ im Rahmen der Fusionskontrolle andererseits aber auch genügend Spielraum für die Berücksichtigung von Erfahrungen und Entwicklungen. Die Erlaubnis sollte nur erteilt werden, wenn die festgestellten Gemeinwohlgründe großes Gewicht haben, konkret nachgewiesen sind und wenn wettbewerbskonforme Abhilfemaßnahmen des Staates nicht möglich sind. Bei der Anwendung der Ministererlaubnis sollte auch berücksichtigt werden, dass es sich bei Zusammenschlüssen um Dauerlösungen handelt, die – im Gegensatz zu § 8 – nicht reversibel sind.[137] Hier tritt der Verhältnismäßigkeitsgrundsatz in Funktion, der wohl die wichtigste Begrenzung darstellt.[138] Ein weiteres Kriterium ist an dieser Stelle die Kausalität. So sollte es gerade der Zusammenschluss sein, der die Gemeinwohlvorteile mit sich bringt.[139] Die Anforderungen an die Tatbestandsmerkmale wurden

---

[135] Vgl. *Bundesregierung*, Entwurf eines Zweiten GWB, BT-Drucks. VI/2520, S. 31 = WuW 1971, 560.
[136] Vgl. Stellungnahme des Wissenschaftlichen Beirats, abgedruckt in *Raisch/Sölter/Kartte*, Fusionskontrolle, S. 164, 168 f. Bewusst hatte man von einer konkret ausgestalteten Kasuistik in der Regelung abgesehen, denn eine Anwendungsbegrenzung und damit verfrühte Festlegung wollte man gerade vermeiden, vgl. *Kartte/Röhling*, in: Auslegungsfragen, S. 91.
[137] Vgl. *Bundesregierung*, Entwurf eines Zweiten GWB, BT-Drucks. VI/2520, S. 31 = WuW 1971, 560.
[138] *Möschel*, Recht der Wettbewerbsbeschränkungen, Rn. 900.
[139] Vgl. GK-*Bosch*, § 42, Rn. 6; *Kleinmann/Bechtold*, Fusionskontrolle, § 24, Rn. 305.

damit hoch angesetzt. Das ergab sich bereits damals aus dem Charakter der Norm als Ausnahmeregelung und ihrer Einordnung in den wirtschaftspolitischen Gesamtzusammenhang.[140]

b) Begründung der Entscheidung

Bei Einführung der Regelung noch nicht angesprochen und in den ersten Entscheidungen auch nicht berücksichtigt wurde das Erfordernis der ausreichenden Begründung einer ministeriellen Entscheidung. Was für die Entscheidungen des Bundeskartellamtes schon lange galt, wurde erst in späteren Ministererlaubnisentscheidungen berücksichtigt.[141] So wurde beispielsweise die Kürze der Begründung für die Erlaubnis im Fall Veba/ Gelsenberg bemängelt.[142] Die Publizität der Entscheidungsgründe ist vor allem unter dem Gesichtspunkt Kontrolle durch die Öffentlichkeit und durch die möglichen parlamentarischen Auseinandersetzungen relevant. Eine Transparenz der Hintergründe wurde schon bald als notwendiges Element der Kontrollmechanismen gesehen, andernfalls könnte eine effektive Kontrolle durch die Öffentlichkeit, das Parlament und auch die Gerichte nicht gewährleistet sein.[143] Gerade Ausnahmeentscheidungen müssen besonders ausführlich begründet werden, damit der Ausnahmefall nachvollziehbar wird. Dies dient nicht zuletzt auch der Rechtssicherheit aller beteiligten und nachfolgenden Unternehmen, die ebenso eine Ministererlaubnis anstreben.

---

[140] Vgl. *Bundesregierung*, Entwurf eines Zweiten GWB, BT-Drucks. VI/2520, S. 31 = WuW 1971, 560.
[141] So fiel die erste Entscheidung VEBA/Gelsenberg (WuW/E BWM 147) vom Umfang her sehr knapp aus, was sogleich bemängelt wurde. Seitdem hat sich durchgesetzt, dass eine ausführliche Begründung unverzichtbar im Sinne der Rechtssicherheit ist.
[142] Vgl. *Fatschek*, Die Berücksichtigung außerwettbewerblicher Gesichtspunkte, S. 165 f.
[143] So auch *Fatschek*, Die Berücksichtigung außerwettbewerblicher Gesichtspunkte, S, 164, 191.

c) Bindungswirkung der Bundeskartellamtsentscheidung

Wichtig bei den Voraussetzungen war von Anfang an die Bindungswirkung der kartellamtlichen Entscheidung. Der Minister ist danach an die wettbewerblichen Feststellungen des Bundeskartellamtes gebunden. Ihm bleibt nur die Betrachtung des Zusammenschlusses aus nicht-wettbewerblichen Gründen.[144] Diese wurde bei Einführung der Vorschrift zwar noch nicht ausgesprochen, aber die Zweistufigkeit und die damit gewonnene Transparenz des Verfahrens spielte von Anfang an eine besondere Rolle. Denn damit wird die politische Entscheidung offen und nachvollziehbar. Dem Minister bleibt „nur" die Abwägungsentscheidung zwischen den vom Bundeskartellamt festgestellten Wettbewerbsbeschränkungen und den von ihm festgestellten Gemeinwohlvorteilen.

II. Gutachten der Monopolkommission

Zusammen mit der Einführung der Zusammenschlusskontrolle in das GWB wurde auch die Einrichtung einer unabhängigen Kommission beschlossen. Sie sollte die Funktion einer Kontrollinstanz gegenüber zu extensiven Erlaubnisentscheidungen einnehmen.[145] Der erste Referentenentwurf sah eine unmittelbare Mitwirkung der Kommission an der Entscheidung des Bundeswirtschaftsministers vor.[146] Dies wurde aber bereits im zweiten Entwurf abgeändert.[147] Wegen des politischen Gehalts der Ausnahme-

---

[144] Vgl. grundlegend *Monopolkommission*, Sondergutachten 3, Tz. 39 ff.; KG WuW/E OLG 1938 (Thyssen/Hüller); sowie *Bartram*, WuW 1979, 372, 373; *Ruppelt*, in: Langen/Bunte, GWB, § 42 Rn. 2; GK-*Bosch*, § 42, Rn. 12. Vgl. dazu insbes. unten, 2. Teil, D. IV. 1. c) aa).

[145] Vgl. *Kartte/Röhling*, in: Auslegungsfragen, S. 92; *Schlecht*, in: Auslegungsfragen, S. 5; *Fatschek*, Die Berücksichtigung außerwettbewerblicher Gesichtspunkte, S. 58 f.

[146] Vgl. Referentenentwurf vom 20.3.1970, abgedruckt bei *Scholz*, Konzentrationskontrolle und Grundgesetz, S. 125 ff., §§ 24, 24b. Hier sollte der Bundeswirtschaftsminister noch alleiniger Entscheider bei der Zusammenschlusskontrolle sein.

[147] Vgl. zweiter und dritter Entwurf, abgedruckt bei *Scholz*, Konzentrationskontrolle und Grundgesetz, S. 125 ff.

entscheidung lehnte man eine derartige Beteiligung einer unabhängigen Kommission ab.[148] Dennoch wurde der Kommission eine bedeutende Überwachungs- und Beratungsfunktion zugesprochen,[149] wenngleich ihre Gutachten in der Fusionskontrolle ursprünglich nicht obligatorisch waren[150].

III. Grenzziehung: Gefährdung der marktwirtschaftlichen Ordnung

Der Referentenentwurf vom 28.10.1970 hatte bereits den Zusatz enthalten, dass die Sondererlaubnis des Ministers nicht erteilt werden darf, wenn durch das Ausmaß der Wettbewerbsbeschränkung die marktwirtschaftliche Ordnung gefährdet wird. Im Gesetzesentwurf vom 19.5.1971, der 1973 wieder in den Bundestag eingebracht wurde, war diese Klausel nicht mehr enthalten. Als Reaktion auf diesen Gesetzesentwurf von 1973[151] hatte der Ausschuss für Wirtschaft den Entwurf der Ministererlaubnis auf Antrag der CDU/CSU-Fraktion einstimmig noch um den Satz ergänzt: „Die Erlaubnis darf nur erteilt werden, wenn durch das Ausmaß der Wettbewerbsbeschränkung die marktwirtschaftliche Ordnung nicht gefährdet wird."[152] Die Klausel wurde also wieder aufgenommen.

---

[148] Vgl. Stellungnahme des Wissenschaftlichen Beirats, abgedruckt bei *Raisch/Sölter/Kartte*, Fusionskontrolle, S. 164, 172 f.; Bericht des *Ausschusses für Wirtschaft*, BT-Drucks. 7/765, S. 8 = WuW 1973, 590, der sich eingehend mit der Frage beschäftigt hatte, ob die Monopolkommission nicht in der Form beteiligt werden sollte, dass der Minister nicht gegen ihr Votum entscheiden kann. Das hat die Mehrheit des Ausschusses mit der Begründung abgelehnt, dass so bedeutende politische Entscheidungen nur von einer Instanz getroffen werden können, die parlamentarisch kontrolliert ist.
[149] Vgl. Bericht des *Ausschusses für Wirtschaft*, BT-Drucks. 7/765, S. 8 = WuW 1973, 590.
[150] Erst seit 1980 ist der Bundeswirtschaftsminister gesetzlich dazu verpflichtet, bei der Fusionskontrolle ein Gutachten der Monopolkommission einzuholen; vgl. Art. 1 Punkt 7, Neufassung des § 24 b Abs. 5 des Vierten Gesetzes zur Änderung des GWB vom 16.4.1980, BGBl. I S. 458 im Vergleich zu Art. 1 Punkt 9, Fassung von § 24 b Abs. 5 des Zweiten Gesetzes zur Änderung des GWB vom 3.8.1973, BGBl. I, S. 923.
[151] SPD/FDP-Fraktion, Entwurf eines Zweiten GWB, BT-Drucks. 7/76.
[152] BT-Drucks. 7/765, S. 7 = WuW 1973, 590.

Gemeint ist damit, dass die marktwirtschaftliche Gesamtordnung, also letztlich die Wettbewerbsordnung als solche, nicht beeinträchtigt werden darf und stets Priorität hat.[153] Dadurch wurde den Bedenken Mestmäckers und anderer Rechnung getragen, die die marktwirtschaftliche Ordnung durch Anwendung der Ministererlaubnis gefährdet sahen.

IV. Kontrolle durch die öffentliche Meinung und das Parlament

Ohne dass in den Begründungen für die Zuständigkeit des Ministers für die politische Ausnahme darauf näher eingegangen wurde, haben die Befürworter dieser Lösung schlicht von der „parlamentarischen Verantwortung" des Ministers gesprochen und diese als notwendiges Kontrollinstrument bewertet.[154] Die Kontrolle der Regierung durch das Parlament ist ein Element des in der Bundesrepublik geltenden parlamentarischen Systems, dessen Eigenart darin besteht, dass die Bundesregierung vom Parlament bestellt wird und diesem laufend politisch verantwortlich bleibt.[155] Durch sie wird das Handeln der Regierung transparent und verantwortlich gemacht. Der Bundeswirtschaftsminister trifft mit der Erlaubnis für einen wettbewerbsschädigenden Zusammenschluss eine politische Entscheidung. Die Kontrolle des Politikers erfolgt sowohl durch die Parlamentsminderheit, also durch die Opposition in Form von öffentlicher Regierungskritik, als auch durch die Parlamentsmehrheit in Form von interner Regierungsbeein-

---

[153] Vgl. *Kartte/Röhling*, in: Auslegungsfragen, S. 93; *Monopolkommission*, Sondergutachten 2, Tz. 31; *Fatschek*, Die Berücksichtigung außerwettbewerblicher Gesichtspunkte, S. 167.
[154] Vgl. nur Bericht des *Ausschusses für Wirtschaft*, BT-Drucks. 7/765, S. 8 = WuW 1973, 590; *Kantzenbach*, marktwirtschaft 2/1970, zitiert in WRP 1970, 63; *Kartte/Röhling*, in: Auslegungsfragen, S. 92; *Kartte*, in: Fusionskontrolle, S. 106; *Klaue u.a.*, Zur Problematik der Fusionskontrolle, S. 98. Bei Einführung von § 8 in das GWB 1958 wurde dieses Argument in gleicher Weise verwendet, vgl. IM-*Immenga*, GWB, § 8, Rn. 4.
[155] Vgl. *Maunz/Zippelius*, Staatsrecht, S. 282, sowie unten 2. Teil, C. I. 1. und D. II. 1.

flussung.[156] Es wurde daher angenommen, dass sie in beiden Formen einen entscheidenden Beitrag leiste, zudem könne und solle die parlamentarische Beobachtung auch dazu dienen, etwaigen Fehlentwicklungen durch Gesetzesänderungen zu begegnen.[157]

Neben der politischen Kontrolle könne der Minister sich auch publizistischen Angriffen seiner ordnungspolitischen Gegner[158] und damit auch den Reaktionen der Öffentlichkeit ausgesetzt sehen. Der Grundsatz der öffentlichen Verhandlung (§§ 56 Abs. 3 GWB) unterstütze dabei die Kontrolle durch die Öffentlichkeit.[159] Auch wurde der Sinn der Einrichtung einer unabhängigen Monopolkommission, die in Gutachten zu bestimmten Zusammenschlussvorhaben Stellung nimmt, darin gesehen, dass der Minister diese Gutachten veröffentlichen und auf dieser Grundlage seine Entscheidung öffentlich rechtfertigen müsse. Damit würden sachfremde Entscheidungen erschwert und die wirtschaftspolitische Entscheidung unterliege einer systemgerechten öffentlichen Kontrolle.[160]

Das Argument der Kontrolle durch Parlament und Öffentlichkeit spielte eine entscheidende Rolle, die Ministererlaubnis gerade in die Hände eines Politikers zu legen und die außerwettbewerbliche Beurteilung einer Fusion nicht einer unabhängigen Kommission oder einer Behörde zu überlassen. Man erhoffte sich allein aus dieser Tatsache, dass die Generalklausel restriktiv, bedächtig und rechtmäßig angewendet werden würde.

---

[156] *Magiera*, in: Sachs, GG, Art. 38, Rn. 37. Unerheblich sei an dieser Stelle, ob sich diese Kontrolle eher zu einer Kontrolle bzw. kritischen Beobachtung durch die Opposition entwickelt, so *Fatschek*, Die Berücksichtigung außerwettbewerblicher Gesichtspunkte, S. 186 m.w.N.
[157] Vgl. *Fatschek*, Die Berücksichtigung außerwettbewerblicher Gesichtspunkte, S. 186.
[158] *Fatschek*, Die Berücksichtigung außerwettbewerblicher Gesichtspunkte, S. 186, nimmt an, dass er sich denen nicht wird aussetzen wollen.
[159] Vgl. auch *Junge*, WuW 1970, 838.
[160] Vgl. *Kantzenbach*, marktwirtschaft 2/1970, zitiert in WRP 1970, 63.

V. Gerichtliche Überprüfbarkeit

Die Ministererlaubnis ist als Verwaltungsakt eine Form des staatlichen Handelns. Als solcher unterliegt sie gerichtlicher Kontrolle.[161] Und zwar ist sie nach § 63 Abs. 1 GWB als Verfügung einer Kartellbehörde mit der Beschwerde angreifbar. War es in den ersten Entwürfen noch nicht möglich, bei Anfechtung der Bundeskartellamtsentscheidung zugleich eine Ministererlaubnis zu beantragen, die dann wiederum selbst gerichtlich angreifbar war, so stellt sich die zuletzt beschlossene Situation so dar, dass sowohl die zunächst ergangene Bundeskartellamtsentscheidung als auch die nachfolgende Ministererlaubnis gerichtlich überprüfbar sein sollten, was bis heute gilt. Die Verfahren können sich sogar überschneiden. Die Antragsteller können aber auch erst den Ausgang des Ministererlaubnisverfahrens abwarten, ehe sie Beschwerde gegen die Untersagungsverfügung des Bundeskartellamtes einlegen.[162] Für beide Verfahren ist das gleiche Gericht zuständig und sie können verbunden werden.[163] Im Hinblick auf verfahrensrechtliche Fehler kann eine Ministererlaubnis vom Beschwerdegericht voll überprüft werden. Unklar ist hingegen bis heute, wie weit die materielle Überprüfbarkeit einer solchen politischen Entscheidung geht. Ohne auf die nicht vollständig geklärte Streitfrage an dieser Stelle näher einzugehen,[164] sei so viel vorweggenommen, dass das KG in der ersten zu einer Ministererlaubnis ergange-

---

[161] § 62 GWB (1958); dass die Ministererlaubnis mit ihrer Einführung ebenso wie die Bundeskartellamtsentscheidung mit der Beschwerde angreifbar sein sollte, ergibt sich auch aus der Änderung des § 62 Abs. IV S. 1 GWB (1958), wonach für Beschwerden gegen beide Verfügungen – die des Bundeskartellamtes und die des Bundeswirtschaftsministers – dasselbe OLG, nämlich das am Sitz des Bundeskartellamtes zuständige, das entscheidende Gericht sein soll; vgl. Zweites Gesetz zur Änderung des Gesetzes gegen Wettbewerbsbeschränkungen, BGBl. I , S. 927, Art. 1 Punkt 25; auch *Bundesregierung*, Entwurf eines Zweiten GWB, BT-Drucks. VI/ 2520, S. 36.

[162] § 66 Abs. 1 S. 3 GWB; vgl. auch *Bundesregierung*, Entwurf eines Zweiten GWB, BT-Drucks. VI/2520, S. 37.

[163] §§ 63 Abs. 4, 73 Nr. 1 GWB, 147 ZPO. Das zuständige Gericht (früher das KG) ist seit der Sitzverlegung des Bundeskartellamtes von Berlin nach Bonn das OLG Düsseldorf.

[164] Vgl. aber dazu unten 2. Teil, D. IV. 1. c).

nen gerichtlichen Entscheidung feststellte, dass die Gemeinwohlerwägungen in einer Ministererlaubnis wegen § 71 Abs. 5 Satz 2 GWB der gerichtlichen Kontrolle entzogen sind. Diese enthalten Elemente einer wirtschaftspolitischen Wertung, weshalb hierfür eine Einschätzungsprärogative des Ministers besteht.

Bei Einführung der Ministererlaubnis wurde dieser Aspekt noch nicht problematisiert. Es wurde lediglich betont, dass die Entscheidung des Ministers überhaupt durch ein Gericht überprüft werden kann, wodurch man sich eine entsprechende Kontrolle versprach.

E. Ergebnis

Die Ministererlaubnis als Ausnahmeregelung innerhalb der Fusionskontrollvorschriften kann nur verstanden werden, wenn man ihren Hintergrund kennt und die Umstände ihrer Einführung vor Augen hat. Aus damaliger Sicht war sie notwendige Korrektur einer strengen Fusionskontrolle. Wie auch ihr Pendant für Kartelle nach § 8 GWB diente sie dazu, den Gegnern und Zweiflern entgegenzukommen und ihnen die Einführung des „scharfen Schwerts Fusionskontrolle"[165] leichter zu machen, zu deren Einführung es jahrelanger Diskussionen bedurft hatte, ehe sie überhaupt durchgesetzt werden konnte. Durch eine Gemeinwohlklausel ließ sich der hart wirkende Eingriff in die unternehmerische Freiheit wenn auch nicht rechtfertigen, so doch wenigstens relativieren.

Die Tatbestandsmerkmale der Vorschrift sind eine sorgfältige Arbeit des Gesetzgebers, der sich mit den Bedenken und Schwächen einer solchen Ausnahmegenehmigung auseinander gesetzt hat, und eine Generalklausel einführen wollte, die nur in äußersten Ausnahmefällen eingreifen und sehr

---

[165] *Möschel*, BB 2002, 2077, 2078.

zurückhaltend gehandhabt werden sollte. Ob sich die Prognosen, die sich auf die Praxis, die Probleme und die Auswirkungen dieser Ausnahmeregelung bezogen, bewahrheitet haben, wird Gegenstand des nachfolgenden Teils sein.

2. Teil: Die Ministererlaubnis aus heutiger Sicht

Die Regelung der Ministererlaubnis als Teil der Fusionskontrollvorschriften gibt es in Deutschland seit nunmehr über 30 Jahren. In dieser Zeit hat es 18 Anträge auf Erteilung dieser Ausnahmegenehmigung gegeben. Sieben Mal wurde eine Erlaubnis erteilt.[1] In fünf Fällen wurden die Anträge abgelehnt, in den übrigen sechs Fällen haben die Antragssteller den Antrag wegen veränderter Umstände oder mangels Erfolgsaussichten zurückgenommen.[2] Angesichts der Zahl der Unternehmenszusammenschlüsse in Deutschland überhaupt – seit 1973 über 30.000, die dem Bundeskartellamt angezeigt wurden[3] – wirkt die Summe der Ministererlaubnisanträge verschwindend gering. Zudem erteilte der Bundeswirtschaftsminister die Ausnahmegenehmigungen rückblickend sehr unregelmäßig. So wurde in den Jahren 1973 bis 1981 bei acht Anträgen die Erlaubnis fünf Mal erteilt, von 1982 bis 2001 bei acht Anträgen nur ein Mal.[4] Zuletzt erging im Jahre 2002 die Erlaubnis für den Zusammenschluss E.ON/Ruhrgas. Der Antrag, den Holtzbrinck Anfang 2003 auf Erteilung der Ministererlaubnis gestellt hat, wurde zurückgenommen.

Obwohl die Zahl der Entscheidungen des Bundeswirtschaftsministers zu Unternehmenszusammenschlüssen im Verhältnis zur Fusionstätigkeit in der deutschen Wirtschaft nur einen kleinen Anteil ausmacht, können aus heutiger Sicht gewisse Erfahrungen und Gemeinsamkeiten dieser Ministererlaubnisverfahren herausgearbeitet werden. Anhand dieser Erfahrungen soll die Frage beantwortet werden, ob sich die Generalklausel der Ministererlaubnis nach drei Jahrzehnten Fusionskontrolle bewährt hat und ob sie den Anforderungen, die innerhalb der Fusionskontrolle an sie gestellt werden, gerecht wird. Die Gründe, die damals für die Aufnahme der General-

---

[1] Davon zwei Erlaubnisse ohne Auflagen, vier mit Auflagen und eine Teilerlaubnis, vgl. Anhang I.
[2] Vgl. Anhang I; *Bundeskartellamt*, Tätigkeitsbericht 2001/2002, BT-Drucks. 15/1226, S. 27.
[3] Vgl. *Bundeskartellamt*, Tätigkeitsbericht 2001/2002, BT-Drucks. 15/1226, S. 257.
[4] Vgl. Anhang I.

klausel ausschlaggebend waren, könnten heute noch gelten, aber es können mittlerweile auch andere Gründe dafür sprechen, dass man diese Norm beibehält. Dem gegenüberzustellen sind die immer schon angesprochenen Bedenken gegenüber einer solchen Ausnahmeregelung. Ob diese ausgehend von der bisherigen Praxis gerechtfertigt sind oder wegen einer womöglich gut funktionierenden Kontrolle der Handhabe dieses Instruments ausgeräumt werden können, steht dabei zur Diskussion.

A. Die Fusionskontrollpraxis seit 1973

Da die Ministererlaubnis in der Zeit ihrer Einführung untrennbar mit den Diskussionen über Sinn und Zweck einer Fusionskontrolle im deutschen GWB verbunden war, ist auch aus heutiger Sicht auf den „Stand" der Fusionskontrolle einzugehen, wobei die Entwicklung der Zusammenschlussaktivitäten von Unternehmen im Laufe der Jahre zu betrachten ist.[5]
Seit Bestehen der Fusionskontrollvorschriften, von 1973 bis 2002, sind beim Bundeskartellamt 30 893 vollzogene Unternehmenszusammenschlüsse angezeigt worden.[6] Präventive Fusionskontrollverfahren wurden in 23 096 Fällen[7] durchgeführt und insgesamt untersagt wurden in dieser Zeit seit Einführung der Fusionskontrolle 139 Zusammenschlüsse. 89 Untersagungen hiervon sind bestandskräftig geworden, in fünf Fällen sind noch Beschwerde- oder Rechtsbeschwerdeverfahren anhängig. In 45 Fällen ist die Untersagung endgültig aufgehoben oder für erledigt erklärt worden. Nicht vergessen werden darf nach dem Bundeskartellamt die Zahl der Fälle, die aufgrund einer Vorprüfung durch das Bundeskartellamt oder nach Anmeldung aufgegeben, modifiziert oder ohne förmliche Untersagung auf-

---

[5] Einen Überblick zum jeweiligen Stand und zur Entwicklung der Fusionskontrolle bietet seit 1978 der jährliche Dezember-Bericht Emmerichs in der AG.
[6] Vgl. *Bundeskartellamt*, Tätigkeitsbericht 2001/2002, BT-Drucks. 15/1226, S. 257.
[7] Vgl. *Bundeskartellamt*, Tätigkeitsbericht 2001/2002, BT-Drucks. 15/1226, Übersicht S. 259.

gelöst worden sind. Sie beläuft sich auf insgesamt 391.[8] Auf den ersten Blick sprechen diese Zahlen für eine restriktive Praxis der Untersagungsverfügungen durch das Bundeskartellamt. Die meisten Zusammenschlüsse konnten vollzogen werden und nur in Ausnahmefällen hat sich die Wettbewerbsbehörde in die Quere gestellt. Die Zahl der untersagten Zusammenschlüsse ist im Verhältnis zur regen Fusionstätigkeit in der deutschen Wirtschaft nach wie vor gering.

Seitdem die Vorschriften zur Kontrolle von Unternehmenszusammenschlüssen in das GWB eingeführt worden sind, hat die Zahl der Fusionen nicht etwa stagniert oder ist gar zurückgegangen, sondern angestiegen.[9] In den ersten Jahren nach 1973 war ein kontinuierliches Ansteigen zu beobachten. Anfang der Neunziger gab es eine regelrechte Fusionswelle (mit allein über 2 000 Zusammenschlüssen im Jahr 1991), was die Monopolkommission rückblickend auf die spezielle Situation nach der Wiedervereinigung zurückführte.[10] Damals waren es vor allem Megafusionen, die die Öffentlichkeit beschäftigten. Allerdings wurde ein erheblicher Teil dieser als erfolglos eingestuft.[11] Danach sank die Zahl der Anmeldungen leicht. 1997/1998 gab es wieder ein Ansteigen. Seitdem ist die Zahl der angezeigten Zusammenschlüsse auf 1 317 im Jahre 2002 leicht zurückgegangen.[12]

---

[8] Vgl. *Bundeskartellamt*, Tätigkeitsbericht 2001/2002, BT-Drucks. 15/1226, S. 14 f.; vgl. auch *Wolf*, DSWR 9/99, 210. Das Bundeskartellamt geht davon aus, dass eine noch größere Zahl von „inoffiziellen" Zusammenschlussvorhaben wegen der Wirkung der Fusionskontrolle nicht weiter verfolgt werden, allerdings existieren hierzu keine Angaben, denn ein Einblick in die Planungsentscheidungen der Unternehmen ist nicht möglich, vgl. *Ortwein*, Das Bundeskartellamt, S. 176.
[9] Vgl. auch die Übersicht im Anhang II.
[10] Vgl. *Monopolkommission*, Hauptgutachten XI (1994/1995), Tz. 589. Die Zusammenschlussaktivitäten begründeten sich danach vorwiegend im Zusammenhang mit den Privatisierungen in den neuen Bundesländern.
[11] Vgl. *Berg/Schmitt*, Wettbewerbspolitik im Prozess der Globalisierung, S. 3.
[12] Vgl. Anhang II, wobei die rückläufige Zahl angemeldeter Fusionsvorhaben hinsichtlich ihrer wettbewerblichen Bedeutung nur von eingeschränkter Aussagekraft ist. Eine Reihe von Branchen war dennoch durch rege Fusionstätigkeit geprägt, so etwa die leitungsgebundene Energiewirtschaft und die Mineralölwirtschaft, *Bundeskartellamt*, Tätigkeitsbericht 2001/2002 BT-Drucks. 15/1226, S. 8.

Allerdings haben Zusammenschlüsse zwischen Großunternehmen ständig zugenommen.[13] Trotz Schwankungen bei den jährlich angezeigten Zusammenschlüssen erwartet das Bundeskartellamt wieder ein Ansteigen der Fusionen.[14]

B. Tragfähigkeit der vormaligen Begründung der Ausnahmeregelung

Die Ministererlaubnis wurde in das GWB eingeführt, um den Bedenken und Unsicherheiten gegenüber einer zu strengen Fusionskontrollregelung entgegenzuwirken. Heute wird man nach den Erfahrungen mit allen Vorschriften der Fusionskontrolle und nach 18 Ministererlaubnisverfahren manches anders beurteilen müssen.

I. Überwindung von Interessengegensätzen durch die Ministererlaubnis

Die Fusionskontrolle war zu Beginn ihrer Einführung äußerst umstritten und das ist sie in gewisser Weise noch heute. Der Unterschied im Vergleich zu den Diskussionen der fünfziger, sechziger und siebziger Jahren ist der, dass heute nicht mehr zur Disposition steht, ob eine staatliche Zusammenschlusskontrolle überhaupt Sinn macht. Viel mehr wird heutzutage überprüft und hinterfragt, wo die Schwächen und Verbesserungsmöglichkeiten dieses Regelungskomplexes liegen. So drehten sich die Diskussionen um die Reform des GWB im Rahmen der siebten GWB-Novelle hinsichtlich der Fusionskontrollvorschriften anfangs überwiegend um Verfahrens-

---

[13] Vgl. *Böge*, Globalisierung, S. 4; seit 1995 ist die Anzahl von Fusionen jährlich um 15% angestiegen, s. *Werner Müller*, in: Megafusionen, S. 23.
[14] Handelsblatt v. 24.7.2003, abrufbar unter: http:// www.3.vhb.de/wuw/news/index.html (1.10.2002).

fragen.[15] Auch in den vorangegangenen Novellierungen des Wettbewerbsgesetzes ging es letztlich immer um die Ausgestaltung der Fusionskontrolle, nicht aber um ihre grundsätzliche Existenzberechtigung. Die Entwicklung und Veränderung der Fusionskontrollvorschriften und die Reaktionen hierauf sind gekennzeichnet durch Interessengegensätze. Ob die Ministererlaubnis zum Ausgleich dieser Gegensätze und zur Akzeptanz der Fusionskontrollvorschriften einen Beitrag geleistet hat, kann aus der Entwicklung ihrer Entscheidungspraxis herausgelesen werden.

1. Meinungsstand zur Fusionskontrolle allgemein

Nach den Übersichten zur Entwicklung der Unternehmenszusammenschlüsse in Deutschland seit 1973 konnte die Fusionskontrolle die Zahl von Unternehmenszusammenschlüssen und die Konzentration in der Wirtschaft nicht bremsen. Und dennoch ist dieser Regelungskomplex aus dem GWB nicht mehr wegzudenken. Trotz vieler Kritikpunkte und mancher Schwächen der Regelungen hat sich die Fusionskontrolle in Deutschland voll etabliert. So umstritten die Ausgestaltung der Normen auch sein mag, so anerkannt ist die Fusionskontrolle als Schwerpunkt, ja Mittelpunkt des GWB in der heutigen Zeit.

a) Entwicklung der Fusionskontrolle und ihrer Akzeptanz

Nicht von Anfang an hatte die Fusionskontrolle den Stellenwert, den sie heute hat. Nachdem die zweite Novellierung des GWB 1973 in Kraft getreten war, verstummten kritische Stimmen so schnell nicht. Betrachtet man die Zahlen in den Tätigkeitsberichten des Bundeskartellamtes, so schien die

---

[15] Vgl. *Bundesministerium für Wirtschaft und Arbeit*, Entwurf von Eckwerten einer 7. GWB-Novelle. Nunmehr steht neben insbesondere die Reform der Pressefusionskontrolle zur Diskussion, vgl. *Bundesministerium für Wirtschaft und Arbeit*, Referentenentwurf v. 17.12.2003; FAZ v. 27.1.2004, S.11.

Fusionskontrolle in Form von konkreten Untersagungsverfügungen verhältnismäßig selten einzugreifen.[16] Nagel konstatierte zu einem derartigen Verhältnis bereits im Jahre 1979 (2 727 angezeigte vollzogene Zusammenschlüsse und 24 Untersagungen) ein krasses Missverhältnis zwischen Aufwand und Ertrag der Fusionskontrolle. Trotz Berücksichtigung eines gewissen Abschreckungseffekts für Vorhaben, die keine Erfolgsaussichten hatten, zog er damals eine negative Bilanz der Fusionskontrolle.[17] Diese negative Bewertung und teils kritische, sogar ablehnende Haltung war kennzeichnend für die ersten Jahre nach Einführung der Fusionskontrolle,[18] denn die Zahl der Unternehmenszusammenschlüsse ging nach Einführung der Fusionskontrollvorschriften nicht zurück und man betrachtete die Fusionskontrolle als wirkungslos. Auch die Monopolkommission konstatierte in ihrem ersten Hauptgutachten, dass das Ziel des Gesetzgebers mit der Fusionskontrolle bisher nur teilweise verwirklicht worden sei.[19] In ihrem fünften Sondergutachten zur Entwicklung der Fusionskontrolle aus dem Jahre 1977 heißt es dann: „Die Fusionskontrolle hat sich als ungeeignet erwiesen, die Konzentrationstendenzen spürbar zu verringern." Zudem käme den politischen Bedingungen, unter denen die Fusionskontrolle gehandhabt werde, ausschlaggebende Bedeutung zu.[20] Trotz der Kritik an der Praxis, den gesetzlichen Vorschriften und ihrer Wirksamkeit ließ die Kommission jedoch keinen Zweifel daran, dass die Fusionskontrolle unerlässlich sei und dass sie in Zukunft wirksamer sein werde. Die Missbrauchsaufsicht allein

---

[16] Vgl. oben A. sowie Anhang II.
[17] *Nagel*, in: Handbuch des Wettbewerbs, S. 353.
[18] Vgl. statt vieler *Hans-Dieter Schmidt*, in: Konzentration in der Wirtschaft, S. 260; *Haubrock*, Konzentration und Wettbewerbspolitik, S. 170; *Emmerich*, AG 1978, 85, 86; *ders.*, AG 1979, 6; *Neiser*, Die Praxis der deutschen Fusionskontrolle, S. 275 ff.; *Kaufer*, Konzentration und Fusionskontrolle, S. V; Der Spiegel 49/1978, S. 89; a.A. *Schlecht* (Staatssekretär im Bundeswirtschaftsministerium und an der Entstehung der Fusionskontrollvorschriften maßgeblich beteiligt), Wettbewerb als ständige Aufgabe, S. 40, der bereits 1975 der Fusionskontrolle einen nicht unbedeutenden Einfluss auf Unternehmens-Entscheidungen zuschrieb, wenn auch die Auswirkungen auf den Konzentrationsprozess noch nicht abzuschätzen seien.
[19] Vgl. *Monopolkommission*, Hauptgutachten I (1973/1975), Tz. 124, 845.
[20] Vgl. *Monopolkommission*, Sondergutachten 5 (1977), S. 45.

könne Versäumnisse in der Erhaltung wettbewerblicher Strukturen nicht ausgleichen.[21]

Die fortwährende Kritik an der Fusionskontrolle führte im Laufe der Zeit bis heute zu einer Reihe von Änderungen und Verschärfungen der Vorschriften. 1980 trat die Vierte GWB-Novelle in Kraft, die die Fusionskontrollvorschriften erweiterte und verbesserte.[22] Aber auch danach gab es zwiespältige Auffassungen. Einerseits mahnte Knöpfle eine Wende an und forderte eine Abschaffung der geltenden Fusionskontrollvorschriften, denn diese erschienen ihm nicht sachgerecht.[23] Andererseits stand die Monopolkommission erneut für eine Verschärfung der Vorschriften, nachdem sie auf Probleme und Schwächen der Normen hingewiesen hatte.[24]

Als die fünfte Novellierung des GWB anstand, gewannen die wettbewerbspolitischen Diskussionen an Heftigkeit, es wurden neuerliche Änderungen des GWB diskutiert, in deren Mittelpunkt wiederum die Fusionskontrolle stand.[25] Diese fünfte Novelle im Jahre 1989 brachte erneut Veränderungen der Fusionskontrollnormen mit sich.[26]

---

[21] Vgl. *Monopolkommission,* Sondergutachten 5 (1977), S. 49; *dies.,* Hauptgutachten I (1973/1975), Tz. 59.

[22] BGBl. I, S. 458 ff. (1980). Eingeführt wurde ein Umgehungstatbestand, der das Unterlaufen der Fusionskontrolle verhindern sollte, § 23 Abs. 2 Nr. 2 Satz 4 und 5 GWB a.F., sowie zusätzliche Marktbeherrschungsvermutungen, um vertikale, konglomerate und horizontale Zusammenschlüsse besser erfassen zu können, § 23 a Abs. 1 und 2 GWB a.F. Zudem wurde die Anschlussklausel geändert und die ex-ante-Kontrolle ausgedehnt, § 24 Abs. 8 Nr. 2 GWB und § 24 a Abs. 1 S. 2 GWB a.F. (Die vorangegangene dritte Novelle (BGBl. I, S. 1697 ff. (1976) verschärfte die Fusionskontrolle im Pressebereich, danach unterliegen auch kleinere Zusammenschlüsse auf dem Pressesektor einer Fusionskontrolle). Vgl. zum Ganzen auch *I. Schmidt,* Wettbewerbspolitik und Kartellrecht, S. 166.

[23] *Knöpfle,* Die Problematik der Zusammenschlusskontrolle nach dem GWB, S. 178 f. Kritisch hierzu *Oehler,* ORDO 39 (1989), S. 321 ff.: Obwohl die Fusionskontrolle im Einzelnen noch teilweise umstritten sei, werde im Ganzen ihre Notwendigkeit von niemandem in Frage gestellt. Knöpfles äußerst kritische, vom Standpunkt her weit außerhalb vorherrschender Meinungsströmungen liegende Abhandlung zur Fusionskontrolle blieb insoweit ein Einzelfall.

[24] Vgl. *Monopolkommission,* Hauptgutachten VI (1984/1985), Tz. 436, 471.

[25] Vgl. *Emmerich,* AG 1987, 357 m.w.N.

[26] BGBl. I, S. 2486 (1989). Verschärft wurden insbesondere die bestehenden Normen der Fusionskontrolle im Hinblick auf die Konzentrationsentwicklung im Handel, vgl. auch *I. Schmidt,* Wettbewerbspolitik und Kartellrecht, S. 167.

Ende der achtziger Jahre trat in der Diskussion um die Fusionskontrolle ein weiterer Aspekt auf, der bis dato ein „wenig beachtetes Schattendasein gefristet" hatte und nun aus seinem „Dornröschenschlaf"[27] geweckt wurde: die europäische Fusionskontrolle. Am 21.9.1990 trat die europäische Fusionskontrollverordnung[28] (FKVO) in Kraft. Ihr Inkrafttreten wurde von vielen Seiten ausdrücklich begrüßt und als die konsequente Fortsetzung europäischer Wettbewerbspolitik betrachtet.[29] Die europäische Fusionskontrolle zog in den nachfolgenden Jahren immer mehr Aufmerksamkeit auf sich.[30] Viele große Unternehmenszusammenschlüsse spielten sich zunehmend auf internationaler, auf europäischer Ebene ab, und da die Anwendung nationalen Rechts bei Eingreifen der FKVO ausgeschlossen ist,[31] wurden spektakuläre, viel diskutierte Fälle auf die europäische Ebene verlagert. Die Zahl der bei der EU-Kommission angemeldeten Fusionsfälle hat sich im Laufe der neunziger Jahre erheblich gesteigert.[32] Dennoch wurde die Notwendigkeit der nationalen Fusionskontrolle nicht in Frage gestellt, sondern sie wurde nach wie vor als wichtiges, zu bewahrendes Mittel des Wettbewerbsschutzes eingestuft.[33]

Die – in ihrer Ausgestaltung ebenfalls damals höchst umstrittene – sechste Novelle des GWB trat am 1.1.1999 in Kraft. Die Fusionskontrolle wurde erneut reformiert und übersichtlicher geregelt, zugleich strebte man eine Harmonisierung mit dem europäischen Recht an.[34] Die präventive Fusions-

---

[27] *Emmerich*, AG 1988, 357.
[28] Verordnung (EWG) Nr. 4064/89 des Rates über die Kontrolle von Unternehmenszusammenschlüssen vom 21.12.1989, ABl.EG Nr. L 395/1, ber. ABl. 1990 Nr. L 257/13.
[29] So beispielsweise die *Monopolkommission*, Hauptgutachten IX (1990/1991), Tz. 6.
[30] Vgl. *Emmerich*, AG 1992, 417, 424; *ders.*, AG 1993, 529; *ders.*, AG 1994, 477; *ders.*, AG 1995, 489.
[31] Sog. one-stop-shop-Prinzip, vgl. *Richter*, in: Wiedemann, Handbuch des Kartellrechts, § 18, Rn. 2; Art. 21 Abs. 2 FKVO.
[32] Vgl. *van Miert*, in: Megafusionen, S. 38.
[33] Vgl. etwa *Kallfass*, WuW 1992, 605; *Kantzenbach*, WuW 1990, 116, 123.
[34] *Bundesregierung*, Entwurf eines Sechsten GWB, BT-Drucks. 13/9720, S. 30. Zur 6. GWB-Novelle und deren Inhalt vgl. statt vieler *Bechtold*, GWB, Einführung, Rn. 14–35; *Bunte*, in: Langen/Bunte, GWB, Einführung zum GWB, Rn 16–25; *Richter*, in: Wiedemann, Handbuch des Kartellrechts, § 18, Rn. 5 ff.; *Baron*, in: Schwerpunkte des Kartellrechts 1998, S. 1–21; kritisch *Dreher*, in: Schwerpunkte des Kartellrechts, S. 111–119.

kontrolle wurde in Anpassung an die europäische Fusionskontrollverordnung ausgeweitet. Zudem wurde die Anmeldepflicht eingeführt, es gibt keine Fälle mehr, die fusionskontrollpflichtig sind und nur nachträglich angezeigt werden müssen.[35] Die Bundesregierung setzte ihrer Wettbewerbspolitik zum Ziel, „dem Wettbewerbsprinzip mehr Geltung zu verschaffen und die Wettbewerbsdynamik zu fördern."[36] Auf die Fusionskontrolle und ihre Akzeptanz übertragen lässt sich damit festhalten, dass sich entgegen manch scharfer Kritik über die Jahre hinweg die Einsicht durchgesetzt hatte, dass das Wettbewerbsprinzip eines der grundlegenden Ziele der Wirtschaftspolitik sein solle und dass man hierzu eine entsprechende, jegliche wettbewerbsschädigende Zusammenschlüsse erfassende Fusionskontrolle brauche. Die stetige Nachbesserung der Normen erweist sich dabei als „ordnungspolitische Konstante"[37] auf dem Weg zu einer durchsetzungsfähigen Wettbewerbspolitik. Das Bundesministerium für Wirtschaft und Arbeit sieht heute in funktionierendem Wettbewerb eine wesentliche Voraussetzung für Wachstum und Beschäftigung in unserer Gesellschaft.[38] Es gibt heutzutage keine ernst zu nehmenden Stimmen mehr, die das in Frage stellen.

b) Fusionskontrolle heute

Heutzutage wird der eigentliche Nutzen einer Fusionskontrolle nicht in Frage gestellt oder bezweifelt. In den Vorschlägen und Diskussionen über Ausgestaltung und Entwicklung der Wettbewerbspolitik bildet sie einen festen Bestandteil. Das begründet sich nicht zuletzt damit, dass die deutsche Wettbewerbspolitik heute angesichts der geringeren Bedeutung der

---

[35] Vgl. hierzu im Überblick *Bechtold*, GWB, Einführung, Rn. 28.
[36] Jahreswirtschaftsbericht 1997, Kap. C 4 und 1998, Kap. B 4; zitiert in *Baron*, in: Schwerpunkte des Kartellrechts 1998, S. 1; *Bundesregierung*, Entwurf eines Sechsten GWB, Begründung, BT-Drucks. 13/9720, S. 30.
[37] *Ortwein*, Das Bundeskartellamt, S. 185.
[38] *Bundeswirtschaftsministerium*, Wirtschaftspolitik, S. 1.

klassischen Kartelle und der eingeschränkten Auswirkung der Missbrauchsaufsicht weitgehend identisch ist mit der Fusionskontrolle.[39] Die Kontrolle von Unternehmenszusammenschlüssen ist der praktisch wichtigste Anwendungsbereich des GWB und bildete bis zuletzt den Schwerpunkt der Kartellrechtspraxis.[40] Zudem ist die Konzentration in der Wirtschaft heutzutage – nicht nur in Deutschland – eine Tatsache, und Vorschriften zur Kontrolle der Konzentrationsentwicklung sind nach wie vor bedeutsam.[41] Dafür spricht nicht zuletzt auch, dass immer mehr Länder ebenfalls Fusionskontrollen einführen. Mittlerweile gibt es in ca. 70 Ländern Vorschriften zur Kontrolle von Unternehmenszusammenschlüssen[42] und in der EU besteht seit 1989 ebenfalls die bereits angesprochene Fusionskontrollverordnung. Fusionskontrolle wird also zunehmend als Mittel der Wirtschaftspolitik entdeckt.[43]

Es bestehen heutzutage auch keine ernsthaften Sorgen mehr, dass die Fusionskontrolle etwa zu extensiv angewendet werden würde. Die in der Relation geringe Zahl der Untersagungen von Zusammenschlüssen durch das Bundeskartellamt über die Jahre hinweg zeigt, dass nur in Ausnahmefällen ein Eingriff erfolgt, in den meisten Fällen aber Unternehmen ihren Zusammenschlussvorhaben nachgehen können. Die Bundesregierung beurteilt in der Stellungnahme zum letzten Tätigkeitsbericht das kartellrechtliche Instrumentarium der Zusammenschluss-kontrolle insofern auch als „hinreichend praktikabel"[44] und die Monopolkommission ist ebenfalls der An-

---

[39] Vgl. *Ortwein*, Das Bundeskartellamt, S. 170; *Emmerich*, Kartellrecht, 6. Aufl., S. 334; *Haubrock*, Konzentration und Wettbewerbspolitik, S. 72.
[40] Vgl. *Bundeskartellamt*, Tätigkeitsbericht 2001/2002, BT-Drucks. 15/1226, S. 8, S. IV.
[41] GK-*Schütz*, Einführung Zusammenschlusskontrolle, Rn. 7; so auch *Tichy*, WiSt, 1991, 357, 360.
[42] *Berg/Nachtsheim/Kronberger*, RIW 2003, 15; ähnlich festgestellt auch schon von *Kallfass*, WuW 1992, 597. Dem Wettbewerbsprinzip verschrieben haben sich sogar mehr als 90 Staaten, die inzwischen eine Wettbewerbsordnung für ihre Volkswirtschaften haben, vgl. *Bundeskartellamt*, Tätigkeitsbericht 2001/2002, BT-Drucks. 15/1226, S. 7.
[43] Vgl. Berg, Nachtsheim, Kronberger, RIW 2003, 16.
[44] *Bundeskartellamt*, Tätigkeitsbericht 2001/2002, BT-Drucks. 15/1226.

sicht, dass die Fusionskontrolle erfolgreich umgesetzt wird.[45] Die mittlerweile vorbehaltlose Annahme der Fusionskontrolle in Deutschland wird auch dadurch unterstützt, dass nach neueren Feststellungen die meisten Fusionen – nicht nur in Deutschland – nicht erfolgreich sind und eine Fusion selten ein dauerhafter ökonomischer Erfolg ist.[46]

2. Auswirkungen der Ministererlaubnis

Die Fusionskontrolle ist fester Bestandteil einer Wettbewerbsordnung und als solche durchweg anerkannt. Die Akzeptanz und eine adäquate Ausführung der Fusionskontrolle kann heute nicht mehr als Argument und Grund für die Existenz der Ministererlaubnis nach § 42 GWB herangezogen werden. Man könnte jedoch die These aussprechen, dass die Generalklausel hierzu einen Beitrag geleistet hat oder ihn vielleicht immer noch leistet: Vielleicht „funktioniert" die Fusionskontrolle in Deutschland nur deshalb so reibungslos, weil alle Beteiligten wissen, dass es die Möglichkeit einer Ausnahmeerlaubnis durch den Bundeswirtschaftsminister gibt.

Zur Erörterung und Widerlegung dieser These genügt bereits ein Blick auf die bisherigen Ministererlaubnisentscheidungen und der Hinweis auf deren wettbewerbspolitische Resonanz: Vor allem die Erfahrungsberichte, die das Bundeswirtschaftsministerium in den Jahren 1986 und 1992 über Ministererlaubnisverfahren herausgegeben hat,[47] widerlegen einen Zusammenhang zwischen den Diskussionen über die Fusionskontrollvorschriften im Allgemeinen und der Haltung zur Ministererlaubnis im Besonderen. Die darin angesprochenen wettbewerbspolitischen Erfahrungen mit der Ausnahmeregelung werden sehr kritisch beurteilt und das Bundeswirtschaftsministeri-

---

[45] *Monopolkommission*, Hauptgutachten XIII (1998/1999), Tz. 785.
[46] Vgl. statt vieler FAZ v. 23.5.02, S. 25; *Randzio-Plath/Rapkay*, Wirtschaftsdienst 2003, 116, 117 m.w.N; *Werner Müller*, in: Megafusionen, S. 26; *Meffert*, in: Unternehmensgröße und Fusionen als Erfolgsfaktoren, S. 2.
[47] WuW 1986, 788 ff., und WuW 1992, 925 ff.

um äußert sich zurückhaltend bei der Beurteilung der bisherigen Verfahren, vor allem was die Verwirklichung der Gemeinwohlvorteile angeht. Ein konkreter Bezug zur Fusionskontrolle allgemein und den Erfahrungen mit dieser wird vermieden.

Wie festgestellt, ist die Anzahl der angezeigten Unternehmenszusammenschlüsse seit 1973 dadurch gekennzeichnet, dass sie im Wesentlichen bis Anfang der neunziger Jahre kontinuierlich angestiegen ist.[48] Die größte Häufigkeit von Anträgen und Entscheidungen über die Erteilung einer Ministererlaubnis trat in der Anfangsphase der Fusionskontrolle auf. In den Jahren 1973 bis 1981 wurde die Ministererlaubnis im Verhältnis häufiger als Mittel der Fusionskontrolle herangezogen. Damit bildete die Generalklausel von Anfang an keine Unterstützung zur Durchsetzung einer einigermaßen strengen Zusammenschlusskontrolle, sondern konterkarierte deren Ziele. Die Anwendung der Ausnahmeerlaubnis änderte nichts daran, dass die Fusionskontrolle in ihren Jugendjahren nicht sehr anerkannt war und ihre Wirksamkeit in Frage gestellt wurde. Denn Mängel, die die Fusionskontrolle aufwies, wurden weniger in der befürchteten Härte der Eingriffe als vielmehr in der Schwäche ihrer Ausgestaltung und dem Mangel an Effektivität gesehen. So schreibt auch Emmerich, dass, wo sich einmal das Bundeskartellamt zu einem Verbot „aufgerafft hat", der Minister den Zusammenschluss dann prompt erlaubt, was nicht gerade förderlich ist für eine strenge Fusionskontrolle.[49]

Der These, dass die Fusionskontrolle in Deutschland heutzutage gerade wegen der Ausnahmeregelung so anerkannt ist, widerspricht auch die Tatsache, dass bis vor kurzem die Ministererlaubnis entsprechend ihrem Sinn nur sehr restriktiv gehandhabt wurde. Nicht nur, dass sie in extrem wenigen Fällen erteilt wurde, auch wurde sie extrem selten beantragt. In allein drei Fällen davon ging die Initiative mit von der Bundesregierung aus. So hatte

---

[48] Vgl. Anhang II.
[49] *Emmerich*, AG 1978, 85, 86; vgl. auch *ders.*, Kartellrecht, 7. Aufl., S. 325.

der Bund aufgrund seiner Beteiligung an der Veba in den beiden Energiefällen Veba/Gelsenberg und Veba/BP ein starkes Interesse am Zustandekommen des jeweiligen Zusammenschlusses. Nicht anders sah es im Fall Daimler Benz /MBB aus.[50] Das zeigt, dass zusammenschlusswillige Unternehmen in den vergangenen Jahren wenig Vertrauen in den Erfolg von Anträgen auf die Ausnahmegenehmigung gesetzt haben – eben weil die Voraussetzungen hoch sind und vor allem in den achtziger und neunziger Jahren entsprechend streng von Monopolkommission und Bundeswirtschaftsminister beurteilt wurden.

Abgesehen davon muss auch festgehalten werden, dass von den vielen angezeigten und angemeldeten Zusammenschlüssen pro Jahr immer nur ein verhältnismäßig geringer Anteil durch das Bundeskartellamt rechtskräftig untersagt worden ist. Die meisten Unternehmen „brauchten" daher keine Ministererlaubnis, denn selbst nach Ausschöpfung des Rechtsweges stehen auch heute die Chancen nicht schlecht, dass ein Zusammenschluss freigegeben wird. Die Entwicklung der Fusionskontrolle und ihre Bedeutung durch die verschiedenen Phasen hindurch muss daher losgelöst von den durchgeführten Ministererlaubnisverfahren betrachtet werden. Nicht selten hört man Stimmen, die eher dahin gehen: „Die Fusionskontrolle hat sich bewährt, gestört hat die Ministererlaubnis."[51] Die Rolle, die die Fusionskontrolle heutzutage in der Wettbewerbspolitik spielt, verdankt sie jedenfalls nicht der Existenz dieser Ausnahmeregelung.

II. Realisierung der Gemeinwohlvorteile

Ein Argument der Befürworter der Ausnahmeregelung war bei ihrer Einführung, dass man nicht wisse, ob wettbewerbsbeschränkende Zusammenschlüsse nicht auch überwiegend positive Auswirkungen für die Gesamt-

---

[50] Vgl. unten 2. Teil, C. III. 1. a).
[51] So *Barbier*, FAZ v. 15.10.2003, S.15.

wirtschaft und die Allgemeinheit haben, die in den Regelungen einer Fusionskontrolle Berücksichtigung finden müssen. Dieser Aspekt wurde vom Blickwinkel der „drohenden" Fusionskontrolle aus ins Feld geführt, um ihre Wirkungen zu relativieren.[52] Ob aber die genannten Gemeinwohlvorteile tatsächlich bei Fusionen auftreten würden und eine Vernachlässigung des Wettbewerbsschutzes rechtfertigen würden, konnte zu dieser Zeit mangels Erfahrungen noch nicht abgesehen werden. Im Laufe der Jahre wurden in den Ministererlaubnisverfahren weitreichende Gemeinwohlgründe aufgeführt und zu einem erheblichen Teil als solche auch als mögliche Tatbestandsmerkmale des § 42 GWB anerkannt. Die wenigsten erzielten den versprochenen und erhofften Erfolg, was anhand des folgenden Teils darzustellen sein wird. Im Anschluss daran wird zu untersuchen sein, ob noch weiterreichende Gemeinwohlgründe, also solche, die in bisherigen Verfahren noch nicht zur Sprache gekommen sind, in der Praxis denkbar sind. Die theoretische Möglichkeit von Zielkonflikten wird dabei nicht in Abrede gestellt.

1. Schaffung und Erhalt von Arbeitsplätzen

Das Argument, ein Zusammenschluss schaffe oder erhalte Arbeitsplätze, die ohne Erlaubnis des Zusammenschlusses wegfallen bzw. nicht geschaffen würden, wurde bei fast jedem Zusammenschlussvorhaben in den Anträgen auf Erteilung einer Ministererlaubnis geltend gemacht und ist das geläufigste unter den Gemeinwohlgründen.[53]

---

[52] Vgl. oben 1. Teil, B. II.1.
[53] Vgl. *Monopolkommission*, Sondergutachten 36, Tz. 138; Sondergutachten 34, Tz. 203; Sondergutachten 25, Tz. 54; Sondergutachten 22, Tz. 56; Sondergutachten 19, Tz. 35; Sondergutachten 16, Tz. 80; Sondergutachten 15, Tz. 49; Sondergutachten 12, Tz. 33; Sondergutachten 10, Tz. 30; Sondergutachten 8, Tz. 37; Sondergutachten 6; Sondergutachten 4, Tz. 53; Sondergutachten 3, Tz. 38. Nicht geltend gemacht wurde das Argument bei den Zusammenschlüssen Daimler-Benz/MBB und bei VEBA/Gelsenberg.

a) Beschäftigungssicherung als Gemeinwohlgrund in der bisherigen Praxis

Zwar gilt die Vollbeschäftigung als ein nach dem Stabilitäts- und Wachstumsgesetz anerkanntes Ziel (§ 1 StWG), das in der Abwägung nach § 42 GWB zu berücksichtigen ist.[54] Die gesamtwirtschaftliche Betrachtungsweise des § 42 GWB rechtfertigt jedoch nicht die Erhaltung von Arbeitsplätzen in einem bestimmten Unternehmen. Insofern werden an dieses Argument von Monopolkommission und Bundeswirtschaftsminister hohe Anforderungen gestellt. So häufig es bei Zusammenschlussvorhaben geltend gemacht wurde, so wenig viel versprechend war es bislang in der Praxis. Die Monopolkommission hat deshalb immer wieder betont, dass die zukünftige Arbeitsplatzsicherung oder -schaffung von den Unternehmen konkret nachgewiesen werden muss. Denn zum einen kann der Aufbau von Marktmacht Arbeitsplätze langfristig eher gefährden als sichern. Zum zweiten zeigen die vergangenen Erfahrungen, dass die Kapazitäts- und Arbeitsplatzentwicklungen nach Fusionen in aller Regel anders verlaufen, als die Unternehmen unterstellt haben. Schließlich ist davon auszugehen, dass ein mit Unternehmenszusammenschlüssen verbundenes Rationalisierungspotenzial einen Abbau von Arbeitsplätzen bedingt. Maßnahmen zur Arbeitsplatzsicherung sollten daher durch globale beschäftigungspolitische Instrumente erfolgen, die die Funktion des Marktmechanismus nicht wesentlich beeinträchtigen. Ein wettbewerbsbeschränkender Zusammenschluss lässt sich nur dann mit dem Erhalt von Arbeitsplätzen rechtfertigen, wenn eine langfristige strukturelle Arbeitslosigkeit vermieden wird und andere Erfolg versprechende wirtschaftliche Maßnahmen nicht zur Verfügung stehen. Die Vermeidung einer nur vorübergehenden konjunkturellen

---

[54] Zuletzt *Monopolkommmission,* Sondergutachten 36, Tz. 138; E.ON/Ruhrgas I (Einleitung, Fn. 1), Tz. 133; Kali+Salz/PCS, WuW/E BWM 225, 228; IM-*Mestmäcker/Veelken,* GWB, § 42, Rn. 32.

Arbeitslosigkeit kann nicht als Grund für eine Sondererlaubnis für einen wettbewerbsbeschränkenden Zusammenschluss gelten.[55] Der Bundeswirtschaftsminister äußerte sich in seinen vergangenen Entscheidungen zwar nicht so konkret wie die Monopolkommission, er erkennt aber ebenso, dass hohe Anforderungen an den Nachweis der Sicherung von Arbeitsplätzen zu stellen sind und dass das Problem der Arbeitslosigkeit nicht durch die kurzfristige Sicherung von Arbeitsplätzen durch einen Zusammenschluss zu beheben sei.[56] Nur zwei Mal zog der Bundeswirtschaftsminister diesen Gemeinwohlgrund zur Rechtfertigung eines Zusammenschlusses heran. Das waren die Fusionen Babcock/Artos und Thyssen/Hüller in den Jahren 1976 und 1977.[57] Bei ersterem Zusammenschluss wurde bei Babcock die Beschäftigtenzahl entgegen den angekündigten Arbeitsplätzen stetig abgebaut[58] und auch bei Thyssen/Hüller hat die Ministererlaubnis langfristig den Abbau von Arbeitsplätzen nicht aufgehalten.[59] Dass das Argument der Arbeitsplatzsicherung wenig geeignet war, um einen Zusammenschluss zu rechtfertigen, stellte das Bundeswirtschaftsministerium denn auch in beiden Erfahrungsberichten zu Ministererlaubnisverfahren fest: Konjunkturelle und strukturelle Entwicklungen seien in der Regel für Arbeitsplätze von viel größerer Bedeutung als ein Zusammenschluss, dessen prognostizierte Wirkungen meist nicht so eintreten wie

---

[55] Vgl. zuletzt *Monopolkommission*, Sondergutachten 36, Tz. 138 f., sowie Sondergutachten 34, Tz. 203 f. Erstmals grundlegend *dies.*, Sondergutachten 6, Tz. 42 ff.
[56] Zuletzt Kali+Salz/PCS, WuW/E BWM 128, entsprechend auch E.ON/Ruhrgas I (Einleitung, Fn. 1), Tz. 133 f. Grundlegend Thyssen/Hüller, WuW/E BWM 162.
[57] Der entscheidende Grund für die Genehmigung des Zusammenschlusses Thyssen/Hüller war der Erhalt technologischen Potenzials in hochspezialisierten Teams, die im Falle eines Konkurses zerschlagen worden wären. Nur insoweit diente die Sicherung dieser Arbeitsplätze der Begründung der Ministererlaubnis, Thyssen/Hüller, WuW/E BWM163 f. Im Falle IBH/Wibau ließ der Minister das Arbeitsplatzargument nur im Zusammenhang mit der Möglichkeit des verbesserten Marktzutritts der Wibau auf Auslandsmärkten zu, vgl. IBH/Wibau, WuW/E BWM 180.
[58] Vgl. *Monopolkommission*, Hauptgutachten II, (1976/1977) Tz. 453; *Nagel*, ArbuR, 1982, 207, 211; *Gröner/Köhler*, ORDO 31 (1980), S. 115.
[59] Vgl. Der Spiegel 51/1981, S. 56.

von den Unternehmen vorausgesagt.[60] Dem Beschäftigungsargument der Arbeitsplatzerhaltung bzw. -sicherung haben seitdem weder Monopolkommission noch der Bundeswirtschaftsminister eine solche Bedeutung eingeräumt, dass es die Genehmigung eines wettbewerbsbeschränkenden Zusammenschlusses zu rechtfertigen vermochte.

b) Bewertung

Fraglich ist, ob überhaupt eine Konstellation denkbar ist, in der die wettbewerbsbeschränkende Wirkung eines Unternehmenszusammenschlusses zur Sicherung von Arbeitsplätzen hingenommen werden kann. Betrachtet man die bisherige Entscheidungspraxis bei Ministererlaubnisverfahren, so könnte die Antwort auf diese Frage lauten: Durch einen Zusammenschluss kann die Beschäftigung zwar nicht insgesamt gesichert werden, der gesamtwirtschaftliche Vorteil kann aber darin liegen, dass die gefährdeten Arbeitsplätze besonders wertvoll sind, etwa weil es sich um solche in strukturschwachen Regionen mit besonders hoher Arbeitslosigkeit handelt (VAW/Kaiser)[61] oder weil es sich um besonders qualifizierte Arbeitsplätze handelt (Thyssen/Hüller).[62] Bedenklich ist diese Ansicht vor dem Hintergrund des Gleichheitsgrundsatzes nach Art. 3 GG. Auch der Minister hat bei seiner Entscheidung zu beachten, dass er nicht ohne Rechtfertigung die Gefährdung von Arbeitsplätzen unterschiedlich beurteilt. Ob es aber einen sachlichen Grund für die Ungleichbehandlung von drohender Arbeitslosig-

---

[60] Vgl. Erfahrungsberichte WuW 1986, 788 und WuW 1992, 927. Dem folgend auch *Kinne*, Effizienzvorteile in der Zusammenschlusskontrolle, S. 113; *Nagel*, ArbuR 1982, 211; *Emmerich*, Kartellrecht, 7. Aufl., S. 325.

[61] Die *Monopolkommission* hatte die Arbeitsplatzerhaltung in strukturell benachteiligten Gebieten als Gemeinwohlgrund anerkannt, Sondergutachten 3, Tz. 97, 109, die Ablehnung der Erlaubnis jedoch mehrheitlich empfohlen, da die Gemeinwohlvorteile auch durch weniger wettbewerbsbeschränkende Maßnahmen realisierbar seien. Der Minister hingegen sah das Argument der Arbeitsplatzerhaltung auf zu unsichere Annahmen gestützt und erkannte insofern nicht den Gemeinwohlcharakter an. Auch er lehnte die Erlaubnis im Ergebnis ab; VAW/Kaiser, WuW/E BWM 152.

[62] So etwa *Kantzenbach*, in: Der Einfluss des Staates auf den Wettbewerb, S. 43.

keit bildet, wenn diejenigen Arbeitsplätze durch Ministererlaubnis erhalten bleiben, die qualifizierter sind oder zufällig in einer bestimmten Region liegen, und diejenigen unbeachtet bleiben müssen, die „nur" der allgemeinen Arbeitslosigkeit unterliegen, dürfte zu verneinen sein.

In der heutigen Zeit bei einer Arbeitslosenzahl von über vier Millionen[63] fällt das Argument der Arbeitsplatzerhaltung in der Öffentlichkeit auf fruchtbaren Boden. Die Erfahrungen in den siebziger Jahren können letztlich nur zu der Erkenntnis führen, dass dieses Argument heutzutage noch viel weniger erfolgreich sein kann. Bei der momentanen Wirtschaftsschwäche werden Unternehmen kaum fusionieren, um primär Arbeitsplätze zu erhalten. Vielmehr müssen andere Mittel und Wege ausgeschöpft werden, um dem Problem des Arbeitsplatzabbaus in Unternehmen zu begegnen. Wenn die Arbeitsplatzprognosen bei Fusionen schon in der Anfangsphase der Ministererlaubnispraxis in den siebziger Jahren nicht zutrafen, so werden sie es heute noch viel weniger tun.

Das Gemeinwohlargument der Beschäftigungssicherung hatte in den vergangenen 30 Jahren keinen Erfolg bei Ministererlaubnisentscheidungen, die Prognosen erwiesen sich als unrichtig und die Fusionen waren nicht das geeignete Mittel, um Arbeitsplätze zu erhalten oder zu schaffen.[64] Es wurde auch entsprechend in den nachfolgenden Entscheidungen stets abgelehnt. Man kann nicht davon ausgehen, dass sich hieran etwas ändern wird. Im Gegenteil: Man wird davon ausgehen müssen, dass es im Rahmen der Ministererlaubnis keine Fälle mehr geben wird, in denen ein Unternehmenszusammenschluss als Nebenwirkung garantiert Arbeitsplätze erhalten oder

---

[63] Um eine genaue Zahl zu nennen (die sich freilich stetig verändert), Ende Januar 2004 waren es 4,59 Mio Arbeitslose, http://www1.arbeitsamt.de/hast/services/statistik/detail/a.html (3.3.2004).
[64] So auch *Emmerich*, Kartellrecht, S. 309; *Möschel*, Recht der Wettbewerbsbeschränkungen, Rn. 899; IM-*Mestmäcker/Veelken*, GWB, § 42, Rn. 32; *Gröner/Köhler*, ORDO 31 (1980), S. 115 ff.; *Kellner*, ZNER 2002, 275, 279.

gar schaffen[65] und den Unternehmen der Nachweis solcher Wirkungen gelingen wird.

2. Die Sanierungsfusion

Unter einer Sanierungsfusion versteht man einen Zusammenschluss, bei dem ein vor dem wirtschaftlichen Zusammenbruch stehendes Unternehmen durch Übernahme seitens eines stärkeren, nicht unbedingt größeren, Partners vor der Liquidation bewahrt wird.[66] Wenn eine Fusion zu einer Verringerung der Zahl der Wettbewerber und zu einem Zuwachs an Marktmacht beim Erwerber führt, so ist auch die Sanierungsfusion nicht etwas generell Wünschenswertes und im Grundsatz wie jede andere wettbewerbsschädigende Fusion zu untersagen. Ein Zusammenschluss zur Sanierung eines (oder mehrerer) Unternehmen ist demgemäß auch nicht im GWB explizit geregelt, sondern er fällt unter die allgemeine Fusionskontrolle. In Ausnahmefällen kann sich aber ein wettbewerblich nachteiliger Zusammenschluss eines gefährdeten Unternehmens mit einem anderen als hinnehmbar herausstellen, nämlich dann, wenn die wettbewerbsverschlechternde Wirkung auch ohne den Zusammenschluss eintreten würde oder wenn durch den Zusammenschluss sogar eine wettbewerbsverbessernde Wirkung eintritt. Im Rahmen der Ministererlaubnis kann zum Tragen kommen, dass die Sanierung eines Unternehmens Vorteile für das Gemeinwohl bringen könnte, die einen wettbewerbsbeschränkenden Zusammenschluss rechtfertigen.

---

[65] Im Falle der „klassischen" Sanierungsfusion hingegen kann dies angenommen werden, die Beurteilung einer solchen fällt allerdings in den Zuständigkeitsbereich des Bundeskartellamtes, vgl. die nachfolgenden Ausführungen.
[66] *Immenga*, ZHR 137 (1973), 334; ähnlich *Monopolkommission*, Sondergutachten 3, Tz. 62; *Kinne*, Effizienzvorteile in der Zusammenschlusskontrolle, S. 116; *Emmerich*, Kartellrecht, S. 305; *Catranis*, Die Aufgabe der Zusammenschlusskontrolle, S. 25; IM-*Mestmäcker/ Veelken*, GWB, § 42 Rn. 33.

a) Das Sanierungsargument in Ministererlaubnisverfahren

Das Stichwort der Sanierungsfusion ist in den bisherigen Ministererlaubnisverfahren häufig mit dem Argument der Arbeitsplatzerhaltung in Verbindung gebracht worden. Die Unternehmen beriefen sich bei ihren Anträgen auf Erteilung der Ausnahmegenehmigung wiederholt auf die Notwendigkeit, angeschlagene Unternehmen zu sanieren. Veranlasst wurden sie hierzu durch den Hinweis in der gesetzlichen Begründung zum Regierungsentwurf, dass § 24 GWB a.F. zwar keine generelle Ausnahme für die Sanierungsfusion sehe, aber in bedeutenden Fällen die Gemeinwohlerlaubnis in Betracht komme.[67] Der Gesetzgeber hatte sich mit der Frage der Regelung einer Sanierungsfusion auseinander gesetzt und bewusst keine konkrete Regelung in das GWB übernommen. Er wollte dieses Problem in die allgemeinen Erwägungen innerhalb der Generalklausel verlagern. Demgemäß haben Monopolkommission und Bundeswirtschaftsminister sich damit in den entsprechenden Fällen auseinander gesetzt. Auch die Literatur schloss sich der Auffassung, dass die Sanierungsfusion im Rahmen der Ministererlaubnis zu prüfen sei, nahezu ausnahmslos an.[68] Ob es an dieser Stelle richtig aufgehoben ist, ist heutzutage anders zu beurteilen, als es damals vielleicht angedacht worden ist. Die bisherige Praxis der Ministererlaubnis zeigt, dass der Sanierungsgesichtspunkt allein in diesem Verfahren fehl am Platz ist.

---

[67] *Bundesregierung*, Entwurf eines Zweiten GWB, BT-Drucks. VI/2520, S. 29.
[68] Vgl. etwa *Kleinmann/Bechtold*, § 24, Rn. 314; IM-*Mestmäcker/Veelken*, GWB, § 42, Rn. 33; *Catranis*, Die Aufgabe der Zusammenschlusskontrolle, S. 109; *Beyer*, Zusammenschlusskontrolle im englischen und deutschen Recht, S. 219; *Gröner/Köhler*, ORDO 31 (1980), S. 91; einschränkend *Möschel*, Pressekonzentration und Wettbewerbsgesetz, S. 204; *ders.*, in: FS Fischer, S. 503 f.: Sanierungsfusionen seien dem Anwendungsbereich des § 24 Abs. 3 a.F. nicht entzogen, allerdings sei der Sanierungsgesichtspunkt auch bei der Abwägung nach § 24 Abs. 3 GWB a.F. für sich allein nie tragfähig; dagegen *Immenga*, ZHR 173 (1973), 334, 350 ff.: Er bezweifelt, dass der im Fall einer Sanierungsfusion zu entscheidende Interessenkonflikt überhaupt auf der Grundlage des § 24 Abs. 3 GWB a.F. gelöst werden kann.

Insgesamt hat das Sanierungsargument in sechs Ministererlaubnisverfahren eine ernst zu nehmende Rolle gespielt.[69] Es wurde für die Zulassung dieser wettbewerbsbeschränkenden Zusammenschlüsse zwar von der Monopolkommission und dem Bundeswirtschaftsminister herangezogen und diskutiert.[70] Als solches wurde es jedoch von keiner der beiden Prüfungsinstanzen als Gemeinwohlargument anerkannt. Eine Fusion wurde also nie ausnahmsweise genehmigt, weil damit ein Unternehmen vor dem finanziellen Zusammenbruch hätte gerettet werden können, denn der Erhalt eines einzelnen Unternehmens stellt per se nicht einen Vorteil für die gesamte Wirtschaft oder die Allgemeinheit dar. Begründet wurde diese Haltung regelmäßig damit, dass die Unternehmen im Rahmen der geltenden Wettbewerbsordnung die Risiken ihrer Investitionen selbst zu tragen hätten. Es widerspräche dem Ziel der Zusammenschlusskontrolle und der marktwirtschaftlichen Ordnung, privatwirtschaftliche Investitionsrisiken mit Hilfe eines Zuwachses an Marktmacht auf die Allgemeinheit abzuwälzen.[71] Im Fall IBH/Wibau lehnte es die Monopolkommission explizit ab, die Sanierung eines Unternehmens für sich allein schon als gesamtwirtschaftlichen

---

[69] Das waren die Fälle VAW/Kaiser, Babcock/Artos, Thyssen/Hüller, IBH/Wibau, Klöckner/ SEN und Holtzbrinck/Berliner Verlag.

[70] Das Bundeswirtschaftsministerium benutzt die Bezeichnung: „Ministererlaubnis zur Unterstützung von Sanierungen", vgl. Erfahrungsbericht, WuW 1992, 928. Zu den einzelnen Sanierungsfällen vgl. auch *Volkers*, Erlaubnis wettbewerbsbeschränkender Zusammenschlüsse, S. 87 ff.; *Catranis*, Die Aufgabe der Zusammenschlusskontrolle, S. 51 ff.; *Beyer*, Zusammenschlusskontrolle im englischen und deutschen Recht, S. 178 ff.

[71] Vgl. grundsätzlich *Monopolkommission*, Gemeinwohlgründe in Ministererlaubnisverfahren, S. 2, sowie *dies.*, Sondergutachten 3, Tz. 64, Sondergutachten 5, Tz. 4, und Sondergutachten 10, Tz. 48; zustimmend VAW/Kaiser WuW/E BWM 149, 151; im Fall Babcock/Artos, *Monopolkommission*, Sondergutachten 4, Tz. 62 ff.; WuW/E BWM 157, beriefen sich die Unternehmen darauf, dass die Artos-Gruppe *durch die Auflösung* des bereits vollzogenen Zusammenschlusses in ihrem Fortbestand gefährdet würde. Monopolkommission und Bundeswirtschaftsminister ließen diese Argumentation nicht gelten, da die Unternehmen, die schon vor dem Fusionskontrollverfahren einen Zusammenschluss vollzögen, das Risiko einer möglichen Untersagung und damit verbundenen Auflösung bewusst in Kauf nehmen und tragen müssten. Eine Sanierungsgenehmigung, um der Auflösung eines schon vollzogenen Zusammenschlusses entgegenzuwirken, kam danach nicht in Betracht. Seit der sechsten GWB-Novelle allerdings haben die Unternehmen nicht mehr die Möglichkeit, einen Zusammenschluss zu vollziehen und dann erst anzuzeigen. Nach § 39 Abs. 1 GWB sind Zusammenschlüsse stets vor dem Vollzug anzumelden. Insofern ist diese Argumentation heutzutage nicht mehr von Belang.

Vorteil zu sehen. Es müssten vielmehr noch weitere konkrete Vorteile mit der Fusion verbunden sein.[72] Der Bundeswirtschaftsminister ließ den Sanierungsaspekt sogar nur im Zusammenhang mit dem Beschäftigungsaspekt und diesen wiederum nur insoweit zu, als die Marktzutrittschancen der Wibau durch den Zusammenschluss auf Auslandsmärken verbessert und dadurch Arbeitsplätze erhalten und geschaffen wurden. Die Erhaltung einzelner Unternehmen und ihrer Arbeitsplätze dürften nicht zur isolierten Zielvorstellung erhoben werden. Außerdem müssten angesichts der Risiken, die eine Überbetonung des Sanierungsarguments für die Fusionskontrolle überhaupt mit sich brächten, hohe Beweisanforderungen an dieses Argument geknüpft werden.[73]

Im Verfahren vor dem Bundeswirtschaftsminister hat die Sanierung eines (oder mehrerer) Unternehmen also nur insoweit eine Rolle gespielt, als dadurch anerkannte Gemeinwohlvorteile über die Sanierung hinaus erreichbar schienen. So auch im Fall Thyssen/Hüller, bei dem es um die Wahrung hochwertigen technologischen Potenzials ging.[74] Ebenso verhielt es sich bei der Erhaltung der Arbeitsplätze im Fall von Babcock/Artos, die *durch* die Sanierung angestrebt wurde.[75] Die Beurteilung des Beschäftigungsaspekts hat ebenso losgelöst vom eigentliche Sanierungsargument zu erfolgen – wenngleich dieser häufig unter dem Gesichtspunkt der Sanierung eines Unternehmens ausgesprochen wird.

Zusammenfassend kann festgehalten werden, dass das Sanierungsargument zwar in einigen Ministererlaubnisverfahren zur Sprache kam, aber als eigenständiger Gemeinwohlgrund nicht anerkannt wurde. Entgegen den ursprünglichen Vorstellungen des Gesetzgebers ging es allenfalls darum, dass durch die Sanierung andere gesamtwirtschaftliche Vorteile oder Interessen der Allgemeinheit verwirklicht wurden.

---

[72] *Monopolkommission*, Sondergutachten 10, Tz. 48.
[73] IBH/Wibau, WuW/E BWM 181 f.
[74] Thyssen/Hüller, WuW/E BWM 163; *Monopolkommission*, Sondergutachten 6, Tz. 54 ff.
[75] Babcock/Artos, WuW/E BWM 156.

b) Das Sanierungsargument in Bundeskartellamtsverfahren

Das Bundeskartellamt hat sich ebenfalls intensiv mit dem Problem der Sanierungsfusion auseinander gesetzt. Es hat rein wettbewerblich orientierte Grundsätze für Sanierungsfusionen bereits frühzeitig entwickelt und angewandt.[76] Die Behörde prüft Sanierungsfusionen – wie jeden anderen Zusammenschluss – nur nach wettbewerblichen Kriterien, andere Aspekte dürfen keine Rolle spielen.[77]
In besonderen Fällen kann es in einem Sanierungsfall an der *Kausalität* zwischen Zusammenschluss und der Entstehung bzw. Verstärkung einer marktbeherrschenden Stellung, und damit an einer Untersagungsvoraussetzung, fehlen. Das ist der Fall, wenn die Marktanteile des ausscheidenden Unternehmens auch ohne den Zusammenschluss dem übrig bleibenden Unternehmen zufallen, wenn also der Zusammenschluss zu der gleichen oder einer schlechteren Marktstruktur führt.[78] Das Bundeskartellamt lässt bei dieser Prüfung mittlerweile Grundsätze gelten, die im Kern aus dem US-amerikanischen Recht stammen, und die die EG-Kommission auf die europäische Fusionskontrolle übertragen und entwickelt hat. Bei Vorliegen der Voraussetzungen der sog. „failing company defense" wird ein kartellrechtswidriger Zusammenschluss genehmigungsfähig. Die Voraussetzungen hierfür legte die Kommission im Jahre 1993 folgendermaßen fest:

- Das erworbene Unternehmen würde ohne die Übernahme durch ein anderes Unternehmen kurzfristig aus dem Markt ausscheiden,

---

[76] Vgl. *Bundeskartellamt*, Tätigkeitsbericht 1976, BT-Drucks. 8/704, S. 22 ff.; *dass.;* Tätigkeitsbericht 1977, BT-Drucks. 8/1925, S. 20 f.; *Monopolkommission*, Hauptgutachten V, Tz. 473 f.; IM-*Veelken*, GWB, § 36, Rn. 298. Zuletzt geprüft wurde die Frage einer Sanierungsfusion in der Entscheidung Holtzbrinck/Berliner Verlag, B6-98/02, abrufbar unter: http://www.bundeskartellamt.de/archiv.html (3.10.2003)
[77] Vgl. auch *K. Schmidt*, AG 1982, 169, 170; *Möschel*, in: FS Fischer, S. 496.
[78] Vgl. *Kleinmann/Bechtold*, Fusionskontrolle, § 24, Rn. 111; IM-*Veelken*, GWB, § 36, Rn. 130; *Möschel*, in: FS Fischer, S. 494; *Bechtold*, GWB, § 36, Rn. 5.

- die Marktposition des erworbenen Unternehmens würde im Falle seines Ausscheidens aus dem Markt dem erwerbenden Unternehmen zuwachsen,
- es gibt keine weniger wettbewerbsschädlichen Erwerbsalternativen.[79]

In der Entscheidung BASF/Pantochin/Eurodiol[80] änderte die Kommission ihre Grundsätze zur failing company defense, indem sie diese folgendermaßen formulierte:

- Das erworbene Unternehmen würde ohne die Übernahme durch ein anderes Unternehmen kurzfristig aus dem Markt ausscheiden,
- es gibt keine weniger wettbewerbsschädliche Erwerbsalternative,
- die zu übernehmenden assets würde ohne die Übernahmen durch ein anderes Unternehmen unausweichlich den Markt verlassen.[81]

Ohne an dieser Stelle auf den konkreten Fall und die Auswirkungen dieser veränderten Praxis einzugehen,[82] sei nur festgehalten, dass in der europäischen Praxis bei Vorliegen der genannten Voraussetzungen die Kausalität eines Zusammenschlusses für die marktbeherrschende Stellung verneint wird und ein Zusammenschluss mithin nicht untersagt werden kann. Das Bundeskartellamt orientiert sich an dieser europäischen Praxis, prüft allerdings als Voraussetzungen (die kumulativ vorliegen müssen) für eine Sanierungsfusion und die Freigabe eines Zusammenschlusses folgende Punkte:

---

[79] Vgl. Entscheidung der Kommission v. 14.12.1993, ABl.EG 1994 Nr. L 186, Rn. 71 (Kali+Salz/MdK/Treuhand); hierzu auch *Fiedler*, EuZW 2001, 585, 587; *Monopolkommission*, Sondergutachten 36, Tz. 125.
[80] Entscheidung der Kommission v. 11.7.2001, ABl.EG 2002 Nr. L 132/45; vgl. zum Inhalt auch *Fiedler*, EuZW 2001, 588.
[81] *Monopolkommission*, Sondergutachten 36, Tz. 142.
[82] Vgl. hierzu aber *Fiedler*, EuZW 2001, 588 f. sowie *Strohm*, WuW 2001, 1203 ff.

- Das zu erwerbende Unternehmen ist nicht an einen Dritten, der es fortführen würde, veräusserbar,
- ohne den Zusammenschluss müsste das zu erwerbende Unternehmen aus dem Markt austreten,
- in diesem Fall würden die Marktanteile des ausscheidenden Unternehmens vollständig dem Erwerber zuwachsen.[83]

Damit setzt die deutsche Praxis mittlerweile einen etwas veränderten Maßstab an eine Sanierungsfusion als die EU-Kommission, der aber dennoch gleichen Ursprungs ist. Dass es eine derartige Sanierungssituation in beiden Rechtsordnungen nur in Ausnahmefällen geben kann, liegt auf der Hand.

c) Das Sanierungsargument im Fall Holtzbrinck/Berliner Verlag

Zuletzt spielte diese Argumentation des Bundeskartellamtes in dem Zusammenschlussvorhaben Holtzbrinck/Berliner Verlag eine wesentliche Rolle.[84] Das Bundeskartellamt sah bereits die erste Voraussetzung, die Unveräußerbarkeit des Unternehmens (i.e. des zu Holtzbrinck gehörenden Tagesspiegel) an einen dritten Erwerber, als nicht nachgewiesen an, weshalb eine Sanierungsfusion auf der kartellamtlichen Ebene scheiterte.[85] Damit prüfte das Bundeskartellamt die Frage, ob der Zusammenschluss als Sanierungsfusion freizugeben war, nicht erst auf der Ebene der Abwägungsklausel des § 36 Abs. 1 Halbsatz 2 GWB, sondern bereits im Rahmen der Kausalität

---

[83] Zuletzt in der Entscheidung Holtzbrinck/Berliner Verlag: *Bundeskartellamt*, Beschluss v. 10.12.2002, B6-22121-U-98/02, WuW/E DE-V 695 ff., abrufbar unter: http://www.bundeskartellamt.de/archiv.html. Vgl. auch Bechtold, GWB, § 36, Rn. 5.
[84] Bei diesem Zusammenschlussvorhaben stellte die Verlagsgruppe Holtzbrinck, zu der unter anderem der Verlag Der Tagesspiegel GmbH gehörte, einen Antrag auf Erlaubnis zum Erwerb der Berliner Verlag GmbH von Gruner + Jahr. Das Bundeskartellamt hat den Zusammenschluss untersagt, da er zur Entstehung einer marktbeherrschenden Stellung von Holtzbrinck auf Berliner Lesemärkten führen würde. Holtzbrinck hatte angeführt, der Tagesspiegel könne ohne Zusammengehen mit der Berliner Zeitung nicht auf Dauer bestehen.
[85] *Bundeskartellamt*, Entscheidung Holtzbrinck/Berliner Verlag, B6-98/02, a.a.O. (2. Teil, Fn. 83), S. 38.

des Zusammenschlusses für die Verschlechterung der Wettbewerbsbedingungen.[86]

Im Verfahren vor dem Bundeswirtschaftsminister beriefen sich die Antragssteller erneut auf das Sanierungsargument, nun allerdings um den Gemeinvorteil der Pressevielfalt zu begründen. Diese werde bei Ausscheiden eines Unternehmens auf dem relevanten Markt eingeschränkt. Die Monopolkommission lehnte dieses Argument allerdings mit der gleichen Begründung ab wie sie bereits das Bundeskartellamt abgegeben hatte und sah „gewisse Parallelen" zur Sanierungsfusion: die im Rahmen der kartellamtlichen Prüfung geltende Beweislastregelung, nämlich dass die Unternehmen die volle formelle und materielle Beweislast dafür tragen, dass die Voraussetzungen der Sanierungsfusion erfüllt sind, müsse auch im Ministererlaubnisverfahren gelten. Von den Parteien wurde aber nicht dargetan, dass der Zusammenschluss die einzig mögliche Lösung sei. Das Fehlen einer wettbewerblich weniger schädlichen Alternative zur Fusion, der Verkauf des wirtschaftlich geschwächten Tagesspiegel, sei nicht bewiesen worden.[87] Die Kommission sah daher die Erforderlichkeit des Zusammenschlusses zur Erreichung der Gemeinwohlvorteile als nicht gegeben an. Damit scheiterte das Sanierungsargument in zweifacher Weise – beim Bundeskartellamt und bei der Monopolkommission. Zu beachten bleibt aber, dass auch hier das Sanierungsargument per se nicht die Ministererlaubnis gerechtfertigt hätte, sondern der Gemeinwohlgrund der Pressevielfalt.

---

[86] *Bundeskartellamt*, Entscheidung Holtzbrinck/Berliner Verlag, B6-98/02, a.a.O. (2. Teil, Fn. 83), S. 38.
[87] *Monopolkommission*, Sondergutachten 36, Tz. 127; Sondergutachten 38, Tz. 38, 69, 92. (Selbst wenn man dieser Auffassung nicht folgen und eine Amtsaufklärungspflicht des Ministers annehmen wollte, so scheiterte das gemeinwohlbezogene Sanierungsargument nach Meinung der Kommission dennoch, denn es bestehe zumindest eine Mitwirkungslast der Parteien; Sondergutachten 38, Tz. 39).

d) Zusammenfassung und Ausblick

Eine generelle Ausnahme vom Wettbewerbsprinzip für Sanierungsfusionen wurde vom Gesetzgeber von Anfang an abgelehnt. Es ist dem Wettbewerbsgedanken geradezu immanent, dass Unternehmen, die nicht überlebensfähig sind, vom Markt verschwinden müssen, mithin das Risiko fehlerhafter Investitionen, fehlerhaften Managements oder sonstiger Gründe für eine wirtschaftliche Zwangssituation selbst tragen müssen. Der wirtschaftliche Zielkonflikt zwischen der Verhinderung wirtschaftlicher Macht einerseits und der Erhaltung wirtschaftlicher Werte und Arbeitsplätze andererseits[88] kann nicht per se beim Bundeskartellamt oder beim Bundeswirtschaftsminister eine Lösung finden.

Die ausnahmsweise anerkannten Sanierungsfälle finden sich bereits auf der Ebene des Wettbewerblichen und werden vom Bundeskartellamt ausreichend geprüft. Dass in Ausnahmefällen die Ministererlaubnis eingreifen soll, kann letztlich nie nur auf dem Sanierungsargument fußen. Die Sanierung eines Unternehmens ist allenfalls ein Weg, um mit der Fusion andere Gemeinwohlvorteile zu verwirklichen. Diese müssen aber unabhängig von der Sanierungssituation vorliegen, sämtliche materiellen Voraussetzungen erfüllen und von den Antragsstellern konkret nachgewiesen werden.[89]

Die Unternehmen werden die Argumentation der wirtschaftlichen Schwäche eines Unternehmens voraussichtlich weiterhin als Rechtfertigung für ihre Fusionspläne anführen, denn oft liegt genau darin ein betriebswirtschaftlicher Grund für das konkrete unternehmerische Handeln und den Willen zur Veränderung. Umso wichtiger ist es, dass dieser Aspekt aus dem Ministererlaubnisverfahren so weit wie möglich fern gehalten wird, ansonsten wächst die Neigung, Konzentrationsvorhaben als Sanierungsfälle

---

[88] *Catranis*, Die Aufgabe der Zusammenschlusskontrolle, S. 148; *K. Schmidt*, AG 1982, 169.
[89] Vgl. hierzu unten, D. IV. 1. c) cc).

auszuschreiben, ja vielleicht Sanierungssituationen entstehen zu lassen.[90] Alternative Planungsmöglichkeiten könnten weniger intensiv verfolgt werden, wenn eine Übernahme durch einen (evtl. bereits marktbeherrschenden) Partner rechtlich erleichtert wird.[91] Es kommt bei einer Ministererlaubnis nur auf die Auswirkungen des Zusammenschlusses für die Gesamtwirtschaft und die Allgemeinheit an. Die konkrete (wirtschaftliche) Situation des beteiligten Unternehmens darf gerade keine Rolle spielen. Letztlich bedeutet die Argumentation mit der wirtschaftlichen Schwäche ein Schein-Gemeinwohlgrund, der als solcher nie zur Erteilung der Erlaubnis führen darf, der Sanierungsaspekt sollte deshalb aus dem „Gemeinwohlkatalog" für ministerielle Ausnahmegenehmigungen gänzlich entfernt werden.

3. Rationalisierung

Im Rahmen von Zusammenschlussplänen führen Unternehmen häufig an, die Fusion schaffe Rationalisierungsvorteile.[92] Darunter fallen alle im Rahmen von Zusammenschlüssen auftretenden Kostenersparnisse im Bereich der Produktion, der Beschaffung, des Absatzes, der Forschung und Entwicklung sowie der allgemeinen Verwaltung.[93] Das Bundeskartellamt kann hierauf keine Rücksicht nehmen. Regelmäßig reichen sie innerhalb der Abwägungsentscheidung nicht dafür aus, um eine Verbesserung der Wettbewerbsbedingungen anzunehmen.[94]
Grundsätzlich sind diese Rationalisierungswirkungen, die als einzelwirtschaftliche Vorteile nur den Unternehmen zugute kommen, ebenfalls nicht

---

[90] So auch *Gröner/Köhler,* ORDO 31 (1980), S. 124.
[91] *Möschel,* in: FS Fischer, S. 494.
[92] Vgl. *Monopolkommission,* Sondergutachten 3, Tz. 38; Sondergutachten 16, Tz. 69; Sondergutachten 18, Tz. 78; Sondergutachten 19, Tz. 33; Sondergutachten 22, Tz. 56; auch Sondergutachten 38, Tz. 13.
[93] *Kinne,* Effizienzvorteile in der Zusammenschlusskontrolle, S. 100.
[94] Vgl. *Bechtold,* GWB, § 36, Rn. 25; auch bereits *Rauschenberg,* NJW 1973, 1860.

als Rechtfertigungsgründe für eine Ministererlaubnis anzuerkennen. Sie sind vielmehr als Nebenfolge eines (wettbewerbsbeschränkenden) Zusammenschlusses regelmäßig zu erwarten und stellen nur betriebswirtschaftliche, den Unternehmen zugute kommende Vorteile dar, die mit dem Gemeinwohl und der Gesamtwirtschaft nichts unmittelbar zu tun haben.[95] Allerdings werden im Einzelfall Ausnahmen zugelassen, wenn konkrete Rationalisierungsmaßnahmen mit erheblichem Gewicht vorliegen und sich positiv auf die Gesamtwirtschaft auswirken, denn innerbetriebliche Rationalisierungsprozesse können eine bedeutsame Quelle des Wirtschaftswachstums darstellen.[96] Die Monopolkommission bejaht den Gemeinwohlcharakter solcher Effekte grundsätzlich dann, wenn die Rationalisierungsvorteile auf realen Ersparnissen (sog. real economies) und nicht lediglich auf einer Umverteilung zu Lasten anderer Wirtschaftseinheiten (sog. financial economies) beruhen.[97] Diese Vorteile müssen im Einzelfall großes Gewicht haben und mit hinreichender Sicherheit und Genauigkeit nachgewiesen sein, denn ein Überwiegen der Rationalisierungsvorteile ist eher unwahrscheinlich. Weisen die Rationalisierungsvorteile eine Größenordnung auf, die über die im Allgemeinen bei Zusammenschlüssen resultierenden einzelwirtschaftlichen Kostenvorteile hinausgehen, werden die Rationalisierungsvorteile als quantitativ erheblich anerkannt.[98]

---

[95] Vgl. *Monopolkommission*, Gemeinwohlgründe in Ministererlaubnisverfahren; *dies.*, Sondergutachten 3, Tz. 68; Sondergutachten 16, Tz. 84; auch bereits *Bundesregierung*, Entwurf eines Zweiten GWB, BT-Drucks. VI/2520, S. 31; *Knöpfle*, WuW 1974, 5 ff.; *Bartram*, WuW 1979, 372; MAN/Sulzer, WuW/E BWM 211.

[96] Vgl. *Monopolkommission*, Sondergutachten 19, Tz. 49; *Bechtold*, GWB, § 42, Rn. 8; *Kleinmann/Bechtold*, Fusionskontrolle, § 24 Rn. 316; *Gröner/Köhler*, ORDO 31 (1980), S. 119; *Westerhausen*, Die Relevanz von Effizienzvorteilen, S. 181.

[97] Die innerbetriebliche Kostenersparung muss also darauf beruhen, dass für eine bestimmte Produktion real weniger Produktionsfaktoren benötigt werden als vorher oder aber mit dem gleichen Faktoreinsatz eine größere Produktionsmenge erzeugt wird. Nicht darunter fallen die Einsparungen, die durch Druck auf die Preise von Vorprodukten oder Produktionsleistungen entstehen.

[98] *Monopolkommission*, Sondergutachten 18, Tz. 160 f. m.w.N. Auch bereits *dies.*, Sondergutachten 3, Tz. 73, 76; IM-*Mestmäcker/Veelken*, § 42, Rn. 31; *Ruppelt*, in: Langen/Bunte, § 42, Rn. 4; *Volkers*, Erlaubnis wettbewerbsbeschränkender Zusammenschlüsse, S. 57 f., *Westerhausen*, Die Relevanz von Effizienzvorteilen, S. 182; *Kinne*, Effizienzvorteile in der Zusammenschlusskontrolle, S. 100 ff.

Von den 16 bisher durchgeführten Ministererlaubnisverfahren wurden in fünf Fällen Rationalisierungsvorteile von Monopolkommission und Bundeswirtschaftsminister geprüft.[99] In keinem der Fälle erfolgte die Genehmigung eines Zusammenschlusses allein wegen der damit verbundenen Rationalisierungsvorteile. Zwar wurden Rationalisierungseffekte als berücksichtigungsfähig anerkannt.[100] Jedoch wurden sie in diesen Fällen weitgehend übereinstimmend von der Kommission und dem Minister entweder bei der Abwägung mit den Wettbewerbsnachteilen abgelehnt,[101] oder aber sie wurden als nicht hinreichend präzisiert angesehen und die Wahrscheinlichkeit ihres Eintritts als nicht hinreichend betrachtet, was zu einer zu hohen Unsicherheit führte,[102] oder es fehlte den entscheidenden Instanzen am Kausalzusammenhang zwischen Zusammenschluss und Rationalisierungsvorteilen.[103] In den übrigen Zusammenschlussvorhaben wurden die Rationalisierungseffekte als zu gering und nach Art und Umfang nicht gewichtig genug angesehen, um berücksichtigungsfähig zu sein, denn sie gingen nicht über das bei Zusammenschlüssen zu unterstellende Normalmaß hinaus.[104] Nur einmal lieferten die genannten Kosteneffekte im Zusammen-

---

[99] Vgl. ausführlicher zu vier von den Zusammenschlüssen *Volkers*, Erlaubnis wettbewerbsbeschränkender Zusammenschlüsse, S. 50–61, sowie unter Berücksichtigung aller Entscheidungen, *Kinne*, Effizienzvorteile in der Zusammenschlusskontrolle, S. 100–104.

[100] So bei den Zusammenschlüssen Kaiser/VAW, *Monopolkommission*, Sondergutachten 3, Tz. 83; WuW/E BWM 151; VEW/Ruhrkohle, Sondergutachten 16, Tz. 95; WuW/E BWM 189, und Daimler-Benz/MBB, Sondergutachten 18, Tz. 160; WuW/E BWM 198.

[101] So im Fall Kaiser/VAW, *Monopolkommission*, Sondergutachten 3, Tz. 83; WuW/E BWM 151.

[102] So in den Fällen VEW/Ruhrkohle, *Monopolkommission*, Sondergutachten 16, Tz. 95, 102; WuW/E BWM 189. Daimler-Benz/MBB, Sondergutachten 18, Tz. 160 ff.: Die Monopolkommission beanstandete in diesem Fall eine nicht ausreichende Präzisierung. Der Minister hingegen berücksichtigte die Rationalisierungspotenziale des Zusammenschlusses, allerdings nur insoweit, als dadurch die deutsche Position innerhalb internationaler Gemeinschaftsprojekte gestärkt werden würde, WuW/E BWM 195, 198.

[103] So im Fall VEW/Ruhrkohle, *Monopolkommission*, Sondergutachten 16, Tz. 119; WuW/E BWM 189.

[104] So in den Fällen MAN/Sulzer, *Monopolkommission*, Sondergutachten 19, Tz. 50; WuW/E BWM 210 f.; BayWa/WLZ, Sondergutachten 22, Tz. 111; WuW/E BWM 222.

hang mit – und wegen – anderen Gemeinwohlvorteilen einen Rechtfertigungsgrund für die Ministererlaubnis.[105]

Rationalisierungsvorteile allein konnten also bisher keine Ministererlaubnis rechtfertigen. Wegen des Hinweises im Gesetz auf die Berücksichtigung der internationalen Wettbewerbsfähigkeit bei der Ministererlaubnis müssen vielfach Rationalisierungswirkungen geprüft werden, anders lässt sich nach Ansicht der Monopolkommission die internationale Wettbewerbsfähigkeit nicht zureichend beurteilen.[106] Offen bleibt aber, ob deshalb die Rationalisierungsvorteile als selbständiger Gemeinwohlgrund Sinn machen. In den bisherigen Ministererlaubnisentscheidungen stellten die von den Unternehmen genannten Gemeinwohlgründe nur einen Nebeneffekt der Rationalisierung dar, die Rationalisierungsvorteile waren allenfalls Mittel zum Zweck. Denn Ziel der Generalklausel ist die Erhöhung des Gemeinwohls, nicht die Verbesserung der unternehmerischen Leistung.

Anhand der bisherigen Praxis erscheint es daher wenig wahrscheinlich, dass ein wettbewerbsbeschränkender Unternehmenszusammenschluss überhaupt allein wegen seiner innerbetrieblichen Kostenersparnisse genehmigt werden kann, ohne dass darüber hinaus positive Wirkungen dieser Einsparungen nachgewiesen werden. Die Monopolkommission stellt bereits hohe Anforderungen an den Nachweis der Einsparpotenziale, andernfalls besteht die Gefahr, dass sie als generelles Einfallstor zur Umgehung der Fusionskontrolle missbraucht werden.[107] Die Prognostizierbarkeit solcher Wirkungen ist dabei äußerst problematisch. Hinzu kommt, dass für den Minister die individuellen, betriebswirtschaftlichen Vorgänge nicht zuverlässig genug nachvollziehbar sind und er daher bei der Ermittlung von Rationalisierungsgewinnen weitgehend auf die Darstellung der beteiligten Unternehmen und deren Vorschau auf die zukünftige Gestaltung ihrer in-

---

[105] Vgl. Daimler-Benz/MBB, WuW/E BWM 198.
[106] *Monopolkommission*, Sondergutachten 19, Tz. 49.
[107] Vgl. *Kinne*, Effizienzvorteile in der Zusammenschlusskontrolle, S. 104; *Monopolkommission*, Sondergutachten 18, Tz. 108; *Westerhausen*, Relevanz von Effizienzvorteilen, S. 188.

ternen Verhältnisse angewiesen ist. Diesbezügliche Angaben haben sich in der Vergangenheit als zu unzuverlässig erwiesen, da sich erst nach dem Vollzug einer Fusion abzeichnet, welche Rationalisierungsvorteile sich tatsächlich erzielen lassen.[108] Noch weniger absehbar ist, ob damit auch die erhofften gesamtwirtschaftlichen Wirkungen verbunden sind. Bisher sind der jeweilige Minister und die Monopolkommission genügend umsichtig, ja vorsichtig mit diesem Aspekt umgegangen und haben anderen Gemeinwohlgründen den Vorzug gegeben. Bewährt hat sich diese Argumentationslinie bislang jedenfalls nicht.

4. Internationale Wettbewerbsfähigkeit

Nach § 42 Abs. 1 Satz 2 GWB ist im Rahmen der Prüfung einer Ministererlaubnis „*auch die Wettbewerbsfähigkeit der beteiligten Unternehmen auf Märkten außerhalb des Geltungsbereichs dieses Gesetzes zu berücksichtigen*".[109] Die internationale Wettbewerbsfähigkeit stellt weder nach den Motiven des Gesetzgebers noch nach dem Wortlaut einen eigenständigen Gemeinwohlgrund dar, sondern eher eines von mehreren Argumenten, das innerhalb der Abwägung zwischen Wettbewerbsbeschränkung und Gemeinwohlgründen zu berücksichtigen ist. Andernfalls hätte der Gesetzgeber die internationale Wettbewerbsfähigkeit als Regelbeispiel formulieren müssen.[110] In der Praxis von Monopolkommission und Bundeswirtschaftsminister wurde hingegen die internationale Wettbewerbsfähigkeit stets als eigenständiger Gemeinwohlgrund behandelt, dies allerdings mit Zurückhaltung. Bis zum Fall E.ON/Ruhrgas haben beide diesen Aspekt innerhalb der Prüfung einer Ministererlaubnis weitgehend konform behandelt. Mit der genannten umstrittenen Entscheidung hat sich das allerdings geändert.

---

[108] Vgl. *Kellner*, ZNER 2002, 275, 280.
[109] Zum Hintergrund dieses Zusatzes vgl. *Ausschuss für Wirtschaft*, Bericht, BT-Drucks. 7/ 765, S. 590; Kartte/Röhling, in: Auslegungsfragen, S. 93, sowie oben 1. Teil, B. II. 1. b).
[110] So *Möschel*, BB 2002, 2077, 2080; a.A. *Fatschek*, Die Berücksichtigung außerwettbewerblicher Gesichtspunkte, S. 153.

a) Die Behandlung der internationalen Wettbewerbsfähigkeit vor E.ON/Ruhrgas

Die Monopolkommission erkennt die internationale Wettbewerbsfähigkeit als solche „nur ausnahmsweise" als hinreichenden Gemeinwohlvorteil an.[111] Sie hat diesen Grund in früheren Verfahren stets mit Zurückhaltung beurteilt. Insoweit vertritt sie bis heute die Auffassung, dass es bei der Berücksichtigung der internationalen Wettbewerbsfähigkeit nur darum gehen kann, ob ein Unternehmen am Wettbewerb auf nichtdeutschen Märkten überhaupt dauerhaft teilnehmen kann. Ist dies auch ohne den Zusammenschluss der Fall, so kann innerhalb des Ministererlaubnisverfahrens eine bloße Verbesserung der Position im internationalen Wettbewerb nicht geltend gemacht werden. Unternehmensgröße an sich ist hierfür keine notwendige Voraussetzung. Die Unternehmen müssen die Verbesserung der internationalen Wettbewerbsfähigkeit einzelwirtschaftlich begründen, etwa durch verstärkte Rationalisierungseffekte oder eine verstärkte Integration, die den Zugang zu internationalen Beschaffungs- und Absatzmärkten sichert.[112]

Auch der Bundeswirtschaftsminister beurteilte diesen Aspekt in seinen bisherigen Entscheidungen zurückhaltend und schloss sich insoweit meist der Monopolkommission an. So sehr die Stärkung der Position deutscher Unternehmen auf internationalen Märkten erwünscht sein möge, gehe das GWB nach seinem ganzen Sinngehalt davon aus, dass dies nicht auf Kosten einer Wettbewerbsbeschränkung im Inland gehen dürfe. Nicht jede Verbesserung der Wettbewerbsposition deutscher Unternehmen auf nichtdeutschen Märkten dürfe zum Gemeinwohlgrund erhoben werden. Der Begriff „Wettbewerbsfähigkeit" sei in diesem Zusammenhang restriktiv in

---

[111] *Monopolkommission*, Gemeinwohlgründe in Ministererlaubnisverfahren. Zu den einzelnen Fall-gestaltungen vgl. *Volkers*, Erlaubnis wettbewerbsbeschränkender Zusammenschlüsse, S. 77–87, sowie *Kinne*, Effizienzvorteile in der Zusammenschlusskontrolle, S. 104–108.

[112] Vgl. *Monopolkommission*, Gemeinwohlgründe in Ministererlaubnisverfahren; *dies.*, Sondergutachten 3, Tz. 100; Sondergutachten 6, Tz. 53; zuletzt *dies.*, Sondergutachten 34, Tz. 192.

dem Sinne auszulegen, dass der Zusammenschluss unerlässlich sein muss, um überhaupt dauerhaft die internationale Wettbewerbsfähigkeit der Unternehmen zu sichern.[113]

aa) Ministererlaubnis zum Zweck der Verbesserung der internationalen Wettbewerbsfähigkeit

So legten Monopolkommission und Bundeswirtschaftsminister der Entscheidung für eine Ministererlaubnis nur einmal explizit die Verbesserung der internationalen Wettbewerbsfähigkeit zugrunde. Im Fall IBH/Wibau (1981) kamen beide zu dem Ergebnis, dass die Wibau vor dem Zusammenschluss in weitaus weniger Ländern vertreten gewesen sei, danach hingegen in weitaus mehr und größere Märkte eingetreten sei und damit die internationale Wettbewerbsfähigkeit verbessert worden sei.[114] Die Genehmigung des Zusammenschlusses wurde von der Monopolkommission dann auf der Grundlage der Arbeitsplatzerhaltung und der Verbesserung der internationalen Wettbewerbsfähigkeit empfohlen. Der Minister betonte zwar die gebotene Zurückhaltung gegenüber dem Argument der internationalen Wettbewerbsfähigkeit, ließ es dennoch als entscheidend für die Genehmigung zu.[115] Just in diesem Verfahren hat sich die Entscheidung im Nachhinein als falsch erwiesen. Die IBH/Wibau-Gruppe meldete kurze Zeit nach dem Zusammenschluss Konkurs an.[116] Die Ankündigung der Verbesserung der internationalen Wettbewerbsfähigkeit hatte sich nicht bewahrheitet, denn die erfolgreiche Teilnahme am internationalen Wettbewerb hat sich

---

[113] Vgl. IBH/Wibau, WuW/E BWM 179; BayWA/WLZ, WuW/E BWM 223; Kali+Salz/PCS, WuW/E BWM 227; auch *Röhling*, DB 1973, 1591; a.A. *Bechtold*, GWB, § 42 Rn. 9, *Kleinmann/Bechtold*, Fusionskontrolle, § 24, Rn. 310; *Benisch*, WuW 1983, 93, 99; *Theiselmann*, WRP 2003, S. 612, 614: Es gehe sowohl um die Erhaltung einer bestehenden Wettbewerbsfähigkeit, aber auch um die Möglichkeit, durch vorstoßenden Wettbewerb die Marktposition auf ausländischen Märkten zu verbessern.
[114] *Monopolkommission*, Sondergutachten 10, Tz. 58, 63; IBH/Wibau, WuW/E BWM 180.
[115] IBH/Wibau, WuW/E BWM 179.
[116] Vgl. *Bundeswirtschaftsministerium*, Erfahrungsbericht, WuW 1992, 927; *Emmerich*, AG 1984, 309, 310; *Wetzel*, Welt v. 22.1.2002.

durch die weitere Marktentwicklung nicht bestätigt.[117] Der Einzelfall, in dem eine Ministererlaubnis nur wegen des Gemeinwohlgrundes der internationalen Wettbewerbsfähigkeit erteilt wurde, muss als negatives Beispiel für diesen Gemeinwohlgrund gewertet werden.

bb) Die internationale Wettbewerbsfähigkeit als anerkannter Gemeinwohlgrund

Der Zielkonflikt zwischen der Aufrechterhaltung wirksamen Wettbewerbs und der Verbesserung der internationalen Wettbewerbsfähigkeit wurde von Monopolkommission und Bundeswirtschaftsminister in zwei weiteren Entscheidungen als solcher gesehen, und die internationale Wettbewerbsfähigkeit wurde darin als Gemeinwohlgrund grundsätzlich anerkannt. Bei der Erlaubnis im Fall Thyssen/Hüller erkannte der Minister entgegen der Auffassung der Monopolkommission die Sicherung der internationalen Wettbewerbsfähigkeit an, wenngleich er als für die Genehmigung eigentlich entscheidend den Erhalt technisch wertvollen Know-hows wertete und die Wettbewerbsfähigkeit mit Zurückhaltung beurteilte.[118] Die Monopolkommission wertete im Fall Klöckner/SEN die Verbesserung der internationalen Wettbewerbsfähigkeit als im konkreten Fall zu geringen Vorteil, da sie großenteils zu Lasten deutscher Wettbewerber gehe, weshalb die Ablehnung der Erlaubnis auch empfohlen wurde.[119] Der Antrag wurde kurz vor der geplanten ablehnenden ministeriellen Entscheidung zurückgenommen.[120] In der zurückhaltenden Behandlung dieses Aspekts hat die ursprüngliche Intention des Gesetzgebers ihre Bestätigung gefunden.

---

[117] Vgl. *Bundeswirtschaftsministerium*, Erfahrungsbericht, WuW 1992, 927; *Berg*, Internationale Wettbewerbsfähigkeit und nationale Zusammenschlusskontrolle, S. 29 f.
[118] Vgl. Thyssen/Hüller, WuW/E BWM 160. Die *Monopolkommission* lehnte das Argument der internationalen Wettbewerbsfähigkeit in diesem Fall ab, empfahl die Erlaubniserteilung aber aufgrund der Erhaltung von Know-how, Sondergutachten 6, Tz. 53 ff. Vgl. dazu auch *Berg*, Internationale Wettbewerbsfähigkeit und nationale Zusammenschlusskontrolle, S. 15 ff.
[119] Vgl. *Monopolkommission*, Sondergutachten 15, Tz. 82 f.
[120] *Bundeswirtschaftsministerium*, Erfahrungsbericht, WuW 1992, 927.

cc) Die Rolle deutscher Unternehmen im Ausland als Teilaspekt der internationalen Wettbewerbsfähigkeit

Als ein Teilaspekt der internationalen Wettbewerbsfähigkeit ist der folgende Gesichtspunkt zu werten: Bis zur E.ON/Ruhrgas-Entscheidung hat in zwei Verfahren eine Rolle gespielt, dass deutsche Unternehmen eine entscheidende Rolle innerhalb internationaler Konsortien und Unternehmensgruppen einnehmen sollten, die ohne eine gewisse Größe nach Meinung der Antragsteller nicht zu erreichen war. Die Erlaubniserteilungen erfolgten aber nicht ausschließlich wegen des Arguments der internationalen Wettbewerbsfähigkeit.

Es handelt sich um die Fälle VEBA/Gelsenberg und Daimler-Benz/MBB. Bei der Fusion VEBA/Gelsenberg im Jahre 1973 wurde die Erlaubnis zwar unter dem Gesichtspunkt der Versorgungssicherheit im Mineralölbereich erteilt. Jedoch ging es dem entscheidenden Minister (und der Bundesregierung) in der Sache um die Sicherung der Versorgung *durch* die Neugruppierung der deutschen Mineralölinteressen. Die durch den Zusammenschluss gebildete Einheit sollte von ihren finanziellen Möglichkeiten und der Kapazität her in der Lage sein, die deutschen Interessen auf dem internationalen Mineralölmarkt wirksam zur Geltung zu bringen. Die Position bei Verhandlungen mit den erdölfördernden Ländern sollte durch den Zusammenschluss verbessert werden.[121] Die Monopolkommission schloss sich, was die internationale Position anging, grundsätzlich der Argumentation des Ministers an.[122]

Beim Zusammenschluss Daimler-Benz/MBB[123] ging es den Unternehmen und dem Bundeswirtschaftsminister um eine Stärkung der deutschen Posi-

---

[121] VEBA/Gelsenberg, WuW/E BWM 148.
[122] *Monopolkommission*, Sondergutachten 2, Tz. 48, 54.
[123] *Monopolkommission*, Sondergutachten 18, Daimler-Benz/MBB, WuW/E BWM 191 ff.; vgl. ausführlich zum Inhalt von Sondergutachten und ministerieller Entscheidung *Elben*, Der Zusammenschluss von Großunternehmen, S. 75 ff.; *I. Schmidt*, Wettbewerbspolitik und Kartellrecht, S. 317 ff.; *Haubrock*, Konzentration und Wettbewerbspolitik, S. 264; *Reiter*, Der Un-

tion in mehreren Bereichen. So sollten deutsche Unternehmen bei ihren Bemühungen gestärkt werden, „sich im Rahmen internationaler Gemeinschaftsprojekte technologisch anspruchsvolle Arbeitspakete zu sichern".[124] Der Minister war zudem der Meinung, der Zusammenschluss trage dazu bei, die Unternehmensstrukturen der Airbus Industrie auf europäischer Ebene zu stärken und damit langfristig deren internationale Wettbewerbsfähigkeit gegenüber dem dominierenden amerikanischen Anbieter Boeing zu sichern. Die europäischen Airbus-Aktivitäten seien ineffizient organisiert, es bedürfe einer Neuordnung der Managementstrukturen und Entscheidungsprozesse innerhalb des Airbus-Konsortiums. Hierzu brauche man einen durchsetzungsfähigen, starken deutschen Partner, der konsequent privatwirtschaftlich und kosteneffizient geführt sei. Durch den Zusammenschluss werde MBB in privatwirtschaftliche Hände verlagert und langfristig würden die staatlichen Beihilfen beseitigt.[125] Ebenfalls vom internationalen Aspekt her bedeutungsvoll war für den Minister die Annahme, dass durch den Zusammenschluss technologisch wichtige Verbundbeziehungen in den Bereichen der Luft- und Raumfahrtindustrie sowie in der Verteidigungstechnik erschlossen werden können. Durch die Komplementarität der Erkenntnisse zwischen den mit Daimler-Benz verbundenen Unternehmen auf den Gebieten der Luft- und Raumfahrttechnik und den wehrtechnischen Aktivitäten von MBB werde die Systemführungskompetenz der beteiligten Unternehmen gestärkt. Internationale Kooperationen würden zunehmend wichtiger werden, weshalb die technologische Kompetenz und die finanzielle Stärke eines Unternehmens bei der Vergabe von Aufträgen im Rahmen dieser internationalen Kooperationen neben politischen Kriterien immer wichtiger werde.[126] Damit wurde erstmals in einer Entscheidung die Größe eines Unternehmens als maßgeblich für dessen

---

ternehmenszusammenschluss Daimler-Benz/MBB, S.52 ff.; zur Bedeutung der ökonomischen Argumente: *Frantzke/Kurz*, Jahrbuch für Sozialwissenschaft 42 (1991), S. 247 ff.
[124] Daimler-Benz/MBB, WuW/E BWM 195.
[125] Vgl. Daimler-Benz/MBB, WuW/E BWM 198.
[126] Vgl. Daimler-Benz/MBB, WuW/E BWM 198 f.

internationale Möglichkeiten betrachtet.[127] Die Mehrheit der Monopolkommission schloss sich dieser Ansicht im Wesentlichen an.[128]

Es bleibt zu hinterfragen, ob sich die Beurteilungen in beiden Fällen aus späterer Sicht als zutreffend erwiesen haben. Bei der Fusion VEBA/Gelsenberg hat das Bundeswirtschaftsministerium rückblickend festgehalten, dass das Einflusspotenzial der VEBA gestärkt aus dem Verfahren hervorgegangen sei.[129] Sie habe ihre internationale Kooperationsfähigkeit verbessert.[130] Als positiv konnte der Zusammenschluss dennoch nicht bewertet werden. Es ging darum, die Erhöhung der Versorgungssicherheit durch eine Stärkung der Veba im internationalen Umfeld zu erreichen. Die zur Begründung angeführte Gefahr für die Versorgungssicherheit hat sich aber nie gestellt.[131] Zudem hat sich der Mineralölbereich negativ entwickelt. Durch die Übernahme der Gelsenberg AG durch die VEBA sind zwar hier keine neuen Kapazitäten geschaffen worden, aber durch Minderauslastung der vorhandenen Kapazitäten und die überschüssigen Mineralölmengen entstand für die kommenden Jahre eine „dicke Verlustquelle" im Mineralölbereich, weshalb die Fusion nicht als „glückliches Ereignis" angesehen werden konnte.[132] Insofern hat der Aspekt der internationalen Wettbewerbsfähigkeit auch wirtschaftlich keine Vorteile gebracht. Es muss hervorgehoben werden, dass das Ziel der Bun-

---

[127] Vgl. auch IM-*Mestmäcker/Veelken*, GWB, § 42, Rn. 10; *Kinne*, Effizienzvorteile in der Zusammenschlusskontrolle, S. 106.
[128] *Monopolkommission*, Sondergutachten 18, Tz. 227 f. Der damalige Kommissionsvorsitzende Immenga vertrat in seinem Sondervotum eine andere Meinung: Die Fähigkeit zu Übernahme der Systemführerschaft könne auch aus Kooperationen als Alternative zur Fusion entstehen, was nicht ausreichend geprüft worden sei. Es komme bei dieser Frage immer auf die politischen Umstände und Kriterien an. Die diesbezüglichen Vorteile des Zusammenschlusses seien allenfalls geringfügig, ebenso wie die Möglichkeit eines erweiterten deutschen Einflusses auf das Airbus-Projekt; a.a.O., Tz. 292 ff., 301 ff.
[129] Und zwar durch die verbesserte Absatzposition bei Aral, den direkten Zugriff auf Ölfelder und den langfristigen Rohöllieferverrtrag mit BP.
[130] *Bundeswirtschaftsministerium*, Erfahrungsberichte, WuW 1988, 789; WuW 1992, 928.
[131] Dazu unten B. II. 5. a).
[132] Vgl. FAZ v. 15.5.1975, S. 12; SZ v. 17.3.1977, S. 25 *Hans-Dieter Schmidt*, in: Konzentration in der Wirtschaft, S. 193.

desregierung – eine langfristige Sicherung der Mineralölversorgung – nicht *durch* den Zusammenschluss und nicht *durch* die Verbesserung der internationalen Kooperationsfähigkeit erreicht wurde. Zudem darf nicht übersehen werden, dass die Bundesregierung fünf Jahre später das Ziel, das sie mit dem Zusammenschluss VEBA/Gelsenberg angestrebt hatte (ein starkes nationales Mineralölunternehmen, das sich international behaupten kann), durch den Zusammenschluss der VEBA mit BP[133] als multinationalem Konzern ins Gegenteil verkehrte.[134] Der Gesichtspunkt der internationalen Wettbewerbsfähigkeit im Zusammenhang mit der Versorgungssicherheit hat sich rückblickend als nicht erfolgreich herausgestellt.

Im Fall von Daimler-Benz/MBB sieht eine rückblickende Bewertung schwieriger aus. Angesichts der Umstrittenheit der Ausnahmeerlaubnis in diesem Fall[135] gab es auch danach viele Stimmen, die die Entscheidung für falsch hielten[136] oder aber zumindest für nicht hinreichend begründet.[137] Das Bundeswirtschaftsministerium selbst bewertete die Entscheidung als „richtig": die Position deutscher Unternehmen im Rahmen internationaler Gemeinschaftsprojekte sei durch das Erschließen von Verbundpotenzialen in der Luft- und Raumfahrtindustrie gestärkt worden.[138] Auch von Seiten des heutigen Daimler Chrysler Konzerns wird der damalige Zusammenschluss als erfolgreich bewertet, die deutsche Luft- und Raumfahrtindustrie würde ohne die Fusion „jetzt daniederliegen".[139]

---

[133] *Monopolkommission,* Sondergutachten 8; VEBA/BP, WuW/E BWM 166.
[134] *Bundeswirtschaftsministerium,* Erfahrungsberichte, WuW 1988, 789; 1992, 925; Schwerpunkte der Diskussion zu den Referaten Kantzenbach und Tietmeyer, in: Der Einfluss des Staates auf den Wettbewerb, S. 64.
[135] Siehe nur AdG 1989, S. 33765 f. mit ausführlichen Hinweisen auf die verschiedenen kontroversen Meinungen in Politik, Wirtschaft und Presse.
[136] Durch den Zusammenschluss entstand das größte deutsche Unternehmen. Es wurde befürchtet, dass es zu einer nicht hinreichend kontrollierten Interessenverflechtung von Rüstungsindustrie, Militär und Politik kommen werden, vgl. *Berg,* WiSt 1990, 643, 644; Der Spiegel Nr. 31 v. 1.8.1988, S. 24 ff.
[137] *Frantzke/Kurz,* Jahrbuch für Sozialwissenschaft 42 (1991), S. 260.
[138] Vgl. *Bundeswirtschaftsministerium,* Erfahrungsbericht, WuW 1992, 929.
[139] *Schrempp,* in: Megafusionen, S. 58 f.

Die damalige Prognose des Bundeswirtschaftsministers, der Zusammenschluss würde dazu beitragen, die Umstrukturierung des Airbus-Konsortiums in eine betriebswirtschaftlich effiziente Organisationsform wirksamer voranzutreiben, hat sich hingegen nicht bestätigt. Erst im Jahre 1997 wurde die wirtschaftliche Interessengemeinschaft zwischen Aerospatiale und Daimler Chrysler Aerospace Airbus mit einem Konsortialanteil von je 37,9% , British Aerospatiale mit 20% und die spanische CASA mit 4% in eine selbständige Kapitalgesellschaft umgewandelt.[140] Diese Umstrukturierung kann als Reaktion auf die Konzentrationsbewegungen in der amerikanischen Luft- und Raumfahrtindustrie[141] und die Marktentwicklungen zurückgeführt werden. Die Fusion Daimler-Benz/MBB hat hierzu nichts beigetragen.[142] Die mittlerweile starke Stellung des europäischen Anbieters des Airbus[143] kann nicht ursächlich auf den Zusammenschluss zwischen Daimler-Benz und MBB zurückgeführt werden. Der Markterfolg beruht vielmehr auf einer Änderung verschiedener marktrelevanter Faktoren, die jedoch in keinem Zusammenhang mit der damaligen Fusion stehen.[144] Im Hinblick auf die Entwicklung des Airbus kann ein konkreter Erfolg des Zusammenschlusses Daimler-Benz/MBB aus heutiger Sicht nicht festgestellt werden.

---

[140] Zu deren Entstehungsgeschichte vgl. *Berg/Tielke-Hosemann*, Hamburger Jahrbuch 1988, S. 121 ff.
[141] 1997 schlossen sich die amerikanischen Konkurrenten Boeing und McDonnel Douglas zusammen.
[142] Vgl. *Paulus*, Das Prognoseproblem in der Fusionskontrolle, S. 26.
[143] Das ist seit 2000 die European Aeronautic, Defense and Space Company, EADS, die mit 80% am Airbus beteiligt ist, und die BAE Systems, die mit 20% daran beteiligt ist. Die EADS ist 2000 entstanden aus der Fusion der deutschen DaimlerChrysler Aerospace AG, der französischen Aerospatiale Matra und der spanischen CASA, s. http://www.eads.net/eads/de/index.htm?&homepage (23.1.2004).
[144] So *Paulus*, Das Prognoseproblem in der Fusionskontrolle, S. 27 f.; a.A. offenbar *Weizsäcker*, FAZ v. 3.6.2002, S. 8; *Schlecht*, FAZ v. 22.8.2002, S. 9; einschränkend *Reiter*, Der Unternehmenszusammenschluss Daimler-Benz/MBB, S. 155 ff., allerdings einräumend, dass seine rückblickend positive Bewertung des Zusammenschlusses bei anderer Marktentwicklung auch anders hätte ausfallen können. Zum Erfolg des Airbus gegenüber Boeing s. FAZ v. 16.6.2003, S. 11.

Was die übrigen internationalen Effekte der Fusion betrifft, so kann insgesamt keine abschließende Beurteilung dazu abgegeben werden, ob die Ministererlaubnis im Fall Daimler-Benz/MBB gerechtfertigt und das richtige, geeignete, einzige Mittel war, um die entsprechenden Gemeinwohlziele zu erreichen. Im internationalen Bereich ist der Daimler/Chrysler-Konzern heute aufgrund vieler Faktoren ein starker, einflussreicher Partner. Welchen Beitrag die Fusion mit MBB hierzu geleistet hat und ob es auch andere Wege gegeben hätte, diese Ziele zu erreichen, darüber kann nur spekuliert und gemutmaßt werden.

dd) Ablehnung der verbesserten internationalen Wettbewerbsfähigkeit

In den übrigen Fällen, in denen die Antragssteller eine Verbesserung ihrer internationalen Wettbewerbsposition geltend machten, wurde dieses Argument deutlich abgelehnt. Betont wurde von Kommission und auch vom Minister, dass Schutzobjekt des GWB der Wettbewerb im Inland sei. Nicht jede Verbesserung der internationalen Wettbewerbsfähigkeit könne zum Gemeinwohlgrund erhoben werden, dieser Aspekt sei daher sehr restriktiv und als nachrangig zu beurteilen.[145] In diesen Fällen scheiterte die Argumentation der fusionierenden Unternehmen sowohl am mangelnden Nachweis als auch daran, dass der jeweilige Zusammenschluss als nicht erforderlich erachtet wurde, um international wettbewerbsfähig zu werden, denn auch ohne Zusammenschluss sei dies gesichert.

---

[145] So in den Fällen MAN/Sulzer, *Monopolkommission,* Sondergutachten 19, Tz. 60 f.; WuW/E BWM 211; BayWa/WLZ, Sondergutachten 22, Tz. 104, 106; WuW/E BWM 223 f.; PCS/Kali+Salz, Sondergutachten 25, Tz. 80; WuW/E BWM 227.

ee) Fazit

Als eigenständiger Gemeinwohlgrund hat der Gesichtspunkt der internationalen Wettbewerbsfähigkeit nur in einem einzigen Ministererlaubnisverfahren (das war der Fall IBH/Wibau) die Bewilligung der Erlaubnis gerechtfertigt. Diese Entscheidung hat sich im Nachhinein als falsch herausgestellt. Im Fall Daimler-Benz/MBB fand die internationale Wettbewerbsfähigkeit nur im Zusammenhang mit anderen Gemeinwohlgründen Beachtung. Das entsprach im Wesentlichen der im Wortlaut der Norm ausgedrückten Intention des Gesetzgebers, dass die internationale Wettbewerbsfähigkeit im Rahmen der ministeriellen Beurteilung *auch zu berücksichtigen* ist. Insgesamt hat also dieses Kriterium in den bisherigen Ministererlaubnisverfahren eine untergeordnete Rolle gespielt.

b) Der Fall E.ON/Ruhrgas und das veränderte Verhältnis zur internationalen Wettbewerbsfähigkeit

Mit der Entscheidung im Fall E.ON/Ruhrgas[146] änderte der Bundeswirtschaftsminister[147] seine bisherige Praxis, was die internationale Wettbewerbsfähigkeit angeht. Die Entscheidung unterstreicht zwar den bisherigen Grundsatz, dass die Verbesserung der internationalen Wettbewerbsfähigkeit dann für eine Ministererlaubnis entscheidend sein kann, wenn der Zusammenschluss unerlässlich ist, um überhaupt am Wettbewerb auf nicht-

---

[146] *Bundesministerium für Wirtschaft*, E.ON/Ruhrgas I und II (Einleitung, Fn. 1): In der Sache ging es um die Fusionen des Energieunternehmens E.ON AG mit der Gelsenmann und der Bergemann AG (die Verfahren wurden im Ministererlaubnisverfahren zum gemeinsamen Verfahren E.ON/Ruhrgas verbunden), mit denen E.ON mittelbar die Mehrheit an der Ruhrgas AG zu übernehmen bezweckte. Die Fusionen wurden vom Bundeskartellamt wegen zu erwartender marktbeherrschender Stellungen auf Strom- und Gasmärkten untersagt; *Bundeskartellamt*, Beschlüsse v. 17.1.2002, B8-40000-U-109/01, und v. 26.2.2002, B8-40000-U-109/01, abrufbar unter: http://bundeskartellamt.de/archiv.html.de.

[147] Der Bundeswirtschaftsminister wurde in diesem Verfahren durch seinen Staatssekretär vertreten. Unabhängig von der Frage, ob dieser der rechtmäßige Vertreter war, ist die Ministererlaubnis jedenfalls dem Minister zuzurechnen, vgl. auch *Hermes/Wieland*, ZNER, 267, 274.

deutschen Märkten dauerhaft teilnehmen zu können. Der Minister stellt aber auch fest, dass „eine Beschränkung der Auslegung auf diese kleine Zahl von Fällen den heutzutage üblichen Verflechtungen der deutschen Wirtschaft auf dem europäischen Binnenmarkt nicht gerecht wird". Eine dauerhafte Sicherung der internationalen Wettbewerbsfähigkeit liege daher darüber hinaus auch in der Möglichkeit, „die Marktposition der beteiligten Unternehmen durch vorstoßenden Wettbewerb auf ausländischen Mären zu verbessern."[148] Im konkreten Fall werde die bereits bestehende Wettbewerbsfähigkeit der Ruhrgas auf ausländischen Märkten durch den Zusammenschluss mit E.ON verbessert. Der Wettbewerb spiele sich auf europäischer Ebene ab, erst mit E.ON in der Rolle eines strategischen Investors könne sich Ruhrgas als deutsches Unternehmen auf Dauer erhalten und international handlungsfähig gemacht werden.[149] So anerkennt der Bundeswirtschaftsminister nun grundsätzlich als Gemeinwohlgrund auch die Möglichkeit der Verbesserung der Marktposition der beteiligten Unternehmen auf internationalen Märkten.[150] Damit legte er erstmals bei einem Gemeinwohlargument einen völlig veränderten Maßstab an als die Monopolkommission. Diese verblieb bei der ursprünglichen Haltung und hatte die mit dem Zusammenschluss geltend gemachte verbesserte internationale Wettbewerbsfähigkeit so nicht anerkannt, denn die Ruhrgas habe schon ohne

---

[148] E.ON/Ruhrgas I (Einleitung, Fn. 1), Tz. 105; E.ON/Ruhrgas II (Einleitung, Fn. 1), Tz. 62.
[149] E.ON/Ruhrgas I (Einleitung, Fn. 1), Tz. 111 ff.: Der Minister erwartete von dem Zusammenschluss eine verbesserte Wettbewerbsfähigkeit der Ruhrgas auf den internationalen Absatzmärkten für Gas, zum einen wegen der günstigen energiewirtschaftlichen Beteiligungen E.ONs in Europa und einer zukünftigen Integration von Strom und Gas, wie sie E.ON und Ruhrgas anstreben, die erhebliche Synergieeffekte ermögliche, zum anderen aber auch wegen der verbesserten finanziellen Möglichkeiten, die E.ON Ruhrgas eröffne. Ebenso sei durch den Zusammenschluss eine verbesserte internationale Wettbewerbsfähigkeit der Ruhrgas auf den Beschaffungsmärkten zu erwarten. Die durch die Öffnung der Märkte veränderten Wettbewerbsbedingungen auf diesen Märkten bewegten sich weg von den bisherigen Konsortialverträgen, hin zu einer unternehmensindividuellen Beschaffung von Gas. Ohne E.ON als finanzkräftigen Partner nehme die Ruhrgas eine im Vergleich zu den europäischen Wettbewerbern ungünstigere, schwächere Position ein. Zudem könnten die Beschaffungskonditionen der Ruhrgas verbessert werden, denn nach dem Zusammenschluss könne sie auf Grund der Abnahme von Gas durch E.ON Unternehmen größere Mengen an Gas beziehen.
[150] Und folgt insoweit der schon seit jeher von Bechtold und Benisch vertretenen Ansicht, vgl. 2. Teil, Fn. 113; E.ON/Ruhrgas I (Einleitung, Fn. 1), Tz. 105.

den Zusammenschluss eine starke Position auf den internationalen Märkten und es bestehe nicht die Gefahr, dass die Ruhrgas ohne den Zusammenschluss mit E.ON aus dem Wettbewerb auf ausländischen Märkten tatsächlich ausscheiden müsste.[151] Selbst wenn durch den Zusammenschluss die Position der Ruhrgas in internationalen Märkten noch weiter verbessert werden könne, so sei dies ein betriebswirtschaftlicher Vorteil, mit dem aber gesamtwirtschaftlich kein Vorteil verbunden sei.[152]

c) Auswirkungen

Der Gedanke liegt nicht fern, dass im Fall von E.ON/Ruhrgas betriebswirtschaftliche Gründe zum Gemeinwohlgrund erhoben wurden. Der Bundeswirtschaftsminister begründete nicht, inwiefern die veränderte Auslegung des Tatbestandsmerkmals internationale Wettbewerbsfähigkeit und die generelle Verbesserung der Marktposition eines einzelnen Unternehmens auf nichtdeutschen Märkten ebenso positive Wirkungen für die gesamte Wirtschaft und die Allgemeinheit in Deutschland haben soll – denn nur darum geht es in der Abwägungsentscheidung nach dem Willen des Gesetzgebers.[153] Kritiker dieser „neuen" Ansicht des Bundeswirtschaftsministers fordern daher einen „Inlandsbezug" der internationalen Wettbewerbsfähigkeit, denn Schutzobjekt des GWB ist der Wettbewerb im Inland.[154] Der geforderte „Inlandsbezug" bedeutet in diesem Zusammenhang nichts anderes als die Erreichung überragender Gemeinwohlinteressen im Inland. Denn

---

[151] *Monopolkommission*, Sondergutachten 34, Tz. 196.
[152] *Monopolkommission*, Sondergutachten 34, Tz. 200 f.
[153] So auch bereits *Kantzenbach/Kinne*, in: FS I. Schmidt, S. 76 f.: Bei der Beurteilung der internationalen Wettbewerbsfähigkeit komme es darauf an, dass die betreffenden Vorteile gesamtwirtschaftlicher Natur sind. Lediglich einzelwirtschaftliche Vorteile der betreffenden Unternehmen, denen Nachteile anderer Unternehmen gegenüberstehen, kämen nicht in Betracht. Hierbei handelt es sich freilich um ein qualitatives Kriterium, das Ausmaß der gesamtwirtschaftlichen Vorteile spielt dabei keine Rolle.
[154] So *Möschel*, BB 2002, 2077, 2080; *Kellner*, ThürVBl. 2003, 31, 33; *ders.* ZNER 2002, 275, 281; auch bereits *Rauschenbach*, NJW 1973, 1857, 1860 und *Knöpfle*, WuW 1974, 5, 11; a.A. *Bunte*, BB 2002, 2393, 2399 f.

die Wettbewerbsfähigkeit der deutschen Unternehmen auf ausländischen Märkten allein kann die Wettbewerbsbeschränkung im Inland nicht aufwiegen. Diese Sichtweise ergibt sich aus dem Wortlaut der Norm[155], der Systematik des GWB und nicht zuletzt aus der Entstehungsgeschichte der Ministererlaubnis: Eine Wettbewerbsbeschränkung ist nur dann ausnahmsweise hinnehmbar, wenn höherrangige Ziele als der reine Wettbewerb diese erfordern: und das können nur solche sein, die der Gesamtwirtschaft und damit der Allgemeinheit zugute kommen. Eine hiervon abstrakte Bewertung der internationalen Wettbewerbsfähigkeit der Unternehmen darf also nicht erfolgen.[156]

Wollte man die internationale Wettbewerbsfähigkeit als Argument im Fusionskontrollverfahren stärker berücksichtigen, so könnte das nur mit einer Gesetzesänderung einhergehen. Die bisherigen Regelungen lassen eine derartige Sichtweise jedenfalls nicht zu. Selbst wenn man im Fall von E.ON/Ruhrgas davon ausginge, dass der Wettbewerb auf dem deutschen Gasmarkt künftig von internationalen Gasunternehmen maßgeblich mitbestimmt wird,[157] so fiele diese Feststellung allenfalls in den Entscheidungsbereich des Bundeskartellamtes. Der Bundeswirtschaftsminister jedenfalls kann nicht feststellen, dass der Schutz des Wettbewerbs im Inland durch Erhöhung der internationalen Wettbewerbsfähigkeit zu vernachlässigen ist, weil sich der deutsche Wettbewerb künftig verändern wird. Wenn der ausschlaggebende Gemeinwohlvorteil für eine Entscheidung die Verbesserung der Wettbewerbsbedingungen (im Ausland) ist, dieser aber ein Verbot

---

[155] „*Hierbei* [i.e. bei der Abwägung] ist *auch* die Wettbewerbsfähigkeit [...] auf Märkten außerhalb des Geltungsbereichs dieses Gesetzes zu berücksichtigen."
[156] In der Entscheidung E.ON/Ruhrgas wird die *Eigenständigkeit* des Gemeinwohlgrunds internationale Wettbewerbsfähigkeit auch in der veränderten Auslegung betont, wenn auch der Aspekt der Versorgungssicherheit damit in Verbindung gebracht wird, E.ON/Ruhrgas I (Einleitung, Fn. 1), Tz. 113; E.ON/Ruhrgas II, Tz. 62 f.
[157] So *Bunte*, BB 2002, 2393, 2400.

durch das Bundeskartellamt nicht verhindern konnte, dann darf er nicht maßgeblicher Grund für die Erteilung der Ministererlaubnis sein.[158] Sofern ein „Inlandsbezug" nicht feststellbar ist, sollte zumindest die bisherige strengere Position bewahrt werden, nach der die internationale Wettbewerbsfähigkeit nur dann Anerkennung finden kann, wenn der Zusammenschluss unerlässlich ist, um überhaupt dauerhaft die Wettbewerbsfähigkeit auf nichtdeutschen Märkten zu gewährleisten.[159] Wenn schon der internationalen Wettbewerbsfähigkeit im Ministererlaubnisverfahren höheres Gewicht beigemessen werden soll, dann müsste im jeweiligen konkreten Fall genau dargelegt und begründet werden, inwiefern damit dem „Gemeinwohl" und nicht nur betriebswirtschaftlichen Zielen gedient ist. Ansonsten würde der Anwendungsbereich der Ministererlaubnis gefährlich ausgeweitet und ein „Freibrief" für beliebige Erlaubnisentscheidungen erstellt werden. Denn eine marktbeherrschende Stellung im Inland bildet für Unternehmen immer eine günstige Voraussetzung dafür, ihre Marktstellung im Ausland zu verbessern.[160] Eine restriktive Anwendung der Ausnahmevorschrift ist bei Beibehaltung der momentanen Ansicht des Bundeswirtschaftsministers jedenfalls nicht mehr gewährleistet.

d) Die Rolle von „National Champions"

Im Zusammenhang mit der internationalen Wettbewerbsfähigkeit fallen häufig die Begriffe „National Champions" oder „Global Players".[161] Damit sind Unternehmen gemeint, die im internationalen Wettbewerb deutsche Interessen erfolgreich vertreten können. Es gibt eine Meinung, die es für insgesamt sinnvoll erachtet, politische Entscheidungen so zu treffen, dass möglichst viele Global Players ihren Sitz in Deutschland haben, denn diese

---

[158] Vgl. *Fatschek*, Die Berücksichtigung außerwettbewerblicher Gesichtspunkte, S. 154.
[159] Vgl. auch *Däuper*, WuW 2002, 458, 468.
[160] Vgl. *Möschel,* Handelsblatt v. 4.9.2002, S. 8.
[161] Vgl. *Werner Müller*, in: Megafusionen, S. 30; *Sinn*, ifo-Gutachten, S. 70 ff.; E.ON/Ruhrgas, Tz. 21; *Mönch-Tegeder*, Energiewirtschaftliche Tagesfragen, 2002, S. 202.

hätten vielfältige positive Auswirkungen.[162] Diese Ansicht wird als bereits im Grundsatz problematisch angesehen und erfährt entsprechende Kritik,[163] denn ein Unternehmen, das seine Größe und internationale Position nur auf Kosten einer marktbeherrschenden Stellung im Inland erlangt hat, sei als solches nicht zwangsläufig positiv für die inländische Wirtschaft. Die Leistungsfähigkeit werde eher vermindert als erhöht.[164] Im Fall von E.ON/Ruhrgas dürfe die Wirkung auf die europäischen Partnerländer nicht unterschätzt werden. Die Ministererlaubnis könnte industriepolitische Gegenmaßnahmen hervorrufen.[165]

Letztlich geht es bei der Förderung von „National Champions" um Vorstellungen von Industriepolitik und die These, dass die Wirtschaft auch auf Kosten des Wettbewerbs im Inland gefördert werden muss, um international konkurrenzfähig zu bleiben.[166] Es wird insoweit auch diskutiert, welche Auswirkungen eine strenge nationale Fusionskontrolle auf die internationale Wettbewerbsfähigkeit von Unternehmen hat.[167]

Für das wirtschaftspolitische Ziel, durch staatliche Maßnahmen die internationale Wettbewerbsfähigkeit der eigenen Industrie stärker zu fördern, ist die Ministererlaubnis nicht das geeignete Mittel. Die besonderen Voraussetzungen und der anerkannt restriktive Charakter der Vorschrift stehen gerade für eine Haltung, die dem Wettbewerbsprinzip den Vorrang vor industriepolitischen Zielsetzungen gibt. Der ganze Sinn der Vorschrift ebenso wie ihre Entstehungsgeschichte und ihre Stellung innerhalb der deutschen Fusionskontrolle verbieten es, sie dazu zu benutzen, „National Champions" heranzuziehen, um international konkurrenzfähig zu bleiben. Wollte man

---

[162] Vgl. *Sinn*, ifo-Gutachten, S. 72: Die Global Players sorgten für Arbeitsplätze, förderten Kultur und Wissenschaft, unterhielten umfangreiche Strategie-, Forschungs- und Entwicklungsabteilungen u.s.w.
[163] Vgl. *Krakowski*, HWWA, S. 2; *Möschel*, Anmerkungen zum ifo-Gutachten, S. 10 ff.; *Möschel*, BB 2002, 2077, 2087; *Roth/Voigtländer*, ZfW 2002, 248.
[164] Vgl. *Roth/Voigtländer*, ZfW 2002, 248.
[165] Vgl. *Roth/Voigtländer*, ZfW 2002, 248.
[166] So etwa schon vertreten von *Benisch*, WuW 1983, 94, 99.
[167] Vgl. zu den vertretenen Thesen *Isele*, Fusionskontrolle im Standortwettbewerb, S. 5. Ebenfalls zu dieser Problematik bereits *Benisch*, WuW 1983, 94 f.

diesen Weg gehen, so müsste die Wettbewerbspolitik insgesamt eine grundlegende Wendung erfahren. Die Ministererlaubnis als Ausnahmevorschrift, die bislang verhältnismäßig selten Anwendung gefunden hat, ist zur Verwirklichung solcher Ziele nicht das geeignete Mittel.

e) Fazit

Die Berücksichtigung der internationalen Wettbewerbsfähigkeit der Unternehmen innerhalb eines Ministererlaubnisverfahrens stößt in mehrfacher Weise auf Probleme. Abgesehen davon, dass die Vorschrift nicht zwangsläufig die Interpretation als eigenständigen Gemeinwohlgrund zulässt, denn als Regelbeispiel ist dieser Aspekt nicht formuliert, hat sich die bisherige Praxis als nicht erfolgreich herausgestellt. Bisher wurde die internationale Wettbewerbsfähigkeit im Rahmen des § 42 GWB nur dann anerkannt, wenn es darum ging, den Unternehmen überhaupt eine dauerhafte Teilnahme am internationalen Wettbewerb durch Ministererlaubnis zu ermöglichen, was in den bisher ergangenen Entscheidungen entweder als nicht gegeben gesehen wurde, oder die erhoffte Wirkung trat nicht ein. Die Ausnahme bildet allenfalls der Zusammenschluss Daimler-Benz/MBB, wobei sich auch hier die konkreten Auswirkungen der Ministererlaubnis nicht nachvollziehen lassen. Die Erlaubnis wurde hier nicht nur deswegen erteilt, um die internationale Wettbewerbsfähigkeit zu verbessern. Der internationale Aspekt war vielmehr einer von vielen in diesem Verfahren und darf insofern als eigenständiger Gemeinwohlgrund nicht überbewertet werden. Seitdem der Minister im Verfahren E.ON/Ruhrgas die „Verbesserung" der Position deutscher Unternehmen im internationalen Wettbewerb als eigenständigen Gemeinwohlgrund wertete, ist dessen Anwendungsbereich vollends unklar. Aus der Entscheidung ist nicht erkennbar, inwiefern gerade damit ein Vorteil für die (nationale) Gesamtwirtschaft oder die Interessen der Allgemeinheit gegeben ist. Die Gefahr einer Aushöhlung dieses Arguments liegt auf der Hand. Nicht zuletzt auch deshalb, weil in zunehmendem

Maße, vor dem Hintergrund der Internationalisierung und Globalisierung, der Wunsch nach starken nationalen Unternehmen entsteht. Das kann aber nicht im Zielsetzungskatalog einer kartellrechtlichen Ausnahmegenehmigung stehen. Sie ist das ungeeignete Mittel und es widerspricht dem Gesetzeszweck, eine Ministererlaubnis zu erteilen, um einzelne Unternehmen in internationalen Märkten zu stärken.

5. Versorgungssicherheit

a) Die Versorgungssicherheit im Energiebereich

Als wichtiger Grund für die Erteilung einer Ministererlaubnis wurde seit Einführung der Vorschrift die Versorgungssicherheit gesehen. In bisher drei Ministererlaubnisverfahren wurde die Erlaubnis aus Gründen der Versorgungssicherheit erteilt. Es handelt sich um die Fusionen VEBA/ Gelsenberg und VEBA/BP aus den Jahren 1973 und 1978 und zuletzt um den Zusammenschluss E.ON/Ruhrgas im Jahre 2002 (hier freilich nicht nur wegen der Versorgungssicherheit).[168] In allen Fällen ging es um die Versorgungssicherheit im Energiebereich, bei der Mineralöl- bzw. Erdgasversorgung.

In den siebziger Jahren hatte die Rohölversorgung auch vor dem Hintergrund der Erdölkrise eine hohe wirtschaftspolitische Bedeutung. Die Bundesregierung verabschiedete hierzu ihr Energieprogramm, in dem die dauerhafte Sicherung der Mineralölversorgung der Bundesregierung als Ziel festgelegt wurde.[169] Dieses wurde in den darauf folgenden Jahren fortgeschrieben und das Grundziel der dauerhaften Mineralölversorgung beibe-

---

[168] VEBA/Gelsenberg, WuW/E BWM 147; VEBA/BP, WuW/E BWM 165; E.ON/Ruhrgas I (Einleitung, Fn. 1), Tz. 122 ff.; E.ON/Ruhrgas II (Einleitung, Fn. 1), Tz. 64.
[169] S. hierzu AdG 1973, S. 18329; 18444 ff.; *Bundesregierung*, Energieprogramm, BT-Drucks. 7/1057, S. 7 ff.

halten,[170] weshalb auch 1978 noch die Versorgungssicherheit der Rechtfertigung des Zusammenschlusses diente.[171] Noch in der zweiten Fortschreibung des Energieprogramms betonte die Bundesregierung, dass die Grundausrichtung in der Energiepolitik gleich bleibe und die Sicherung der Energieversorgung nach wie vor Priorität habe, denn die längerfristigen Risiken am Weltenergiemarkt seien gewachsen.[172]
Während es der Bundesregierung bei VEBA/Gelsenberg darum ging, eine leistungsstarke deutsche Mineralölgruppe zu schaffen, die deutsche Interessen gegenüber den rohölfördernden Ländern mit Nachdruck vertreten sollte, stand der Zusammenschluss zwischen VEBA und BP für eine Umstrukturierung der deutschen Mineralölindustrie (ohne staatliche Hilfe) und einen langfristigen Rohölliefervertrag mit BP.[173] Die Monopolkommission vertrat bei beiden VEBA-Fusionen die Ansicht des Bundeswirtschaftsministers: Die Begründung mit energiepolitischen Zwecken im Mineralölbereich vermochte auch ihrer Ansicht nach eine Sondergenehmigung des Ministers rechtfertigen.[174] Damals erregte dieses Gemeinwohlargument entsprechend wenig Kritik, denn die Erdölversorgung war in aller Munde und ein gängiges Thema in der Öffentlichkeit.
Das Bundeswirtschaftsministerium räumte jedoch rückblickend auf beide Fälle ein, dass sich die energiepolitischen Prognosen als recht problematisch erwiesen hätten und die Ministererlaubnis kein Instrument zur wirtschaftspolitischen Struktursteuerung sei. Der Aspekt der Versorgungssicherheit sei wegen der Entspannung auf den Erdgas- und Erdölmärkten

---

[170] *Bundesregierung*, Erste und Zweite Fortschreibung des Energieprogramms, BT-Drucks. 7/2713 (1974), S. 10 f.; BT-Drucks. 8/1357 (1977), S. 10 f. Zur damals festgestellten Notwendigkeit eines weiterhin langfristigen Energieprogramms vgl. auch SZ v. 17.3.1977, S. 24.
[171] Vgl. *Monopolkommission*, Sondergutachten 8, Tz. 69 f.
[172] *Bundesregierung*, Zweite Fortschreibung des Energieprogramms, BT-Drucks. 8/1357, S. 2. Die Erdölversorgung war auch nach dieser zweiten Fortschreibung nach wie vor ein aktuelles Thema, denn die Erdölkrise im Iran traf vor allem europäische Ölfirmen und viele hielten die Versorgungslage für angespannt; vgl. Der Spiegel 3/1979, S. 104; 7/1979, S. 33.
[173] VEBA/Gelsenberg, WuW/E BWM 148; VEBA/BP WuW/E BWM 171. Zur Fusion VEBA/BP vgl. eingehend *Haubrock*, Konzentration und Wettbewerbspolitik, S. 253 ff.
[174] *Monopolkommmission*, Sondergutachten 2, Tz. 82 ff.; Sondergutachten 8, Tz. 65, 72.

praktisch nicht relevant geworden. Zudem würden sich Probleme der Versorgungssicherheit wegen der zunehmenden Integration des Gemeinsamen Binnenmarktes noch weiter relativieren und allenfalls auf europäische Ebene verlagern.[175]

Die energiepolitischen Diskussionen in den siebziger Jahre waren mithin geprägt von einer starken Gewichtung des Sicherheitsgedankens in Deutschland. Dies rührte daher, dass pessimistische Prognosen von damals eine Verknappung der Rohstoffe ankündigten und die Erdölkrise 1973/1974 dieses Szenario für jeden spürbar vor Augen geführt hatte. Der Versorgungsgedanke wurde im Vergleich zu heutigen Diskussionen „überbetont". Die Entwicklung in den achtziger und neunziger Jahren ließ eine Relativierung des Versorgungssicherheitsaspekts zu, in der Energiepolitik ging es nunmehr auch um Wirtschaftlichkeit, Umweltschutz und Schonung natürlicher Ressourcen.[176] Das Ziel der Versorgungssicherheit ist mittlerweile auf eine Stufe mit den anderen Zielen gerückt. Es muss nach allgemeinpolitischer Ansicht vor dem europäischen Hintergrund beurteilt werden und damit die Versorgungssicherheit innerhalb des europäischen Binnenmarktes erfassen.[177] In der Öffentlichkeit werden Versorgungsengpässe nicht mehr in dem Maße befürchtet, wie dies in den Siebzigern noch der Fall gewesen war.

Trotz dieser Entwicklung begründete der Bundeswirtschaftsminister die Erlaubnis im Fall E.ON/Ruhrgas erneut mit dem Aspekt der nationalen Versorgungssicherheit im Erdgasbereich. Ein Energieprogramm, wie das aus den siebziger Jahren, existiert allerdings nicht mehr. Dennoch erkannte der Minister dieses Gemeinwohlargument an. Die Versorgungssicherheit, als die „hohe Wahrscheinlichkeit, dass auf dem deutschen Markt ein unun-

---

[175] Vgl. *Bundeswirtschaftsministerium*, Erfahrungsberichte, WuW 1986, 789; WuW 1992, 927 f. Bestätigend *F. Müller*, Die Risiken der internationalen Energieversorgung, S. 1 f.
[176] Vgl. *Breuer*, Zukünftige Energiepolitik, S. 2.
[177] Vgl. *Breuer*, Zukünftige Energiepolitik, S. 2; *Bundeswirtschaftsministerium*, Erfahrungsbericht WuW 1992, 927; *Monopolkommission*, Sondergutachten 34, Tz. 166 f.; *Däuper*, WuW 2003, 458, 469; vgl. auch *EG-Kommission*, Grünbuch, Hin zu einer europäischen Strategie für Energieversorgungssicherheit, KOM (2000) 769, S. 3, 56, 86.

terbrochenes Angebot zu angemessenen Preisen zur Verfügung steht", werde durch den Zusammenschluss verbessert. Es gehe nicht nur um die langfristige Sicherung der Gasimporte, von denen Deutschland stark abhängig ist, sondern auch um kurzfristige Nachfragen und die Beherrschung kurzfristiger Lieferunterbrechungen.[178] Für die Zukunft werde ein erheblicher Anstieg der Erdgasnachfrage prognostiziert, weshalb langfristig neue Erdgasvorkommen erschlossen werden müssten.[179]

Die Monopolkommission hingegen hatte die Ablehnung der Erlaubnis empfohlen. Einerseits verliere das Ziel der nationalen Versorgungssicherheit zunehmend an Gewicht. Die Sicherheit der Energieversorgung habe sich mit der Entwicklung des Energiebinnenmarktes von einer nationalen Aufgabe in eine Aufgabe der europäischen Gemeinschaft verwandelt. Die europäische Kommission habe in ihrem Grünbuch zum Thema Versorgungssicherheit eine langfristige europäische Strategie für die Energieversorgungssicherheit erörtert, weshalb für einen nationalen Sonderweg nichts spräche.[180] Zudem bestehe für die deutsche Erdgasversorgung keine Gefahr. Zwar sei Deutschland zu etwa 80% seiner Gasversorgung auf Importe angewiesen, die deutsche Gasversorgung sei aber in keiner Weise bedroht. Die von den Antragsstellern aufgezeigten Krisenszenarien[181] seien sehr

---

[178] Wichtig sei insbesondere für Deutschland Erdgas aus russischen Quellen. Nur durch die finanziellen Möglichkeiten von E.ON könne Ruhrgas ihre Beteiligung an internationalen Gasproduzenten, wie etwa an der russischen Gazprom, aufstocken und damit die Beteiligung an einem wichtigen Erdgasproduzenten ausbauen. Die Verbesserung der internationalen Wettbewerbsfähigkeit auf den Beschaffungsmärkten und die verbesserte Versorgungssicherheit durch den Erwerb strategisch bedeutsamer Beteiligungen bildeten daher „zwei Seiten derselben Medaille", E.ON/Ruhrgas I (Einleitung, Fn. 1), Tz. 122.
[179] E.ON/Ruhrgas I (Einleitung, Fn. 1), Tz. 127 ff.
[180] *Monopolkommission*, Sondergutachten 34, Tz. 166 f.; *EG-Kommission*, Grünbuch, Hin zu einer europäischen Strategie für Energieversorgungssicherheit, KOM (2000) 769, S. 3, 56, 86.
[181] Die Antragsteller hatten angeführt, in etwa 20 Jahren seien viele der heute geförderten Erdgasvorkommen erschöpft, weshalb man Investitionen für neue, ungünstiger gelegene Erdgasvorkommen tätigen müsse. Zudem würde China als Importeur stärker auftreten, weshalb die Erdgaspreise in Europa stark ansteigen würden. Politische Unruhen am Persischen Golf könnten ebenfalls zu höheren Erdgaspreisen führen; vgl. *Monopolkommission*, Sondergutachten 34, Tz. 176 f.

spekulativ und genügten nicht den Anforderungen an den Nachweis der Gemeinwohlgründe.[182]

Die Erlaubnis im Fall E.ON/Ruhrgas ist auch in dieser Hinsicht vehement kritisiert worden. Während die Monopolkommission noch daran festhielt, dass eine gewisse Gefährdung der Versorgungssicherheit bestehen müsse, ließ es der Minister ausreichen, dass durch den Zusammenschluss ein ununterbrochenes Angebot zu „angemessenen" Preisen gesichert werde. Das Ziel der Versorgungssicherheit wurde mit den Zielen verknüpft, Preisrisiken zu reduzieren und die internationale Wettbewerbsstellung der Ruhrgas zu stärken.[183] Nach bisher überwiegend vertretener Meinung kann das Gemeinwohlinteresse bei der Versorgungssicherheit aber nur darin liegen, einer konkreten Bedrohung der Versorgung vorzubeugen.[184] Nachteilige Preisveränderungen hingegen können nach Meinung von Kritikern nicht als Gefährdung der Versorgung angesehen werden, vielmehr ist darauf entsprechend zu reagieren.[185] Zudem garantiere der Zusammenschluss zu einem Großunternehmen nicht zwangsläufig stabile Preise, vielmehr bestehe durch das Fehlen von Wettbewerb das Risiko von Preissteigerungen. Schließlich sei die beste Vorsorge gegen Versorgungsengpässe eine stär-

---

[182] Vgl. *Monopolkommission*, Sondergutachten 34, Tz. 178.
[183] Vgl. *Roth/Voigtländer*, ZfW 2002, S. 241.
[184] Vgl. *Roth/Voigtländer*, ZfW 2002, S. 241; *Monopolkommission*, Sondergutachten 34, Tz. 168, 176; Sondergutachten 22, Tz. 93; Sondergutachten 3, Tz. 104; *Kellner*, ThürVBl. 2002, 34; ders., ZNER 2002, 282. Im Grundsatz auch *Monopolkommission*, Sondergutachten 2, Tz. 44, denn eine Gefährdung der Energieversorgung im Zusammenhang mit der Erdölkrise wurde im Energiesicherungsgesetz von 1973 problematisiert und vom Bundeswirtschaftsminister im Vorfeld der Entscheidung bereits ausgesprochen, AdG 1973, S. 18329; BT-Drucks. 7/1057. Ebenso in der zweiten Fortschreibung des Energieprogramms von 1977 problematisierte die Bundesregierung die Risiken am Weltenergiemarkt, BT-Drucks. 8/1357, S. 2; *Monopolkommission*, Sondergutachten 8, Tz. 69.
[185] Nach *Roth/Voigtländer*, ZfW 2002, S. 242, kann auf Preissteigerungen durch Investitionen in alternative Bezugsquellen und auf der Nachfragerseite durch Anpassungsreaktionen, die den Energieverbrauch senken, reagiert werden.

kere Diversifikation. Wettbewerb im Erdgasmarkt erhöhe in jedem Fall die Versorgungssicherheit.[186]

b) Bewertung

Der Aspekt der Versorgungssicherheit ist kein klar zu definierendes Kriterium. Das gilt für alle Vorteile, die für das Gemeinwohl in einer Ministererlaubnis angeführt werden können, denn sie haben den Nachteil, dass sie von Prognosen und unsicheren Vorhersagen abhängen. Gerade langfristige Prognosen der wirtschaftlichen und politischen Entwicklungen erweisen sich als äußerst unsicher.[187] Daher rühren nicht zuletzt auch die besonders hohen Anforderungen an den Nachweis eines Gemeinwohlgrundes. Denn kein Minister kann vorhersagen, wie Unternehmen sich verhalten werden, wenn der Zusammenschluss erst einmal perfekt ist. Wie sich die wirtschaftliche und politische Situation langfristig entwickeln wird, ist nicht eben leichter vorhersehbar. Für die Versorgungssicherheit gilt dies in ganz besonderem Maße: Es hat sich bisher gezeigt, dass die Prognosen in diesem Bereich besonders unverlässlich sind (das hat das Bundeswirtschaftsministerium selbst eingeräumt) und auch heutzutage nur sehr schwer Aussagen getroffen werden können, was die Entwicklung der Energiesituation angeht.
Auch aus diesem Grund haben es Monopolkommission und Bundeswirtschaftsminister vermieden, im Fall BayWa/WLZ die Ministererlaubnis aus Gründen der Versorgungs-sicherheit der Bevölkerung mit landwirtschaftlichen Erzeugnissen zu erteilen. Diese wurde zwar grundsätzlich als Gemeinwohlgrund akzeptiert, aber wegen der Überschussproduktion in der Agrarwirtschaft und der Möglichkeit des Zukaufs von Importen im Falle von eventuellen Knappheitssituationen im konkreten Fall nicht als ent-

---

[186] *Roth/Voigtländer,* ZfW 2002, S. 243 f.; Däuper, WuW 2002, 469; auch *Seele*, FAZ v. 22.9.2003, S. 34.
[187] Vgl. *Roth/Voigtländer*, ZfW 2002, S. 244.

scheidungsrelevant angesehen.[188] In der Entscheidung VAW/Kaiser wurde die Verbesserung der nationalen Versorgung mit Aluminium und Aluminiumprodukten als Gemeinwohlgrund nicht anerkannt, da es genug ausländische Versorger gebe, um nationale Versorgungslücken zu schließen, und die Ursächlichkeit der Fusion für eine verbesserte Inlandsversorgung nicht nachgewiesen worden sei.[189]

In den bisherigen Entscheidungen ging es bei dem Aspekt der Versorgungssicherheit also stets darum, mögliche Engpässe und Knappheitssituationen zu vermeiden. Unter diesem Blickwinkel ist das Argument der Sicherung der Inlandsversorgung zumindest immer ein politisch wirksames – das Autarkiedenken ist eingängig.[190] Allerdings haben sich derartige Befürchtungen in der bisherigen Geschichte der Fusionskontrolle in keinem Fall bestätigt, die Gefahr bestand zu keinem Zeitpunkt. Sollte einmal eine wirkliche Gefahr für die nationale Versorgung mit Rohstoffen, Nahrungsmitteln, Energieträgern oder Ähnlichem bestehen, so wird es schwierig sein, diese durch eine Fusion abzutun. Die Ursachen dafür mögen vielfältiger zu beurteilen sein und eine solche Situation müsste sicher flexibler, spontaner und zweckgerichteter angegangen werden. Denn nicht vergessen werden darf, dass die primären Zusammenschlussmotive von Unternehmen in der Regel nicht darauf abzielen, die Versorgung im Inland um jeden Preis zu gewährleisten. Für eine Bedrohung der Versorgungssicherheit müssten jedenfalls andere, weitergehende (wirtschafts-, vielleicht struktur-) politische Maßnahmen ergriffen werden.

Angesichts der bisherigen Erfahrungen mit der Ministererlaubnis bleibt festzuhalten, dass sie jedenfalls kein Instrument ist, um die inländische Versorgung zu sichern. Selbst wenn dies von Befürwortern angenommen wird, so bleibt zumindest eine extrem hohe Unsicherheit bestehen, was die

---

[188] *Monopolkommission*, Sondergutachten 22, Tz. 101; BayWA/WLZ, WuW/E BWM 223.
[189] *Monopolkommission*, Sondergutachten 3, Tz. 104 ff.; bestätigend VAW/Kaiser WuW/E BWM 151.
[190] Vgl. *Roth/Voigtländer*, ZfW 2002, S. 241.

Prognosen von Versorgungsengpässen angeht. Dafür jedoch das Risiko einer zeitlich unbegrenzten Wettbewerbsbeschränkung in Kauf zu nehmen, ist ein hoher Preis.

c) Auswirkungen für die Zukunft

Problematisch dürfte auch in Zukunft die Beurteilung sein, ab wann ein Zusammenschluss einen so wichtigen Beitrag zur Versorgungssicherheit leistet, dass dieser gesamtwirtschaftlich von Vorteil ist. Das mag vorwiegend bei Großunternehmen der Fall sein; will man diese aber mit dem Gemeinwohlargument der Versorgungssicherheit nicht per se privilegieren,[191] so muss auch kleineren Unternehmen die Möglichkeit zugesprochen werden, einen Beitrag hierzu zu leisten. Wo die Grenze zu ziehen ist und ab wann in gesamtwirtschaftlich beachtenswerter Weise ein Beitrag zur Verbesserung der Versorgungssicherheit geleistet wird, dürfte in der Praxis auf Schwierigkeiten treffen. Nachdem der Bundeswirtschaftsminister nunmehr keine Gefährdung der Versorgung mit einem Rohstoff verlangt, sondern bereits Preisrisiken ausreichen lässt, ist der Anwendungsbereich dieses Gemeinwohlgrundes vollends offen. Die Nachweisbarkeit dieses Tatbestandsmerkmals stößt hier an ihre Grenzen.

6. Erhalt der Meinungs- und Pressevielfalt

Die Presse- und Rundfunkfreiheit ist in Art. 5 Abs. 1 Satz 2 GG als Freiheitsgrundrecht geschützt. Die Freiheitsgrundrechte entsprechen im Normalfall nicht zwangsläufig dem Gemeinwohl im Sinne der für eine Ministererlaubnis geltenden Kriterien. Bei der Pressefreiheit aber kann es Überschneidungen geben:

---

[191] Auf diese Gefahr hingewiesen hatte bereits *Möschel*, Recht der Wettbewerbsbeschränkungen, Rn. 899; *ders.*, in: FS Fischer, S. 502.

Die medienpolitischen Interessen der Allgemeinheit nämlich decken sich im Wesentlichen mit der Presse- und Rundfunkfreiheit, weshalb als erhebliches Gemeinwohlinteresse im Rahmen einer Ministererlaubnis die Gewährung der Pressevielfalt grundsätzlich in Betracht kommt.[192] Pressevielfalt ist dabei von Pressefreiheit zu unterscheiden. Die Pressefreiheit setzt die Möglichkeit von Meinungsvielfalt der Presse voraus.[193] Diese Meinungsvielfalt wiederum kann nur durch eine relativ große Zahl selbständiger und nach ihrer Tendenz, politischen Färbung oder weltanschaulichen Grundhaltung miteinander konkurrierender Presseerzeugnisse gewährleistet werden,[194] d.h. durch die Pressevielfalt. Die Pressevielfalt ist also Voraussetzung der Pressefreiheit und um diese Voraussetzung kann es bei einer Ministererlaubnis gehen.

a) Entscheidungen

Bisher wurde das Argument der Meinungs- und Pressevielfalt in zwei Ministererlaubnisverfahren diskutiert. Es handelt sich um die geplanten Zusammenschlüsse zwischen Burda und Springer im Jahre 1981 und Holtzbrinck und dem Berliner Verlag im Jahre 2003.[195] In beiden Fällen kam es wegen Rücknahme des Antrags nicht zu einer ministeriellen Entscheidung.[196] Die Sondergutachten der Monopolkommission zu diesen Fällen gehen aber davon aus, dass der Gemeinwohlgrund der Pressevielfalt ausnahmsweise der Rechfertigung eines wettbewerbsbeschränkenden Zusammenschlusses durch Ministererlaubnis dienen kann.

---

[192] *Monopolkommission*, Sondergutachten 12, Tz. 36; Sondergutachten 36, Tz. 113; a.A. *Säcker*, BB 2003, 2245, für den Schutz der Meinungsvielfalt auf dem Berliner Markt für Abonnementzeitungen.
[193] *Wendt* in: v. Münch/Kunig, GG, Art. 5, Rn. 40.
[194] *Magiera*, in: Sachs, GG, Art. 5, Rn. 67a.
[195] Vgl. *Monopolkommission*, Sondergutachten 12 und Sondergutachten 36.
[196] Zur Rücknahme im Fall Burda/Springer vgl. WuW 1983, 468; im Fall Holtzbrinck/ Berliner Verlag vgl. FAZ v. 30.9.2003, S. 11.

Im Fall Burda/Springer ging es den Antragsstellern darum, durch den Zusammenschluss die Meinungs- und Pressevielfalt durch Wahrung des publizistischen Gleichgewichts im Bereich überregionaler Tageszeitungen zu erhalten. Es hieß, mit dem Zusammenschluss wolle Axel Springer sein Lebenswerk sichern, indem die verlegerische Konzeption Springers und die durch die Erzeugnisse der Springer-Gruppe repräsentierte Meinungsrichtung als wesentliche Komponente der Meinungsvielfalt gewahrt und fortgeführt werden sollte. Eine alternative Nachfolgeregelung, die die Meinungsvielfalt auf die gleiche Weise sichert, gebe es nicht und ohne den Zusammenschluss würde die Existenz der „WELT" in Frage gestellt werden. Der Antrag ging zudem von einer Gefahr für die Printmedien durch das Vordringen durch Hörfunk und Fernsehen aus, weshalb der Zusammenschluss zuzulassen sei, denn durch ihn könnten die Folgen dieser Entwicklung teilweise aufgefangen werden.[197]

Die Monopolkommission war anderer Ansicht. Zwar sei die Presse- und Rundfunkfreiheit als Interesse der Allgemeinheit im Rahmen des Ministererlaubnisverfahrens zu berücksichtigen. Jedoch beinhalte diese nicht einen Bestandsschutz der überregionalen Tageszeitungen.[198] Der Staat habe nicht die Verpflichtung, für eine inhaltliche Meinungsausgewogenheit der Presse zu sorgen, sondern er habe ihre Eigenständigkeit zu schützen. Darüber hinaus sei der Zusammenschluss auch nicht geeignet, die von den Antragstellern verfolgten Ziele zu erreichen.[199] Eine generelle Gefahr für die Presse durch die Entwicklung der elektronischen Medien wollte die Kommission nicht anerkennen, wenngleich ein verstärkter Druck auf die Printmedien

---

[197] *Monopolkommission*, Sondergutachten 12, Tz. 22 ff. Zusammenfassend auch Wirtschaftswoche Nr. 11 v. 12.3.1982, S. 70.

[198] Die Monopolkommission bezog sich dabei auf das damals von den Antragsstellern zitierte Spiegel-Urteil des Bundesverfassungsgerichts von 1966 (BVerfGE 20, 162, 174), das den Stellenwert einer freien Presse in der modernen Demokratie hervorhebt. Das Bundesverfassungsgericht wollte nach Ansicht der Kommission nicht eine verfassungsrechtliche Bestandsgarantie der überregionalen Tageszeitungen aussprechen. Die Äußerung des Gerichts sei allgemein gehalten und beziehe sich nicht auf eine bestimmte Pressestruktur; vgl. *Monopolkommission*, Sondergutachten 12, Tz. 39.

[199] A.a.O., Tz. 40 f.

durch diese Entwicklung bejaht wurde.[200] Da keine anderen Gemeinwohlgründe für den Zusammenschluss sprachen und nach den Feststellungen der Kommission der Zusammenschluss die Konzentration innerhalb der Presse beschleunige, wodurch die Bedingungen für die Meinungsvielfalt eher verschlechtert als verbessert würden, empfahl die Kommission dem Bundeswirtschaftsminister, die beantragte Erlaubnis nicht zu erteilen.[201]

Im Verfahren Holtzbrinck/Berliner Verlag ging es in der Sache um die Vereinigung von zwei Berliner Tageszeitungen, dem „Tagesspiegel" und der „Berliner Zeitung". Nach Ansicht der Antragssteller umfasse das Interesse der Allgemeinheit die „institutionelle Vielfalt" der Presselandschaft und ohne Zusammengehen mit der Berliner Zeitung könne der Tagesspiegel aufgrund seiner defizitären Lage nicht fortgeführt werden. Nach dem Zusammenschluss würden die Redaktionen der beiden Zeitungen nach Angaben Holtzbrincks getrennt bleiben, aber durch die Rationalisierungsvorteile der Fusion sei der Fortbestand des Tagesspiegels und damit die Vielfalt auf dem Berliner Printmarkt gewährleistet.[202]

Die Monopolkommission lehnte auch in diesem Fall die Empfehlung einer Ministererlaubnis ab.[203] Zwar sei die Pressevielfalt notwendiger Bestandteil der Pressefreiheit und man könne im Einzelfall eine Verpflichtung des Staates zum Schutz der Pressevielfalt annehmen. Dann aber müsste feststehen, dass diese ohne den Zusammenschluss im konkreten Einzelfall stärker gefährdet wäre als mit ihm. Ein verfassungsrechtlicher Bestandsschutz für

---

[200] A.a.O., Tz. 51.
[201] A.a.O., Tz. 65, 68. Springer fand nach dem Scheitern des Zusammenschlusses einen anderen Weg, um sein Ziel zu erreichen: 1985, kurz vor seinem Tod, ging er an die Börse und platzierte dort 49% seiner Aktien. Nach seinem Testament dürfen seine Erben das Gesamtvermögen 30 Jahre lang nicht aufteilen; vgl. http://www.asv.de/inhalte/unternehmen/frame.htm (20.10.2003).
[202] Vgl. *Monopolkommission*, Sondergutachten 36, Tz. 40 f.
[203] Dies sowohl im Sondergutachten 36 als auch in ihrem ergänzenden Sondergutachten 38. Der Bundeswirtschaftsminister hatte der Monopolkommission angesichts des Fortgangs des Verfahrens anheim gestellt, die erste Stellungnahme vom April 2003 gegebenenfalls zu modifizieren oder zu ergänzen. vgl. *Monopolkommission*, Sondergutachten 38, Tz. 1.

einzelne Presseprodukte bestehe nicht. Die Gewährleistung der Pressefreiheit gehe von der Existenz einer privatwirtschaftlichen und im freien Wettbewerb agierenden Presse aus. Der Staat habe die Aufgabe, diesen Hintergrund zu bewahren und der Konzentration im Pressewesen vorzubeugen.[204] Die Kommission schloss im konkreten Fall nicht aus, dass die Erhaltung der Pressevielfalt in Berlin im Interesse der Allgemeinheit liegen kann, dann aber müssten die Antragsteller nachweisen, dass der Zusammenschluss hierfür das verhältnismäßige Mittel darstellt, also geeignet und erforderlich ist, dieses Ziel zu erreichen. Dies haben die Antragsteller nach Ansicht des Expertengremiums nicht ausreichend belegt[205] und den Nachweis, dass der konkrete Zusammenschluss erforderlich sei, um den Fortbestand des Tagesspiegel, mithin die Pressevielfalt in Berlin, zu erhalten, nicht erbracht.[206]

b) Bewertung

Eine Ausnahmeerlaubnis für den wettbewerbsbeschränkenden Zusammenschluss zweier Presseunternehmen ist vor dem verfassungsrechtlichen Hintergrund des in einer Demokratie wesentlichen Grundrechts der Pressefreiheit eine besonders heikle Angelegenheit. Allgemein anerkannt ist, dass im Rahmen dieses Grundrechts der Bestand einzelner Presseunternehmen nicht schützenswert ist. Bei Zusammenschlüssen im Pressebereich, mit denen die Pressevielfalt geschützt werden soll, wird es aber in der Regel um die Erhaltung von einzelnen Presseunternehmen gehen. Es bestehen erheb-

---

[204] *Monopolkommission*, Sondergutachten 36, Tz. 115-120, 136.
[205] Denn dann dürfte es nachweislich keine Alternative hierzu geben. Alternative Lösungen, wie etwa der Verkauf des Tagesspiegels an einen Dritten, seien aber nur oberflächlich geprüft oder gar nicht erwogen worden. Nachdem Holtzbrinck auf Aufforderung des Bundeswirtschaftsministers den Versuch unternommen hatte, den Tagesspiegel an einen Dritten zu verkaufen, änderte die Kommission ihre Haltung nicht. Der Nachweis der Unveräußerlichkeit sei nicht erbracht worden, vielmehr bestehe eine hohe Wahrscheinlichkeit dafür, dass es noch möglich sei, einen Käufer für den Tagesspiegel zu finden, *Monopolkommission*, Sondergutachten 38, Tz. 92.
[206] *Monopolkommission*, Sondergutachten 36, Tz. 121; Sondergutachten 38, Tz. 92.

liche Zweifel, ob die Ministererlaubnis für diesen Zweck das geeignete und erforderliche Mittel ist.

Nicht geeignet scheint die Ausnahmevorschrift der Ministererlaubnis deshalb, weil ihre Anwendung Grenzen unterliegt, die es in der Praxis unmöglich machen, einen wettbewerbsbeschränkenden Zusammenschluss aus Gründen der Pressevielfalt zu genehmigen: Wenn mit einem Zusammenschluss zweier Unternehmen der Pressebranche die Pressevielfalt erhalten werden soll, obwohl der wirtschaftliche Wettbewerb dadurch eingeschränkt wird, so kann die Pressevielfalt nur dadurch aufrecht erhalten bleiben, dass der publizistische Wettbewerb zwischen den Presseprodukten weiterhin bestehen bleibt. Zu unterscheiden ist demnach der *wirtschaftliche* Wettbewerb und der *publizistische* Wettbewerb zwischen Printmedien, wobei letzterer einhergeht mit der Vielfalt auf einem bestimmten Pressemarkt.[207] Der publizistische Wettbewerb wird nicht nach wettbewerbsrechtlichen Kriterien beurteilt, sondern nach medienpolitischen Kriterien, die allenfalls im Rahmen des § 42 GWB Beachtung finden können. In der Sache geht es bei einer Ministererlaubnis immer um die Genehmigung eines wettbewerbsbeschränkenden Zusammenschlusses. Eine Wettbewerbsbeschränkung kann aber nicht per se förderlich sein für die Presse*vielfalt* und für den publizistischen Wettbewerb. Das widerspricht schon allgemeinen Denkgesetzen. Wenn zwei Presseunternehmen sich vereinigen, so vereinigen sich auch ihre Druckerzeugnisse. Selbst wenn diese nach dem Zusammenschluss erhalten bleiben, so besteht zumindest kein Wettbewerbsverhältnis (weder wirtschaftlich noch publizistisch) mehr zwischen ihnen.[208] Für den publizistischen Wettbewerb im Rahmen der Pressevielfalt nämlich müssten sie nach ihrer Tendenz, ihrer politischen Färbung, ihrer weltanschaulichen

---

[207] Zum Verhältnis wirtschaftlicher – publizistischer Wettbewerb vgl. IM-*Mestmäcker*, Vor § 35, Rn. 53: Das Recht der Wettbewerbsbeschränkungen ist ausgehend von der Annahme, dass die Vielfalt wirtschaftlich selbständiger Verlage eine gesteigerte Wahrscheinlichkeit für die Meinungsvielfalt begründet, geeignet, einen Beitrag zur Meinungsvielfalt zu leisten.
[208] Auszugehen ist nämlich von der im Gesetz normierten Vermutung, dass zwischen zusammengeschlossenen Unternehmen der Wettbewerb ausgeschaltet wird. Vgl. auch *Spieler*, Fusionskontrolle im Medienbereich, S. 89.

Grundhaltung miteinander konkurrieren.[209] Unter dem Mantel ein und desselben Unternehmens ist das ohne weiteres nicht möglich. Publizistischer Wettbewerb wird innerhalb eines Unternehmens nur nach Maßgabe seiner ökonomischen Nützlichkeit stattfinden. Das mag eine gewisse Diversifikation einschließen. Diese wird aber jedenfalls dort ihr Ende finden, wo sie den wirtschaftlichen Erfolg schmälert.[210] Konzentration kann der Vielfalt auf einem Markt also zunächst nicht förderlich sein – außer der publizistische Wettbewerb bleibt bewusst erhalten und außer im Fall der Sanierungsfusion.[211]

aa) Sanierungsfusion

Wenn die Fusion zweier Zeitungen die einzige Möglichkeit ist, um das Überleben einer Zeitung überhaupt zu gewährleisten, so ist die Konstellation der Sanierungsfusion im Pressebereich das kleinere Übel im Vergleich zum Verlust einer Zeitung – vorausgesetzt, die Zeitung bleibt in ihrer publizistischen Eigenständigkeit erhalten.
Bei beiden Zusammenschlussvorhaben, die für eine Ministererlaubnis aus Gründen der Pressevielfalt stehen, ging es um die Rettung und den Erhalt einer Zeitung bzw. eines verlegerischen Konzepts.[212] Vor allem Holtz-

---

[209] BVerfGE 20, 162, 175; 52, 283, 296 = NJW 1980, 1093 f.; *Magiera*, in *Sachs*, GG, Art. 5, Rn. 67 f.
[210] Vgl. auch *Engel*, Meinungsvielfalt durch Ministererlaubnis?, S. 42.
[211] Es mögen Fälle denkbar sein, in denen etwa ohne Zusammenschluss eine lokale Zeitung eingestellt werden müsste, ohne dass das Bundeskartellamt die Voraussetzungen der Sanierungsfusion anerkennt, vgl. *Möschel*, Pressekonzentration und Wettbewerbsgesetz, S. 207; *Spieler*, Fusionskontrolle im Medienbereich, S. 90. Dann aber werden regelmäßig die Voraussetzungen für eine Ministererlaubnis nicht gegeben sein: Der Gemeinwohlgrund der Pressevielfalt verlangt zumindest das Betroffensein eines nicht unbeachtlichen Personenkreises. Zudem müsste die Ausnahmeerlaubnis geeignet und erforderlich, mithin verhältnismäßig sein. Eine praktische Relevanz dieses theoretischen Sonderfalles zeichnet sich jedenfalls nicht ab.
[212] Im Fall Burda/Springer allerdings hatten die Antragsteller geltend gemacht, dass das Unternehmen Springer andernfalls an einen ausländischen Erwerber verkauft werden könnte. Alternativen zu dem Zusammenschluss, die die Meinungs- und Pressevielfalt sicherten, seien nicht denkbar, v.a. die Existenz der „Welt" sei bei anderen Käufern gefährdet; vgl. *Monopol-*

brinck stützte seinen Antrag beim Ministerium auf das Vorbringen, der Tagesspiegel könne nur durch das Zusammengehen Holtzbrincks mit dem Verlag der Berliner Zeitung erhalten werden. Ein Zusammenschluss könne also vielfaltsfördernd bzw. zumindest vielfaltserhaltend sein, wenn ohne ihn eine Zeitung aus dem Markt völlig ausscheiden würde. Daher entsprach die Argumentation Holtzbrincks beim Bundeswirtschaftsministerium in wesentlichen Teilen derjenigen beim Bundeskartellamt: Die Sanierung des Tagesspiegel war der ausschlaggebende Aspekt. Die Beurteilung der Pressevielfalt in der ministeriellen Prüfung geht in einem solchen Fall also einher mit der kartellamtlichen Beurteilung der Sanierungssituation. Die Monopolkommission lässt gewisse Unterschiede in der Bewertung dieses Arguments zwar zu, aber letztlich kann dieser Gemeinwohlgrund durch einen Zusammenschluss nur im Wege der Sanierungsfusion erreicht werden.[213]

Es wurde bereits dargelegt, dass das Sanierungsargument allein nie eine Ministererlaubnis rechtfertigen kann.[214] Nach überwiegender Meinung gehört dieser Aspekt in die wettbewerbliche Prüfung des Bundeskartellamtes. Der Wettbewerb ist immer noch das beste Mittel, um den Pluralismus auf Zeitungsmärkten zu erhalten.[215] Die Beurteilung dieses Aspekts sollte aber nach wie vor dem Bundeskartellamt überlassen bleiben, das eine umfassende wettbewerbliche Beurteilung des konkreten Zusammenschlusses vornimmt. Sofern also die Pressevielfalt und der publizistische Wettbewerb

---

kommission, Sondergutachten 12, Tz. 27, 34, 44. Zwar ist dies nicht die Situation einer Sanierungsfusion, in der Sache ging es aber darum, die Presseerzeugnisse Springers zu bewahren.

[213] *Monopolkommission*, Sondergutachten 36, Tz. 127.
[214] Vgl. oben B. II. 2 a).
[215] So auch die *Monopolkommission,* Sondergutachten 36, Tz. 155 ff.: Pluralismus unter Zeitungen werde durch wirtschaftlichen Wettbewerb gesichert. Für ein fortbestehendes Wettbewerbsverhältnis genüge es nicht, dass die Zeitungen unter ihrer bisherigen Bezeichnung am Markt und publizistisch getrennt bleiben. Eine andere Meinung vertraten die Antragssteller im Verfahren Holtzbrinck/Berliner Verlag: Der Meinungspluralismus werde schon durch die redaktionelle Trennung der beiden zusammengeschlossenen Zeitungen aufrecht erhalten; vgl. *Monopolkommission*, Sondergutachten 36, Tz. 146; vgl. dazu die nachfolgenden Ausführungen unter bb).

nur durch eine Sanierungsfusion zu erreichen sind, ist eine Ministererlaubnis nicht erforderlich. Die rein wettbewerblich ausgerichtete Prüfung durch das Bundeskartellamt ist für die Beurteilung einer solchen Konstellation ausreichend.

bb) Redaktionelle Unabhängigkeit

Wie der Fall Holtzbrinck gezeigt hat, wird angeführt, der publizistische Wettbewerb müsse nicht zwangsläufig durch wirtschaftlichen Wettbewerb und eine wirtschaftliche Konkurrenzsituation aufrecht erhalten werden. Es gebe auch die Möglichkeit, durch eine bestimmte redaktionelle Organisation, etwa die Trennung und verlegerische Unabhängigkeit der Redaktionen innerhalb eines Verlages, für ein publizistisches Konkurrenzverhältnis zu sorgen.[216] Diese Konstellation trifft allerdings auf Probleme und Grenzen, die es unwahrscheinlich machen, dass der Tatbestand des § 42 GWB damit je erfüllt sein könnte.[217] Zum einen bleibt die verfassungsrechtliche Grenze des Art. 5 GG zu beachten, der den Staat zur Neutralität verpflichtet, und zum anderen lässt sich eine solche Konstruktion nur durch Auflagen erreichen, die wiederum durch kartellrechtliche Grenzen eingeschränkt werden.

(1) Verfassungsrechtliche Grenze: Neutralitätspflicht des Staates

Art. 5 Abs. 1 Satz 3 GG beinhaltet ein Zensurverbot für den Staat und legt ihm die inhaltliche Neutralitätspflicht auf, die eine Differenzierung nach Meinungsinhalten verbietet. Der Staat darf danach kein Auge auf die konkrete Meinungsrichtung und den Inhalt bestimmter Presseerzeugnisse werfen. Durch staatliche Förderungen dürfen bestimmte Meinungen oder Ten-

---

[216] Vgl. *Monopolkommission*, Sondergutachten 36, Tz 146.
[217] So auch bereits *Möschel*, Pressekonzentration und Wettbewerbsgesetz, S. 207 f.; *Spieler*, Fusionskontrolle im Medienbereich, S. 90.

denzen weder begünstigt noch benachteiligt werden.[218] Andernfalls besteht ein subjektives Abwehrrecht der Konkurrenten des begünstigten Mediums sowie ein Anspruch auf Gleichbehandlung im publizistischen Wettbewerb. Alle Druckschriften, die in einem Konkurrenzverhältnis stehen, müssen gleich behandelt werden.[219] Im Fall Holtzbrinck hat die Monopolkommission betont, dass die Ministererlaubnis nur erteilt werden könne, wenn die besondere Schutzwürdigkeit des Tagesspiegel angenommen werden würde. Diese anhand von meinungsneutralen Kriterien zu beurteilen, dürfte schwierig sein. Um nämlich die publizistische Vielfalt nach einem Zusammengehen von Unternehmen und der weiterhin bestehenden redaktionellen Trennung zweier Zeitungen beurteilen zu können, muss auf die Inhalte der Zeitungen eingegangen werden. Anders lässt sich nicht prüfen, ob Meinungsvielfalt vorliegt oder ob die Zeitungen sich in ihrer Grundrichtung angleichen. Ein Verstoß gegen Art. 5 GG wäre vorprogrammiert.[220] Die Konkurrenten des Tagesspiegel müssten im vergleichbaren Fall ebenfalls eine Ministererlaubnis erhalten, denn das Recht auf Gleichbehandlung im publizistischen Wettbewerb verlange dies.[221]

Es stellt sich mithin die Frage, ob es möglich ist, einen Zusammenschluss zum Erhalt der Vielfalt auf einem bestimmten Pressemarkt durch Rettung

---

[218] BVerfGE 80, 124; *Herzog*, in: Maunz/Dürig, GG, Art. 5, Rn. 144a.
[219] Vgl. auch *Monopolkommission*, Sondergutachten 36, Tz. 131.
[220] Vgl. auch *Mestmäcker*, Medienkonzentration und Meinungsvielfalt, S. 101; *Möschel*, Pressekonzentration und Wettbewerbsgesetz, S. 207; für den Fall Holtzbrinck/Berliner Verlag: *Säcker*, BB 2003, 2245 f. Nur zu erwähnen sei an dieser Stelle die zahlreichen Verlagsbeteiligungen der SPD: Sie hält als einzige Partei Anteile an Zeitungsverlagen. Es kann hier nicht darauf eingegangen werden, ob und inwiefern durch diese Beteiligungen Einfluss ausgeübt oder Meinungstendenzen bestimmter Zeitungen bevorzugt werden könnten, jedoch ist es für den Bundeswirtschaftsminister einer SPD-Regierung umso schwieriger, eine Ministererlaubnisentscheidung auf meinungsneutralen Kriterien zu begründen und den Verdacht der Ungleichbehandlung auszuräumen, wenn eine Verlagsbeteiligung der Partei im konkreten Fall vorliegt. Zu den Medienbeteiligungen der SPD vgl. *Feser*, Vermögensmacht und Medieneinfluss, insbes. S. 138 ff., 176; *ders.*, Der Genossenkonzern, S. 76 ff. Zur Problematik, dass der Politiker aus sachfremden Motiven wie etwa seinem persönlichen Nutzen oder dem Vorteil für seine Partei einen bestimmten Zusammenschluss im Pressebereich besonders fördert, vgl. etwa *Steltzner*, FAZ v. 29.9.2003, S. 11; *Möschel*, zit. in: *U. Müller*, Welt v. 10.2.2003; *Brüderle*, FAZ v. 22.10.2003, S. 16.
[221] *Monopolkommission*, Sondergutachten 36, Tz. 133.

einer einzelnen Zeitung nach meinungsneutralen Kriterien zu beurteilen. In diesem Fall müsste *Pressevielfalt* so ausgelegt werden, dass es nur auf die Anzahl der regionalen Tageszeitungen ankommt, keinesfalls aber auf ihre politische Richtung, inhaltliche Ausgestaltung oder publizistische Qualität. Eine solche Auslegung würde jeglichen Fusionen im Pressebereich Tür und Tor öffnen. Jedes Unternehmen könnte einen Zusammenschluss mit einem anderen Presseunternehmen durch Ministererlaubnis erreichen, indem der Gemeinwohlgrund der Pressevielfalt dadurch erreicht wird, dass die Redaktionen getrennt bleiben. Das würde aber die gesamte Pressefusionskontrolle in Frage stellen. Denn dann könnte die Untersagung von wettbewerbsbeschränkenden Zusammenschlüssen durch das Bundeskartellamt in einer Ministererlaubnis stets mit dem Argument der Erhaltung der Pressevielfalt hintergangen werden.

Hintergrund der strengen Fusionskontrollvorschriften im Pressebereich ist aber gerade, die Vielfalt auf den Pressemärkten dadurch zu erhalten, dass die unterschiedlichen Druckerzeugnisse gerade nicht auf wenige Verlagsunternehmen verteilt werden, sondern eine Vielfalt unter den Eigentümern erhalten bleibt.[222] Die Fusionskontrolle ist daher auch Teil der Vielfaltssicherung im Medienbereich, denn das Ergebnis einer funktionierenden wettbewerblichen Ordnung ist die Existenz möglichst vieler unabhängiger Medien.[223] Allein die Aufrechterhaltung wettbewerblicher Strukturen schafft die Voraussetzungen für publizistischen Wettbewerb und damit die Pressevielfalt. Die Institution „freie Presse" nach Art. 5 GG erfüllt den verfassungsrechtlichen Ansatz umso mehr, je größer die Zahl der selbständigen wirtschaftlichen Einheiten ist, die Träger von selbständigen publizistischen Einheiten sind.[224]

Eine andere Möglichkeit, in einer Ministererlaubnis die Vielfalt auf einem Pressemarkt zu beurteilen, ist aber wegen des Neutralitätsgebots nicht mög-

---

[222] Vgl. auch *Barbier*, FAZ v. 10.10.2003, S. 15.
[223] *Monopolkommission*, Sondergutachten 36, Tz. 136.
[224] Vgl. *Knoche/Zerdick*, BMWi-Forschungsauftrag 49/01, S. 23; *Monopolkommission*, Sondergutachten 38, Tz. 100.

lich. Entweder der Minister beurteilt die Pressevielfalt nach inhaltlichen Kriterien – dann verstößt er gegen das verfassungsrechtliche Neutralitätsgebot, oder aber er beurteilt sie nach quantitativen Kriterien – dann stellt er sich gegen jegliche Grundsätze der Pressefusionskontrolle. Damit scheitert eine ministerielle Beurteilung der Pressevielfalt bereits an den Beurteilungsmöglichkeiten des Bundeswirtschaftsministers.

(2) Kartellrechtliche Grenze: Ungeeignetheit von Auflagen

Da der Wettbewerb grundsätzlich auch im Medienbereich das vielfaltssichernde Mittel ist, wird die Pressevielfalt durch einen wettbewerbsbeschränkenden Zusammenschluss eingeschränkt. Sie kann nur erhalten werden, wenn im Falle eines Zusammenschlusses publizistisch unabhängige Presseerzeugnisse bestehen bleiben.[225] Kann aber die Pressevielfalt nur dann erhalten werden, wenn im Fall eines Zusammenschlusses die publizistische Unabhängigkeit des einzelnen Presseerzeugnisses gewahrt bleibt, so stellt sich die Frage, wodurch diese im Einzelfall gewährt sein kann. Die bloße Zusage der Unternehmen, selbständige Zeitungen mithin selbständige Redaktionen aufrecht zu erhalten, steht stets unter unternehmerischen Vorbehalten: Die Entwicklung der wirtschaftlichen Lage, die Entwicklung des Unternehmens können rasch zu einer Abkehr von einem solchen unternehmerischen Konzept zwingen, denn das Rentabilitätsinteresse setzt sich langfristig unausweichlich durch.[226] Daher müsste ein solches Verhalten

---

[225] Dieses Problem bildete im Fall Holtzbrinck/Berliner Verlag das „tiefere Problem" der Ministererlaubnis: Gegenstand der beantragten Erlaubnis war nicht die Wahrung der Pressevielfalt in Berlin, sondern die Verbindung von zwei Zeitungen. Der Gemeinwohlvorteil ergab sich erst aus den Ausführungen und Zusagen Holtzbrinckcks, dass der Tagesspiegel mit selbständiger Redaktion erhalten bleibe, ohne Zusammenschluss müsse er eingestellt werden, vgl. *Monopolkommission*, Sondergutachten 38, Tz. 91.
[226] Vgl. *Möschel*, Pressekonzentration und Wettbewerbsgesetz, S. 207; *Spieler*, Fusionskontrolle im Medienbereich, S. 90.

durch entsprechende dauerhafte Verhaltensauflagen abgesichert werden.[227] Diese sind gemäß § 42 Abs. 2 i.V.m. § 40 Abs. 3 Satz 2 GWB unzulässig.[228] Bei einer Auflage, die die redaktionelle Selbständigkeit von Zeitungen oder anderen Presseprodukten zum Inhalt hat, kann es sich auch nicht um eine Strukturauflage handeln. In einem Ministererlaubnisverfahren zulässig sind aber nur Auflagen, die sich auf die Marktstruktur beziehen, die sich in einem einmaligen Akt vollziehen lassen und zu deren Kontrolle eine einmalige Überprüfung ausreicht. Dem gleichzusetzen sind solche Maßnahmen, die sich in wenigen, zeitlich eng zusammenliegenden Akten realisieren lassen und die vom Bundeskartellamt mit vertretbarem Aufwand kontrolliert werden können.[229] Eine Strukturauflage ist jedenfalls nicht gegeben, wenn es um ein erwartetes Verhalten der Unternehmen geht. Die Trennung und Unabhängigkeit zweier Zeitungen kann nicht durch eine bloße gesellschaftsrechtliche Konstruktion, etwa die Errichtung einer Stiftung, geschehen. Vielmehr bedarf es der Einhaltung bestimmter, gegebenenfalls im Gesellschaftsvertrag vorgegebener Voraussetzungen, um tatsächlich die publizistische Unabhängigkeit zu gewährleisten. Unabhängig von der Problematik, dass dann auch auf den publizistischen Inhalt der Zeitungen geachtet werden müsste (und damit das Neutralitätsgebot im Wege stünde), müsste jedenfalls eine Verhaltenskontrolle erfolgen.[230] Ob es darum geht, ein bestimmtes redaktionelles Konzept zu verwirklichen, verschiedene politische Richtungen innerhalb des zusammengeschlossenen Unternehmens zu vertreten, sich an die Vorgaben aus dem Vertrag zu halten, oder schlicht darum, sich vom „Partner-Konkurrenten" durch publizistische Eigenständigkeit abzuheben, ist stets Bestandteil einer Verhaltenskontrolle. Rein

---

[227] So auch *Monopolkommission*, Sondergutachten 12, Tz. 41; *Mestmäcker*, Medienkonzentration und Meinungsvielfalt, S. 101 f.; *Spieler*, Fusionskontrolle im Medienbereich, S. 90; *Engel*, Meinungsvielfalt durch Ministererlaubnis?, S. 42; zum speziellen Fall der redaktionellen Trennung durch Errichtung einer Stiftung: *Monopolkommission*, Sondergutachten 36, Tz. 157 f., Sondergutachten 38, Tz. 85 ff.; *Säcker*, BB 2003, 2245, 2247.
[228] Zur Unzulässigkeit von Verhaltensauflagen vgl. zuletzt *Staebe*, WRP 2004, 66, 68 ff.
[229] *Monopolkommission*, Sondergutachten 36, Tz. 152.
[230] *Monopolkommission*, Sondergutachten 36, Tz. 158.

strukturelle Maßnahmen können das nicht absichern. Insofern ist die Erhaltung der Pressevielfalt im Wege einer ministeriellen Auflage nicht zu erreichen, denn diese wäre kartellrechtlich unzulässig.

cc) Ausblick

Bisher ist es noch nicht so weit gekommen, dass eine Ministererlaubnis mit dem Gemeinwohlvorteil der Pressevielfalt begründet wurde. Im Verfahren Holtzbrinck hat das Unternehmen selbst eingesehen, dass die Chancen auf die Ausnahmegenehmigung schlecht standen und hat sich anders geholfen.[231] Eine solche Ausnahmengenehmigung wäre verfassungs- und kartellrechtlich mehr als bedenklich gewesen.
Sollte allerdings jemals eine Erlaubnis zu einem Zusammenschluss vor dem Hintergrund der Pressevielfalt erteilt werden, so besteht die große Gefahr, dass das Mittel der Ministererlaubnis öfter in Erwägung gezogen wird, als es wünschenswert wäre und dem Ausnahmecharakter der Norm entsprechen würde, denn andere Presseunternehmen könnten sich auf die mit dem Neutralitätsgebot verbundene Pflicht des Staates zur Gleichbehandlung berufen. Andere Wege, eine vielfältige Presselandschaft zu erhalten, könnten in den Hintergrund gedrängt werden. Hierbei handelt es sich aber um ein hohes Gut, so dass es Aufgabe der gestaltenden Politik sein sollte, nach Wegen zu schauen, wie die Pressevielfalt erhalten bleiben kann. Eine kartellrechtliche Ausnahmebestimmung kann keine Lösung für die derzeitige Krise in der Zeitungsbranche darstellen.[232] Dass es in Deutschland eine im internationalen Vergleich auffallende Pressevielfalt

---

[231] Nach dem erneuten ablehnenden Votum der Monopolkommission und den kritischen Stimmen in der Öffentlichkeit entschied sich Holtzbrinck für eine andere Lösung und verkaufte den Tagesspiegel an einen langjährig im Unternehmen tätigen und ihm vertrauten Verlagsmanager; s. FAZ v. 30.9.2003, S. 11, 14, 37.
[232] Vgl. *Monopolkommission*, Sondergutachten 36, Tz. 134; *Bundesregierung*, Pressevielfalt erhalten, Strukturwandel bewältigen, S. 1: die wirtschaftliche Lage der Zeitungsbranche weise Elemente einer Strukturkrise auf.

gibt, rührt nicht zuletzt von der Eigentümervielfalt her.[233] Noch bestehen die besonderen Vorschriften der Pressefusionskontrolle, die gerade im Pressebereich einer zu starken Konzentration vorbeugen wollen. Diese sollten nicht durch eine Verallgemeinerung der Ministererlaubnis wieder ausgehebelt werden. § 42 GWB stellt danach das ungeeignete und unnötige Mittel dar, um Problemen im Pressebereich zu begegnen. Diese Ansicht vertritt auch die Monopolkommission:

„Die Schwierigkeit, den Zusammenhang zwischen der Einzelfallentscheidung über den beantragten Zusammenschluss und dem Gemeinwohlinteresse an Pressevielfalt herzustellen, liegt in der Natur der Sache begründet. „Pressevielfalt" ist ein Abstraktum, das die Konstitution des Pressewesens insgesamt betrifft und sich nicht durch diese oder jene Zeitung festmachen lässt. Staatliche Versuche, die Pressevielfalt durch Entscheidungen über einzelne Zeitungen zu fördern, sind schon aus diesem Grund skeptisch zu sehen. Darüber hinaus steht bei solchen Versuchen immer die Gefahr von Verletzungen des Zensurverbots und der Neutralitätspflicht des Staates im Raum. Staatliche Förderung von Pressevielfalt sollte weitgehend von Einzelfallentscheidungen absehen und sich auf die Festlegung angemessener Rahmenbedingungen konzentrieren." [234]

Sofern im Bereich der Pressebranche eine Wende befürwortet wird und man es ausreichen lässt, dass redaktionell getrennte Zeitungen und Zeitschriften von wenigen Großverlagen geführt werden, kann also nur eine Änderung der Vorschriften über die Fusionskontrolle im Pressebereich als solche erwogen werden (wobei sich bei derartigen gesetzlichen Änderungen ähnliche Probleme auftun). Eine Änderung der Presseregeln ist im

---

[233] So *Barbier*, FAZ v. 10.10.2003, S. 15.
[234] *Monopolkommission*, Sondergutachten 38, Tz. 100.

Rahmen der 7. GWB-Novelle geplant.[235] Die Ministererlaubnis ist dafür das unzulässige Mittel.

7. Erhalt von Know-how als Technologieressource[236]

Im Allgemeininteresse kann es liegen, wenn es bei einem Zusammenschluss darum geht, Technologieressourcen in Gestalt von technologischem Know-how zu erhalten. Ausschlaggebend für die Erteilung einer Ministererlaubnis war dieser Gemeinwohlgrund in einem Fall: In der Entscheidung Thyssen/Hüller von 1977 bejahten Monopolkommission und Bundeswirtschaftsminister das Allgemeininteresse an der Erhaltung der konkursgefährdeten Hüller Hille GmbH als entscheidenden Grund für die Ausnahmeerlaubnis, da bei ihr wichtiges technologisches Know-how vorhanden sei.[237] Die Bundesrepublik sei wegen ihrer Rohstoffarmut auf den Export hochtechnisierter Produkte angewiesen. Hintergrund war, dass die Produktion von Sondermaschinen, die häufig als Sonderanfertigungen hergestellt wurden, nur durch eine intensive Koordination von Teams hochspezialisierter Fachkräfte geschehen konnte, die im Konkursfalle wahrscheinlich zerschlagen worden wären.[238]

Handelt es sich also um spezielles technisches Wissen, das nicht jedes in Marktnähe tätige Unternehmen in Form von Erfahrungswissen selbst schon besitzt oder sich ohne größeren Aufwand selbst beschaffen kann, so kommt

---

[235] Vgl. *Bundesregierung*, Pressevielfalt erhalten, Strukturwandel bewältigen, S. 1; *Knoche/Zerdick*, BMWi-Forschungsauftrag 49/01; *Riedel*, Handelsblatt v. 29.9.2003; FAZ v. 27.1.2004, S. 11; kritisch *Böge*, FAZ v. 11.2.2004, S.12; *Bundesministerium für Wirtschaft und Arbeit*, Referentenentwurf v. 17.12.2003: insbes. §§ 35 Abs. 2, 38 Abs. 3 sowie 36 Abs. 2 des Entwurfs; dazu Bechtold, DB 2004, 235, 236, 240. Dem Vernehmen nach soll dieser Entwurf aber nochmals geändert werden; vgl. FAZ v. 1.3.2004, S. 11.

[236] Vgl. auch *Volkers*, Erlaubnis wettbewerbsbeschränkender Zusammenschlüsse, S. 71–76; *Kinne*, Effizienzvor-teile in der Zusammenschlusskontrolle, S. 109–111.

[237] *Monopolkommission*, Sondergutachten 6, Tz. 57; Thyssen/Hüller, WuW/E BWM 162.

[238] Thyssen/Hüller, WuW/E BWM 162. Erteilt wurde allerdings nur eine Teilerlaubnis, da es der Minister nach dem Grundsatz der Verhältnismäßigkeit als ausreichend erachtete, die Beteiligung auf 45% zu begrenzen, a.a.O., 161.

ihm die erforderliche gesamtwirtschaftlich erhebliche Bedeutung zu.[239] In drei weiteren Ministererlaubnisentscheidungen wurde der Erhalt technologischen Potenzials als Gemeinwohlgrund grundsätzlich anerkannt, war aber nicht ausschlaggebend für die Erteilung der Genehmigung.[240]

Bei der Beurteilung von gesamtwirtschaftlich wertvollem Know-how als Rechtfertigung für eine Ministererlaubnis ist Vorsicht geboten. Zum einen ist der Fall äußerst selten, dass ohne einen bestimmten Zusammenschluss das technologische Potenzial in einem Unternehmen völlig verloren geht. Einmal nur wurde dieses angenommen. Gerade in diesem Fall ist die Marktbeherrschung ohnedies nachträglich weggefallen, der Zusammenschluss hätte also vom Bundeskartellamt genehmigt werden müssen.[241] Zum anderen muss es sich um technologisches Potenzial handeln, das gesamtwirtschaftlich von erheblicher Bedeutung ist. Dass diese beiden Komponenten zusammentreffen, ist nur in sehr seltenen Fällen denkbar, zumal die Erhaltung des Know-hows nur durch den Zusammenschluss, nicht auf anderem Wege ermöglicht werden dürfte. Ein öffentliches Interesse an der Genehmigung des Zusammenschlusses liegt nämlich nicht vor, wenn die Gründung eines neuen Konstruktionsbüros durch ehemalige Arbeitnehmer belegt, dass auch auf diese Weise das in den Mitarbeiterteams verkörperte Know-how erhalten bleibt.[242] Dass es diesen Weg nicht geben soll, und technisch über die Maßen wertvolles Wissen einfach verloren gehen soll, ist schwer vorstellbar. Der Anwendungsbereich dieses Gemeinwohlgrundes ist mithin extrem begrenzt und hat in den bisherigen Verfahren eine geringe Rolle gespielt.

---

[239] Vgl. *Monopolkommission*, Sondergutachten 19, Tz. 54.
[240] *Monopolkommission*, Sondergutachten 10, Tz. 53; Sondergutachten 19, Tz. 54 f., bestätigend MAN/Sulzer, WuW/E BWM 210; Sondergutachten 18, Tz. 94, 98; Daimler-Benz/MBB, WuW/E BWM 198. Bei Daimler-Benz/MBB stellten Kommission und Minister lediglich die Bedeutung der Luft- und Raumfahrtindustrie als zukunftsweisendes Technologiefeld dar, ein Gemeinwohlgrund aus sich heraus stellt diese Feststellung aber nicht dar.
[241] Vgl. *Bundeswirtschaftsministerium*, Erfahrungsbericht, WuW 1992, 928.
[242] Vgl. *Monopolkommission*, Sondergutachten 10, Tz. 54.

8. Auslandsabhängigkeit eines Wirtschaftsbereichs durch Monopolisierungsgefahr

Zur Stärkung eines volkswirtschaftlichen Sektors kann die staatliche Zulassung von Unternehmenszusammenschlüssen nach Ansicht der Monopolkommission gerechtfertigt sein, wenn für ein Produkt andernfalls eine Lieferabhängigkeit vom Ausland entsteht und die Gefahr besteht, dass es zu einer Monopolisierung im Ausland kommt. Dann besteht auch das Risiko von Importunterbrechungen, was für die deutsche Wirtschaft oder einen Sektor von erheblichem Nachteil sein kann.[243] Beim Zusammenschluss Daimler-Benz/MBB ging es um eine potentielle Monopolstellung der amerikanischen Anbieter Boeing und McDonell Douglas im Bereich ziviler Verkehrsflugzeuge. Durch den Zusammenschluss sollte der europäische Airbus als Gegengewicht zum amerikanischen Duopol gestärkt werden, andernfalls wären europäische Luftverkehrsgesellschaften dessen Preisdiktat ausgeliefert.[244]

Dieser Aspekt wird in den meisten Fällen mit dem Gesichtspunkt der internationalen Wettbewerbsfähigkeit zusammenfallen. Insoweit kann auf die diesbezüglichen Ausführungen[245] verwiesen werden, vor allem was die Bewertung des Zusammenschlusses Daimler-Benz/MBB hinsichtlich seines Beitrags zur Stärkung des europäischen Airbus angeht.

Bisher gab es noch keinen Fall, in dem die Ministererlaubnis unbedingt erforderlich war, um ein ausländisches Monopol und die nationale Abhängigkeit hiervon zu verhindern. Aussagen über diesen Gemeinwohlvorteil müssen daher spekulativ bleiben. Der Gedanke, ein ausländisches Monopol dadurch zu verhindern, dass im Inland Unternehmen mit einer marktbe-

---

[243] *Monopolkommission*, Sondergutachten 18, Tz. 95, bestätigend Daimler-Benz/MBB, WuW/E BWM 197; Sondergutachten 19, Tz. 56, 58, bestätigend auch MAN/Sulzer, WuW/E BWM 210. Im letzteren Fall waren die diesbezüglichen Erwartungen der Antragsteller allerdings zu spekulativ, um einen Gemeinwohlgrund zu rechtfertigen.
[244] *Monopolkommission*, Sondergutachten 18, Tz. 95 f., 226, Daimler-Benz/MBB, WuW/E BWM 197.
[245] Vgl. oben B. II. 4. a).

herrschenden Stellung unterstützt werden, bleibt befremdlich. In der Sache geht es aber um nichts anderes, als durch einen Zusammenschluss einen Global Player zu schaffen, der das ausländische Monopol verhindern und im internationalen Wettbewerb agieren kann. Auf die diesbezüglichen Ausführungen[246] muss erneut verwiesen werden.

9. Verbesserung der Privatisierungsmöglichkeiten und Subventionsabbau

Bei dem Zusammenschluss Kali+Salz/PCS stellte die Monopolkommission fest, dass die Rückführung staatlichen Einflusses auf die private Wirtschaft eine vordringliche ordnungspolitische Aufgabe sei und insoweit die Möglichkeit der Privatisierung eines Staatsunternehmens grundsätzlich gesamtwirtschaftlich vorteilhaft sei und im Interesse der Allgemeinheit liegen könne. Im konkreten Fall wurde diese allerdings abgelehnt, denn es fehlte an einer ausreichenden gesamtwirtschaftlichen Bedeutung und hinreichenden Konkretisierung.[247] Der Bundeswirtschaftsminister schloss sich dieser Auffassung an.[248]

Im Fall Daimler-Benz/MBB begründete der Bundeswirtschaftsminister die Erlaubnis in erster Linie damit, dass durch den Zusammenschluss das Airbus-Risiko privatisiert werde und die Subventionen abgebaut würden und maß diesem Aspekt „sehr hohes Gewicht" bei.[249] Die unternehmerische Führung bei MBB werde dadurch in privatwirtschaftliche Verantwortung überführt, das unternehmerische Risiko für den Airbus vom Staat schrittweise auf die Industrie übertragen und der Bundeshaushalt länger-

---

[246] Vgl. oben B. II. 4. d).
[247] *Monopolkommission*, Sondergutachten 25, Tz. 94.
[248] Kali+Salz/PCS, WuW/E BWM 231.
[249] Daimler-Benz/MBB, WuW/E BWM 191, 198. Zum Inhalt der Entscheidung vgl. *Haubrock*, Konzentration und Wettbewerbspolitik, S. 264 ff.; *I. Schmidt*, Wettbewerbspolitik und Kartellrecht, S. 317 ff.; *Elben*, Der Zusammenschluss von Großunternehmen, S. 75 ff.

fristig von Dauersubventionen im Airbus-Bereich entlastet.[250] Auf Empfehlung der Monopolkommission[251] wurde zur Auflage gemacht, dass die MBB die 20%ige Bundesbeteiligung der KfW nicht erst Ende 1999 übernimmt, sondern bereits Ende 1996,[252] damit das volle Kapitalrisiko bereits drei Jahre früher beim neuen Konzern liegen sollte. Hingegen war diese Privatisierung mit der Fortführung bereits zugesagter und der Übernahme neuer Subventionen verbunden. Der Zusammenschluss führte zunächst nicht zu einer umfassenden Privatisierung und das Ziel, das unternehmerische Risiko vom Bund auf die Industrie zu verlagern, wurde damit weit in die Zukunft verschoben.[253] Dieser Gemeinwohlgrund kann demnach nicht als in der Vergangenheit erfolgreich bewertet werden.

10. Angleichung der regionalen Lebensbedingungen und Erhaltung der Kulturlandschaft

Zwei weitere Gemeinwohlgründe wurden zwar als solche akzeptiert, vermochten jedoch nicht eine Ministererlaubnis zu rechtfertigen. Im Fall VEW/Ruhrkohle wurde der Ausgleich des Preisgefälles zwischen zwei Regionen als berücksichtigungsfähiger Gemeinwohlgrund anerkannt, sofern Preisdifferenzen bei dem betroffenen Produkt zu erheblichen Diskrepanzen zwischen den Lebensbedingungen in den Regionen führten. Da dieser Effekt nur sehr schwer abschätzbar schien, wurde die Erlaubnis von Mono-

---

[250] Daimler-Benz/MBB, WuW/E BWM 195. Die Monopolkommission hatte zwar auch eine Erlaubnis des Zusammenschlusses unter Auflagen empfohlen, jedoch sah sie nicht im Subventionsabbau einen eigenständigen Gemeinwohlgrund, sondern sie maß der Luft- und Raumfahrtindustrie selbst eine wichtige gesamtwirtschaftliche Bedeutung zu und stützte ihre Empfehlung im Wesentlichen auf den Aspekt der internationalen Wettbewerbsfähigkeit im Zusammenhang mit der Abwehr der Monopolisierungsgefahr, *Monopolkommission*, Sondergutachten 18, Tz. 113, 179, 226.
[251] *Monopolkommission*, Sondergutachten 18, Tz. 241.
[252] Daimler-Benz/MBB, WuW/E BWM 204.
[253] Vgl. *Monopolkommission*, Sondergutachten 18, Tz. 134; IM-*Mestmäcker/Veelken*, GWB, § 42, Rn. 11; *Berg*, WiSt 1990, 643, 646. Eine Übersicht über die damals gewährten Subventionen findet sich im Sondergutachten 18, Tz. 116 ff.

polkommission und Bundeswirtschaftsminister wegen nicht ausreichender Gemeinwohlvorteile abgelehnt.[254]

Ebenso verhielt es sich mit dem Argument im Fall BayWa/WLZ, der Zusammenschluss leiste einen Beitrag dazu, dass die in der Landwirtschaft Tätigen an der allgemeinen Einkommens- und Wohlstandsentwicklung teilnehmen und ihre Kaufkraft auch in ertragsschwachen Regionen erhalten bleibt.[255] Die Kommission folgte dieser Begründung nicht, es gebe wirksamere staatliche Maßnahmen, um dieses Ziel zu erreichen, und der Zusammenschluss sei zur Erreichung dieses Ziels weder erforderlich noch geeignet. Der Bundeswirtschaftsminister schloss sich dieser Auffassung an.[256]

Diese Entscheidungen blieben Einzelfälle. Der Katalog der bisher anerkannten Gemeinwohlvorteile ist dadurch erweitert worden, ohne dass dies bisher konkrete Auswirkungen auf die Praxis der Ministererlaubnis gehabt hat.

11. Weitere Gemeinwohlgründe für die Erteilung einer Ministererlaubnis

In der bisherigen Geschichte der Ministererlaubnis wurden in den Verfahren eine Reihe von Gemeinwohlargumenten zur Rechtfertigung der Erlaubnis eines wettbewerbsbeschränkenden Zusammenschlusses geltend gemacht und zu einem erheblichen Teil auch als grundsätzlich geeignet anerkannt. Damit wurde jedoch kein abschließender Katalog geschaffen, denn die Begriffe „gesamtwirtschaftliche Vorteile" und „Interessen der Allgemeinheit" sind notwendig offen und der jeweiligen Konkretisierung im Einzelfall durch den Minister und die Monopolkommission zugänglich. Sie zählen nach Knöpfle zu den „allgemeinsten Begriffen", welche die deut-

---

[254] *Monopolkommission*, Sondergutachten 16, Tz. 196, 119; VEW/Ruhrkohle, WuW/E BWM 186.
[255] *Monopolkommission*, Sondergutachten 22, Tz. 98.
[256] *Monopolkommission*, Sondergutachten 22, Tz. 95, 99; BayWa/WLZ, WuW/E BWM 221 f.

sche Rechtssprache kennt[257], und können aus diesem Grund nicht einer konkreten Definition untergeordnet werden.[258] Die Begriffe sind weitgehend miteinander verknüpft, wobei die Interessen der Allgemeinheit einen Oberbegriff bilden und die gesamtwirtschaftlichen Vorteile darunter fallen können. Allgemein wird von „Gemeinwohlvorteilen" gesprochen, eine Differenzierung ist kaum möglich und auch nicht erforderlich.[259] Es muss bei den Tatbestandsmerkmalen der Ministererlaubnis also auf Vorteile ankommen, die der „Allgemeinheit", sei es in wirtschaftlicher oder in sonstiger Hinsicht, zugute kommen. Vor dem Hintergrund der Rechtssicherheit muss aber auch bei solch unbestimmten Rechtsbegriffen für die betroffenen Unternehmen eine gewisse Durchschaubarkeit und Vorhersehbarkeit geschaffen werden.

Die Ministererlaubnis wurde zwar nicht vor dem Hintergrund *konkreter* Gemeinwohlvorstellungen eingeführt – die Formulierung der Tatbestandsmerkmale wurde bewusst offen gehalten – allerdings setzen die Tatbestandsmerkmale „gesamtwirtschaftliche Vorteile" und „Interesse der Allgemeinheit" nach dem Willen des Gesetzgebers in jedem Fall voraus, dass der Zusammenschluss nicht nur den beteiligten Unternehmen nützt, sondern dass ein „allgemeiner staats-, wirtschafts- oder gesellschaftspolitischer Rechtfertigungsgrund für den Zusammenschluss vorliegt".

---

[257] *Knöpfle*, WuW 1974, 5.
[258] Da es sich dabei um eine Ausprägung des „Gemeinwohls" allgemein handelt, das als Begriff schon seit jeher von Wissenschaftlern verschiedener Fachrichtungen diskutiert wird, kann hinsichtlich der Definitionsoffenheit auf einige aktuellere Stellungnahmen hierzu stellvertretend verwiesen werden: *Schuppert*, in: Gemeinwohl – auf der Suche nach Substanz, S. 21 f., 59; *ders.,* Universitas 2002, 910 ff.; *Münkler/Fischer,* Universitas 2002, 888, 891; *Engel,* Rechtstheorie 2001, 23 ff.; *Kirste*, in: Gemeinwohl in Deutschland, Europa und der Welt, S. 353.
[259] Vgl. *Knöpfle*, WuW 1974, 5, 17; *Fatschek*, Die Berücksichtigung außerwettbewerblicher Gesichtspunkte, S. 144; *Möschel,* Recht der Wettbewerbsbeschränkungen, Rn. 899; *ders.,* Pressekonzentration und Wettbewerbsgesetz, S. 202; *Kleinmann/Bechtold*, Fusionskontrolle, § 24, Rn. 301; *Bechtold*, GWB, § 42, Rn. 6; KG WuW/E OLG 1940 (Thyssen/Hüller). In der Praxis wird von „Gemeinwohlvorteilen" oder „Gemeinwohlgründen" als ein Begriff zur Rechtfertigung von Zusammenschlüssen gesprochen, vgl. zuletzt E.ON/Ruhrgas I (Einleitung, Fn. 1), S. 66; *Monopolkommission*, Sondergutachten 36, Tz. 111.

§ 24 Abs. 3 GWB a.F. sollte vor dem Hintergrund der gesamtwirtschaftlichen Ziele aus dem Stabilitäts- und Wachstumsgesetzes von 1967 – stabiles Preisniveau, hoher Beschäftigungsstand, außenwirtschaftliches Gleichgewicht, angemessenes und stetiges Wachstum – angewendet werden.[260] Die Ausführungen des Gesetzgebers lassen dennoch einen weiten Interpretationsspielraum. Neben den bisher anerkannten Gemeinwohlgründen sind andere möglich. Da sie nicht definiert werden können, müssen wenigstens Anhaltspunkte festgelegt werden, um die Akzeptanz eines Gemeinwohlgrundes durchschaubar zu machen. Grundsätzlich können neben wirtschaftspolitischen auch sozial-, regional-, militär-, gesundheits- und unter Umständen auch allgemeinpolitische Gründe für einen Zusammenschluss sprechen.[261]

a) Verfassungsrecht als Hilfestellung

Ein sinnvoller Anhaltspunkt ist hierbei die Verfassung. Das Bundesverfassungsgericht hat sich in seiner Rechtssprechung (wenn es um Grundrechtseingriffe und ungeschriebene Grundrechtsschranken ging) häufiger mit der

---

[260] So die Regierungsbegründung zum Entwurf eines Zweiten GWB, BT-Drucks. VI/ 2520, S. 31 = WuW 1971, S. 560.
[261] FK-*Rieger*, § 24 a.F. Rn. 131; *Kleinmann/Bechtold*, Fusionskontrolle, § 24, Rn. 301; hingegen ist eine Verbesserung der Wettbewerbsbedingungen entgegen *Knöpfle*, WuW 1974, 5, 11, *Kleinmann/Bechtold*, Fusionskontrolle, § 24, Rn. 303 und *Bechtold*, GWB, § 42, Rn. 6, nicht als Vorteil für die Allgemeinheit zu werten. Dieser wettbewerbliche Aspekt obliegt dem Bundeskartellamt. Er wurde bisher vom Bundeswirtschaftsminister einmal zur relativierenden Gewichtung der Wettbewerbsbeschränkungen vor die Abwägung mit den Gemeinwohlargumenten herangezogen, vgl. E.ON/Ruhrgas I (Einleitung, Fn. 1), Tz. 99, was allerdings heftig kritisiert wurde, vgl. *Monopolkommission*, Sondergutachten 35, Tz. 12 ff. und in der erneuten Fassung der Ministererlaubnis daraufhin revidiert wurde, E.ON/Ruhrgas II (Einleitung, Fn. 1), Tz. 57. Der Bundeswirtschaftsminister selbst ging in seiner Praxis mithin stets davon aus, dass die Verbesserung der Wettbewerbsbedingungen wegen der Bindungswirkung in den Prüfungsbereich des Bundeskartellamts gehört und er sie nicht berücksichtigen darf.

Frage auseinander gesetzt, welche Gemeinwohlbelange legitimationsfähig sind. In Betracht kommen danach:

- Schutz der Volksgesundheit
- Sicherung der Ernährung
- Abwehr gesamtwirtschaftlicher Gefahren
- Sicherung der Wasserversorgung
- Schutz des Mittelstandes
- Interesse an rascher Bestrafung
- Sicherheit des Staates
- Vermeidung von Arbeitslosigkeit.[262]

Gemeinwohlbelange können sich auch direkt aus den Grundrechten und aus den Staatszielbestimmungen der Verfassung ergeben. Als Ausprägung eines Grundrechts, nämlich dem der Pressefreiheit aus Art. 5 GG, stellt sich etwa der anerkannte Gemeinwohlvorteil der Pressevielfalt dar.[263] Aber auch die Staatsziele können eine Rolle spielen. Folgende Grundstaatsziele können als Grundlage für das Auffinden von Gemeinwohlbelangen verwendet werden:

- Rechtsstaatlichkeit
- Sozialstaatlichkeit
- Kulturstaatlichkeit
- Friedensstaatlichkeit
- Umweltstaatlichkeit.[264]

Umwelt- und Klimaschutz etwa wurden im Verfahren E.ON/Ruhrgas erstmals grundsätzlich als Gemeinwohlbelange innerhalb einer Ministererlaub-

---

[262] Vgl. *Schuppert*, in: Gemeinwohl – auf der Suche nach Substanz, S. 35 f., mit konkreten Entscheidungsnachweisen; *ders.*, Universitas 2002, 916 ff.
[263] S. oben B. I. 6.
[264] Vgl. *Schuppert*, in: Gemeinwohl – auf der Suche nach Substanz, S. 39.

nis anerkannt, allerdings im konkreten Fall abgelehnt.[265] Für das Auffinden von Gemeinwohlbelangen, die in einer Ministererlaubnis geltend gemacht werden können, gibt es theoretisch vielfältige Möglichkeiten, das Grundgesetz kann für den einen oder anderen Gemeinwohlaspekt Anhaltspunkte bieten. Allerdings lässt ein näherer Blick auf die verfassungsrechtlichen Gemeinwohlkategorien erkennen, dass das Verfassungsrecht nicht ohne weiteres im Rahmen der Abwägung einer Ministererlaubnis herangezogen werden kann. Während das Bundesverfassungsgericht Gemeinwohlbelange thematisiert, sobald es um Grundrechtseingriffe und ungeschriebene Grundrechtsschranken geht, hat der Bundeswirtschaftsminister als Kartellbehörde eine andere Aufgabe. Er muss untersuchen, ob ein Unternehmenszusammenschluss Gemeinwohlbelange berührt, die er dann im Verhältnis zur Wettbewerbsbeschränkung gewichten muss. Dabei steht beim GWB das Wettbewerbsprinzip und die Vermeidung von Wettbewerbsbeeinträchtigungen an erster Stelle. Allein damit leistet es bereits einen Beitrag zum wirtschaftspolitischen „Gemeinwohl". Der Grundrechtseingriff findet bei der Fusionskontrolle bereits auf der ersten Stufe statt. Die Ministererlaubnis relativiert diesen gegenüber den unmittelbar betroffenen Unternehmen (greift aber damit möglicherweise faktisch in die Freiheitsgrundrechte anderer Unternehmen ein). Insofern ist die Konstellation nicht unmittelbar derjenigen vergleichbar, die das Bundesverfassungsgericht bei Grundrechtseingriffen zu beurteilen hat. Nur ausnahmsweise können im Kartellrecht andere Aspekte eines Zusammenschlusses Beachtung finden und höher bewertet werden.

Zudem muss bei realistischer Sichtweise eingeräumt werden, dass sich nicht jegliche Ausprägung des Gemeinwohls durch einen Unternehmenszu-

---

[265] E.ON/Ruhrgas I (Einleitung, Fn. 1), Tz. 136; *Monopolkommission*, Sondergutachten 34, Tz. 207; zum Verhältnis von Wettbewerbs- und Umweltschutz vgl. auch *Büdenbender*, DVBl 2002, 800 ff. Seiner Ansicht nach lässt das Wettbewerbsprinzip des GWB grundsätzlich keinen Raum für die Berücksichtigung des Umweltschutzes und sonstiger allgemein-politischer Ziele. Ob im Einzelfall eine Ministererlaubnis nach § 42 GWB aus Gründen des Umweltschutzes erteilt werden kann, lässt er allerdings offen.

sammenschluss erreichen lässt. Das Verfassungsrecht kann also allenfalls eine unterstützende Rolle beim Auffinden von Gemeinwohlbelangen spielen. Für die Unternehmen werden damit die Konstellationen und Möglichkeiten der kartellrechtlichen Ausnahme Ministererlaubnis nicht vorhersehbarer.

b) Ergebnis

Eine Festlegung oder ein Beispielkatalog für Gemeinwohlgründe, die für die Erteilung einer Ministererlaubnis noch in Betracht kommen, kann nicht aufgestellt werden. Dafür sind die Möglichkeiten zu vielfältig und die Begriffe „gesamtwirtschaftliche Vorteile" und vor allem „Interessen der Allgemeinheit" zu unbestimmt. In der Theorie kommen vielfältige Gemeinwohlgründe in Betracht. An sich sind der Phantasie keine Grenzen gesetzt und es muss spekulativ bleiben, was noch bei Zusammenschlüssen an Vorteilen für die Allgemeinheit entstehen kann. Im konkreten Fall allerdings müssen die Gemeinwohlgründe besondere Anforderungen erfüllen, auf die noch einzugehen sein wird.[266]

III. Fazit

Die bisherigen Gemeinwohlargumente haben sich in der Mehrheit als nicht geeignet herausgestellt, um langfristig einen wettbewerbsbeschränkenden Unternehmenszusammenschluss zu rechtfertigen. In der Mehrheit wurden sie in den konkreten Verfahren abgelehnt. Sofern sie anerkannt wurden, hat sich im Nachhinein herausgestellt, dass die Entwicklung zumeist anders verlief als von den Unternehmen und entscheidenden Instanzen vorausgesagt. Für die gängigen Argumente im Rahmen der Ministererlaubnis gilt

---

[266] Dazu unten D. IV. 1. c) cc).

daher das Zitat Emmerichs: „Es sind dies die üblichen Vorteile, die, wenn man sie ernst nähme, die Fusionskontrolle überflüssig machten."[267] Nicht nur die bislang in Verfahren aufgetretenen, sondern auch weitere denkbare Gemeinwohlgründe bilden keine sichere und verlässliche Grundlage, um die Existenz einer Ausnahmeregelung begründen zu können. Es bleibt stets nur die theoretische Möglichkeit von Zielkonflikten, bei genauerer und rein praktischer Betrachtungsweise aber sind Aussagen, die als Begründung für die Generalklausel der Ministererlaubnis herhalten können, nicht zu treffen. Daraus ergibt sich ein weiteres Problem, nämlich die Frage der Rechtssicherheit und der Verlässlichkeit.

1. Keine Rechtssicherheit

Neben der Erkenntnis, dass sich die bisher angewandten Gemeinwohlgründe in der Mehrzahl als nicht geeignet und als nicht erforderlich erwiesen haben, auch für die Zukunft nicht absehbar sind, können auch keine verlässlichen Aussagen über mögliche künftige Auswirkungen eines Unternehmenszusammenschlusses getroffen werden. Darüber hinaus stellen die von einem Bundeswirtschaftsminister anerkannten Gemeinwohlgründe ein Abbild der Grundlinien der Wirtschaftspolitik der jeweiligen Bundesregierung dar – bereits anerkannte Gemeinwohlargumente sind also nicht statisch, sondern in der Beurteilung Veränderungen unterworfen. Zwar dient die bisherige Fallpraxis als Anhaltspunkt, diese ist aber nicht bindend. Der Minister kann die Ausgestaltung eines Gemeinwohlgrundes nicht zuletzt wegen des weiten Beurteilungsspielraums jederzeit selbst übernehmen.[268] Denn „gesamtwirtschaftliche Vorteile" und „Interesse der Allgemeinheit" lassen sich häufig nur unter Zugrundelegung der von den zuständigen Ver-

---

[267] *Emmerich*, AG 2002, 641, 650.
[268] Vgl. auch *Emmerich*, Kartellrecht, S. 307; *Engel*, Meinungsvielfalt durch Ministererlaubnis?, S. 23; *Rittner*, Wettbewerbs- und Kartellrecht, S. 397; *Hermes/Wieland*, ZNER 2002, 158, 167; *Möschel,* BB 2002, 2077, 2083.

fassungsorganen formulierten Grundsätze der Wirtschaftspolitik ermitteln.[269] Damit stellt sich nicht nur die Frage nach der grundsätzlichen Geeignetheit eines Arguments, eine Ministererlaubnis zu rechtfertigen, sondern auch nach dessen konkreter Ausgestaltung durch den Minister. Da bereits von Anfang an anerkannt wurde, dass sich die Gemeinwohlerwägungen letztlich an (wirtschafts-) politischen Zielvorstellungen orientieren, kann von einer verlässlichen Richtung nie ausgegangen werden.[270] In der umstrittenen Entscheidung zum Zusammenschluss E.ON/Ruhrgas musste der Minister die Gemeinwohlgründe internationale Wettbewerbsfähigkeit und Versorgungssicherheit verändern und anpassen, um sie „erlaubnistauglich" zu machen. Nach bisherigen Maßstäben hätte die Ausnahmegenehmigung nicht erteilt werden dürfen. Es mussten erst die innerhalb von 30 Jahren entwickelten „Grundsätze" dieser beiden Gemeinwohlgründe, die letztlich den Zusammenschluss rechtfertigten, in ihrer Definition verändert werden, um sie auf den Fall anzupassen. Der Minister ist hierzu grundsätzlich befugt. Die wirtschaftlichen Entwicklungen und Veränderungen mögen derartige Modifikationen der Gemeinwohlgründe rechtfertigen. Jedoch besteht damit auch die Gefahr, dass die jeweilige Politik die Möglichkeit des § 42 GWB für ihre Zwecke nutzt und eine Ministererlaubnis noch weniger abschätzbar wird. Die Ministererlaubnisregelung lässt sich je nach wirtschaftspolitischer Zielverfolgung recht flexibel einsetzen, denn Gemeinwohlgründe lassen sich für einen Zusammenschluss schnell finden. Aus all dem ergibt sich, dass jegliche Konstanz der Wettbewerbspolitik und damit Rechtssicherheit und langfristige Planungssicherheit für die Unter-

---

[269] IM-*Mestmäcker/Veelken*, GWB, § 42, Rn. 27; *Ruppelt*, in: Langen/Bunte, GWB, § 42, Rn. 4; *Monopolkommission*, Sondergutachten 18, Tz. 87; Sondergutachten 2, Tz. 25.
[270] Wenngleich „tagespolitische Motive" kein Gewicht haben dürften und der Minister stets nur Kriterien von entsprechender wirtschaftspolitischer Relevanz herangezogen hat, was sich auch durch den Hintergrund des bei der Entstehung der Vorschrift zitierten Stabilitäts- und Wachstumsgesetzes erklärt; vgl. hierzu *Kleinmann/Bechtold*, Fusionskontrolle, § 24, Rn. 298.

nehmen in Frage gestellt sind.[271] An dieser Stelle zeigt sich auch das Dilemma, dass zwar die Politik den Grundstein für die Gemeinwohlerwägungen legen soll und diese durch die politischen Zielsetzungen charakterisiert werden sollen. Aber gerade dadurch wird ihr ein unnötiger Freiraum eingeräumt – und zwar auf Kosten des Wettbewerbsschutzes.[272] Angesichts der Offenheit und Dehnbarkeit jeglicher Gemeinwohlbelange kann diese Befürchtung nicht dadurch ausgeräumt werden, dass die Politik bislang sehr zurückhaltend mit der Ausnahmegenehmigung umgegangen ist.

2. Keine Verlässlichkeit

Wie sich an der vergangenen Praxis gezeigt hat, sind die meisten Gemeinwohlargumente aber auch in ihrer Umsetzung wenig verlässlich. Unternehmen verbinden mit einem Zusammenschluss zunächst betriebswirtschaftliche Ziele. Zwar ist prinzipiell Raum für Unternehmen gegeben, auch Leistungen für die Allgemeinheit zu erbringen, die über den gewinnorientierten Verkauf von Waren und Dienstleistungen hinausgehen.[273] Dieser ist jedoch begrenzt. Wesentliche Komponenten von Gemeinwohl werden nicht neben dem Markt, sondern über ihn vermittelt.[274] Das bedeutet, dass Gemeinwohl nicht abstrakt zu postulieren, sondern in einer freiheitlichen marktwirtschaftlichen Ordnung zu realisieren ist. Ein Zusammenschluss kann durchaus Vorteile für die Allgemeinheit mit sich bringen, das ist aber nur ein Nebeneffekt. Wenn bestimmte Gemeinwohlziele unbedingt

---

[271] Vgl. auch *Noll*, Wettbewerbs- und ordnungspolitische Probleme der Konzentration, S. 196; *Berg*, Internationale Wettbewerbsfähigkeit und Zusammenschlusskontrolle, S. 31.

[272] Vgl. hierzu schon Der Spiegel 51/1981, S. 57: „Gute Gründe lassen sich immer anführen, wenn es darum geht, mit Bonner Machtvollkommenheit eine von den Berliner Wettbewerbshütern für schädlich gehaltene Fusion durchzuziehen.[...] Im Konflikt zwischen marktwirtschaftlicher Grundsatztreue und wirtschaftspolitischer Tagesopportunität wissen auch freidemokratische Ministers stets, wofür sie sich zu entscheiden haben." Zu den unkalkulierbaren, „diffusen" Gemeinwohlgründen vgl. auch *Mussler*, FAZ v. 23.5.2002, S. 13, und FAZ v. 22.4.2003, S. 13.

[273] Vgl. hierzu *Nutzinger*, in: Gemeinwohl – auf der Suche nach Substanz, S. 325.

[274] *Nutzinger*, in: Gemeinwohl – auf der Suche nach Substanz, S. 325.

erreicht werden müssen, so muss die Politik hierfür andere Mittel und Wege finden. Besteht etwa der Bedarf, die Versorgungssicherheit bei bestimmten Gütern zu erhöhen, so kann nicht ein ausnahmsweise genehmigter Unternehmenszusammenschluss der Politik diese Aufgabe abnehmen. Denn die Unternehmen sind nach wie vor in ihren Handlungen frei und müssen sich in erster Linie an betriebswirtschaftlichen Vorgaben orientieren. Die Konzeption der Ministererlaubnis als Ausnahmeerlaubnis sollte es an sich unmöglich machen, sie für industriepolitische Zwecke zu benutzen oder gar zu missbrauchen. Das ist nicht Sinn der Vorschrift und läuft jeglichen Grundsätzen im deutschen Wettbewerbsrecht zuwider. Wollte man mehr Industriepolitik in die Fusionskontrolle aufnehmen oder außerwettbewerblichen Zielen eine größere Geltung verschaffen, so müsste das Kartellrecht vom Grundsatz her geändert werden.

IV. Weitere Gründe für die Existenz der Ministererlaubnis

Als die Ministererlaubnis als Teil der Fusionskontrollvorschriften eingeführt werden sollte, sprachen noch weitere Argumente für die Ausnahmeregelung, die aus heutiger Sicht kurz zu betrachten sind.

1. Parallele zu § 8 GWB

Mit der Ministererlaubnis in der Fusionskontrolle sollte eine Parallele zu § 8 GWB, der Ministererlaubnis für Kartelle, geschaffen werden.[275] Zur Entwicklung von § 8 GWB seit seiner Einführung ist nur festzustellen, dass Anträge auf diese Ausnahmeerlaubnis äußerst selten gestellt wurden, eine stattgebende Entscheidung noch seltener erfolgt ist. Bisher sind vier Ministererlaubnisse für Kartelle, die nicht mehr in Kraft sind, in den Jahren 1959,

---

[275] Vgl. oben 1. Teil, B. II. 1. c).

1969, 1972, 1975/1981 erteilt worden.[276] Die Vorschrift ist daher heute so gut wie ohne Bedeutung.[277]
Nachdem der Verzicht auf § 8 GWB bereits im Rahmen der 6. Novellierung des GWB vorgeschlagen wurde,[278] ist im Zuge der 7. GWB-Novelle endgültig geplant, die Norm ersatzlos zu streichen. Mit dieser Novelle sollen die Regelungen im GWB für Unternehmenskooperationen an die neue Konzeption des europäischen Wettbewerbsrechts angepasst werden. Die speziellen Freistellungstatbestände im geltenden Recht, §§ 2–6 und 8 GWB, sollen aufgehoben werden.[279] Die Ministererlaubnis in der Fusionskontrolle nach § 42 GWB wird demnach aller Voraussicht nach das letzte Relikt der Zuständigkeiten des Bundeswirtschaftsministers als Kartellbehörde, § 48 Abs. 1 GWB, sein.[280] Die Parallele zu § 8 GWB ist damit keine Begründung mehr für die Existenz einer Ausnahmenorm in der Fusionskontrolle.

2. Wahrung der Unabhängigkeit des Bundeskartellamtes

Die Unabhängigkeit des Bundeskartellamtes sollte durch die Ausnahmevorschrift betont werden. So wurde angenommen, dass der Minister von der (nicht unbestrittenen) Befugnis zu Einzelweisungen gegenüber dem

---

[276] WuW/E 117 f., Kohle-Öl-Kartell; WuW/ E 135 ff., Mühlenkartelle; WuW/E 143 ff., Zigarettenwerbung; WuW/E 153 f., 175 ff., 183 f., Ärztemuster. Vgl. auch *Rittner*, Wettbewerbs- und Kartellrecht, S. 226; *Bechtold*, GWB, § 8, Rn. 1; *Emmerich*, Kartellrecht, S. 87. Ein Antrag nach § 8 GWB wurde zuletzt im Jahre 2003 in Niedersachsen diskutiert, allerdings nicht gestellt, vgl. *Mussler*, in: FAZ vom 9.8.2003, S. 10.
[277] *Köhler*, WRP 1996, 838; IM-*Immenga*, GWB, § 8, Rn. 1.
[278] *Köhler*, WRP 96, 840; IM-*Immenga*, GWB, § 8, Rn. 1.
[279] Vgl. dazu im einzelnen: *Bundesregierung*, Enwurf von Eckwerten einer 7. GWB-Novelle, S. 2; *Bundesministerium für Wirtschaft und Arbeit*, Referentenentwurf v. 17.12.2003; dazu Bechtold, DB 2004, 235 ff.; sowie *Mussler*, FAZ v. 10.10.2003, S. 14; *ders.*, FAZ v. 9.8.2003, S. 10.
[280] Früher waren dem Bundeswirtschaftsminister drei Bereiche wegen ihres politischen Charakters zugewiesen, die Ministererlaubnis nach § 42, das Ministerkartell nach § 8 und die besondere Aufsicht über ein einfaches Exportkartell nach § 12 Abs. 2 GWB a.F., vgl. Rittner, Wettbewerbs- und Kartellrecht, S. 379.

Amt nicht Gebrauch machen würde, da er das Instrument der Ministererlaubnis für eigene Maßnahmen hat. Tatsächlich wurde eine Einzelweisung nur in einem Fusionsfall informell ausgesprochen.[281] Das Bundeskartellamt hat sich insoweit eine Unabhängigkeit von Anweisungen des Bundeswirtschaftsministers bewahrt. In einem Fall allerdings setzte der Bundeswirtschaftsminister seine Möglichkeit, eine Ministererlaubnis zu erteilen, als Druckmittel gegenüber dem Amt ein – und hatte Erfolg: Im Fall Karstadt/ Neckermann wollte Karstadt als größter Warenhauskonzern das finanziell stark angeschlagene Unternehmen Neckermann übernehmen. Bereits im Vorfeld hatte sich Joseph Neckermann an den damaligen Bundeswirtschaftsminister Friderichs gewandt und ihm den Verlust von 20.000 Arbeitsplätzen im Falle einer Untersagung des Zusammenschlusses und des Konkurses von Neckermann angedroht. Friderichs ließ die Beamten in Berlin wissen, er werde binnen 24 Stunden über die Ministererlaubnis befinden, sollte der Zusammenschluss untersagt werden. Die Beamten des Bundeskartellamtes wandelten daraufhin ihr bereits auf 33 Seiten begründetes Veto in eine Genehmigung um.[282]

Ein solches Vorgehen sollte allerdings ein Einzelfall bleiben. Noch Jahre später bereute der damalige Bundeskartellamtspräsident Kartte die Entscheidung und räumte ein, dass es sich bei diesem Fall wohl um einen „Sündenfall" gehandelt habe.[283] Dennoch zeigt er, dass auch das Institut der Ministererlaubnis den Minister nicht immer davon abhalten konnte, auf die Beamten des Bundeskartellamtes einzuwirken.

Von politischen Einflussnahmen wurde das Amt folglich in konkreten Fusionskontrollverfahren – abgesehen von einer Ausnahme – weitgehend freigehalten. Soweit Unternehmen davon ausgehen konnten, dass der Minister eine Erlaubnis für einen Zusammenschluss erteilt, fanden sie sich mit der Untersagungsverfügung des Bundeskartellamtes rasch ab, ohne darauf

---

[281] So *Ortwein*, Das Bundeskartellamt, S. 85; dazu auch unten 3. Teil, B. II.
[282] Vgl. Der Spiegel 35/1977, S. 28, und 51/1981, S. 57; *Haubrock*, Konzentration und Wettbewerbspolitik, S. 171; *Schlecht*, Handelsblatt v. 23.7.1996, S. 4.
[283] *Kartte*, Der Spiegel 49/1987, S. 97. Vgl. auch Der Spiegel 51/1981, S. 57

größeren Einfluss nehmen zu wollen.[284] Das Vorbringen, das Bundeskartellamt werde durch die Existenz der ministeriellen Ausnahmegenehmigung von Einflüssen aus Politik und Wirtschaft weitgehend frei gehalten, wird daher auch heute noch als Argument für die Existenz der Ministererlaubnis herangezogen.[285]

3. Zuständigkeitskompromiss

Die klare Aufteilung der Zuständigkeiten zwischen Bundeskartellamt und Bundeswirtschaftsminister – hier die wettbewerblichen, da die außerwettbewerblichen Aspekte – hat sich bis heute gehalten, wenngleich es Kritikpunkte an der Praxis der Ministererlaubnis gab, die dem Minister die Prüfung wettbewerblicher Argumente im Rahmen der Ministererlaubnis vorwarfen.[286] Bei Einführung der Fusionskontrolle ging es darum, einen Ausgleich zu finden zwischen der generellen Zuständigkeit des Bundeswirtschaftsministers für die Fusionskontrolle und der des Bundeskartellamtes. Heute befürwortet niemand mehr eine grundsätzliche Zuständigkeit des Ministers für sämtliche Entscheidungen der Fusionskontrolle. Daher ist ein Kompromiss nicht mehr erforderlich.

---

[284] So jedenfalls im Fall Daimler-Benz/MBB, vgl. *Ortwein*, Das Bundeskartellamt, S. 226 ff., und offensichtlich auch im Fall E.ON/Ruhrgas, als sich an die allseits erwartete Untersagungsverfügung des Bundeskartellamtes sofort der angekündigte Antrag auf Ministererlaubnis anschloss. Auch im Verfahren Holtzbrinck/Berliner Verlag wurden Stimmen aus Politik und Wirtschaft erst laut, als nach der Untersagungsverfügung des Bundeskartellamtes die Ministererlaubnis beantragt wurde, vgl. FAZ vom 22.4.03, S. 13.
[285] Vgl. etwa *Basedow*, EuZW 2002, 417, sowie unten 3. Teil, B. III.
[286] So *Monopolkommission*, Sondergutachten 35, Tz. 12; *Möschel*, BB 2002, 2077, 2082. Zur damit verbundenen Problematik der Bindungswirkung vgl. unten D. IV. 1. c) aa).

V. Ergebnis

Die vormaligen Gründe für die Einführung der Ministererlaubnis haben sich überwiegend nicht gehalten. Die Fusionskontrolle in Deutschland hat sich als Mittel der Wirtschafts- und Wettbewerbspolitik ohne Zutun der Ministererlaubnis positiv entwickelt und voll etabliert.

Auch sonstige Argumente für die Generalausnahme der Ministererlaubnis sind heute nur noch schwer zu begründen. Zwar besteht nach wie vor die Möglichkeit, dass ein Zusammenschluss Interessen der Allgemeinheit berührt, die gegenüber dem Wettbewerbsschutz als überragend einzustufen sind, jedoch ist die Wahrscheinlichkeit gering. Das hat die Erfahrung aus den letzten 30 Jahren gezeigt: Die meisten positiven Entscheidungen haben sich in ihrer Wirkung für das Gemeinwohl als falsch herausgestellt und einige der bislang anerkannten Gemeinwohlvorteile sind nicht geeignet, um sich durch einen wettbewerbsbeschränkenden Zusammenschluss erreichen zu lassen. Die rein hypothetische Möglichkeit weitergehender Gemeinwohlgründe besteht nach wie vor. Jedoch handelt es sich um der Natur nach unsichere Aspekte, die nur durch die jeweils zuständigen politischen Organe konkretisiert werden können. Für die Unternehmen ist das vor dem Hintergrund wünschenswerter Rechtssicherheit ein unbefriedigender Befund.

Der restriktive Umgang mit der Möglichkeit zur Ausnahmeerlaubnis darf gerade kein Argument für ihre Existenz sein, auch wenn dieses in den neueren Diskussionen zur Ministererlaubnis von Befürwortern am häufigsten geltend gemacht wurde.[287] Denn die Tatsache, dass eine Vorschrift bislang zurückhaltend und selten angewendet wurde, kann kein Beleg dafür sein, dass dies in der Zukunft ebenso sein wird.

---

[287] Vgl. *Schlecht*, FAZ v. 22.8.2002, S. 8; *Kantzenbach*, WuW 2002, 1039; *Dreher*, WuW 2002, 665.

Die bisherigen Erfahrungen mit der Ministererlaubnis sind folglich kein Beleg für die Notwendigkeit einer Ausnahmeregelung, denn ihr Anwendungsbereich war bisher wenig durchschaubar und daher begrenzt.

C. Bedenken

Die Bedenken, die bei Einführung der Ministererlaubnis gegen diese Ausnahmeregelung ausgesprochen wurden, haben sich in mancher Hinsicht aus heutiger Sicht bestätigt. Neue Einwände sind hinzugetreten. Das könnte neben der Tatsache, dass sie sich nicht bewährt hat, für die Abschaffung der Ministererlaubnis überhaupt sprechen. An dieser Stelle wäre eine solche Forderung hingegen vorschnell, denn einige Argumente gegen die Generalklausel sind nicht von solchem Gewicht und solcher Relevanz, dass sie sich durchsetzen könnten. Da es um eine *umfassende Beurteilung* des Instituts Ministererlaubnis geht, ist zwar der Rückgriff auf Erfahrungen unerlässlich, jedoch können nicht Probleme, die in einzelnen Verfahren als Besonderheit aufgetaucht sind, auf die Ministererlaubnis im Allgemeinen übertragen werden. So tauchten im Fall von E.ON/Ruhrgas viele Kritikpunkte auf, die sich jedoch zu einem erheblichen Teil nur auf die konkrete Entscheidung bezogen, nicht jedoch auf die Regelung der Ministererlaubnis. Dass diese Probleme ein Hinweis auf die Schwierigkeiten der Praktikabilität der Generalklausel darstellen, wird dabei nicht in Abrede gestellt.

Rechtliche Bedenken gegen die Generalklausel werden auf der Ebene des Verfassungsrechts und des Europarechts geltend gemacht. Zu einem erheblichen Teil aber werden in den Diskussionen Einwände aus ordnungspolitischer Sicht angeführt, die bereits in den siebziger Jahren ausgesprochen wurden und heute wieder aufgegriffen werden.

I. Verfassungsrechtliche Bedenken

Im Zuge der aktuellen Diskussion um die Ministererlaubnis nach § 42 GWB wurden Bedenken im Hinblick auf die verfassungsrechtliche Rechtmäßigkeit dieser Norm geäußert.[288] Dabei geht es um den Verstoß der Norm gegen allgemeine Anforderungen, die das Verfassungsrecht an ein Gesetz stellt, wie den Wesentlichkeitsgrundsatz und das Bestimmtheitsgebot. Aber auch ein Verstoß gegen das Gleichheitsgrundrecht nach Art. 3 GG kann in diesem Zusammenhang eine Rolle spielen.

1. Der Wesentlichkeitsgrundsatz

Der Wesentlichkeitsgrundsatz als Element des Gesetzesvorbehalts[289] hat in der Staatsrechtslehre zwei Ausprägungen: Zum einen bezieht er sich auf die sog. „Wesentlichkeitsrechtsprechung" des Bundesverfassungsgerichts, durch die die „Wesentlichkeitstheorie" begründet wurde. Danach ist der Gesetzgeber wegen des Rechtsstaats- und Demokratieprinzips zwar nicht allzuständig, er ist aber verpflichtet, in grundlegend normativen Bereichen, zumal im Bereich der Grundrechtsausübung, alle normativ wesentlichen Entscheidungen selbst zu treffen.[290] Der Gesetzgeber hat also normativ zu handeln, wenn Grundrechte betroffen sind, allerdings keine konkreten Einzelentscheidungen zu treffen.

Diese Wesentlichkeitstheorie spielt für die Beurteilung von § 42 GWB keine Rolle. Das GWB hat der Gesetzgeber geregelt und die Ministererlaubnis stellt einen Teil dieses Regelungskomplexes dar. Sie ist eine Einzelfallent-

---

[288] Vgl. etwa *Engel*, Meinungsvielfalt durch Ministererlaubnis?, S. 26 ff., 38 ff., 44.
[289] Der „Vorbehalt des Gesetzes" ist das Erfordernis einer besonderen gesetzlichen Grundlage für ein Handeln der Verwaltung, vgl. etwa *Degenhart*, Staatsrecht I, Rn. 319; *Sachs*, in: Sachs, GG, Art. 20, Rn. 113; *Wolff/Bachof/Stober*, Verwaltungsrecht I, S. 434 f.
[290] So das BVerfG in ständiger Rechtsprechung, z.B. BVerfGE 47, 46, 79 und 49, 89, 126. Vgl. hierzu auch *Degenhart*, Staatsrecht I, Rn. 335 ff.; *Ipsen*, Staatsrecht I, Rn. 696; *Maurer*, Allgemeines Verwaltungsrecht, S. 110; *Wolff/Bachof/Stober*, Verwaltungsrecht I, S. 197, 437.

scheidung und als solche gerade nicht durch Gesetz zu treffen. In den Fällen zur „Wesentlichkeitstheorie" ging es regelmäßig um die „Durchordnung" eines den Einzelnen in seiner individuellen Existenz umfassend ergreifenden Regelungssachverhalts (Schule, Ausbildung, Beruf). Auch ging es stets um normative Fragen.[291] Insoweit kann eine Parallele zu diesen Fällen nicht gezogen werden.

Die zweite Ausprägung des Wesentlichkeitsgrundsatzes liegt darin, dass bestimmte Entscheidungen vom Parlament selbst getroffen werden müssen, ohne dass hierfür der Erlass eines Gesetzes erforderlich wäre. Aus dem Demokratieprinzip ergibt sich, dass wesentliche politische Entscheidungen nicht „am Parlament vorbei" getroffen werden dürfen,[292] sondern dass das demokratisch legitimierte Parlament die wesentlichen Entscheidungen des Gemeinwesens trifft.[293] Eine schlichte Mitwirkung des Parlaments, sei sie bindend oder nicht, kann hierfür genügen.
Die Entscheidung darüber, ob eine Ministererlaubnis für einen Zusammenschluss erteilt wird, setzt sich damit auseinander, ob das Gemeinwohl derart betroffen ist, dass der Wettbewerbsschutz ausnahmsweise vernachlässigt werden darf. Im Kern geht es um die Lösung von Zielkonflikten zwischen Schutz des Wettbewerbs und davon abweichenden Gemeinwohlzielen.[294] Ob diese Entscheidungen so „wesentlich" sind, dass das Parlament hierüber zu befinden hat, wurde bislang noch nicht diskutiert. Jedoch

---

[291] Vgl. *Degenhart*, Staatsrecht I, Rn. 336. So hat der Gesetzgeber etwa die normative Grundsatzentscheidung für die friedliche Nutzung von Kernenergie wegen der weit reichenden Auswirkungen auf die Bürger und die allgemeinen Lebensverhältnisse selbst zu treffen, BVerfGE 49, 89, 126 f. Hingegen ist eine Mitwirkung des Parlaments bei der Schließung staatlicher Schauspielbühnen wegen fehlender Wesentlichkeit der Materie nicht erforderlich, BerlVGH NJW 1995, 858 f.
[292] BVerfGE 68, 1, 109.
[293] Vgl. *Maurer*, Allgemeines Verwaltungsrecht, S. 107; *Degenhart*, Staatsrecht I, Rn. 66, 69.
[294] Engel spricht von der „fundamentalsten wirtschaftspolitischen Entscheidung" überhaupt, nämlich der Entscheidung darüber, ob Wettbewerb herrschen soll. Sie werde ins Belieben des Bundeswirtschaftsministers gestellt. Die herrschende Interpretation des Tatbestandsmerkmals „überragendes Interesse der Allgemeinheit" sei daher verfassungswidrig, *Engel*, Meinungsvielfalt durch Ministererlaubnis?, S. 28 f.

verlangt die Wesentlichkeit von bestimmten Entscheidungen nicht zwangsläufig eine *Entscheidung* des Parlaments. Es kann auch eine Beteiligung von diesem ausreichen. Der Bundestag kann über seine Kontrollrechte, wie das Frage-, Debatten- und Entschließungsrecht auf die Regierungspolitik einwirken oder lediglich durch parlamentarische Äußerungen seine Funktion hinreichend wahrnehmen.[295] Der Bundeswirtschaftsminister ist der Kontrolle durch das Parlament unterworfen.[296] Insofern fällt er gerade nicht eine Entscheidung „am Parlament vorbei" (das könnte anders zu beurteilen sein, wäre das Bundeskartellamt für die Ausnahmeerlaubnis zuständig). Festzuhalten bleibt mithin, dass bereits die Einstufung der Entscheidung über eine Ministererlaubnis als „wesentlich" problematisch ist, dass aber jedenfalls eine Beteiligung des Parlaments allein schon durch seine Kontrollfunktion gegenüber dem Bundeswirtschaftsminister gegeben ist und es diese auch wahrnehmen kann und soll.[297]

2. Der Bestimmtheitsgrundsatz

Der Tatbestand der Ministererlaubnis enthält die unbestimmten Rechtsbegriffe „gesamtwirtschaftliche Vorteile" und „überragendes Interesse der Allgemeinheit".

Diese räumen dem Minister einen Beurteilungsspielraum ein.[298] Beurteilungsspielräume können gesetzlich begründet werden, sie sind aber mit Rücksicht auf Art. 19 Abs. 4 GG nur in Grenzen zulässig.[299] Eine solche Grenze bildet das Gebot der Bestimmtheit einer Norm. Es folgt aus dem

---

[295] Vgl. *Degenhart*, Staatsrecht I, Rn. 342, 69; BVerfGE 68, 1, 109.
[296] Zur Kontrollfunktion des Bundestags gegenüber der Bundesregierung unten D. II. 1.
[297] Die Entscheidung über die Ausnahmegenehmigung wurde bewusst einer politischen und dem Parlament verantwortlichen Instanz übertragen, vgl. *Bartram*, WuW 1979, 373; *Klaue u.a.*, Zur Problematik der Fusionskontrolle, S. 97; *Kartte/Röhling*, in: Auslegungsfragen, S. 91 f.; *Droege*, WuW 2002, 930, 932 f.; *Kellner*, ZNER 2002, 275, 277; *Lenz*, NJW 2002, 2370, 2371.
[298] Vgl. *Bechtold*, GWB, § 42, Rn. 5; KG WuW/E OLG 1937 ff. (Thyssen/Hüller).
[299] *Sachs*, in: Sachs, GG, Art. 20, Rn. 115.

Gebot der Rechtssicherheit und verlangt in jedem Fall die Erkennbarkeit des vom Gesetzgeber Gewollten.[300] Eine Norm muss „in ihren Voraussetzungen und in ihrem Inhalt so formuliert sein, dass die von ihr Betroffenen die Rechtslage erkennen und ihr Verhalten danach einrichten können". Auslegungsspielräume und auch Generalklauseln stehen dem zwar nicht entgegen und die Verwendung unbestimmter Rechtsbegriffe ist grundsätzlich zulässig.[301] Die Bedeutung unbestimmter Rechtsbegriffe muss sich aber aus dem Gesamtzusammenhang der Regelung ergeben und dadurch bereits konkretisierbar sein oder in der Rechtsprechung hinreichende Konkretisierung erfahren haben. Wie weit das Bestimmtheitserfordernis geht, lässt sich nicht allgemein festlegen. Vielmehr kommt es auf den jeweils zu regelnden Sachbereich, das Ausmaß der Grundrechtsbetroffenheit und die Art des Verhaltens an, zu dem die Verwaltung berechtigt ist.[302] Aus der Zielsetzung des Gesetzes und dem sachlichen Zusammenhang müssen sich Zweck und Inhalt einer Vorschrift ausreichend ermitteln lassen und es müssen objektive Kriterien zu gewinnen sein, die die willkürliche Handhabung durch Behörden und Gerichte ausschließen.[303]

Im Fall der Ministererlaubnis ist ein Verstoß gegen den Bestimmtheitsgrundsatz fernliegend. Der politische Charakter der Entscheidung lässt umso weniger Raum für verfassungsrechtliche Zweifel an der Bestimmtheit. Der Beurteilungsspielraum begründet sich in der Einschätzungsprärogative des Ministers, denn die Ministererlaubnis enthält Elemente wirtschaftspolitischer Wertungen, die der gerichtlichen Überprüfung entzogen sind.[304] Die Ausübungspraxis des jeweiligen Ministers konkretisiert die Begriffe. Eine willkürliche Handhabung ist von verfassungsrechtlicher Seite nicht zu befürchten, denn der Minister ist trotz unbestimmter Rechtsbegriffe an hinrei-

---

[300] Vgl. hierzu *Sachs,* in: Sachs, GG, Art. 20, Rn. 122, 126 ff.
[301] BVerfGE 21, 73, 79; *Wolff/Bachof/Stober,* Verwaltungsrecht I, S. 445 mit weiteren Entscheidungsnachweisen.
[302] Vgl. *Wolff/Bachof/Stober,* Verwaltungsrecht I, S. 446.
[303] BVerfGE 21, 73, 80.
[304] KG WuW/E OLG 1938 (Thyssen/Hüller); *Wolff/Bachof/Stober,* Verwaltungsrecht I, S. 446.

chend konkrete Kriterien gebunden. Die unbestimmten Rechtsbegriffe des
§ 42 GWB haben ihre Konkretisierung in der Gesetzesbegründung[305] und
in den Grundlagen der jeweiligen Regierungspolitik gefunden. Der Bundeswirtschaftsminister kann die Erlaubnis nicht „aus hoheitlicher Willkür"[306] erteilen, sondern ist an die Beachtung der gesamtwirtschaftlichen Vorteile sowie der Interessen der Allgemeinheit und den Erhalt der marktwirtschaftlichen Ordnung gebunden. Auch hat die bisherige Praxis bereits hinreichende Anhaltspunkte dafür geliefert, welche Gemeinwohlgründe als Tatbestandsmerkmale des § 42 GWB zu qualifizieren sind.[307]
Dass die Unternehmen in der Praxis freilich mit Unsicherheiten zu kämpfen haben und die Regelung der Ministererlaubnis weder als verlässlich noch als vorhersehbar zu qualifizieren ist, muss aus anderer Perspektive als aus der verfassungsrechtlichen beurteilt werden.[308]

3. Der allgemeine Gleichheitssatz

Ein Verstoß gegen den allgemeinen Gleichheitssatz nach Art. 3 Abs. 1 GG kann sich zum einen aus der Anwendung einer Vorschrift ergeben, zum anderen kann eine Rechtsnorm selbst dagegen verstoßen. Letzteres kommt vor allem dann in Betracht, wenn der Gesetzgeber die verfassungsrechtlichen Grenzen seiner Gestaltungsfreiheit überschritten hat, insbesondere wenn er eine Gruppe von Normadressaten anders behandelt als eine andere, obgleich zwischen beiden Gruppen keine rechtfertigenden Unterschiede bestehen.[309] Anhaltspunkte für eine derartige normative Ungleichbehand-

---

[305] Vgl. Regierungsbegründung zum Entwurf eines Zweiten GWB, BT-Drucks. VI/2520, S. 31: Es muss ein allgemeiner staats-, wirtschafts- oder gesellschaftspolitischer Rechtfertigungsgrund vorliegen.
[306] *Kellner,* ZNER 2002, 275, 276.
[307] Eine Konkretisierung durch die Rechtsprechung ist wegen des begrenzten Prüfungsumfangs (dazu unten D. IV. 1. c)) nicht möglich, daher muss auf die Konkretisierung durch den Minister selbst zurückgegriffen werden.
[308] Dazu oben B. III.
[309] BVerfGE 84, 348; *Osterloh,* in: Sachs, GG, Art. 3, Rn. 96.

lung durch § 42 GWB bestehen nicht. Der bei Einführung der Regelung geltend gemachte Einwand, die Ungleichbehandlung ergebe sich wegen des „unterschiedlichen Zugangs" der Unternehmen zum Staat, weshalb Großunternehmen privilegiert würden,[310] hat sich aus verfassungsrechtlicher Sicht nicht gehalten. Eine Privilegierung von Großunternehmen, die aus der Formulierung von § 42 GWB angeblich folgen soll, ist nicht erkennbar. Es ist nämlich Wesensmerkmal der Fusionskontrolle, dass nur Unternehmen ab einer bestimmten Größe von ihr betroffen sind. Fällt ein Unternehmen aber einmal in den Anwendungsbereich der Fusionskontrolle, kann es jederzeit eine Ministererlaubnis beantragen. § 42 GWB verstößt als Norm nicht gegen Art. 3 GG.

Der Minister selbst hat bei Erteilung der Ausnahmeerlaubnis im Einzelfall zu beachten, dass er nicht gegen das Willkürverbot verstößt. Die Bindung an Art. 3 GG erhält dabei besonderes Gewicht, da die Entscheidung des Ministers gerichtlich nur begrenzt überprüfbar ist.[311] Der Grundsatz der Selbstbindung der Verwaltung verbietet eine sachlich unbegründete Abweichung von einer bisher geübten Praxis im Einzelfall, verbietet jedoch nicht deren generelle Änderung für die Zukunft.[312] Bislang gibt es keine Anhaltspunkte dafür, dass der Minister im Sinne eines Verstoßes gegen Art. 3 GG willkürlich bei der Erteilung einer Erlaubnis gehandelt hat. Im E.ON/Ruhrgas- Fall änderte er zwar seine Praxis zu den Gemeinwohlgründen internationale Wettbewerbsfähigkeit und Versorgungssicherheit. Ein solches Vorgehen liegt jedoch in seinem Gestaltungsspielraum und ist aus verfassungsrechtlicher Sicht nicht zu beanstanden.

Das erforderliche Ausmaß und die Bewertung der Gemeinwohlvorteile bestimmt der Minister nach dem Gewicht der Wettbewerbsbeschränkungen

---

[310] Hierzu oben 1. Teil, C. I.
[311] *Osterloh*, in: Sachs, GG, Art. 3, Rn. 116. Zum Gleichheitsgebot im Verwaltungsrecht vgl. *Wolff/Bachof/Stober*, Verwaltungsrecht I, S. 513 ff. Zur gerichtlichen Überprüfbarkeit s. unten D. IV.
[312] Vgl. *Osterloh*, in: Sachs, GG, Art. 3, Rn. 118.

und damit in relativer Weise.[313] In früheren Entscheidungen hatte der Minister noch betont, dass die Gemeinwohlgründe für eine Ministererlaubnis „im Einzelfall großes Gewicht" haben müssen.[314] Hiervon ist er richtigerweise abgerückt, was auch durch die h.M. unterstützt wird. Würde man von den Gemeinwohlgründen ein absolut hohes Gewicht verlangen, bliebe die Schwelle der Ministererlaubnis für den Zusammenschluss kleinerer Unternehmen unerreichbar. Eine Privilegierung von Großunternehmen und damit eine Ungleichbehandlung läge auf der Hand.[315] Da in der Praxis der Ministererlaubnis dieser Standpunkt nicht mehr vertreten wird,[316] ist ein Verstoß gegen Art. 3 GG nicht vorprogrammiert.

Für einen solchen Fall bliebe den Betroffenen dann aber der Rechtsweg offen, denn trotz § 71 Abs. 5 Satz 2 GWB hat das Beschwerdegericht zu überprüfen, dass die Erlaubnis nicht willkürlich erteilt wurde.[317]

---

[313] Erstmals IBH/Wibau, WuW/E BWM 179; s.a. die Entscheidung des KG WuW/E OLG 1939 (Thyssen/Hüller).
[314] VAW/Kaiser, WuW/E BWM 149. Vgl. auch die Regierungsbegründung zum Entwurf eines Zweiten GWB, BT-Drucks. VI/2520, S. 31.
[315] Vgl. *Kellner*, ZNER 2002, 278; *Kleinmann/Bechtold*, Fusionskontrolle, § 24, Rn. 304; *Kantzenbach/Kinne*, in: FS I. Schmidt, S. 76; *Hermes/Wieland*, ZNER 2002, 158, 170; IBH/Wibau, WuW/E BWM 179; *Bartram*, WuW 1979, 378; GK-*Bosch*, § 42, Rn. 4; a.A. noch FK-*Rieger/Quack*, § 24 a.F., Rn. 132, beim „überragenden Interesse der Allgemeinheit" müsse ein Größenmerkmal noch hinzutreten. Nachdem in der Praxis die „gesamtwirtschaftlichen Vorteile" und die „ Interessen der Allgemeinheit" einheitlich geprüft und abgewogen werden (vgl. Einleitung), muss hier nicht hinsichtlich der Quantität des Vorteils unterschieden werden.
[316] Nur für die Rationalisierungsvorteile gilt, dass sie nach wie vor großes Gewicht haben müssen (s. oben B. II. 3.). Diese Beurteilung bezieht sich jedoch nicht auf das quantitative Ausmaß der Vorteile im Verhältnis zu anderen Unternehmen, sondern auf das Ausmaß im Verhältnis zu den bei (derartigen) Zusammenschlüssen „üblichen" einzelwirtschaftlichen Vorteilen. Vergleichsgröße sind also nicht andere (evt. größere) Unternehmen, sondern gewöhnliche einzelwirtschaftliche Vorteile eines derartigen Zusammenschlusses zwischen vergleichbar großen Unternehmen.
[317] Dazu unten D. IV. c).

4. Fazit

Aus verfassungsrechtlicher Sicht ist § 42 GWB nicht zu beanstanden. Die verfassungsrechtlichen Argumente, die bei Einführung gegen die Ministererlaubnis angeführt wurden, haben sich nicht erhärtet. In den aktuellen Diskussionen spielt die verfassungsrechtliche Seite – wenn überhaupt – nur eine sehr untergeordnete Rolle.

II. Europarechtliche Bedenken

Im Gegensatz zum Verfassungsrecht hat sich eine deutlichere Verbindung des Themas Ministererlaubnis zum Europäischen Gemeinschaftsrecht herausgebildet. Veranlassung hierzu hat der jüngst entschiedene Fall E.ON/Ruhrgas gegeben. Im Zuge des Ministererlaubnisverfahrens für diesen Zusammenschluss wurden verschiedene Probleme im Zusammenhang mit dem Gemeinschaftsrecht ausgesprochen. Die europarechtlichen Besonderheiten dieses Einzelfalles können jedoch nicht grundsätzlich als Argument gegen das Institut der Ministererlaubnis angeführt werden. Ob im Einzelfall ein Verstoß gegen europäisches Recht gegeben ist, muss der Minister beurteilen und gegebenenfalls durch die Beschwerdeinstanzen überprüfen lassen.[318] Diese Fragen können in jedem nationalen Fusionskontrollverfahren auftauchen und haben nichts mit der Besonderheit der Ministererlaubnis zu tun.

Vielmehr sind für die Beurteilung von § 42 GWB nur zwei Aspekte bedeutsam: Einerseits die Frage, ob die Ministererlaubnis gegen Vorschriften auf EU-Ebene verstößt, mithin rechtswidrig und deswegen abzuschaffen ist. Dabei kann es nicht um Einzelfälle gehen, sondern es muss eine generelle Beurteilung der Vereinbarkeit von § 42 GWB mit dem EG-Recht er-

---

[318] Bei E.ON/Ruhrgas etwa stellte sich u.a. die Frage, ob die FKVO nicht eingreift und der Fall in die Zuständigkeit der EU-Kommission fällt, s. dazu E.ON/Ruhrgas II (Einleitung, Fn. 1), Tz. 44 ff.

folgen. Zum Zweiten stellt sich die Frage, ob die Ministererlaubnis aus Gründen der Harmonisierung mit dem europäischen Wettbewerbsrecht, insbesondere im Bereich der Fusionskontrolle, abgeschafft werden soll, denn die europäischen Regeln enthalten keine der Ministererlaubnis vergleichbare Vorschrift.

1. Widersprüche zum europäischen Recht

Ziel der Europäischen Gemeinschaft ist nach Art. 2 EGV die Errichtung eines gemeinsamen Marktes und einer Wirtschafts- und Währungsunion. Zentrale Bedeutung hat dabei die Verwirklichung des Binnenmarktes, Art. 14 Abs. 2 EGV. Neben den zentralen Elementen des Binnenmarktes (Abbau der Grenzkontrollen, Abbau der technischen und steuerlichen Schranken u.a.[319]) ist ein System unverfälschten Wettbewerbs i.S.d. Art. 3 lit g EGV hierzu unerlässliches Mittel.[320] Dieses System unverfälschten Wettbewerbs kann durch Handlungen oder Normen auf mitgliedsstaatlicher Ebene gefährdet sein.

a) Verstoß gegen Art. 81 oder Art. 82 EGV

Im Zuge des Erlaubnisverfahrens E.ON/Ruhrgas hat erstmals die Monopolkommission im Rahmen eines Ministererlaubnisverfahrens einen möglichen Verstoß des geplanten Zusammenschlusses gegen Art. 81 bzw. Art. 82 EGV problematisiert.[321] Die sich hieran anschließende Diskussion zum Thema Ministererlaubnis und Gemeinschaftsrecht drehte sich neben anderen Aspekten primär um die Frage, ob Art. 81 und Art. 82 durch den

---

[319] Zu den Kernelementen des Binnenmarktes vgl. *Kahl*, in: Calliess/Ruffert, EU-/EGV, Art. 14 EGV, Rn. 16 ff.
[320] Zur Bedeutung der Wettbewerbsregeln für die Sicherung des gemeinsamen Marktes vgl. *Everling*, WuW 1990, 1000 f.
[321] *Monopolkommission*, Sondergutachten 34, Tz. 221 ff.

Bundeswirtschaftsminister geprüft werden müssen oder nicht.[322] Im Kern geht es bei dieser Problematik um die Frage, ob nationale Behörden und Gerichte bei der fusionsrechtlichen Prüfung eines Zusammenschlussvorhabens neben den Vorschriften des GWB auch dann Artt. 81, 82 EGV anwenden müssen, wenn die Schwellenwerte der Fusionskontrollverordnung[323] unterschritten werden, ob also Artt. 81, 82 EGV neben der FKVO anwendbar bleiben und dann von nationalen Behörden zu berücksichtigen sind.

Dieses Problem löst auch nicht die neue Kartellverfahrensordnung, die am 1.5.2004 in Kraft getretreten ist.[324] Art. 3 dieser Verordnung bringt zwar eine fundamentale Veränderung auf der Ebene des materiellen Rechts, nämlich für das Verhältnis zwischen Art. 81 EGV und nationalem Recht: Die nationalen Behörden müssen danach Art. 81 anwenden, soweit dieser betroffen ist.[325] Allerdings ist dadurch noch nicht das umstrittene Verhältnis der FKVO zu Artt. 81 und 81 EGV geklärt. Auch nach Novellierung dieser FKVO wird am System des Nebeneinanders von europäischer und mitgliedstaatlicher Fusionskontrolle festgehalten.[326]

Hintergrund der Diskussion ist, dass vor Inkrafttreten der FKVO im Jahre 1989 der EuGH in zwei Entscheidungen das europäische Primärrecht, mithin Artt. 81 und 82 EGV, herangezogen hat, um Zusammenschlussvorgänge zu beurteilen.[327] Mit seiner Rechtsprechung zu Artt. 81, 82 EGV hat der EuGH deutliche Impulse für die Schaffung einer eigenständigen europäi-

---

[322] Vgl. hierzu bejahend *Monopolkommission*, Sondergutachten 34, Tz. 223–227; bestätigend *Basedow*, EuZW 2003, 44 ff.; *Hermes/Wieland*, ZNER 2002, 158, 160 f.; dagegen *Dreher*, WuW 2002, 828 ff.; *Bunte*, BB 2002, 2393, 2402; kritisch *Möschel*, BB 2002, 2077, 2087.
[323] Art. 1 Abs. 2 VO (EWG) Nr. 4064/89 (FKVO).
[324] VO (EG) Nr. 1/2003, abgedruckt in der Beilage zu EuZW Heft 3/2003, vgl. hierzu *Weitbrecht*, EuZW 2003, 69 ff.
[325] *Weitbrecht*, Beilage zu EuZW 3/2003, S. 1; *ders.*, EuZW 2003, 69, 70.
[326] Zur Reform der FKVO vgl. unten 2. Teil, Fn. 367.
[327] Im Jahre 1973 hat der EuGH Art. 82 EGV im Fall „Continental-Can" (EuGH v. 21.2.1973, Slg. 1973, 215) auf den Erwerb von Unternehmensbeteiligungen angewandt und 1987 im Fall „Morris/Rothmanns" (EuGH v. 17.11.1987, Slg. 1987, 4566) Art. 81 EGV bei der Beurteilung eines Beteiligungserwerbs herangezogen.

schen Fusionskontrolle gegeben.[328] Umstritten ist nunmehr, ob die Rechtsprechung des EuGH heute trotz Existierens einer speziellen Fusionskontrollregelung fortgilt, Artt. 81, 82 also weiterhin auf Zusammenschlüsse auch nach Erlass der speziellen FKVO anwendbar sind, oder ob diese durch die FKVO ausgeschlossen sind. Die eine Meinung bejaht dies unter anderem wegen des Vorrangs des Primärrechts gegenüber dem Sekundärrecht[329], die andere Meinung sieht dies auch wegen der beschränkten Befugnisse der EG-Kommission kritisch[330].

Für die Ministererlaubnis hat dieser Streit zwar insoweit Bedeutung, als es um eine grundsätzliche Beurteilung der Konsequenzen für künftige Ministererlaubnisentscheidungen geht. Die Auswirkungen in der Praxis mögen jedoch gering sein.[331] Zwar würde das Verfahren der Ministererlaubnis vor eine neue Hürde gestellt werden, wenn Artt. 81 und 82 EG geprüft werden müssten. Jedoch können Unklarheiten bei der Anwendung einer Norm nicht deren rechtliche Existenzberechtigung in Frage stellen. Primär handelt es sich daher bei dieser Problematik um eine grundsätzliche Frage des Verhältnisses zwischen mitgliedstaatlichem und gemeinschaftsrechtlichem Kartellrecht. Ob ein konkretes Zusammenschlussvorhaben gegen Art. 81 oder 82 EGV verstößt, hat keine Auswirkung auf die Frage, ob die Vorschrift der Ministererlaubnis gegen europäisches Recht verstößt.
Eine Ministererlaubnis könnte allenfalls hiervon betroffen sein, wenn das hoheitliche Handeln des Ministers als unternehmerisches zu qualifizieren

---

[328] Vgl. *Dreher*, WuW 2002, 828, 831; IM-*Immenga*, EG-Wettbewerbsrecht, FKVO, A. Entstehungsgeschichte, Rn. 13.

[329] So etwa *Weiß*, in: Calliess/Ruffert, EGV, Art. 81, Rn. 182, IM-*Emmerich*, EG-Wettbewerbsrecht, Art. 85 Abs. 1, Rn. 359; IM-*Immenga*, EG-Wettbewerbsrecht, Art. 22 FKVO, Rn. 1; *Monopolkommission,* Sondergutachten 34, Tz. 224 ff.; *Basedow*, EuZW 2003, 44, 46; *Hermes/Wieland*, 2002, 158, 160 f.; *Fritzsche*, WuW 2003, 1153 f., 1164.

[330] So *Dreher*, WuW 2002, 828, 835. Vgl. hierzu auch bereits *K. Schmidt*, BB 1990, 719 ff.; *Staudenmayer*, WuW 1992, 475 ff. Auch in der Ministererlaubnis E.ON/Ruhrgas I (Einleitung, Fn. 1), Tz. 82, wird dies bezweifelt, aber in der Entscheidung letztlich mit der Begründung offen gelassen, dass dieses in den Prüfungsbereich des Bundeskartellamtes gefallen wäre.

[331] Vgl. *Fritzsche*, WuW 2003, 1153, 1165.

ist und damit der Bindung an die Artt. 81–86 EGV unterliegt. Zwar werden von Artt. 81 und 82 EG auch wirtschaftliche Aktivitäten der öffentlichen Hand erfasst. Darunter fällt hingegen nicht die Wahrnehmung hoheitlicher Rechte. Es kommt also darauf an, ob die konkrete Tätigkeit hoheitlicher oder wirtschaftlicher Natur ist. Handelt der Staat als Hoheitsträger im Über-Unterordnungsverhältnis, so scheidet ein wirtschaftliches Handeln, mithin die Qualifikation als Unternehmen aus. Handlungen im Allgemeininteresse, die zu den wesentlichen Staatsaufgaben gehören, stellen typischerweise eine hoheitliche Tätigkeit dar.[332] Die Ministererlaubnis stellt als Verwaltungsakt eine hoheitliche Tätigkeit dar, der Minister agiert insbesondere in einem Über-Unterordnungsverhältnis gegenüber den Unternehmen. Artt. 81, 82 EGV sind daher nicht direkt anwendbar, ein Verstoß liegt nicht vor.

b) Verstoß gegen Art. 87 EGV

Die Erteilung einer Ministererlaubnis könnte gegen Art. 87 EGV verstoßen, soweit es sich dabei um eine staatliche Beihilfe handelt. Der Begriff „Beihilfe" ist weit auszulegen. Ganz allgemein kann er umschrieben werden als Maßnahmen, die, gleich in welcher Form, die Belastungen verringern, die ein Unternehmen normalerweise zu tragen hat.[333] Der Beihilfebegriff setzt dabei die freiwillige Zuwendung eines wirtschaftlichen Vorteils jedweder Art an ein Unternehmen voraus. Es muss sich um Zuwendungen handeln, die aus staatlichen Institutionen oder aus staatlichen Mitteln gewährt wer-

---

[332] Vgl. *Stockenhuber*, in: Grabitz/Hilf, Das Recht der Europäischen Union, Art. 81 EGV, Rn. 67; *Jung*, in: Grabitz/Hilf, Das Recht der Europäischen Union, Art. 82 EGV, Rn. 22 f.; *Brinker*, in: Schwarze, EU-Kommentar, Art. 81 EGV, Rn. 23 f.
[333] *Cremer*, in: Calliess/Ruffert, EGV, Art. 87 EGV, Rn. 7.

den.[334] Es muss mithin eine finanzielle Einbuße eines Staates vorliegen, um als Beihilfe charakterisiert zu werden.[335]
Wenn der Bundeswirtschaftsminister die Erlaubnis für den wettbewerbsbeschränkenden Zusammenschluss von Unternehmen erteilt, gewährt er keine finanzielle Zuwendung aus staatlichen Mitteln.[336] Insofern erfüllt die Regelung der Ministererlaubnis nicht den Beihilfebegriff und verstößt daher nicht gegen Art. 87 EGV.

c) Verstoß gegen Art. 12 EGV

Die Ministererlaubnis wäre EG-rechtswidrig, falls sie gegen das allgemeine Diskriminierungsverbot nach Art. 12 EGV verstoßen würde. Wie auch bereits bei der Untersuchung eines Verstoßes gegen Art. 3 GG darf es dabei allerdings nicht um eine einzelne, konkrete Erlaubnis gehen. Sofern eine einzelne Ministererlaubnisentscheidung rechtswidrig sein sollte, sind die Gerichte gefragt,[337] nicht aber der Gesetzgeber, der sich damit auseinander setzt, ob die Norm abgeschafft werden soll.
Der persönliche Anwendungsbereich des Art. 12 EGV ist eröffnet, denn diese Vorschrift gilt für die Mitgliedsstaaten als Verpflichtete, die das Handeln ihrer Organe an Art. 12 messen lassen müssen, wobei es auf die Rechtsform des Handelns nicht ankommt.[338]

---

[334] *Bär-Bouyssière*, in: Schwarze, EU-Kommentar, Art. 87 EGV, Rn. 27, 31.
[335] *Cremer*, in: Calliess/Ruffert, EGV, Art. 87 EGV, Rn. 11; *Götz*, in: Handbuch des EU-Wirtschaftsrechts, H III, Rn. 21.
[336] Dass eine Beihilfe im Einzelfall in Betracht kommen kann, wird dabei nicht ausgeschlossen, spielt aber für die generelle Beurteilung von § 42 GWB keine Rolle. Vgl. aber im Fall E.ON/Ruhrgas die Stellungnahmen zu einem möglichen Verstoß gegen Art. 87: *Möschel*, BB 2002, 2077, 2087; *ders.* Gutachten im Auftrag der RWE AG, S. 35 f.; *Bunte*, BB 2002, 2393, 2402; E.ON/Ruhrgas I (Einleitung, Fn. 1), S. 58.
[337] Art.12 EGV ist „self-executing", kann also in jedem (Gerichts-) Verfahren geltend gemacht werden, vgl. *Epiney*, in: Calliess/Ruffert, EGV, Art. 12 EGV, Rn. 2.
[338] *Holoubek*, in: Schwarze, EU-Kommentar, Art. 12 EGV, Rn. 22.

Inhaltlich enthält das Diskriminierungsverbot ein Gebot der Gleichbehandlung unter dem Gesichtspunkt der Staatsangehörigkeit.[339] Würde die Ministererlaubnis gezielt deutsche Unternehmen so fördern, dass ausländische Unternehmen nicht in gleicher Weise von diesem Institut profitieren könnten, könnte ein Verstoß gegen Art. 12 vorliegen. Eine innerstaatliche Regelung, die die Adressaten weder unmittelbar noch mittelbar nach der Staatsangehörigkeit unterscheidet, verstößt dagegen nicht gegen Art. 12 EGV.[340] Eine Diskriminierung ergibt sich nicht schon daraus, dass es die Ministererlaubnis nur im deutschen Recht gibt.[341] Unterschiede der verschiedenen nationalen Vorschriften in den Mitgliedsstaaten sind nicht diskriminierend, denn eine Diskriminierung muss durch die gleiche Person bzw. den gleichen Hoheitsträger erfolgen.[342]

§ 42 GWB unterscheidet seine Adressaten auch nicht nach der Staatsangehörigkeit. Nichtdeutsche Unternehmen können diese Erlaubnis ebenso beantragen wie deutsche Unternehmen,[343] insofern ist eine unmittelbare Diskriminierung von vornherein auszuschließen. Aber auch mittelbar werden ausländische Unternehmen durch § 42 GWB nicht diskriminiert. Die Tatbestandsmerkmale der Ministererlaubnis können ebenso durch nichtdeutsche Unternehmen erfüllt werden. Im Einzelfall jedoch könnte die fast schon protektionistische Argumentation, einen „National Player" fördern zu wollen, zu einer Kollision mit Art. 12 EGV führen. Das liegt dann aber an der Argumentationslinie der Verantwortlichen, nicht am Institut der Ministererlaubnis selbst. Folgt man der hier vertretenen Auffassung, der Gemeinwohlgrund der internationalen Wettbewerbsfähigkeit müsse konkrete Auswirkungen auf das Gemeinwohl im Inland haben[344], so dürfte auch Art. 12 EGV kein Hindernis darstellen. Auch die übrigen Gemein-

---

[339] *Holoubek*, in: Schwarze, EU-Kommentar, Art. 12 EGV, Rn. 38.
[340] *Holoubek*, in: Schwarze, EU-Kommentar, Art. 12 EGV, Rn. 43.
[341] So auch *Hermes/Wieland*, ZNER 2002, 158, 162.
[342] Vgl. *Epiney*, in: Calliess/Ruffert, EGV, Art. 12 EG, Rn. 4. *Holoubek*, in: Schwarze, EU-Kommentar, Art. 12 EGV, Rn. 43.
[343] Vgl. auch *Bunte*, BB 2002, 2393, 2401 f. – allerdings bezüglich des Falles E.ON/Ruhrgas.
[344] Dazu oben B II. 4. b)–e).

wohlgründe können – obwohl sie nationalen Charakters sind – ebenso durch den Zusammenschluss internationaler Unternehmen verwirklicht werden. Insofern verstößt die Vorschrift nicht gegen Art. 12 EGV. In Betracht kommt weiter eine versteckte Diskriminierung durch die nationale Vorschrift der Ministererlaubnis.[345] Das wäre der Fall, wenn die „Neutralität der innerstaatlichen Regelung nur scheinbar wäre und in Wirklichkeit [...] protektionistische Ziele zum Vorteil der Bürger [Unternehmen] des betreffenden Staates verfolgte".[346] Allerdings müssten der Regelung diese Ziele „auf die Stirn geschrieben" sein, also offensichtlich erkennbar sein.[347] Offenkundig verfolgte der Gesetzgeber bei Einführung der Ministererlaubnis nicht das Ziel, nationale Unternehmen im Gegensatz zu ausländischen zu fördern. Die Gründe für die Einführung der Generalklausel und die mit ihr verbundenen und erhofften Ziele waren gänzlich anderer Art. Dem Gesetzgeber wegen der Beibehaltung der Norm protektionistische Ziele vorzuwerfen, erscheint ebenfalls weit hergeholt. Probleme könnten sich allenfalls ergeben, sobald der Gemeinwohlgrund der internationalen Wettbewerbsfähigkeit so ausgelegt wird, dass damit nationale Unternehmen besonders gefördert werden sollen, ohne dass nichtdeutschen Unternehmen diese Möglichkeit eingeräumt wird.

d) Verstoß gegen Art. 10 EGV

Die Vorschrift der Ministererlaubnis könnte gegen den allgemeinen Rechtsgrundsatz der „Gemeinschaftstreue" nach Art. 10 EGV verstoßen. Der Anwendungsbereich ist eröffnet, denn die Verpflichtungen, die sich aus dem EGV ergeben, treffen die Mitgliedsstaaten, deren staatliche Gewalt, d.h. Legislative, Exekutive und Judikative, unmittelbar daran gebun-

---

[345] Vgl. hierzu *Möschel*, Gutachten im Auftrag der RWE AG, Anlage 4, S. 6.
[346] Schlussanträge Capotori, Rs. 155/80, Slg. 1981, 1993, 2013.
[347] *Von Bogdandy* in Grabitz/Hilf, Das Recht der Europäischen Union, Art. 6 EGV, Rn. 19.

den ist.[348] Ein Verstoß hiergegen liegt etwa vor, wenn die Mitgliedsstaaten es versäumen, das EG-Recht legislativ umzusetzen, oder wenn die Verwaltung es nicht anwendet. Pflichten ergeben sich auch im Zusammenhang mit der Wahrnehmung der Kompetenzen.[349] Durch die Existenz von § 42 GWB ist ein Pflichtverstoß des nationalen Gesetzgebers nicht gegeben. Die Vorschrift hat als nationale Besonderheit insoweit ihre Existenzberechtigung. Allenfalls könnte erwogen werden, ob ein Verstoß gegen Art. 10 i.V.m. Art. 82 EGV vorliegt. Das wäre der Fall, wenn Deutschland mit der Vorschrift der Ministererlaubnis eine Maßnahme getroffen hätte, die die volle praktische Wirksamkeit der für die Unternehmen geltenden Wettbewerbsregeln beeinträchtigen könnte. Der Staat müsste die Unternehmen zu einem Verhalten veranlassen, das sich objektiv als Tatbestand des Art. 81 oder 82 EGV herausstellt.[350] Allein durch die Vorschrift des § 42 GWB verhilft der Staat Unternehmen aber nicht zu einem Verstoß gegen Artt. 81, 82 EGV. Diese Norm erfasst nach ihrem Sinn und Zweck primär Zusammenschlüsse, die rein nationale Auswirkungen haben. Sollte im Einzelfall ein konkreter Verstoß der Fusion gegen Artt. 81 oder 82 EGV vorliegen, wird das der jeweilige Minister zu beurteilen haben. Jedenfalls ergibt sich daraus nicht der Schluss, § 42 GWB sei gemeinschaftswidrig.

e) Ergebnis

Die Vorschrift der Ministererlaubnis in der Fusionskontrolle verstößt als solche nicht gegen europäisches Gemeinschaftsrecht. Ob eine einzelne Entscheidung in einem speziellen Fall einen Verstoß dagegen darstellen kann, kann offen bleiben. Das würde jedenfalls nicht gegen die Existenz der

---

[348] *Katje*, in: Schwarze, EU-Kommentar, Art. 10 EGV, Rn. 5; *Kahl*, in: Calliess/Ruffert, EGV, Art. 10, Rn. 13 f.
[349] Vgl. im Einzelnen *Kahl*, in: Calliess/Ruffert, EGV, Art. 10, Rn. 19–50.
[350] Vgl. *Schröter*, in: Groeben/Thiesing/Ehlermann, Art. 85 EGV, Rn. 119; *Hermes/Wieland*, ZNER 2002, 158, 161.

Norm als solche sprechen, sondern den Minister zu einer gründlichen Prüfung auch der europarechtlichen Konsequenzen seines Handelns aufrufen.

2. Harmonisierung

Bedenken gegen die Ministererlaubnis können sich daraus ergeben, dass sie eine nationale Besonderheit darstellt. Weder das europäische Fusionskontrollrecht noch andere nationale Regelungen innerhalb der EG enthalten eine vergleichbare Norm.[351] Insofern könnte eine Abschaffung aus Gründen der Harmonisierung erforderlich sein.

a) EG-Fusionskontrolle

Grundlage der europäischen Fusionskontrolle ist mittlerweile die am 1.4.2004 in Kraft getretene Verordung (EG) 139/2004, Fusionskontrollverordnung (FKVO) vom 20. Januar 2004, die die alte Verordnung Nr. 4063/89 vom 21. Dezember 1989 ersetzt.

Im Zuge der Verhandlungen vor Verabschiedung der ersten Fusionskontrollverordnung war eine der schwierigen Fragen, ob die europäische Fusionskontrolle mehr wettbewerblich oder mehr industriepolitisch ausgerichtet sein sollte.[352] Die europäische Fusionskontrolle wurde – auf deutsches Drängen – primär wettbewerblich ausgerichtet.[353] Nach der alten Regelung (Art. 2 Abs. 2 und 3 FKVO a.F.) war das Entstehen oder die Verstärkung einer marktbeherrschenden Stellung durch einen Unternehmenszusammen-

---

[351] Zwar gibt es industriepolitische „Einfallstore" sowohl in der FKVO als auch in anderen Rechtsordnungen, diese Normen sind aber anders gestaltet als § 42 GWB innerhalb des Systems der Fusionskontrolle. Zu diesem Aspekt s. unten 3. Teil, B. I.
[352] Vgl. dazu *Immenga*, Die europäische Fusionskontrolle im wettbewerbspolitischen Kräftefeld, S. 23 ff.; *Emmerich*, Kartellrecht, S. 458.
[353] Vgl. *Emmerich*, Kartellrecht, S. 458; *Baron*, in: Schwerpunkte des Kartellrechts 1998, S. 11; *Kinne*, Effizienzvorteile in der Zusammenschlusskontrolle, S. 122; *Mische*, Nicht-wettbewerbliche Faktoren in der europäischen Fusionskontrolle, S. 326; *Kögel*, Die Angleichung der deutschen an die europäische Fusionskontrolle, S. 37.

schluss das maßgebliche Kriterium bei der Prüfung seiner Zulässigkeit. Dieses Prüfungskriterium wurde nun reformiert. Art. 2 Abs. 3 FKVO n.F. stellt zunächst auf eine „erhebliche Behinderung wirksamen Wettbewerbs ab".[354] In der alten FKVO gab es zwar bereits Einbruchsstellen für nichtwettbewerbliche Faktoren bei der Beurteilung eines Zusammenschlussvorhabens. So berücksichtigte die Kommission nach Art. 2 Abs. 1 Satz 2 lit. b) auch die Entwicklung des technischen und wirtschaftlichen Fortschritts. Vielfach wurde hierin ein Gefährdungspotenzial für die Berücksichtigung industriepolitischer Erwägungen im Rahmen der Fusionskontrolle gesehen.[355] Auch im 13. Erwägungsgrund ordnete die FKVO an, dass sich die Kommission „bei ihrer Beurteilung an dem allgemeinen Rahmen der Verwirklichung der grundlegenden Ziele des Vertrages gemäß dessen Art. 2, einschließlich des Ziels der Stärkung des wirtschaftlichen und sozialen Zusammenhalts der Gemeinschaft im Sinne des Art 130a [158 neu] des Vertrags" orientieren muss.[356]

Allerdings hatten sich diese Befürchtungen nach der Fusionskontrollpraxis der EU-Kommission nicht bestätigt. In den Entscheidungen haben – abgesehen von einzelnen Fällen – wettbewerbliche Gründe im Vordergrund gestanden.[357] Wie sich die Praxis der Kommission nach der Änderung des Prüfungskriteriums in der Zusammenschlusskontrolle in der Zukunft entwickeln wird, bleibt abzusehen.

---

[354] Zur neuen Europäischen Fusionskontrollverordnung vgl. etwa *Staebe/Denzel*, EWS 2004, 194 ff.

[355] Vgl. etwa *Meessen*, in: FS Gaedertz, S. 417 ff.; *I. Schmidt*, in: Die europäische Fusionskontrolle, S. 23; *Mische*, Nicht-wettbewerbliche Faktoren in der europäischen Fusionskontrolle, S. 118 ff.

[356] Vgl. dazu *Mische*, Nicht-wettbewerbliche Faktoren in der europäischen Fusionskontrolle, S. 30, 117; *Kinne*, Effizienzvorteile in der Zusammenschlusskontrolle, S. 121 ff.; *Immenga*, Die Europäische Fusionskontrolle im wettbewerbspolitischen Kräftefeld, S. 32 ff.

[357] Dazu eingehend *Mische*, Nicht-wettbewerbliche Faktoren in der europäischen Fusionskontrolle, S. 325 f. Vgl. auch *Emmerich*, Kartellrecht, S. 464; *Kerber*, in: Die europäische Fusionskontrolle, S. 88, 93; *Stockenhuber*, Die Europäische Fusionskontrolle, S. 285 ff.; *Kinne*, Effizienzvorteile in der Zusammenschlusskontrolle, S. 121 f.; *Ehlermann*, in: Monopolkommission, Wettbewerbspolitik im Wandel, S. 40.

Die europäische Fusionskontrolle enthält jedenfalls auch nach ihrer Reformierung keine der Ministererlaubnis vergleichbare Generalklausel, die es erlauben würde, den Schutz des Wettbewerbs und Gemeinwohlziele gegenüberzustellen. Sie ist überwiegend wettbewerblich ausgerichtet und eine Berücksichtigung „überragender Interessen der Allgemeinheit" ist gerade nicht vorgesehen. Insbesondere ist das Verfahren der FKVO einstufig ausgerichtet. Sofern in seltenen Einzelfällen bei der Rechtsanwendung außerwettbewerbliche Gesichtspunkte eine Rolle gespielt haben, ist insbesondere eine geringe Transparenz dieser Entscheidungsgründe zu vermerken.

b) Harmonisierungsbedarf

Das Thema der Harmonisierung im Bereich der Fusionskontrolle ist nicht neu, sondern trat seit Bestehen der FKVO immer wieder zutage.[358] Bereits im Zuge der 6. GWB-Novelle, deren erklärtes Ziel eine Angleichung an die europäischen Regelungen war,[359] wurde darüber diskutiert, ob die Ministererlaubnis aus Gründen der Integration und Harmonisierung abgeschafft werden soll.[360] Man entschied sich damals aber bewusst für die Beibehaltung der Sonderregelung.[361]

---

[358] Vgl. *Pohlmann*, WuW 2003, 1007. Zur Frage der Harmonisierung vgl. statt vieler *Westermann*, Einwirkungen der europäischen Fusionskontrolle; *Monopolkommission*, Hauptgutachten XI, Tz. 911 ff.; *Möschel*, AG 1998, 561 ff.; *Bechtold*, in: FS Gaedertz, S. 53 ff.; *Bach*, WuW 1992, 571, 583.
[359] Vgl. etwa *Bundesregierung*, Jahreswirtschaftsbericht von 1995, BT-Drucks. 13/370, S. 25; *dies.*, Stellungnahme zum Zehnten Hauptgutachten der Monopolkommission 1995, BT-Drucks. 13/1597, S. 2; *dies.*, Begründung zum Regierungsentwurf, BT-Drucks. 13/9720, S. 30.
[360] Vgl. *Bechtold*, GWB. § 42, Rn. 1. Zur Diskussion über eine Abschaffung des Ministererlaubnisverfahrens im Rahmen der 6. GWB-Novelle ausführlich *Kögel*, Die Angleichung der deutschen an die europäische Fusionskontrolle, S. 391 ff.; *Bunte* WuW 1994, 6, 20; *Monopolkommission*, Hauptgutachten XI (1994/1995), Tz. 998.
[361] Vgl. *Bundesregierung*, Entwurf eines Sechsten GWB, BT-Drucks. 13/9720, S. 42, 44; *Bechtold*, GWB, § 42, Rn. 1.

Nun steht die 7. GWB-Novelle an.[362] Hintergrund dieser 7. Novelle ist die neue EG-Kartellverfahrensordnung, die am 1. Mai 2004 in Kraft getreten ist.[363] Mit ihr wurde auf europäischer Ebene ein grundlegender Systemwechsel vollzogen, mit dem die bisher bestehende Anmelde- und Genehmigungspflicht für wettbewerbsbeschränkende Vereinbarungen überführt wurde in ein System der Legalausnahme. Zugleich wurde der Vorrang des europäischen Rechts erheblich ausgeweitet. Die Entwicklungen auf europäischer Ebene zwingen die Mitgliedsstaaten zumindest im Bereich der Beurteilung von Kartellen zu einer Angleichung, um den Veränderungen gerecht zu werden.[364] Die Gesetzesnovelle in Deutschland geht aber weiter, als es im Zuge der Umsetzungsverpflichtung des europäischen Rechts aus Art. 10 EGV überhaupt erforderlich wäre.[365] So soll das gesamte System der präventiven Kontrolle des § 1 GWB abgeändert und die Norm neu gefasst werden. Auch die §§ 2-9, mithin auch § 8 GWB, sollen ersatzlos gestrichen werden. Die Bundesregierung begründet ihren Vorschlag damit, dass „deutsche" und „europäische" Sachverhalte nicht nach unterschiedlichen Maßstäben beurteilt werden dürften.[366]

Eine ähnliche Veranlassung für die Streichung von § 42 GWB in der Fusionskontrolle gibt es im Moment nicht. Das Nebeneinander von FKVO und nationaler Fusionskontrolle soll auch nach der Reform der FKVO bestehen bleiben[367].

---

[362] Zur 7. GWB-Novelle vgl. *Bundesministerium für Wirtschaft und Arbeit*, Entwurf von Eckwerten einer 7. GWB-Novelle; *dass.*, Referentenentwurf v. 17.12.2003; dazu *Bechtold*, DB 2004, 235 ff.
[363] VO (EG) Nr. 1/2003 vom 16.12.2002, abgedruckt in EuZW, Beilage zu Heft 3/2003. Vgl. zum neuen EG-Kartellverfahrensrecht *Weitbrecht*, EuZW 2003, 69 ff.; *Hasenfelder/Lutz*, WuW 2003, 118 ff.
[364] Vgl. *Weitbrecht*, EuZW 2003, 73.
[365] *Möschel*, WuW 2003, 571; *ders.*, FAZ v. 15.11.2003, S. 13; *Pohlmann*, WuW 2003, 1007; FAZ v. 10.10.2003, S. 14.
[366] Vgl. FAZ v. 10.10.2003, S. 14.
[367] VO 139/2004. Vgl. zur Reform der FKVO etwa *Klees*, EuZW 2003, 197 ff.; *Voigt/Schmidt*, WuW 2003, 897, 900 ff.; *v. Hinten-Reed/Camesaca/Schedl*, RIW 2003, 321 ff.; *Fritzsche*, WuW 2003, 1165; *Mestmäcker*, WuW 2004, 135; *Böge*, WuW 2004, 148 ff.

Nachdem der Gesetzgeber es offensichtlich mit der Harmonisierung und Angleichung bei dieser 7. GWB-Novelle sehr genau nimmt, stellt sich die Frage, warum er nicht auch die Gelegenheit ergreift und die ohnehin so umstrittene Besonderheit der Ministererlaubnis in der Fusionskontrolle streicht. Diese Vorschrift kennt kein Pendant im europäischen Recht und es besteht die Wahrscheinlichkeit, dass ein vergleichbarer Sachverhalt nach deutschem Recht bei Erteilung einer Ministererlaubnis anders beurteilt werden würde als nach europäischem Recht, das die Berücksichtigung überragender Gemeinwohlinteressen in diesem Maße nicht kennt.

Grundsätzlich ist der Gesetzgeber aber trotz des Grundsatzes der Gemeinschaftstreue nicht dazu verpflichtet, jegliche nationale Besonderheit zu streichen und so schnell als möglich die Vorschriften dem europäischen Recht anzugleichen. „Harmonisierung ist kein Wert an sich"[368] und stellt den Gesetzgeber nicht vor die Aufgabe einer Totalangleichung.[369] Vorhandene Abweichungen sollten nur dann durch Anpassung aufgehoben werden, wenn Gründe vorliegen, die eine solche Gesetzesharmonisierung notwendig erscheinen lassen, oder wenn die Vorteile einer Harmonisierung ihre Nachteile überwiegen. Andererseits soll das nationale Recht da beibehalten werden, wo es konkretere Regelungen enthält oder dem europäischen Recht überlegen ist.[370]

Eine Pflicht, § 42 aus dem GWB zu entfernen, lässt sich also nicht feststellen. Insofern ist die Ministererlaubnis auch nicht aus Gründen der Harmonisierung abzuschaffen. Aber es wäre im Zuge der 7. oder spätestens der 8. GWB-Novelle zumindest angebracht, darüber nachzudenken, ob bei einer derart rigorosen Angleichung der nationalen Kartellrechtsnormen an die europäischen nicht auch die Ministererlaubnis Berücksichtigung finden sollte. Wenn der deutsche Gesetzgeber es schon für erforderlich hält, das

---

[368] *Monopolkommission*, Hauptgutachten XI, S. 392.
[369] Vgl. *Dreher*, WuW 1995, 881, 890, 907; *Westermann*, Einwirkungen der europäischen Fusionskontrolle, S. 110 f.; *Möschel*, AG 1998, 561 ff.
[370] *Monopolkommission*, Hauptgutachten XI, S. 392; *Bundesregierung*, Begründung zum Regierungsentwurf einer Sechsten GWB-Novelle, BT-Drucks. 13/9720, S. 30.

GWB so weit an das europäische Kartellrecht anzugleichen, warum sollte er dann die Gelegenheit nicht nutzen, die Vorschrift des § 42 GWB – die bislang zu mehr Diskussionen als Übereinstimmungen geführt hat – gleich mitzustreichen?

III. Ordnungspolitische Bedenken

Gegen die Ausnahmeerlaubnis in der Fusionskontrolle werden nach wie vor ordnungspolitische Einwände erhoben. Bereits als die Norm mit den Fusionskontrollvorschriften in das GWB aufgenommen wurde, befürchtete man, dem verantwortlichen Bundeswirtschaftsminister ein Instrument in die Hand zu geben, das dieser zur Wirtschaftslenkung (Dirigismus) gebrauchen könnte oder das ihn anfällig machen könnte für Einflussnahmen von Interessengemeinschaften oder von einzelnen Unternehmen. Eine Gefahr besteht also sowohl dann, wenn der Politiker selbst (oder die Regierung) ein Interesse am Zusammenschluss hat, als auch wenn Unternehmen versuchen, ihn zur Erlaubnis zu bewegen oder ihn davon abzubringen.[371] Diese Bedenken haben vor allem dann ihre Berechtigung, wenn man sich nochmals vor Augen führt, wann der Minister nach der Konzeption der Vorschrift eine Ministererlaubnis erteilen darf: nur, wenn nach sorgfältiger Abwägung ausnahmsweise eine Beeinträchtigung des Wettbewerbs deshalb hingenommen werden kann, weil durch den Zusammenschluss Vorteile für die Gesamtwirtschaft bzw. überragende Interessen der Allgemeinheit verwirklicht werden. Der Zusammenschluss muss also unmittelbar eine *Steigerung des Gemeinwohls* bewirken. Für den Minister darf daher nur der Aspekt des Gemeinwohls Prüfungsmaßstab und Entscheidungskriterium sein. Dass das Gemeinwohl, als „Wohl aller", mit Einzelinteressen sowohl

---

[371] Zu diesen auch in den nachfolgenden Jahren immer wieder erhobenen Einwänden vgl. *Noll*, Wettbewerbs- und ordnungspolitische Probleme der Konzentration, S. 194 f.; *Herdzina*, Wettbewerbspolitik, S. 232; *Berg*, Internationale Wettbewerbsfähigkeit und nationale Zusammenschlusskontrolle, S. 30.

des Politikers als auch der Unternehmen oder anderer Gruppierungen kollidieren kann, liegt auf der Hand. Andererseits können wirtschaftspolitische Aspekte, die im Interesse des Bundeswirtschaftsministers liegen, sehr wohl unter dem Aspekt „gesamtwirtschaftliche Vorteile" einen Gemeinwohlgrund darstellen. Stellenweise kann eine Unterscheidung von nicht gemeinwohlorientierten und gemeinwohlorientierten politischen Zielen schwer zu treffen sein. Bei der „Verurteilung" dirigistischen Handelns ist deshalb immer auf den Hintergrund und das Zustandekommen der konkreten Erlaubnis einzugehen.

Aus ordnungspolitischer Sicht kann die Erlaubnispraxis heute anhand der Erfahrungen konkreter beurteilt werden, als dies in den Jugendjahren der Fusionskontrolle der Fall war. So können bei einer positiven Erlaubnisentscheidung die dirigistischen Ziele teilweise bereits aus dem Entscheidungsinhalt selbst oder aus den Umständen ihres Zustandekommens herausgelesen werden. Schwieriger gestaltet es sich allerdings bei der Beurteilung, inwiefern Einflussnahmen aus Wirtschafts- und Politikkreisen oder sonstigen Interessengruppen für die Erteilung einer Ministererlaubnis ausschlaggebend waren. In der Begründung der Erlaubnis würde eine Erwähnung tunlichst vermieden werden, sollte solches Vorgehen entscheidungsrelevant gewesen sein. Zuletzt kann nur schwer abgeschätzt werden, ob in Verfahren, die mit einer ablehnenden Entscheidung endeten, versucht wurde, auf den Minister einzuwirken.

Zur Beurteilung ist zunächst anhand der positiven Entscheidungen zu untersuchen, inwiefern sich der jeweilige Bundeswirtschaftsminister bei Erteilung der Erlaubnis von Motiven hat leiten lassen, die nicht unmittelbar aus der Beurteilung des Gemeinwohls, sondern aus anderen politischen Interessen herrühren. Diese fallen unter den Gesichtspunkt des Dirigismus, der staatlichen Wirtschaftslenkung. In diesem Zusammenhang taucht häufig der Vorwurf auf, mit der Ministererlaubnis werde Industriepolitik betrieben. Gemeint ist auch damit letztlich nichts anderes als die staatliche Einwirkung auf unternehmerisches Verhalten und damit auf marktwirtschaftliche Prozesse,[372] sogar die gezielte staatliche Förderung einzelner Unternehmen oder auch einzelner Industriebereiche kann hierunter fallen.[373] Das Betreiben von Industriepolitik ist an dieser Stelle deshalb problematisch, weil solches politisches Handeln im Falle einer Ministererlaubnis auf Kosten des Wettbewerbsschutzes geht.[374] Industriepolitik soll hier nicht als grundsätzlich negativ bewertet werden. Aber die Ministererlaubnis ist nicht primär dafür geschaffen worden, um einzelne Industriezweige zu fördern, sondern um Gemeinwohlinteressen zu verwirklichen. Eine Kollision liegt also vor, wenn der Minister mit der Ministererlaubnis Industriepolitik um ihrer selbst willen betreibt und nicht um des Gemeinwohls willen und die Gemeinwohlgründe zur Begründung industriepolitischer Zielsetzungen herhalten müssen. Ebenfalls unter diesen Punkt fällt die Frage, inwiefern die Einflüsse von Unternehmen, Vertretern der Wirtschaft oder von anderen Interessengruppen für die positive Entscheidung des Ministers maßgeblich waren. Auch bei Nicht-Erteilung einer Ministererlaubnis können gemeinwohlfremde Aspekte eine Rolle gespielt haben.

1. Positive Ministererlaubnisentscheidungen

Bei den sieben Fällen, in denen der Minister eine Erlaubnis (bzw. einmal eine Teilerlaubnis) für einen wettbewerbsbeschränkenden Zusammen-

---

[372] Vgl. *Immenga*, Die Europäische Fusionskontrolle im wettbewerbspolitischen Kräftefeld, S. 25. Zu den Schwierigkeiten einer Definition von Industriepolitik vgl. insbesondere *Mische*, Nicht-wettbewerbliche Faktoren in der europäischen Fusionskontrolle, S. 35, 38 f. m.w.N.

[373] Sondervotum *Immenga*, Monopolkommission, Sondergutachten 18, Tz. 282. Mestmäcker spricht sogar von „Machtpolitik mit Hilfe der Industrie", IM-*Mestmäcker/Veelken*, GWB, § 42, Rn. 9; *Mestmäcker*, in: FS von der Groeben, S. 9, 28.

[374] In der Diskussion um die Ministererlaubnis betonte Bundeswirtschaftsminister Clement häufiger den Charakter der Ausnahmevorschrift als „kleines, legitimes Mittel einer Industriepolitik", vgl. FAZ v. 22.1.2003, S. 13.

schluss erteilt hat, handelt es sich um die Fusionen VEBA/Gelsenberg (1974), Babcock/Artos (1976), Thyssen/Hüller (1977), VEBA/BP (1978), IBH/Wibau (1981), Daimler-Benz/MBB (1989) und zuletzt E.ON/Ruhrgas (2002).[375] Es fragt sich, ob und gegebenenfalls welche ordnungspolitischen Bedenken sich hieraus ergeben.

a) Dirigismus

aa) Die VEBA-Fusionen

Hervorzuheben sind zunächst die beiden VEBA-Fälle, die vom Bundeswirtschaftsminister aus Gründen der Versorgungssicherheit genehmigt wurden. Die VEBA AG war zum Zeitpunkt der beiden Fusionsfälle Bundesunternehmen.[376] In beiden Fällen hatte die Bundesregierung ein starkes Eigeninteresse daran, dass die Fusion gelingen würde. Beim Zusammenschluss VEBA/Gelsenberg stellte der Bundesfinanzminister den Antrag auf Ministererlaubnis selbst.[377] Das Interesse der Bundesregierung an dem Zusammenschluss war daher von Anfang an nicht zu übersehen. Der Staatssekretär im Bundeswirtschaftsministerium Detlev Karsten Rohwedder, seit 1969 im Aufsichtsrat der VEBA,[378] befürwortete

---

[375] S. Anhang I. Davon wurde nur zweimal eine Erlaubnis ohne Auflagen erteilt (in den Fällen VEBA/Gelsen-berg und IBH/Wibau). Für den folgenden Abschnitt spielt es allerdings keine Rolle, ob ein Zusammenschluss unter Auflagen oder ohne solche freigegeben wurde. Entscheidend für den Erfolg eines Ministererlaubnisantrags ist nur, ob der Minister die Erlaubnis zum wettbewerbsbeschränkenden Zusammenschluss erteilt hat oder nicht. Die Auflagen, die mit einer Erlaubnis verbunden sind, werden von den Unternehmen in der Praxis nämlich in der Regel im Vorfeld zumindest akzeptiert. Eine Zusammenschlusserlaubnis unter Auflagen entspricht daher trotzdem dem Interesse der fusionierenden Unternehmen. Im Fall Thyssen/Hüller, WuW BWM 160, wurde nur eine Teilerlaubnis erteilt, was den Interessen der beteiligten Unternehmen nicht entsprach, daher gingen sie – ohne Erfolg – gerichtlich gegen die Verfügung vor. Lehnen die Unternehmen eine Beschränkung des Zusammenschlusses durch Auflagen ab, so wird die Erlaubnis gar nicht erst erteilt (so im Fall VAW/Kaiser, WuW BWM 152). Zum Ganzen vgl. IM-*Mestmäcker/Veelken*, GWB, § 42, Rn. 44 f.
[376] *Monopolkommission*, Sondergutachten 2, Tz. 4; Sondergutachten 8, Tz. 11.
[377] VEBA/Gelsenberg, WuW/E BWM 147.
[378] Vgl. AdG, 1969, S. 15076 B; Der Spiegel 51/1978, S. 46.

den Zusammenschluss ebenso wie die Bundesregierung, die auf die Erdölkrise mit allen Mitteln reagieren wollte. Das erklärt auch die Kürze der Entscheidungsbegründung der Ministererlaubnis, denn man war sich des Arguments der Versorgungssicherheit sicher und diese erste Ministererlaubnis war entsprechender Bestandteil der Reaktionen auf die Erdölkrise. Zudem sah der Bundeswirtschaftsminister auch nach Erteilung der Erlaubnis noch davon ab, die Monopolkommission zu befragen. Er war sich seiner Sache auch ohne den Rat der Expertengruppe sicher,[379] fand er doch breite Unterstützung in der Bundesregierung. Letztlich kann nur vermutet werden, inwiefern das unmittelbare staatliche Interesse an dem Zusammenschluss für die Erlaubnis prägend war.[380] In der Öffentlichkeit galt es aber als sicher, dass der vom Kabinett bereits als künftiger Aufsichtsratsvorsitzender von Gelsenberg designierte Hans Friderichs die Erlaubnis erteilen werde.[381] Das Argument der Versorgungssicherheit jedenfalls war damals wirksam und zumindest mit maßgeblich für die Erteilung der Ausnahmeerlaubnis. Vor dem Hintergrund der Erdölkrise erscheint nachvollziehbar, dass man sich von einem starken nationalen Konzern eine Stärkung der Versorgungssicherheit erhoffte. In diesem Fall also ging die staatliche Lenkung und Bevorzugung des VEBA-Konzerns weitgehend einher mit dem Gemeinwohlgrund der Versorgungssicherheit.

Die Erlaubnis zur Fusion der VEBA mit BP, einem internationalen Konzern, stellte das Gegenteil der Begründung des Zusammenschlusses mit Gelsenberg dar, denn bei diesem Zusammenschluss wollte man gerade einen starken nationalen Energiekonzern entstehen lassen, wohingegen man mit BP die Verbindung zu einem internationalen Konzern suchte. Damit veränderte derselbe Wirtschaftsminister innerhalb von vier Jahren sein Konzept zur Erhöhung der Versorgungssicherheit weg von der Förderung

---

[379] Diese ließ es sich aber nicht nehmen, trotzdem nachträglich ein ablehnendes Sondergutachten zu diesem Fall zu erstatten, *Monopolkommission*, Sondergutachten 2, Tz. 2, 3.
[380] *Simmat*, Die Ministererlaubnis und die Industriebeteiligungen des Bundes, S. 83.
[381] Vgl. Handelsblatt v. 9.1.1974, S. 1, 3.

eines starken nationalen Energieunternehmens hin zur Beteiligung an einem internationalen Konzern zur Überwindung der Strukturprobleme der deutschen Mineralölindustrie.[382] Inoffiziell (i.e. in den Medien) wurden daher andere Gründe für die Erlaubnis zum Zusammenschluss publik: Das Bundesunternehmen brauche Geld,[383] nachdem es durch die Veränderung des Mineralölmarktes und der Energienachfrage mit der Folge einer Ölschwemme und des damit verbundenen Preisverfalls viel Geld verloren hatte.[384] Daher hatte der Wirtschaftminister die Fusion mit BP auch bereits vor der Bundeskartellamts-Untersagung gutgeheißen.[385] Auch hatte BP bereits im Vorfeld deutsche Politiker – allen voran Bundeskanzler Schmidt – kontaktiert, um Verbündete für den Zusammenschluss zu gewinnen.[386] Der Minister sah folglich in dem Zusammenschluss die Lösung der strukturellen Probleme der Gesellschaften. In diesem Zusammenhang schreibt der Spiegel: „Im Konflikt zwischen marktwirtschaftlicher Grundsatztreue und wirtschaftspolitischer Opportunität wissen auch freidemokratische Minister stets, wofür sie sich zu entscheiden haben."[387] In diesem Fall lässt sich das Eigeninteresse der Bundesregierung als VEBA-Aktionärin an einem finanzstarken Partner mit dem Allgemeininteresse an der Versorgungssicherheit schwerer in Einklang bringen. Jedenfalls kam das Versorgungsargument gelegen. In entsprechender Weise wurden die beiden VEBA-Fusionen, insbesondere VEBA/BP, im Nachhinein als Fehlentscheidungen kritisiert.[388]

---

[382] Vgl. VEBA/BP, WuW/E BWM 171.
[383] So Der Spiegel 51/1981, S. 57
[384] Vgl. Spiegel-Gespräch mit dem VEBA-Chef Rudolf von Bennigsen-Foerder, Der Spiegel 11/1979, S. 91; FAZ v. 15.5.1975, S. 12.
[385] Vgl. Der Spiegel 49/1978, S. 99.
[386] Der Spiegel 6/1979, S. 68.
[387] Der Spiegel 51/1981, S. 57.
[388] Vgl. *Noll*, Wettbewerbs- und ordnungspolitische Probleme der Konzentration, S. 195; *Möschel*, Recht der Wettbewerbsbeschränkungen, Rn. 903 f.; *Simmat*, Die Ministererlaubnis und die Industriebeteiligungen des Bundes, S. 78 ff., 157; *Emmerich*, AG 1978, 150, 153; *Fatschek*, Die Berücksichtigung außerwettbewerblicher Gesichtspunkte, S. 150.

bb) Der Zusammenschluss Daimler-Benz/MBB

Der Parade-Fall für einen Zusammenschluss, den die Bundesregierung vorantrieb, ist der Zusammenschluss zwischen Daimler-Benz und MBB im Jahre 1989. Diese Ministererlaubnis war die ordnungs- und gesellschaftspolitisch umstrittenste Entscheidung seit Einführung der Fusionskontrolle.[389] Die öffentliche Hand war an MBB zu 52% beteiligt[390] und die eigentliche Initiative zum Zusammenschluss ging von der Politik aus.[391] Politisches Ziel war die Rückführung der belastenden Subventionen für die deutsche Airbus GmbH, einer hundertprozentigen Tochter von MBB. Daimler-Benz hatte in den vorangegangenen Jahren bereits eine Diversifikationsstrategie verfolgt, weil der Automobilbau nicht mehr zu den Wachstumsbranchen gezählt wurde.[392] Die an dem Zusammenschluss interessierten Politiker Strauß als bayrischer Ministerpräsident, Bangemann als Bundeswirtschaftsminister[393] und Riedl als parlamentarischer Staatssekretär kamen deshalb auf den Vorstandsvorsitzenden der Daimler-Benz AG Reuter zu und drängten ihn seit 1987 zur Übernahme des Unternehmens MBB.[394] Dieser entschloss sich schließlich dazu und meldete das Vorhaben beim Bundeskartellamt an, das es erwartungsgemäß wegen gravierender

---

[389] *I. Schmidt*, Wettbewerbs- und Kartellrecht, S. 320; *Mestmäcker*, in: Monopolkommission, Wettbewerbspolitik im Wandel, S. 10 f.; *Frantzke/Kurz*, Jahrbuch für Sozialwissenschaft 42 (1991), S. 247; *Emmerich*, AG 1989, 369, 370; zu den Reaktionen in der Öffentlichkeit und im Parlament eingehend AdG 1989, S. 33766, sowie unten D. I. c) und D. II. b).

[390] Gesellschafter waren u.a. die Länder Bayern, Bremen und Hamburg, vgl. *Monopolkommission*, Sondergutachten 18, Tz. 12 ff.

[391] Vgl. *Ortwein*, Das Bundeskartellamt, S. 227; *Haubrock*, Konzentration und Wettbewerb, S. 193 f.; *Berg*, WiSt 1990, 643, 644, 646; *Frantzke/Kurz*, Jahrbuch für Sozialwissenschaft 42 (1991), S. 247; *Monopolkommission*, Sondergutachten 18, Tz. 249 (Sondervotum Immenga): Nach den von Immenga zitierten Worten Reuters hätte die Bundesregierung eigentlich selbst den Antrag auf Ministererlaubnis stellen müssen.

[392] Vgl. *Ortwein*, Das Bundeskartellamt, S. 227: Daimler-Benz hatte zum Beispiel 1986 bereits mit Zustimmung des Bundeskartellamtes AEG übernommen.

[393] Erteilt wurde die Ministererlaubnis dann nach dem Wechsel Bangemanns zur EU-Kommission von Bundeswirtschaftsminister Haussmann, der sich aber an das Votum seines Vorgängers gebunden fühlte, Der Spiegel 4/1989, S. 101; 36/1989, S. 116.

[394] Vgl. *Ortwein*, Das Bundeskartellamt, S. 228; AdG 1989, S. 33764; *Haubrock*, Konzentration und Wettbewerbpolitik, S. 193.

Wettbewerbsbeschränkungen untersagte.[395] Schon während des Prüfungszeitraumes erklärte Riedl, dass der Minister ein negatives Votum des Kartellamtes mit Hilfe der Ministererlaubnis außer Kraft setzen werde.[396] Die Erteilung der Ministererlaubnis war bereits im Vorfeld so gut wie sicher. In der Presse wurde das folgendermaßen kommentiert: „Die Weichen waren im Dezember 1988 längst gestellt, der Daimler-Coup war gelaufen, die Ausnahmegenehmigung des Bonner Wirtschaftsministers zugesichert. Die nachfolgenden gesetzlich vorgeschriebenen Prozeduren dienten nur der Beruhigung von kritischen Bürgern und irritiertem Parteivolk. Alles Show. [...] Die Auflagen wurden im Teamwork von Ministerialen und Konzernstrategen gebastelt. Ein Konzern kontrolliert sich selbst und das Ministerium liefert zu."[397] Der Bundeswirtschaftsminister erteilte dann wie angekündigt die Ministererlaubnis. In der Begründung selbst ging er auf die „Umstände" des Zusammenschlusses ein und stellte fest, dass es nicht möglich sei, *„aus der Tatsache, dass der Staat aus industriepolitischen Gründen – unter dem vertraglichen Vorbehalt des Ergebnisses eines Fusionskontrollverfahrens – einen Zusammenschluss aktiv betreibt, die Schlussfolgerung zu ziehen, damit stünde das überragende und damit rechtfertigende Allgemeininteresse bereits fest"*. In solchen Fällen, in denen der Staat *„ausnahmsweise aktiv die Marktstrukturen mitgestaltet,"* solle trotzdem die Transparenz der Wettbewerbsaspekte und politischen Verantwortlichkeiten für die Entscheidung klargestellt werden.[398] Den industriepolitischen Gehalt der Entscheidung räumte der Minister damit selbst ein.[399] Dass die „Transparenz der Wettbewerbsaspekte gewahrt" werden und die „politischen Verantwortlichkeiten klargestellt" werden müssen, erscheint wie ein Zugeständnis an die Kritiker, das aber den eigentlichen

---

[395] Vgl. im Einzelnen zur Beschlussfindung des Bundeskartellamtes *Ortwein*, Das Bundeskartellamt, S. 228 ff.
[396] Vgl. *Haubrock*, Konzentration und Wettbewerb, S. 193; *Ortwein*, Das Bundeskartellamt, S. 228; Der Spiegel 46/1988, S. 122.
[397] Der Spiegel 36/1989, S. 116.
[398] Daimler-Benz/MBB, WuW/E BWM 200 f.
[399] So im Ergebnis auch IM-*Mestmäcker/Veelken*, GWB, § 42, Rn. 8 f.

Hintergrund der Entscheidung nicht vernebeln kann und letztlich eingesteht, dass es sich um eine rein im Interesse der Bundesregierung liegende Entscheidung handelte. Das hatte der Vorsitzende der Monopolkommission Immenga so bereits im Vorfeld ausgeführt: Er hatte sich in einem Sondervotum gegen die Ministererlaubnis ausgesprochen und trat nach Erstattung des Sondergutachtens von seinem Amt zurück.[400] In dem Sondervotum hob er den Zusammenhang mit den Interessen der Bundesregierung an einer Stärkung der Luft- und Raumfahrtindustrie und vor allem am Abbau der Subventionen für den Airbus hervor. Der Gedanke der Parteilichkeit sei nicht auszuschließen und die Mitwirkung der Bundesregierung gefährde die Glaubwürdigkeit ihrer Wettbewerbspolitik.[401] Die Vereinbarkeit des Zusammenschlusses mit dem öffentlichen Interesse sei von den Beteiligten ausschließlich mit industriepolitischen Erwägungen begründet worden.[402]

cc) Fazit

Die genehmigte Fusion zwischen Daimler-Benz und MBB hat zum ersten Mal vor allem der breiten Öffentlichkeit aufgezeigt, zu welchen Zwecken das Institut der Ministererlaubnis eingesetzt werden kann. Es wurden zwar die wettbewerbsbeschränkenden Wirkungen „transparent gemacht", aber bei entsprechendem (industrie-) politischem Interesse an einem Zusammenschluss konnten auch die Wettbewerbsbeschränkungen den Minister nicht davon abhalten, die Sondererlaubnis zu erteilen. In diesem Fall haben sich

---

[400] WuW 1989, 694 f. Vgl. auch *Ortwein*, Das Bundeskartellamt, S. 231; AdG 1989, S. 33765.
[401] Sondervotum *Immenga*, Monopolkommission, Sondergutachten 18, Tz. 246, 250, 252; *ders.*, Wirtschaftsdienst 1988, 603 ff.
[402] Sondervotum *Immenga*, Monopolkommission, Sondergutachten 18, Tz. 281; vgl. auch *Frantzke/Kurz*, Jahrbuch für Sozialwissenschaft 42 (1991), S. 247 ff., 260: die Entscheidung orientiere sich faktisch einseitig am fiskalischen Argument der Entlastung öffentlicher Haushalte, sonstige Vorteile seien in unzureichendem Maße geprüft und dargelegt worden.

die ordnungspolitischen Befürchtungen von Kritikern der politischen Ausnahmegenehmigung also konkretisiert.[403]

Bei den Fusionen VEBA/Gelsenberg und VEBA/BP lässt sich das damals so aktuelle Interesse an der Versorgungssicherheit nicht unmittelbar vom politischen Interesse des Ministers und der Regierung trennen. Dennoch muss bei allen drei Fällen davon ausgegangen werden, dass eine Ministererlaubnis ohne das konkrete und zielorientierte Interesse der Bundesregierung daran (und „nur" im Hinblick auf Gemeinwohlerwägungen) nicht ohne weiteres erteilt worden wäre, waren doch sowohl die Haltung der Monopolkommission als auch die Stimmen in der Öffentlichkeit und unter Wettbewerbsrechtlern zumindest bei VEBA/BP und zuletzt Daimler-Benz/MBB sehr viel kritischer.

b) Einflussnahmen und stillschweigende Übereinkünfte

Eine Tatsache ist, dass zwischen Politikern und Vertretern der Wirtschaft regelmäßig Kontakte gepflegt werden. So ist es nahezu eine Selbstverständlichkeit, dass bei anstehenden wirtschaftspolitischen Entscheidungen „Vor-Gespräche" geführt werden, dass es Unterredungen zwischen Politikern und Wirtschaftlern gibt. Zahlreiche solcher Gespräche wurden im Vorfeld der Daimler-Benz/MBB-Fusion[404] und natürlich bei den Zusammenschlüssen der VEBA AG geführt. Das ergab sich insbesondere auch wegen der Bundesbeteiligungen an beiden Fusionen. Aber auch bei Zusammenschlussvorhaben, an denen nicht unmittelbar der Bund beteiligt war, gab es häufig Kontaktaufnahmen. Ordnungspolitisch problematisch wird das – trotz der vielgelobten Transparenz des Fusionskontrollverfahrens – wenn die Grenze überschritten wird, und der Minister sich nicht

---

[403] Selbst, wenn man *Schlecht*, ORDO 43 (1992), 319, 323 zustimmt, der den Fall Daimler-Benz/MBB als atypischen „Sonderfall" erachtet, von dem rückblickend „keine Signalwirkung" ausgegangen sei, so zeigt er doch deutlich die industriepolitischen Möglichkeiten der Ministererlaubnis auf.
[404] Der Spiegel 36/1989, S. 116; dazu eingehend oben C. III. 1. a) bb).

mehr nur informiert und verhandelt, um dann nach Gemeinwohlgründen zu entscheiden, sondern wenn diese Gespräche die eigentliche Entscheidung vorwegnehmen und das Ministererlaubnisverfahren als bloße Form-Hülle übrig bleibt.[405] Solche Entscheidungsmotive werden in der Regel nicht erkennbar und ein Überschreiten der zulässigen Vorverhandlungs-Grenze nie offensichtlich sein. Dennoch gab es in einzelnen Verfahren Andeutungen, die Zweifel an der ausschließlichen Gemeinwohlverbundenheit des Bundeswirtschaftsministers aufkommen lassen.

aa) Der Zusammenschluss E.ON/Ruhrgas

Aktuelles Beispiel für intensive Verhandlungen zwischen Wirtschaft und Politik stellt die E.ON/Ruhrgas-Fusion dar. Bundeswirtschaftsminister Müller hatte selbst eingeräumt, dass es bereits Vorgespräche zwischen E.ON-Vertretern, Bundeskanzler Schröder und ihm selbst gegeben habe – noch bevor eine Ministererlaubnis überhaupt beantragt worden war.[406] Auch im weiteren Verlauf des Verfahrens wurde intensiv zwischen den Beteiligten aus Politik und Wirtschaft verhandelt.[407] Stimmen in der Presse gingen auch hier (wie im Fall von Daimler-Benz/MBB) davon aus, dass das Ministererlaubnisverfahren nicht ergebnisoffen war, sondern dass der

---

[405] Zu der Zweischneidigkeit solcher Vorfeldkontakte auch beim Bundeskartellamt vgl. *Tietmeyer*, in: Der Einfluss des Staates auf den Wettbewerb, S. 50.
[406] Handelsblatt v. 22.1.2002, S. 1, S. 16; *Dohmen/Reiermann*, Der Spiegel 27/2002, S. 95.
[407] Der Spiegel 27/2002, S. 95. Vgl. hierzu auch OLG Düsseldorf, E.ON/Ruhrgas, Beschluss I (Einleitung, Fn. 1), S. 14; Beschluss II (Einleitung, Fn. 1), S. 27: Das Gericht bemängelte die fehlende Anhörung im Verfahren zu einem entscheidenden Punkt: E.ON hatte eine schriftliche Erklärung abgegeben, wonach sie zur Aufwendung von 6–8 Mrd. Euro für die Entwicklung der Ruhrgas bereit ist. Dieser Aspekt kam in der mündlichen Verhandlung nicht zur Sprache und wurde nur zwischen E.ON und dem Bundeswirtschaftsministerium, respektive Staatssekretär Tacke, ausgehandelt. Auch weitere – nicht protokollierte Gespräche – zwischen der E.ON AG und Tacke hat das OLG Düsseldorf in seiner Entscheidung genannt, OLG Düsseldorf, E.ON/Ruhrgas, Beschluss II (Einleitung, Fn. 1), S. 31. Nachdem sich Tacke entschieden hatte, eine zweite Ministererlaubnis zu erteilen, wurden erneut informelle Gespräche zwischen E.ON, Ruhrgas und den Beamten des Bundeswirtschaftsministeriums geführt, OLG Düsseldorf, E.ON/Ruhrgas, Beschluss III (Einleitung, Fn. 1), S. 37.

Bundeskanzler und der Bundeswirtschaftsminister von Anfang an den positiven Ausgang forciert hatten.[408] Dass Bundeswirtschaftsminister Müller nicht selbst, sondern sein Staatssekretär Tacke die Erlaubnis erteilt hat, ändert an diesen Feststellungen nichts, denn zum großen Teil war der Staatssekretär selbst an den Verhandlungen beteiligt, zudem wird die von seinem Staatssekretär erteilte Ministererlaubnis dem vertretenen Minister zugerechnet.

Über den Hintergrund des politischen Interesses am Zusammenschluss kann nur spekuliert werden. So hat E.ON im Falle eines Scheiterns des Zusammenschlusses mit Ruhrgas ein verstärktes Engagement in den USA angekündigt und dort nach eventuellen Übernahmekandidaten Ausschau gehalten. Nach den Worten eines Managers wäre selbst eine Verlagerung der Konzernzentrale von Düsseldorf ins Ausland dann nicht mehr undenkbar gewesen.[409] Von Seiten der Politiker, insbesondere des Entscheiders über die Ministererlaubnis, wird zu solchen Spekulationen freilich nicht Stellung bezogen. Bekannt ist hingegen, dass einigen Politikern der Zusammenschluss deshalb gelegen war, weil dadurch die angeschlagene nordrhein-westfälische Ruhrkohle AG durch die E.ON-Tochter Degussa gerettet werden könnte.[410]

Das Interesse der Bundesregierung an dem endgültigen Gelingen der Fusion zeigte sich nicht zuletzt in ihrem Verhalten, als es darum ging, eine Einigung mit den Beschwerdeführern zu finden, die sich gegen die Ministererlaubnis zur Wehr gesetzt hatten. Gegen die Ministererlaubnis waren zeitweilig bis zu 11 Beschwerden beim OLG Düsseldorf anhängig. Sie waren ausschließlich von konkurrierenden Unternehmen aus der Energiebran-

---

[408] Der Spiegel 27/2002, S. 94; SZ v. 20.9.2002, S. 19; *Schauerte*, FAZ v. 6.3.2003, S. 13; *Möschel*, FAZ v. 16.4.2003, S. 14; *Steinbeis*, Handelsblatt v. 21.1.2003, S. 9; *Brychcy*, SZ v. 20.9.2002, S. 19.
[409] SZ v. 20.9.2002, S. 19; *Dohmen/Reiermann*, Der Spiegel 27/2002, S. 94.
[410] *Wetzel*, Die Welt v. 3.9.2002, S. 14; *Dohmen/Reiermann*, Der Spiegel 27/2002, S. 95. RAG sollte die E.ON-Tochter Degussa im Tausch gegen ein Ruhrgas-Paket erhalten , FAZ v. 18.12.2002, S. 12.

che eingelegt worden.[411] Die Beschwerdeführer wurden von E.ON mit Sonderkonditionen, Beteiligungen und Geldzahlungen abgefunden und nahmen daraufhin ihre Beschwerden zurück.[412] Bis zuletzt hatte sich allerdings die finnische Fortum Oil and Gas gegen eine Einigung gesträubt.[413] Nach Pressemeldungen schritt der Bundeskanzler selbst ein und teilte der finnischen Regierung das große Interesse der Bundsregierung an einer Einigung mit E.ON mit. Das Ergebnis war, dass Fortum sich doch noch mit E.ON einigte und zuletzt ebenfalls seine Beschwerde zurückzog.[414] Die Fusion war damit perfekt. In diesem Fall tauchte ebenso wie im Fall Daimler-Benz/MBB der von Kritikern zitierte Begriff des „Stamokap", des Staatsmonopolkapitalismus, in der Presse auf.[415] Eine enge Verflechtung von Staat und starken, monopolistisch geprägten Unternehmen kann in beiden Fällen nicht verneint werden.

bb) Bewertung

Beim Zusammenschluss zwischen E.ON und Ruhrgas fällt die Beurteilung besonders schwer, ob sich der Minister bzw. die Politiker als solche fehlerhaft verhalten haben. Der Umfang des Verfahrens und die komplizierten Einzelheiten der Entscheidung führten dazu, dass der Wirtschaftsminister und sein Staatssekretär auf Verhandlungen mit den Unternehmen vor allem bezüglich der Auflagen angewiesen waren. Ab welcher Grenze solches Verhalten vorwerfbar ist, kann nicht festgelegt werden, zumal Details solcher Gespräche nicht an die Öffentlichkeit gelangen. Gerade ein so um-

---

[411] Vgl. dazu die Beschlüsse des OLG Düsseldorf (Einleitung, Fn. 1).
[412] S. dazu *Staebe*, WuW 2003, 715; FAZ v. 28.1.2003, S. 11; FAZ v. 4.2.2003, S. 11. Zur Rücknahme der Beschwerden s. OLG Düsseldorf, Pressemitteilung v. 31.1.2003, abrufbar unter: http://www.olg-duesseldorf. de/presse/material/mitteil/31_01_2003_eon_rueckn.pdf.
[413] *Flauger*, Handelsblatt v. 3.2.2003, S. 16; *Wetzel*, Die Welt v. 3.9.2002, S. 14 FAZ v. 1.2.2003, S. 11.
[414] Der Spiegel 7/2003, S. 67; *Möschel*, FAZ v. 16.4.2003, S. 14.
[415] *Möschel*, FAZ v. 16.4.2003 und Der Spiegel 36/1989, S. 116. Ebenfalls besonders kritisch zu diesen Vorgängen bei E.ON/Ruhrgas *Emmerich*, AG 2003, 649, 650.

fangreiches Verfahren zeigt aber auch, dass allein die Feststellung ordnungspolitisch vorwerfbaren Verhaltens kaum möglich ist. Reine Informationsgespräche und möglicherweise konkrete Absprachen gehen ineinander über und sind für Außenstehende zwar stets kritisierbar, aber ein verwerfliches Verhalten kann kaum nachgewiesen werden. Dennoch gaben Verhaltensweisen der Bundesregierung gerade hier besonderen Anlass zu starker Kritik.

2. Negative Ministererlaubnisentscheidungen

Bei den bisher ergangenen ablehnenden Ministerentscheidungen lässt sich eine These, dass sich der Minister durch Konkurrenten oder Gegner hat beeinflussen lassen, nicht belegen. Dennoch soll kurz auf zwei Fälle eingegangen werden. Viel diskutierte und umstrittene Entscheidungen waren die Fusionsvorhaben Burda/Springer (1981) und Holtzbrinck/Berliner Zeitung (2003), die sich beide im Bereich der Pressefusionskontrolle abgespielt haben.[416] In beiden Fällen kam es nicht zu einer Entscheidung durch den Minister, denn der Antrag wurde jeweils vorher zurückgenommen. Holtzbrinck hatte im vergangenen Jahr zwar wegen der Rücknahme des Antrags keine Ablehnung des Ministererlaubnisantrags erlebt, jedoch war die Ablehnung so gut wie sicher und wegen der mangelnden Erfolgsaussichten vorhersehbar. Im Fall Burda/Springer zitierte der Spiegel die Aussage eines Beteiligten, „eigentlich könne nur Druck von ganz oben die Erlaubnis der Fusion bewirken".[417] Nach Ansicht des Magazins „umschmeichelten" die Zeitungen Burdas und Springers den damaligen Kanzler und seinen Vize-Kanzler und stellten beide oft auffallend positiv in der Presse dar. Bundeswirtschaftsminister Lambsdorff wurde von Burda-Vertretern aufgesucht, denen der Minister bereits im Vorfeld sein Wohl-

---

[416] Dazu oben B. II. 6. a).
[417] Der Spiegel 51/1981, S. 58.

wollen signalisiert haben soll. Das Interesse des Ministers soll danach darin gelegen haben, dass Springer nicht an ein ausländisches Unternehmen verkauft werden sollte. Aber nachdem der einzige Interessent aus London sein Interesse dementiert hatte, soll Lambsdorff seine Ansicht geändert haben.[418] Solche Hintergründe sind in höchstem Maße spekulativ und ein Rückschluss auf die „wahren Gründe" der Ablehnung wäre vermessen. Dennoch zeigt der Fall, dass die Öffentlichkeit durch die Presse für Dinge sensibilisiert wurde, die im Rahmen eines Ministererlaubnisverfahrens nicht auftauchen sollten. Auch hier wurden Hintergründe publik gemacht, die mit den eigentlichen Gemeinwohlerwägungen in einer Ministererlaubnisprüfung nichts zu tun haben. Der Bundeswirtschaftsminister hatte aber offensichtlich nicht das ausgeprägte wirtschaftspolitische Interesse am konkreten Zusammenschluss wie bei anderen Fällen.

Im Fall Holtzbrinck sind im Vorfeld ebenfalls Stimmen laut geworden, die den Minister zur Entscheidung bewegen sollten.[419] Auch hier könnte man der Vermutung erliegen, dass der Bundeswirtschaftsminister beeinflusst werden sollte und daraufhin die Ausnahmeerlaubnis erteilen würde. Nachdem aber offensichtlich wurde, dass sich eine Ministererlaubnis in diesem Fall nur äußerst schwer begründen lassen würde[420] und womöglich ähnliche Folgen wie das Gerichtsverfahren im Fall E.ON/Ruhrgas mit sich bringen würde (Springer hatte schon im Vorfeld rechtliche Schritte angekündigt), konnte eine positive Ministerentscheidung nicht mehr in Aussicht gestellt werden.

---

[418] Der Spiegel 51/1981, S. 58.
[419] Vgl. die Äußerungen der Kulturstaatsministerin in Berlin Christina Weiss (und auch der betroffenen Konkurrenz Springer), FAZ v. 22.4.2003, S. 13, sowie *Mussler*, a.a.O.
[420] Zu der Problematik einer Ministererlaubnis aufgrund des Gemeinwohlgrundes Meinungs- und Pressevielfalt ausführlich oben B. II. 6.

3. Fazit

Die wenigen Beispielfälle können schwerlich als Grundlage für handfeste Aussagen über die Berechtigung ordnungspolitischer Bedenken bei Ministererlaubnisverfahren herangezogen werden. Dennoch gibt es Auffälligkeiten und Gemeinsamkeiten, die zumindest eine Widerlegung der ordnungspolitischen Bedenken unmöglich machen und gewisse Gefahren und Schwächen der Regelung zutage fördern. Einige Aussagen zur Unterstützung der These, dass die Ministererlaubnis anfällig ist für Anwendungsfälle, die ordnungspolitisch mehr als bedenklich sind, lassen sich daher treffen.

1. Die Gefahr, dass die Ministererlaubnis zu dirigistischem Handeln und zu industriepolitischen Zwecken missbraucht wird, realisiert sich nur dann, wenn diese Zwecke gerade mit dem konkreten Zusammenschluss erreichbar scheinen. Ist eine Unternehmensfusion nicht geeignet, die Wirtschaftspolitik zu unterstützen, so wird sie vom Bundeswirtschaftsminister auch nicht aus gemeinwohlfremden, industriepolitischen Motiven genehmigt. Umgekehrt sind die Politiker auch nur dann für Einflussnahmen von und Übereinkünfte mit den Unternehmen offen, wenn ein eigenes Interesse am Zusammenschluss besteht. Die angesprochenen Fälle VEBA/Gelsenberg, VEBA/BP und Daimler-Benz/MBB stehen für ein derartiges Interesse der beteiligten Politiker, respektive der Bundesregierung. Ebenso war ein generelles Interesse von Bundesregierung und Bundeswirtschaftsminister am Zusammenschluss E.ON/Ruhrgas offensichtlich.

Sobald derartige Feststellungen ausgesprochen werden, taucht ein gravierendes Problem solcher Aussagen auf: Für jeden der angesprochenen Zusammenschlüsse haben sich begründbare, vertretbare und größtenteils in der Theorie anerkannte Gemeinwohlgründe gefunden. Das bedeutet, dass die Mutmaßung, der jeweilige Minister habe sich primär von gemeinwohlfernen Einflüssen oder eigenen wirtschaftpolitischen und wählerstimmenorientierten Interessen leiten lassen, allein durch die jeweilige Erlaubnisbegründung bereits widerlegbar scheint. Denn sofern die „eigenen" Interessen des entscheidenden Wirtschaftsministers mit einer Förderung des gesamtwirtschaftlichen Gemeinwohls einhergehen und die Erlaubnis nicht nur positiv für die fusionierenden Unternehmen, sondern auch für die Allgemeinheit sind, ist die Erteilung der Ministererlaubnis nicht ordnungspolitisch vorwerfbar. Und dennoch haben ordnungspolitische Bedenken bei der Ministererlaubnis ihre Berechtigung. Denn gerade die Gemeinwohlziele sind es, die oftmals ungeeignet, wenig verlässlich und durch einen Unternehmenszusammenschluss nicht erreichbar sind. Beruft sich der Minister in bestimmten Verfahren dennoch auf solche Gemeinwohlgründe[421] und treten noch andere Hintergründe zutage, so ist die Mutmaßung berechtigt, er benutze gerade im konkreten Zusammenschluss die Gemeinwohlgründe, *um* weitergehende Ziele zu erreichen, obwohl die Gemeinwohlgründe in den meisten Fällen gerade nicht geeignet sind, das Gemeinwohl zu steigern.

2. Eine Rolle beim Ablauf eines Ministererlaubnisverfahrens mag auch die Grundhaltung des jeweiligen Ministers bzw. seiner Staatssekretäre hinsichtlich Industriepolitik, Wettbewerbsschutz und Gemeinwohlauffassungen spielen. So etwa hatte der langjährige Staatssekretär im Bundeswirtschaftsministerium Otto Schlecht, der an 15 Ministererlaubnisverfahren beteiligt war, zwar eine stark befürwortende Haltung gegenüber der Wettbewerbsordnung, diese könne aber „elastisch" sein. Häufige staatliche Eingriffe sah er durchaus als Mittel der Wirtschaftspolitik, wenngleich der Staat nur als „Schiedsrichter ins Wettbewerbsgeschehen" eingreifen dürfe.[422] Unter Schlechts „Beteiligung" wurde daher auch sechs Mal die Erlaubnis erteilt. Auch der während des E.ON/Ruhrgas-Verfahrens am-

---

[421] Etwa im Fall E.ON/Ruhrgas auf diejenigen der Versorgungssicherheit und internationalen Wettbewerbsfähigkeit, die durchaus kritikfähig sind, s. oben B. II. 4. und 5.
[422] *Schlecht*, ORDO 43 (1997), S. 319, 327; *Martens*, Der Spiegel 3/1985, S. 38; FAZ v. 6.12.2003, S. 4. Zur Dauer von Schlechts Tätigkeit als parlamentarischer Staatssekretär s. Datenhandbuch zur Geschichte des Bundestages, Band 1, S. 1078 f.

tierende Bundeswirtschaftsminister Werner Müller machte keinen Hehl daraus, dass er Großfusionen für weitgehend unproblematisch erachtete und Global Players eine wichtige Rolle spielen könnten.[423] Umgekehrt konnte der Bundeswirtschaftsminister Wolfgang Clement die Ministererlaubnis im Fall von Holtzbrinck/Berliner Zeitung nicht erteilen, obwohl er ein bekennender Industriepolitiker ist.[424] Zur negativen Entscheidung kam es zwar nach der Rücknahme des Ministererlaubnisantrags durch Holtzbrinck nicht. Aber eine Ablehnung war letztlich vorhersehbar, denn die Voraussetzungen für eine Ministererlaubnis waren offensichtlich nicht gegeben. Wenn für einen Zusammenschluss also keine Gemeinwohlgründe „konstruierbar" sind, so hilft auch die möglicherweise positive Einstellung des Politikers nicht. Damit kann eine generelle Aussage darüber, ob eine Ministererlaubnis primär aus dirigistischen Motiven erteilt worden ist, nicht getroffen werden. Allerdings lässt sich auch das Gegenteil nicht endgültig feststellen. Anhaltspunkte für zielorientiertes wirtschaftspolitisches Handeln – unabhängig von jeglichen Gemeinwohlerwägungen – gab es in mehreren Verfahren. Derartige – vor allem in der Presse angesprochenen Vorgänge – konnten in der Regel weder durch die beteiligten Personen und Unternehmen noch durch die jeweilige Ministererlaubnisbegründung selbst widerlegt werden.

3. Eine strikte Trennung zwischen Dirigismus und Einflussnahmen ist folglich nicht sachgerecht. In den angesprochenen Fällen einer positiven Entscheidung lag es stets sowohl im Interesse der Politik als auch der Unternehmen, die Fusion zu realisieren.

Der Politiker kann – wenn man nicht vom Idealfall ausgeht – auch Ziele verfolgen, die nicht notwendigerweise im Einklang mit der Maximierung

---

[423] *Werner Müller*, in: Megafusionen, S. 25 ff.
[424] Vgl. FAZ v. 22.1.2003, S. 13; *Barbier*, FAZ v. 23.5.2003, S. 15; *Mussler*, FAZ v. 28.1.2003, S. 11; *Reuter*, Der Spiegel 31/2003, S. 71.

des Gemeinwohls stehen.[425] Aber auch wenn Politiker auf wirtschaftlichen und politischen Druck reagieren, so vertreten sie jedenfalls nicht skrupellos die Interessen der privaten Wirtschaft. Das hat sich zuletzt im Fall Holtzbrinck gezeigt. Die Einflussnahme von Interessengruppen kann nämlich auch zu einer effizienten Anwendung des kontrollrechtlichen Regelwerks führen.[426]

4. Mutmaßungen darüber, welche Interessen Politiker bei konkreten Zusammenschlussvorhaben vertreten, sind äußerst fragwürdig und im Einzelfall schlicht nicht zu bestätigen. Die versuchte Einwirkung von bestimmten Interessengruppen auf laufende Fusionskontrollverfahren und ein eigenes ausschlaggebendes Interesse des Politikers kann aber zumindest als Problemfeld der Ministererlaubnis nicht geleugnet werden.[427] Andererseits stellt die Ministererlaubnis gerade eine politische Entscheidung dar. Das bedeutet, dass sie so zustande kommt wie andere politische Entscheidungen auch: als Ergebnis von Verhandlungen, Gesprächen und Abkommen zwischen allen Betroffenen. Stellungnahmen und Kritik durch die Öffentlichkeit sind dabei wichtiges Element des politischen Vorgangs. Sie ist eine bewusste, politisch gewollte Bevorzugung einzelner Unternehmen.[428] Allein wegen seines „Charakters" kann man dieses Institut also nicht verurteilen. Die Gefahr von Einflüssen und der Beherrschung einer Entscheidung von anderen als den Gemeinwohlzielen, die von § 42 GWB erfasst werden, und eine Überschreitung der gesetzlichen Grenzen besteht aber durchaus.
Auch wenn nur in wenigen Fälle der Verdacht aufgekommen ist, der Minister habe sich von anderen Motiven leiten lassen, so muss die Ministererlaubnis gerade auch vor diesem Hintergrund betrachtet werden. Sowohl in den Siebzigern als auch in den Achtzigern und zuletzt 2002 war ein Minister (zumindest in der öffentlichen Meinung) anfällig für verfahrensfremde

---

[425] Vgl. hierzu *Seemann*, Fusionskontrolle und Partikulärinteressen, S. 11 f.
[426] Vgl. *Seemann*, Fusionskontrolle und Partikulärinteressen, S. 12.
[427] Vgl. *Seemann*, Fusionskontrolle und Partikulärinteressen, S. 7 ff.
[428] *Mussler*, FAZ v. 10.2.2003, S. 9.

Einwirkungen. Das zeigt, dass sich dieses Problem nicht etwa erledigt hat, sondern aktueller ist denn je.

IV. Entmachtung des Bundeskartellamtes

Die Befürchtung, dass durch die undefinierten Kriterien und die nicht vorherzusehende Anwendung der Gemeinwohlkriterien die Autorität des Bundeskartellamtes untergraben werden kann, besteht bei Kritikern der Ministererlaubnis nach wie vor, denn durch Einzelfallentscheidungen im politischen Tagesgeschäft kann eine effektive Fusionskontrolle faktisch entmachtet werden.[429] Unternehmen könnten sich je nach Konstellation des geplanten Zusammenschlusses durch gezielte Einwirkung auf die Politiker über das Kartellamt hinaus auf eine Genehmigung durch den Bundeswirtschaftsminister verlassen. Das Prüfungsverfahren beim Bundeskartellamt würde dann nur eine notwendige Vorstufe der gewünschten Ministererlaubnis darstellen. Bei manchen Zusammenschlussvorhaben, für die eine Ministererlaubnis beantragt wurde – insbesondere gerade denjenigen, bei denen der Ausgang sicher schien, haben die Unternehmen sich gegen die Untersagungsverfügung des Bundeskartellamtes nicht auf dem Beschwerdewege gewehrt,[430] sondern sich direkt für den Antrag beim Bundeswirtschaftsministerium entschieden.[431] Zumeist wurde das mit der Dauer eines Beschwerdeverfahrens im Vergleich zur sehr viel rascher ergehenden Ministerentscheidung begründet.[432] Vor allem der Fall Daimler-Benz/MBB, ebenso wie VEBA/Gelsenberg und VEBA/BP, haben einen gewissen

---

[429] Vgl. *Roth/Voigtländer*, ZfW 2002, 233; *Herdzina*, Wettbewerbspolitik, S. 232; IM-*Mestmäcker/Veelken*, § 42, Rn. 8, für den Fall Daimler-Benz/MBB.
[430] Obwohl bei nahezu jeder Begründung einer Ministererlaubnis die Fehlerhaftigkeit der Entscheidung des Bundeskartellamtes gerügt wurde.
[431] So etwa im Fall Daimler-Benz/MBB, *Monopolkommission*, Sondergutachten 18, Tz. 67; ebenso zunächst bei E.ON/Ruhrgas, *Monopolkommission*, Sondergutachten 34, Tz. 76.
[432] So etwa in den Verfahren E.ON/Ruhrgas; BayWa/WLZ, Kali+Salz/PCS, *Monopolkommission*, Sondergutachten 34, Tz. 76; Sondergutachten 22, Tz. 51; Sondergutachten 25, Tz. 44.

Kompetenzverlust des Bundeskartellamtes mit sich gebracht.[433] Der Fall E.ON/Ruhrgas dürfte der Autorität des Amtes ebenfalls nicht zuträglich gewesen sein, denn die Antragssteller verwendeten weniger Aufwand in das Verfahren beim Bundeskartellamt. Auch legten sie Beschwerde gegen die Entscheidung des Amtes erst ein, nachdem der Ausgang der Ministererlaubnis wegen der Beschlüsse des OLG Düsseldorf nicht mehr sicher schien. Die Bedenken hinsichtlich der Autorität der Wettbewerbsbehörde in Bonn haben sich aber dennoch rückblickend bislang nicht bestätigt und eine Entmachtung der Behörde hat sich trotz der umstrittenen Ministererlaubniserteilungen langfristig nicht angezeigt.[434] Angesichts der wenigen Ministererlaubnisfälle im Verhältnis zu den vielen Verfahren beim Bundeskartellamt ist das hohe Ansehen[435] des Bundeskartellamtes nicht gemindert worden.

D. Wirksamkeit der Kontrollmechanismen

Die vorwiegend ordnungspolitischen Bedenken gegenüber der Ministererlaubnis könnten unbeachtlich sein, sollten die Kontrollmechanismen, die der Gesetzgeber wegen der angesprochenen Schwächen bewusst eingerichtet hat, in hinreichendem Maße funktionieren. Auch die Ungeeignetheit einzelner Gemeinwohlargumente könnte sich relativieren, sofern deren Anwendung und Begründung umfassend überprüft werden würde.

Eine rechtmäßige und trotz politischen Charakters im gesetzlichen Rahmen liegende Ausübung der Sonderbefugnis durch den Bundeswirtschaftsminister soll durch deren durchdachte Ausgestaltung gewährleistet werden. Als „Kontrollorgane" sind zum einen Parlament und Öffentlichkeit vorgesehen.

---

[433] Vgl. *Ortwein,* Das Bundeskartellamt, S. 226; *Berg,* WiSt 1990, 643, 646.
[434] So auch das *Bundeswirtschaftsministerium,* Erfahrungsberichte, WuW 1986, 788 f.; WuW 1992, 925. Im internationalen Vergleich zählt das Amt in seinem Ansehen zur Weltspitze, der Fall E.ON/Ruhrgas fiel nicht auf das Kartellamt zurück, Handelblatt v. 18.6.2003, abrufbar unter: http:// www.3.vhb.de/wuw/news/in-dex.html (1.10.2002).
[435] Vgl. *Paulweber,* Regulierungszuständigkeiten, S. 92.

Der Minister entscheidet als politisch verantwortliches Organ, muss sich mithin in seiner Position als Politiker vor der Öffentlichkeit und dem Parlament verantworten. Zum anderen hat die Kontrolle des Ministers durch die Gerichte zu erfolgen. Der Minister handelt nicht nur als Politiker, sondern als Verwaltungsbehörde im Kartellverfahren. Seine Entscheidungen sind daher ebenso mit der Beschwerde anfechtbar wie die der anderen Kartellbehörden.

I. Kontrolle durch die Öffentlichkeit

Bei Befürwortern der Ministererlaubnis ist ein starkes Argument die Transparenz des Verfahrens. Hervorgehoben wird, dass durch die Zweistufigkeit des Fusionskontrollverfahrens für Außenstehende klar erkennbar ist, dass für die wettbewerbliche Prüfung das Bundeskartellamt, für den politischen Teil der Entscheidung im Fusionskontrollverfahren der Bundeswirtschaftsminister zuständig ist. Dieser wiederum ist allein wegen seiner Stellung als Politiker und Mitglied der Bundesregierung einer besonderen Beobachtung durch die Öffentlichkeit ausgesetzt.

1. Möglichkeiten der Kontrolle

Ermöglicht wird die Kontrolle des Ministers durch die Öffentlichkeit vor allem durch die Publizität der Entscheidungen. Sowohl die Bundeskartellamtsentscheidung als auch die Gutachten der Monopolkommission und die Verfügungen des Ministers sind öffentlich bekannt zu machen.[436] Für jeden erkennbar ist damit, wie der Minister seine Entscheidung begründet, und ob und gegebenenfalls warum er von der Empfehlung der Monopolkommission abweicht. Die Öffentlichkeit, insbesondere die von einem Zusammen-

---

[436] § 43 Ziff. 2, 4 i.V.m. § 39 Abs. 3 Satz 1 und Satz 2 Nr. 1, 2 und § 44 Abs. 3 Satz 3 GWB.

schluss betroffenen Marktbeteiligten sollen über die wichtigsten Daten des Zusammenschlusses sowie über die wesentlichen Entscheidungsgründe informiert werden.[437] Zu beachten ist allerdings, dass sich die Bekanntmachung der Verfügungen von Bundeskartellamt und Bundeswirtschaftsminister von der Veröffentlichung der Gutachten der Kommission unterscheidet. „Bekanntmachung" bedeutet nämlich gerade nicht die Veröffentlichung des gesamten Vorgangs, sondern nur formale Bekanntmachung der Tatsache bestimmter Ereignisse. Der Inhalt richtet sich nach § 39 Abs. 3 GWB und muss danach nicht in vollständiger Fassung der Öffentlichkeit zugänglich gemacht werden. An der Veröffentlichung im Übrigen sind Bundeskartellamt und Bundeswirtschaftsminister jedoch nicht gehindert. § 43 GWB enthält insofern nur bestimmte Mindestanforderungen.[438]

Für die bisherige Praxis der Ministererlaubnis ist festzustellen, dass die bekannt gemachten und veröffentlichten Verfügungen des Ministers über das hinausgingen, was das Gesetz vorschreibt. Die Begründungen der jeweiligen Entscheidung waren ausführlich[439] und der Entscheidungsinhalt war für den Interessierten stets klar herauszulesen. Eine umfassende Meinungsbildung, Beurteilung und auch Kommentierung in der Öffentlichkeit wurde damit in jedem Fall ermöglicht.

Den zweiten Aspekt der Öffentlichkeitskontrolle stellt die öffentliche mündliche Verhandlung, § 56 Abs. 3 GWB, dar. Neben dem Ziel, den Beteiligten am Kartellverwaltungsverfahren rechtliches Gehör zu gewähren, soll sie auch die Öffentlichkeit über ein Ministererlaubnisverfahren infor-

---

[437] Vgl. IM-*Mestmäcker/Veelken*, GWB § 43, Rn. 1.
[438] Vgl. *Bechtold*, GWB, § 43, Rn. 2.
[439] Bis auf die erste Ministererlaubnis VEBA/Gelsenberg, WuW/E BWM 147 f., die nur auf zwei Seiten begründet wurde. Nachdem die Monopolkommission ein ausführliches Sondergutachten nachgelegt hatte und die Kürze der Entscheidung mehrfach gerügt worden war (etwa von *Fatschek*, Die Berücksichtigung außerwettbewerblicher Gesichtspunkte, S. 149 f., und *Simmat*, Die Ministererlaubnis und die Industriebeteiligungen des Bundes, S. 74), blieb dies bis heute ein Einzelfall.

mieren.[440] Nach § 56 Abs. 3 Satz 1, 2. HS GWB kann mit Einverständnis der Beteiligten auch ohne mündliche Verhandlung entschieden werden.[441] Allerdings muss davon ausgegangen werden, dass es bei den in einem Ministererlaubnisverfahren behandelten Zusammenschlussvorhaben selten einen diesbezüglichen Konsens aller Beteiligten geben wird. Gerade Konkurrenten und andere betroffene Unternehmen werden kaum auf die Informationen aus der mündlichen Verhandlung verzichten wollen.

Betrachtet man die Vorschriften, die das GWB für das Kartellverwaltungsverfahren vorsieht, so sind der Öffentlichkeit nur begrenzte Informationsmöglichkeiten eingeräumt. Die Praxis hat aber vor allem in den letzten Jahren eine stärkere Anteilnahme der Öffentlichkeit dadurch ermöglicht, dass nach den mündlichen Verhandlungen die Entscheidungen von Bundeskartellamt, Monopolkommission und Bundeswirtschaftsminister detailliert publik gemacht wurden. Die von den Befürwortern der Ministererlaubnis betonte Kontrolle des Bundeswirtschaftsministers durch die Öffentlichkeit ergibt sich also sowohl aus den gesetzlich eingeräumten Möglichkeiten als auch aus der bisherigen Handhabe des Instituts Ministererlaubnis durch den jeweiligen Minister.

2. Effektivität der Kontrolle

Wie effektiv eine Kontrolle durch die Öffentlichkeit tatsächlich ist, ist schwer abzuschätzen. Ein Grund hierfür liegt darin, dass nicht jedes Zusammenschlussvorhaben, das in ein Ministererlaubnisverfahren mündete, die Öffentlichkeit in gleichem Maße interessierte und bewegte. Öffentlichkeitsbeachtung und -kontrolle ist im Wesentlichen mit der Beachtung und Behandlung in den Medien gleichzu-

---

[440] Vgl. hierzu auch E.ON/Ruhrgas II (Einleitung, Fn. 1), Tz. 54; *Bechtold*, BB 2003, 1023. Die Funktion, die Öffentlichkeit zu informieren, stellt gerade die Besonderheit im Vergleich zur fakultativen mündlichen Verhandlung nach § 56 Abs. 1 GWB dar.
[441] § 56 Abs. 3 Satz 1 a.E.; vgl. IM-*Schmidt*, § 56, Rn. 19. Beteiligte sind dabei diejenigen nach § 54 GWB.

setzen. Stellvertretend hierfür können über die Jahre hinweg nach wie vor die Printmedien herangezogen werden, da insbesondere in den führenden Tageszeitungen und in der einschlägigen Wirtschaftspresse konkrete Unternehmenszusammenschlüsse am ehesten Beachtung finden. Eine gewisse Kontrolle durch die Öffentlichkeit kann dann bescheinigt werden, wenn Zusammenschlussvorhaben und Ministererlaubnisanträge bzw. anstehende -entscheidungen in der Presse kritisch dokumentiert und diskutiert werden. Effektiv ist diese Kontrolle, wenn sie Auswirkungen auf die konkrete Entscheidung des Ministers hat.

a) Rolle der Öffentlichkeit in den ersten Ministererlaubnisentscheidungen

Überblickt man die Entscheidungen der letzten 30 Jahre, so kann festgestellt werden, dass die ersten Verfügungen des Ministers in den siebziger Jahren, beginnend nach VEBA/Gelsenberg zu den Fusionen VAW/Kaiser, Babcock/Artos und Thyssen/Hüller,[442] in den Medien keine besondere Beachtung gefunden haben. Sie sind weder im Archiv der Gegenwart erwähnt, noch in den größeren Zeitungen ausführlich behandelt worden.[443] Eine Beteiligung der Öffentlichkeit an diesen Verfahren muss also verneint werden.
In der Presse ausführlich behandelt wurden hingegen die beiden Fusionen des bundeseigenen VEBA-Unternehmens. Für den Zusammenschluss VEBA/Gelsenberg wurde die erste Ministererlaubnis in ihrer Geschichte im Jahre 1974 erteilt[444] und der Zusammenschluss VEBA/BP erfolgte im Jahre 1978 vor dem Hintergrund einer noch größeren Aufmerksamkeit in

---

[442] Vgl. Übersicht im Anhang I. Der Fall Sachs/GKN kann vernachlässigt werden, der Antrag wurde noch vor Erstattung des Gutachtens der Monopolkommission zurückgenommen.
[443] Vgl. *Gorzny*, Zeitungs-Index aus den Jahren 1974 bis 1978.
[444] Zur Fusion VEBA/Gelsenberg vgl. stellvertretend *Müller-Haeseler*, WW v. 23.10.1974, S. 21; *ders.* FAZ v. 18.11.1974, S. 12; *Baumann*, Welt v. 29.10.1974; Nachweis sowie weitere Artikel bei *Gorzny*, Zeitungs-Index 1974: 28564–28573; vgl. auch AdG 1974, S. 18444 f.

den Medien.[445] In beiden Fällen erteilte der Bundeswirtschaftsminister die Erlaubnis, obwohl die Monopolkommission eine ablehnende Haltung vertreten hatte und die Öffentlichkeit hierüber informiert war. Nachteilige Auswirkungen für die Bundeswirtschaftsminister Friderichs (1974) und Schmidt (1978) hatten diese konkreten Entscheidungen trotz kritischer Pressestimmen nicht. Eine effektive Kontrolle muss daher auch bei intensiver Beteiligung der Öffentlichkeit verneint werden.

Der nächstfolgende Zusammenschluss IBH/Wibau von 1981 war wenig umstritten und fand in den Medien keine Resonanz. Zwei Jahre später erfolgte der Zusammenbruch der IBH-Gruppe, über den ausführlich in den Medien berichtet wurde.[446] Ein besonderer Bezug zur erteilten Ministererlaubnis wurde in den Berichten aber nicht hergestellt, insofern hatten die Reaktionen auf den Konkurs im Nachhinein keine kontrollierenden Auswirkungen.

b) Der Zusammenschluss Burda/Springer und die Rolle der Öffentlichkeit

Ein ausgeprägtes Thema in der gesamten Presse und damit in der Öffentlichkeit war der geplante Zusammenschluss Burda/Springer im Jahre 1981. In den Medien wurde ausführlich dargestellt, was es mit dem Vorhaben auf sich hatte. Kritische Stimmen meldeten sich zu Wort[447] und hinterfragten das Ziel der Fusion und die von den Beteiligten geltend gemachten Gemeinwohlgründe. Tatsächlich kam es nach der ablehnenden Empfehlung der Monopolkommission zu einer Rücknahme des Antrags. Den Unternehmen war die Erfolglosigkeit ihres Antrags bekannt geworden, denn Lambsdorff hatte Pressemeldungen zufolge nicht (mehr) die Absicht, die

---

[445] Zur ausführlichen Berichterstattung über den Zusammenschluss VEBA/BP vgl. *Gorzny*, Zeitungsindex 1979: 14266–14285.
[446] Vgl. zu den Pressestimmen zum Zusammenbruch von IBH *Gorzny*, Zeitungs-Index 1983: 40176–40194.
[447] Vgl. die Artikel zum Zusammenschluss Burda/Springer, aufgelistet bei *Gorzny*, Zeitungs-Index 1982: 44025–44030.

Erlaubnis zu erteilen. Hier könnten Rückschlüsse darauf gezogen werden, dass der besondere Widerhall in den Medien die Unternehmen und den Minister zu einer besonders intensiven Überprüfung des Zusammenschlussvorhabens bewegt haben. Wegen der offensichtlichen Aussichtslosigkeit des Vorhabens, die sich sicher in der Haltung Lambsdorffs schon im Vorfeld manifestiert hatte, nahmen die Unternehmen ihren Antrag zurück.

c) Ministererlaubnis und Rolle der Öffentlichkeit in den achtziger Jahren

In den achtziger Jahren gab es nach Burda/Springer bis zum Zusammenschluss Daimler-Benz/MBB keine besonderen Reaktionen in der Presse auf die Zusammenschlussvorhaben, die vom Bundeswirtschaftsminister geprüft wurden.[448]
Die breite Diskussion und heftige Kritik in der Öffentlichkeit bei der Erlaubnis Daimler-Benz/MBB im Jahre 1989 war in der Geschichte der Ministererlaubnis hingegen einzigartig.[449] Die Pressestimmen zu diesem Zusammenschlussvorhaben und der beantragten Ministererlaubnis waren auffallend kritisch, negativ und ablehnend. Dennoch muss eine effektive Kontrolle durch die Öffentlichkeit trotz intensiver Beteiligung verneint werden, denn die Ministererlaubnis wurde trotzdem erteilt. Nachdem zu dieser Zeit der Sinn der Ministererlaubnis erstmals in Frage gestellt wurde, fällt jedoch auf, dass die kurze Zeit danach beantragte Erlaubnis für die geplante Fusion zwischen MAN und Sulzer und auch die darauf folgenden Zusammenschlüsse von Monopolkommission und Bundeswirtschaftsminister übereinstimmend abgelehnt wurden. Die Öffentlichkeit war sensibilisiert dafür, dass die Ministererlaubnis auch für industriepolitische Zwecke instrumentalisiert werden konnte. Eine gewisse Wirkung kann dieser um-

---

[448] Zu den angemeldeten Vorhaben vgl. Anhang I.
[449] Vgl. zu den öffentlichen Reaktionen eingehend die zusammenfassende Berichterstattung im AdG 1989, S. 33766; statt vieler Der Spiegel 46/1988, S. 122; 4/1989, S. 101; 36/1989, S. 116, sowie die Vielzahl von Zeitungsberichten, aufgelistet bei *Gorzny*, Zeitungs-Index 1989: 18195–18223. Vgl. auch oben C. III. 1. a) bb).

fassenden Beschäftigung und Kritik daher nicht abgesprochen werden. Allerdings wurde über alle auf den Fall Daimler-Benz/MBB folgenden Zusammenschlüsse in den Medien spärlich und wenig kritisch berichtet. Bei BayWa/WLZ erfolgte nur eine weitgehend neutrale Berichterstattung des Sachverhalts.[450] Die Kali-Fusion allerdings war wieder ein Thema in der Presse, wobei auch hier der Tenor eher ablehnend war und den damaligen Bundeswirtschaftsminister bei seiner negativen Entscheidung insoweit unterstützte.[451]

d) Der Zusammenschluss E.ON/Ruhrgas und die Rolle der Öffentlichkeit

Erstmals hat der Bundeswirtschaftsminister nach 13 Jahren im Juli 2002 eine Erlaubnis erteilt für den Zusammenschluss zwischen E.ON und Ruhrgas. Dieses Vorhaben und insbesondere das Verfahren wurde in sämtlichen Medien ausführlichst behandelt[452] und die Kritik am Zustandekommen der Erlaubnis und am gesamten Verfahren verstummte bis zum Schluss nicht. Über die nach Daimler-Benz/MBB umstrittenste Fusion wurde in allen Verfahrensstadien berichtet und die Kommentare in der Presse zeugen von einer eher skeptischen Haltung gegenüber dem Verlauf des Verfahrens und auch gegenüber den wirtschaftlichen Auswirkungen des Zusammen-

---

[450] Vgl. Handelsblatt 3.1.1992, v. 31.1.1992, v. 9.4.1992, v. 4.5.1992 und v. 22.6.1992, abrufbar unter: http://www.handelsblatt.com.
[451] Vgl. zum Zusammenschlussvorhaben und der abgelehnten Ministererlaubnis stellvertretend FAZ v. 11.6. 1997, S. 22; FAZ v. 21.6.1997, S. 12; FAZ v. 25.7.1997, S. 11; FAZ v. 26.7.1997, S. 11.
[452] S. stellvertretend, SZ v. 15.7.2002, S. 17; SZ v. 6.8.2002, S. 21; FAZ v. 1.2.2003, S. 11; FAZ v. 5.2.2003, S. 14; *Immenga*, Handelsblatt v. 13./14.9.2002, S. 10; Manager-Magazin v. 26.2.2002, 20.6.2002, 4.9.2002, abrufbar unter: http://service.manager-magazin.de; Die Zeit v. 14.1.2002, S. 18. Der überwiegende Teil der Berichterstattung in den Medien erfolgte dennoch neutral und objektiv. Die Kritik am konkreten Vorhaben trat häufig hinter der Schilderung der verfahrensmäßigen Geschehnisse zurück.

schlusses.[453] Und dennoch nahm die Öffentlichkeit in diesem Fall eine wirkliche Kontrollfunktion nicht ein. Der Minister ließ sich nicht davon abbringen, die Erlaubnis zu erteilen. Die starke öffentliche Resonanz auf die geplante Fusion und die Ministerentscheidung mag eine gewisse Unterstützung gewesen sein, als von Dritten gerichtlich gegen diese Ministererlaubnis vorgegangen wurde[454] und das OLG Düsseldorf entschied, sie außer Vollzug zu setzen.[455] Auch dürfte die Entscheidung zur Heilung der Verfahrensmängel durch eine erneute, zweite Ministererlaubnis nicht ausschließlich dadurch bestimmt worden sein, dass das OLG die erste Ministererlaubnis vorläufig außer Vollzug setzte.[456] Das weitere Vorgehen des Bundeswirtschaftsministers muss vielmehr als Reaktion auf die verschiedenen Faktoren und die Umstände der Situation gewertet werden: An erster Stelle steht der Beschluss des OLG Düsseldorf, der wenig Aussicht auf seine Aufhebung versprach. Auch die ablehnende Haltung der Monopolkommission und deren deutliche Kritikpunkte mögen einen gewissen Einfluss auf den Minister ausgeübt haben. Als unterstützend mag zuletzt die deutliche und herbe Kritik der Öffentlichkeit gewertet werden. Andererseits zeigte sich auch hier der Wille des Bundeswirtschaftsministers, dem Zusammenschluss doch noch zum Erfolg zu verhelfen – trotz aller Kritik.

---

[453] Vgl. statt vieler *Wetzel,* Welt v. 22.1.2002; *Möschel,* Handelsblatt v. 4.9.2002, S. 8; *ders.,* FAZ v. 16.4.2003, S. 14; FAZ v. 1.2.2003, S. 14; SZ v. 19.9.2002, abrufbar unter: http://www.sueddeutsche.de; *Basedow,* FAZ v. 5.2.2003, S. 14; *H. Müller,* Manager-Magazin v. 22.8.2002, S. 27; *Dohmen/Riermann,* Der Spiegel 27/2002, S. 94 f.; *Brychcy,* SZ v. 20.9.2002, S. 19; *Mussler,* FAZ v. 10.2.2003, S. 9. Allerdings gab es auch deutlich befürwortende Stimmen in den Medien: *Mönch-Tegeder,* Energiewirtschaftliche Tagesfragen 2002, S. 202; *Immenga,* Handelsblatt v. 13./14.9.2002, S. 10.

[454] Und das erstmals in der Geschichte der Ministererlaubnis; im Fall Thyssen/Hüller hatten die Antragsteller selbst Beschwerde gegen die Ministererlaubnis eingelegt, da mit der Erlaubnis der Erwerb sämtlicher Geschäftsanteile der Hüller GmbH durch die Thyssen Gruppe abgelehnt und nur ein Teilerwerb genehmigt wurde, KG WuW/E OLG (Thyssen/Hüller) 1937.

[455] Vgl. dazu OLG Düsseldorf, E.ON/Ruhrgas, Beschlüsse I, II und III (Einleitung, Fn. 1).

[456] Im Bundeswirtschaftsministerium wurde nach dem Beschluss des OLG Düsseldorf, die aufschiebende Wirkung der Beschwerden anzuordnen, erneut eine öffentliche mündliche Verhandlung durchgeführt und daraufhin eine modifizierte Ministererlaubnis erteilt, E.ON/Ruhrgas II (Einleitung, Fn. 1).

Die Rolle, die der Öffentlichkeit in diesem Fall zugeschrieben werden kann, beschränkte sich also allenfalls auf eine Beteiligung daran, den Minister zu einem korrekten Verfahrensablauf und zur Beachtung der in den OLG-Beschlüssen zum Ausdruck gekommenen Kritikpunkte zu veranlassen. Sie konnte ihn aber nicht davon abhalten, die Ausnahmegenehmigung überhaupt zu erteilen. Doch genau hiergegen wendete sich in erster Linie die Kritik der Presse. Diese ging weniger gegen die formale „Blamage für das Wirtschaftsministerium" [457] wegen der Verfahrensfehler vor, als vielmehr gegen den Zusammenschluss und die damit verbundenen Wettbewerbsbeschränkungen überhaupt. Der Kontrollmechanismus Öffentlichkeit hatte im Fall E.ON/Ruhrgas folglich allenfalls einen Anteil daran, dass es zu einer wiederholten Erteilung der Ministererlaubnis kam (die vom OLG Düsseldorf aber deswegen nicht als weniger rechtswidrig erachtet wurde), nicht aber zu einer objektiveren Handhabung durch den Minister. Die Effektivität der Kontrolle in diesem Fall war also gering.

e) Der Fall Holtzbrinck/Berliner Verlag und die Rolle der Öffentlichkeit

Hervorzuheben ist auch bei diesem Zusammenschluss, ebenso wie bei der geplanten Fusion Burda/Springer, dass bei einem Zusammenschluss im Pressebereich die Anteilnahme der Presse naturgemäß besonders hoch ist. Die ausführliche Berichterstattung und rege Kritik an Verfahren und Inhalt der E.ON/Ruhrgas-Entscheidung und die zum nächsten anstehenden Zusammenschlussvorhaben Holtzbrinck/Berliner Verlag äußerst kritischen Stimmen in den Medien könnten dazu beigetragen haben, dass der zuständige Bundeswirtschaftsminister Clement, obwohl er der Fusion Tagesspiegel/Berliner Zeitung nicht abgeneigt war, die Erlaubnis nicht in Aussicht stellen konnte. Bei diesem Zusammenschluss reagierte die Öffentlichkeit mit ähnlicher Heftigkeit wie bereits im Fall E.ON/Ruhrgas, und der nega-

---

[457] *Schlecht*, FAZ v. 22.8.2002, S. 15.

tive Tenor von Seiten der Presse war nicht zu überhören,[458] ja im Vergleich zu E.ON/Ruhrgas sogar eher noch deutlicher formuliert. Unterstützt wurde die allgemeine Kritik insbesondere durch die beiden Gutachten der Monopolkommission, die die Zulässigkeit des Zusammenschlussvorhabens gänzlich verneinten. Eine gewisse Kontrolle durch die Öffentlichkeit kann hier daher nicht verneint werden. Clement hätte höchstwahrscheinlich unter einem erheblichen Ansehensverlust gelitten, hätte er die Erlaubnis erteilt, denn die Presse begleitete das Verfahren sehr genau, und die Tatsache, dass durchaus die Möglichkeit bestand, den Tagesspiegel an einen Dritten zu veräußern (der Bauer Verlag hatte bereits ernsthaftes Interesse bekundet und ein Angebot abgegeben), wurde ausführlich dargestellt.[459]

f) Ergebnis

Über die Rolle der Öffentlichkeit in einzelnen Ministererlaubnisverfahren können nur bedingt verlässliche und belegbare Aussagen getroffen werden. Es kann nachvollzogen werden, wie die Medien auf bestimmte Zusammenschlussvorhaben und die jeweiligen Ministererlaubnisverfahren reagiert haben. Es kann allerdings nicht nachgewiesen werden, welches Gewicht die Stimmen in der Öffentlichkeit bei der endgültigen Entscheidung des Ministers hatten. Bei wirklichem Interesse am Zusammenschluss ließ sich jedoch in der Vergangenheit kein Minister davon abbringen, die Erlaubnis (wenn auch unter Auflagen) zu erteilen. Bestes Beispiel sind die Fusionen Daimler-Benz/MBB und E.ON/Ruhrgas. Die beiden umstrittensten Vorhaben in der Geschichte der Ministererlaubnis haben trotz extrem kontroverser Berichterstattung in den Medien und äußerst scharfer Argumente gegen

---

[458] Vgl. statt vieler insbesondere: *Mussler*, FAZ v. 10.2.2003, S. 9; *ders.*, FAZ v. 22.4.2003, S. 13; *Hanfeld*, FAZ v. 9.9.2003, S. 46; *Steltzner*, FAZ v. 29.9.2003, S. 11; *Barbier*, FAZ v. 10.10.2003, S. 15; SZ v. 1.8.2003, SZ v. 29.9. 2003, abrufbar unter: http://sueddeutsche.de; Manager-Magazin v. 1.9.2003, abrufbar unter: http:// servive.manager-magazin.de.
[459] Dazu statt vieler, FAZ v. 9.9.2003, S. 15; *Hanfeld*, a.a.O., S. 46.

die Fusionen jeweils mit einer Erteilung der Ministererlaubnis geendet. Hinzu kommt, wie vor allem das Verfahren E.ON/Ruhrgas gezeigt hat, dass eine sachgerechte Beurteilung, geschweige denn „Kontrolle" durch die Öffentlichkeit schlicht nicht möglich ist. Die Transparenz des Verfahrens und die Publizität der Entscheidungen, auch die Informationsfunktion der mündlichen Verhandlung haben in solchen Verfahren ihre Grenze, in denen allein der inhaltliche Umfang des Zusammenschlusses und die Komplexität seiner Auswirkungen zu ausgeprägt sind.

Eine durchweg effektive *Kontrolle* durch die Öffentlichkeit kann also nicht unterstellt werden, auch wenn in den Fällen, in denen die Öffentlichkeit, respektive die Presse, besonders betroffen ist, ihr Einfluss auf das Verhalten des Ministers nicht völlig verneint werden kann.

g) Bestätigung im Lichte der Neuen Politischen Ökonomie

Man könnte die Ansicht vertreten, dass ein Minister bei einem Ministererlaubnisverfahren sich deshalb von der öffentlichen Meinung beeinflussen, ja kontrollieren lässt, weil er als Politiker auf eine mehrheitliche öffentliche Zustimmung angewiesen ist. Spätestens bei der nächsten Wahl könnte es sich – falls es an dieser Zustimmung fehlt – für ihn und seine Partei negativ bemerkbar machen. Deshalb „müsse" die Öffentlichkeit auf sein Handeln Einfluss haben.

Allerdings macht man es sich damit zu leicht. Im Falle einer Ministererlaubnis muss dieser Aspekt als nicht maßgeblich eingeschätzt werden. Auch wenn Fusionen in aller Munde sind, auch wenn bekannt ist, dass Wettbewerbsbeschränkungen und Monopolstellungen der Allgemeinheit letztlich oft mehr Schaden als Vorteile zufügen, so ist die Bedeutung dieser Vorgänge für den Wähler in den meisten Fällen im Einzelnen nicht mehr fassbar. Man kommt hier in den Bereich der Neuen Politischen Ökonomie und ihren Bezug zur Ordnungspolitik. Der Begriff steht für Theorien und Forschungsgebiete, die sich insbesondere mit den wechselseitigen Beziehungen zwischen Wirtschaft und Politik auseinander setzen.[460] Analysiert werden wirtschaftspolitische Prozesse und unterstellt wird dabei nicht die normative Seite, derzufolge wirtschaftspolitische Entscheidungsträger einzig zum Ziel haben, das Allgemeinwohl durch eine konsequente Anwendung der Ordnungspolitik zu verteidigen und zu verwirklichen. Sie geht stattdessen von der realistischen Annahme aus, dass wirtschaftspolitische Instanzen – wie alle Gesellschaftsmitglieder – bestrebt sind, ihren Nutzen zu maximieren, der oftmals vom Gemeinwohl und der wettbewerblichen Ordnungspolitik abweicht.[461] Die Neue Politische Ökonomie hat daher zum Zweck, das Zustandekommen und die Wirkungsweise der politischen Institutionen bzw. Entscheidungsträger in Demokratien zu erklären.[462]

Die Annahme, der Minister lasse sich von der Öffentlichkeit, also der Presse, bei Ministererlaubnisentscheidungen kontrollieren, ist danach von vornherein verfehlt. Zwar geht es ihm um Stimmenmaximierung,[463] aber eine Ministererlaubnis betrifft nicht „den Wähler" als solchen, sondern allenfalls bestimmte Wählergruppen in unterschiedlicher Weise. Diese aber handeln rational, wenn sie der Partei ihre Stimme geben, die ihnen den größten individuellen Nutzen verspricht.[464] Wo Theoretiker durch einen wettbewerbsbeschränkenden Unternehmenszusammenschluss, der durch Ministererlaubnis genehmigt wird, eine realistische und mögliche Gefahr für die Verbraucher sehen, ist diese Gefahr für den Einzelnen noch nicht spürbar und in zeitlicher und räumlicher Hinsicht weit entfernt. Der individuelle

---

[460] Vgl. *Behrends*, Neue Politische Ökonomie, S. 1.
[461] *Behrends*, Neue Politische Ökonomie, S. 224.
[462] Vgl. *Jens*, in: Handbuch des Wettbewerbs, S. 184; *Behrends*, Neue Politische Ökonomie, S. 221, 225.
[463] Nach der Neuen Politischen Ökonomie spielt die Stimmenmaximierung bei politischen Entscheidungen eine beachtliche Rolle, die Politiker bemühen sich bei ihrem Handeln also zunächst um die Maximierung der Wählerstimmen, vgl. *Jens*, in: Handbuch des Wettbewerbs, S. 176; *Kögel*, Die Angleichung der deutschen an die europäische Fusionskontrolle, S. 274. Selbst wenn man dieser Theorie nicht uneingeschränkt folgt, so ist der Realitätsgehalt dieser Aussage nicht zu verleugnen und gerade im Wettbewerbsrecht deutlich.
[464] *Behrends*, Neue Politische Ökonomie, S. 225; *Jens*, in: Handbuch des Wettbewerbs, S. 174 ff.; *Kögel*, Die Angleichung der deutschen an die europäische Fusionskontrolle, S. 274.

Nutzen einer Unternehmensfusion ist in der Regel nicht konkretisierbar. Ob der Minister also eine Ministererlaubnis erteilt oder nicht, macht für den Bürger vom individuellen Nutzen her keinen Unterschied. Generell können die meisten Wähler die Vorteile der Wettbewerbspolitik aufgrund der mangelnden Einschätzung und Bewertung des Nutzeneffekts nicht erkennen. Maßnahmen zur Förderung des Wettbewerbs werden daher kaum Einfluss auf die Stimmabgabe haben,[465] ebenso wenig wie Maßnahmen, die den Wettbewerb einschränken. Das bedeutet, dass der über eine Ministererlaubnis entscheidende Politiker weniger Wert darauf legen muss, ob und wie sich seine Entscheidung bei den nächsten Wahlen auswirkt.

Die bestätigende Ausnahme für diese „Regel" könnte allenfalls bei der Pressefusionskontrolle gesehen werden. Im Presse- und Medienbereich ist die Öffentlichkeit allein schon durch die ausführliche und in der Regel sachkundige Berichterstattung besonders sensibilisiert. Eine Ministererlaubnis für einen wettbewerbsbeschränkenden Zusammenschluss auf Pressemärkten zu erteilen, ist also für einen Politiker riskanter als in anderen Bereichen. Die Fälle Burda/Springer und Holtzbrinck/Berliner Verlag zeigen, dass bislang eine Ministererlaubnis bei nicht ganz klarer Sachlage vermieden wurde und die Presseunternehmen sich anders beholfen haben.

Auch wenn man den Erkenntnissen der Neuen Politischen Ökonomie nicht uneingeschränkt Folge leisten muss, so bestätigen sie doch die Erfahrungen, dass für die Entscheidung über Erteilung oder Nichterteilung einer Ministererlaubnis regelmäßig nicht die öffentliche Resonanz ursächlich ist.

---

[465] *Jens,* in: Handbuch des Wettbewerbs, S. 177 f.

II. Kontrolle durch das Parlament

1. Möglichkeiten der Kontrolle

Der Bundeswirtschaftsminister ist als Mitglied der Bundesregierung der Kontrolle durch den Bundestag unterworfen.[466] Diese Funktion nimmt das Parlament je nach politischem Handeln der Bundesregierung oder eines ihrer Mitglieder in unterschiedlicher Weise wahr. Alle Akte der politischen Staatsleitung wie generell alle das Gemeinwesen berührenden Fragen unterliegen der parlamentarischen Erörterung im Bundestag. Er kann zu all diesen Fragen seinen Willen äußern und in Beschlüsse fassen, wobei ihm organspezifische Rechte, wie das Zitierrecht, das Interpellationsrecht und das Enquêterecht, zustehen.[467]

Damit der Bundestag seine Kontrollfunktion gegenüber der Regierung in entsprechender Weise wahrnehmen kann, muss er gerade beim speziellen Fall der Ministererlaubnis in der Lage sein, die zu einer Stellungnahme erforderlichen Kenntnisse und Informationen zu erwerben. Als Mittel dienen ihm die Möglichkeit von kleinen und großen Anfragen, Fragestunden, Untersuchungsausschüssen, Ausschusssitzungen, Berichtspflichten der Regierung sowie der Zugang zu Akten und Datenbanken.[468]

Nach Auswertung und Verarbeitung der Informationen (was durch die wissenschaftlichen Dienste und Beratergremien erfolgen kann) ist die sachliche und politische Bewertung gefragt. Die Würdigung und Kritik eines Sachverhalts kann dann in Plenardebatten, in Ausschussberatungen, auch in Pressemitteilungen und Pressekonferenzen erfolgen.[469] Die Möglichkeiten,

---

[466] Zur Kontrollfunktion des Bundestags gegenüber der Bundesregierung vgl. *Degenhart*, Staatsrecht I, Rn. 461; *Magiera*, in: Sachs, GG, Art. 38, Rn. 35, 39. Die Kontrollfunktion des Bundestags ergibt sich auch aus verschiedenen Einzelbestimmungen des Grundgesetzes, wie Art. 43 Abs. 1 (Zitierrecht), Art. 44, 45a Abs. 2 Satz 1 (Untersuchungsrecht), und Art. 45c (Petitionsrecht) sowie aus den Prinzipien des parlamentarischen Regierungssystems und der Gewaltenteilung, Art. 20 Abs. 2 Satz 1 und 2 GG.
[467] Vgl. *Degenhart*, Staatsrecht I, Rn. 461.
[468] Vgl. *Steffani*, in: Parlamentsrecht und Parlamentspraxis, S. 1329, 1331 ff.
[469] Vgl. *Steffani*, in: Parlamentsrecht und Parlamentspraxis, S. 1338 ff., 1345 ff.

die dem Bundestag zur Kontrolle der Bundesregierung und einzelner Regierungsmitglieder zustehen, sind also vielfältig.

2. Effektivität der Kontrolle

In den bisherigen Ministererlaubnisverfahren hat der Bundestag diese Rechte nicht in dem Maße in Anspruch genommen, wie das im Sinne der „Erfinder der Ministererlaubnis" wünschenswert gewesen wäre. So wurden bis 2002 nur die (auch in der Öffentlichkeit entsprechend behandelten) Zusammenschlussvorhaben Burda/Springer und Daimler-Benz/MBB ausführlich im Bundestag diskutiert. Die letzten beiden Ministererlaubnisverfahren E.ON/Ruhrgas und Holtzbrinck/Berliner Verlag kamen ebenfalls in der Volksvertretung zur Sprache. Die übrigen Ministererlaubnisverfahren fanden im Bundestag keine nennenswerte Beachtung.

a) Parlamentskontrolle im Fall Burda/Springer

Bei der geplanten Fusion Burda/Springer bestand die aktive Kontrolle des Parlaments aus verschiedenen schriftlichen Anfragen und Kritik in der Debatte von Abgeordneten überwiegend aus den Reihe der SPD. Auf den Inhalt dieser Fragen konnte von der CDU allerdings nicht eingegangen werden, da zu diesem Zeitpunkt die Antragssteller der Ministererlaubnis beantragt hatten, das Verfahren für sechs Monate ruhen zu lassen.[470] Jedoch wurde im Bundestag deutliche Kritik am Zusammenschlussvorhaben ausgesprochen und auch der Verdacht geäußert, Lambsdorff habe die Ministererlaubnis schon im Vorfeld zugesichert.[471] Diese dürfte gemeinsam mit

---

[470] Vgl. die Anfragen der Abgeordneten Fromm u.a. Nr. 42–53 mit der Antwort des Parlamentarischen Staatssekretärs Grüner v. 25.3.1982, BT-Drucks. 9/1512, S. 17 ff., sowie zur Aktuellen Stunde im Deutschen Bundestag zum Zusammenschlussvorhaben Burda/Springer, Das Parlament Nr. 45 v. 13.11.1982, S. 7.
[471] Vgl. zur Aktuellen Stunde im Deutschen Bundestag zum Zusammenschlussvorhaben Burda/Springer, Das Parlament Nr. 45 v. 13.11.1982, S. 7.

dem ablehnenden Gutachten der Monopolkommission und den negativen Stimmen in der Presse einen gewissen Beitrag zur Entscheidung der Antragssteller, den Antrag zurückzunehmen, geleistet haben.

b) Parlamentskontrolle im Fall Daimler-Benz/MBB

Beim Zusammenschluss Daimler-Benz/MBB fand in Vergleich zu allen je durchgeführten Ministererlaubnisverfahren die intensivste Beschäftigung im Bundestag statt.[472] An den konkreten und äußerst kritischen Fragen und Entschließungsanträgen kann man erkennen, dass die Abgeordneten (vor allem auf Seiten der Fraktion DIE GRÜNEN) sich intensiv mit dem Zusammenschlussvorhaben und der inhaltlichen Begründung des Ministererlaubnisantrags auseinander gesetzt haben. Auch hier vertraten die Oppositionsparteien im Bundestag ein klares Nein zur Fusion, wohingegen die Regierungsparteien das Vorhaben verteidigten. Dennoch ließ sich der damalige Bundeswirtschaftsminister Haussmann von der Erteilung der Ausnahmeerlaubnis nicht abbringen und betonte die Objektivität des Verfahrens.[473] Eine kontrollierende Wirkung der Volksvertretung ist daher nicht zu erkennen.

---

[472] Vgl. die Anfragen der Abgeordneten Roth u.a. Nr. 31 – 34 und die Antwort des Parlamentarischen Staatssekretärs von Würzen v. 12.8.1988, BT-Drucks. 11/2778, S.18 ff., sowie die Entschließungsanträge der Abgeordneten Vennegerts u.a. und der Fraktion DIE GRÜNEN, BT-Drucks. 11/4639 und 11/4641, deren Diskussion und Ablehnung, Plenarprotokoll (Stenopgraph. Berichte) 11/146, S. 10836 A–10839 A, sowie die Großen Anfragen der Abgeordneten Vennegerts u.a. und der Fraktion DIE GRÜNEN, BT-Drucks. 11/3397, 11/3398, die Antworten der Bundesregierung, BT-Drucks. 11/4375, 11/4376 und das diesbezügliche Plenarprotokoll (Stenograph. Berichte) 11/146, S. 10827 B–10835 C. Eine Zusammenfassung der Redebeiträge für und wider die Fusion Daimler-Benz/MBB aus der 146. Sitzung des 11. Deutschen Bundestags am 1.6.1989 findet sich in Das Parlament Nr. 26 v. 23.6.1989, S. 8 f.
[473] Vgl. Für und wider die Fusion Daimler-Benz/MBB aus der 146. Sitzung des 11. Deutschen Bundestags am 1.6.1989, Das Parlament Nr. 26 v. 23.6.1989, S. 8.

c) Parlamentskontrolle im Fall E.ON/Ruhrgas

Das Verfahren E.ON/Ruhrgas, über das in der Presse sehr intensiv und kritisch berichtet wurde, fand im Bundestag einen vergleichsweise schwachen Widerhall. In der 14. Wahlperiode erfolgte vor Erteilung der Ministererlaubnis eine schriftliche Anfrage[474] zu der von der Presse aufgestellten Vermutung, dass die Bundesregierung im Ministererlaubnisverfahren E.ON/Ruhrgas bereits im Vorfeld Zusagen gemacht habe. Diese wurde jedoch von der Parlamentarischen Staatssekretärin als nicht zutreffend dargestellt. Die PDS-Fraktion stellte einen Entschließungsantrag im Bundestag, die Bundesregierung aufzufordern, die Ministererlaubnis nicht zu erteilen, da sie nicht im Gemeinwohlinteresse liege. Dieser wurde jedoch abgelehnt.[475] Im 15. Deutschen Bundestag[476] wurde nur innerhalb der Fragestunden eine Anfrage zur Umsetzung der im Zusammenhang mit der Ministererlaubnis auferlegten Auflagen gestellt – und das ein gutes Jahr später.[477]

d) Parlamentskontrolle im Fall Holtzbrinck/Berliner Verlag

Auch als es darum ging, ob Holtzbrinck die Ministererlaubnis für den Zusammenschluss erteilt werden sollte, reagierte der Bundestag so gut wie

---

[474] Schriftliche Anfrage 52 des Abgeordneten Hartmut Schauerte, CDU/CSU, und schriftliche Antwort der Parlamentarischen Staatssekretärin im Bundesministerium für Wirtschaft und Technologie Margareta Wolf, BT-Drucks. 14/8714, S. 28 f.
[475] Entschließungsantrag der PDS-Fraktion, BT-Drucks. 14/9548; Ablehnung desselben, Plenarprotokoll 14/245, S. 24781 D.
[476] Im September 2002 war der Bundestag neu gewählt worden, also zu einem Zeitpunkt, als die Ministererlaubnis noch nicht rechtskräftig war.
[477] Anfrage des Abgeordneten Brüderle nach der Umsetzung der Auflagen durch E.ON, BT-Drucks. 15/1949, S. 27.

nicht.[478] Eine gewisse Reaktion im Bundestag wurde sichtbar, als in der Presse die Pläne des Bundeswirtschaftsministers publik wurden, er wolle das Instrument der Ministererlaubnis „stärken". Eine kleine Anfrage und ein Antrag der FDP-Fraktion wurden hier immerhin eingereicht.[479] Allerdings ging es darin um grundsätzliche Auskunft zum Thema Ministererlaubnis und die Aufforderung, die Pläne der Bundesregierung „kritisch zu begleiten" und die gerichtliche Überprüfbarkeit der Ministererlaubnis nicht einzuschränken. Das konkrete Zusammenschlussvorhaben fand hingegen kaum Beachtung.

e) Bewertung und Ergebnis

Im Bundestag wurden nur diejenigen Ministererlaubnisverfahren besprochen, die in der Öffentlichkeit deutliche Resonanz gefunden haben; das waren bislang die Fälle Burda/Springer und Holtzbrinck/Berliner Zeitung, sowie Daimler-Benz/MBB und E.ON/Ruhrgas. Die Anteilnahme des Parlaments bei der absoluten Mehrheit der Ministererlaubnisverfahren war aber bis zuletzt, als sich die Gemüter wegen des geplanten Zusammenschlusses Holtzbrinck/Berliner Zeitung erhitzten, auffallend gering.
Die parlamentarische Kontrolle darf zwar mit der Beurteilung durch die Öffentlichkeit nicht unmittelbar verglichen werden. Dennoch kann ihr eine gewisse Parallelität bei der Frage, welche Fusionsfälle bislang von Interesse waren, nicht abgesprochen werden. Fusionen in einer bestimmten Branche haben auf den einzelnen Verbraucher keine unmittelbaren Auswirkungen. Sie sind in der Mehrzahl weniger populär als andere wirtschaftspolitische Tagesthemen. Der Wähler bemerkt zunächst nicht unmit-

---

[478] Gestellt wurden nur eine Anfrage des Abgeordneten Günter Nooke, CDU/CSU, zur Unabhängigkeit von Bundeswirtschaftsminister Clement bei der Entscheidung, BT-Drucks. 15/1513, S. 35 f., und einige konkretere Fragen zum Verfahren, die von Staatssekretär Tacke hingegen mit der Begründung, diese Fragen würden in der endgültigen Ministerentscheidung geklärt werden, unbeantwortet blieben, BT-Drucks. 15/1612, S. 18.
[479] Kleine Anfrage der FDP-Fraktion, BT-Drucks. 15/381, Antwort der Bundesregierung hierauf, BT-Drucks. 15/448, sowie Antrag des Abgeordneten Brüderle u.a., BT-Drucks. 15/760.

telbar, ob der Minister die Ministererlaubnis erteilt oder auch nicht. Die politischen Aktivitäten der Fraktionen innerhalb des Parlaments zielen jedoch zu einem erheblichen Teil darauf ab, Wählerstimmen zu sichern oder neue zu gewinnen.[480] Das Auswahlverhalten der Parteien im Bundestag folgt einem Nutzenkalkül, wonach diejenigen Themen bevorzugt behandelt werden, die aufgrund größerer Spürbarkeit nachhaltige Wirkungen hervorrufen.[481] Insofern mag es an der Materie an sich liegen, dass sich auch der Bundestag eher mit „wichtigeren" tages- oder allgemeinpolitischen Fragen auseinander setzt, als die Frage einer Ministererlaubniserteilung einer intensiven Überprüfung zu unterziehen. Hinzu kommt auch, dass wettbewerbsfördernde Maßnahmen, also die Untersagung von Unternehmenszusammenschlüssen etwa auf wenig Verständnis bei den betroffenen Unternehmen und bei den Arbeitnehmern stößt. Stagnierende oder schrumpfende Wirtschaftszweige und die Arbeitnehmer in diesen Betrieben sind meist gegen eine Verschärfung des Wettbewerbs eingestellt, da sie hierdurch eher Nachteile als Nutzen erfahren. Plädiert ein Politiker für wettbewerbsfördernde Maßnahmen in solchen Wirtschaftszweigen, dann wird sofort der Vorwurf erhoben, dass diese Politik das Unternehmen und damit die Arbeitsplätze gefährde. Die Sorge aller Parteien um ihre Wählerstimmen (das umfasst das Interesse des Bundeswirtschaftsministers ebenso wie das der Fraktionen im Bundestag) führt dazu, dass in solchen Fällen eine Einschränkung des Wettbewerbs eher hingenommen wird.[482] Die schwachen Gegenstimmen im Parlament bei allen überhaupt behandelten Ministererlaubnisverfahren bezeugen, dass sich die Mehrheit der Fraktionen im Bundestag einer Kritik eines wettbewerbsbeschränkenden Unternehmenszusammenschlusses enthielt.

---

[480] Wiederum muss auf die Thesen der Neuen Politischen Ökonomie verwiesen werden. Vgl. hierzu ausführlich *Jens*, in: Handbuch des Wettbewerbs, S. 176 m.w.N., sowie oben D. I. 2. g).
[481] Vgl. *Jens*, in: Handbuch des Wettbewerbs, S. 176.
[482] Vgl. *Jens*, in: Handbuch des Wettbewerbs, S. 177.

Eine weitere Parallele kann bei komplexen Fusionsvorhaben festgestellt werden: Wo in früheren Jahren die mangelnde Beteiligung des Parlaments daran gelegen haben mag, dass einzelne Ministererlaubnisanträge entweder von vornherein wenig erfolgreich schienen oder die Öffentlichkeit und damit das Parlament nicht in der Weise beschäftigt haben, kann in den wichtigsten Fällen Daimler-Benz/MBB und vor allem E.ON/Ruhrgas hingegen ein Grund für die Zurückhaltung des Bundestages und die restriktive Anwendung der Kontrollmittel darin gelegen haben, dass die Zusammenschlussvorhaben sich wegen der Komplexität und Spezialität der Materie nicht ohne weiteres von der einen oder anderen Warte aus beurteilen ließen. Um einen derartigen Zusammenschluss umfassend beurteilen zu können, bedarf es wettbewerbsrechtlicher Vorkenntnisse,[483] ausführlicher Informationen und einer zeitaufwendigen Bewertung des Sachverhalts. Letztlich sind hierzu Fachgremien wie das Bundeskartellamt, die Monopolkommission und auch der Bundeswirtschaftsminister (unterstützt durch den Sachverstand in seinem Ministerium) eher in der Lage als Bundestagsabgeordnete oder der Bundestag als Organ.[484] Zwar könnte man pauschal anführen, dass gerade die Volksvertretung die Fragen des „Gemeinwohls" sicher am besten beurteilen müsste. Jedoch verkennt ein solcher Ansatz die Tatsache, dass es sich bei den Gemeinwohlgründen, die für eine Unternehmensfusion sprechen, zu einem erheblichen Teil um solche wirtschaftspolitischer Natur handeln wird. Maßgeblich für die Entscheidung über eine Ministererlaubnis ist nicht nur die Beurteilung der Gemeinwohlargumente, sondern vielmehr die Abwägung mit den Wettbewerbswirkungen des Zusammenschlusses. Die vergangenen Ministererlaubnisentscheidungen haben gezeigt, dass entsprechende Kenntnisse der Materie unerlässlich dafür sind, um solche Sachverhalte neutral und verständig beurteilen zu können.

---

[483] „Wettbewerbsrecht ist zum größten Teil Expertensache", *Jens,* in: Handbuch des Wettbewerbs, S. 186.
[484] Der hohe Zeitdruck etwa bei Zusammenschluss Daimler-Benz/MBB ließ eine „gründliche Aufarbeitung der ökonomischen Zusammenhänge" nicht einmal durch die Entscheidungsinstanzen zu, vgl. *Frantzke/Kurz,* Jahrbuch für Sozialwissenschaft 42 (1991), S. 260.

In der Praxis hielt sich also die Kontrolle des Parlaments gegenüber dem Bundeswirtschaftsminister, wenn es um die ausnahmsweise Genehmigung von Unternehmenszusammenschlüssen ging, sehr in Grenzen. Eine effektive Überwachung kann nicht festgestellt werden. Allerdings ist zu berücksichtigen, dass dem Bundestag als Kontrollmittel letztlich nur die Debatte, die Fragerechte und die Antragsstellung dienen. Dass Anträge auf Ablehnung einer Ministererlaubnis abgelehnt werden müssen, liegt auf der Hand, denn der Bundeswirtschaftsminister selbst muss nach gründlicher Prüfung und Abwägung darüber entscheiden und darf sich nicht von einer Bundestagsempfehlung leiten lassen. Insofern gehen die effektiven Kontrollmöglichkeiten der Bundestagsabgeordneten bei einer Ministererlaubnis faktisch nicht wesentlich über die der Öffentlichkeit hinaus.

Die wenigen Debatten im Parlament leisteten einen ähnlichen Beitrag wie die Behandlung in der Presse – d.h. einen sehr begrenzten. Damit aber hat sich ein besonders wichtiges Argument, das zur Befürwortung der Ministerzuständigkeit bei der Ausnahmegenehmigung stets herangezogen wurde, als schwach herausgestellt: Das Parlament hat zwar eine gewisse Möglichkeit, den Minister zu kontrollieren, es nimmt diese jedoch in der Praxis nicht umfassend wahr und die Mechanismen sind nicht Erfolg versprechend. Allein die Debatte im Bundestag hat nicht die Auswirkungen, dass ein eventuelles Fehlverhalten des Ministers kontrolliert werden könnte. Daher muss der Kontrollfunktion des Parlaments ein der öffentlichen Kontrolle vergleichbar geringer Einfluss zugeschrieben werden.

III. Kontrolle durch die Monopolkommission

Die Funktion der Monopolkommission und ihrer Sondergutachten in Ministererlaubnisverfahren liegt darin, als unabhängiges Expertengremium eine eigenständige Beurteilung des konkreten Zusammenschlussvorhabens vorzunehmen und dadurch den Minister beratend und auch kontrollierend zu unterstützen. Diese Sondergutachten sind zwar für den Bundeswirtschaftsminister nicht bindend und präjudizieren auch nicht dessen Entscheidung. Jedoch kann ihnen eine gewisse Wirkung nicht abgesprochen werden, weil sie doch im Vorfeld einer jeden Ministererlaubnis veröffentlicht werden und im Allgemeinen auf reges Interesse stoßen.

1. Die Rolle der Monopolkommission im Kartellverwaltungsverfahren

Mit dem zweiten Gesetz zur Änderung des Gesetzes gegen Wettbewerbsbeschränkungen vom 3.8.1973 hat der Gesetzgeber § 24 b GWB a.F. eingeführt, der neben der Aufgabenstellung die Zusammensetzung und die Arbeitsgrundlagen der Monopolkommission regelt.[485] Bestehend aus fünf Mitgliedern, die über „besondere volkswirtschaftliche, betriebswirtschaftliche, sozialpolitische, technologische oder wirtschaftsrechtliche Kenntnisse und Erfahrungen verfügen müssen"[486], hat die Expertenkommission die Aufgabe, alle zwei Jahre ein Hauptgutachten über Stand und Entwicklung der Unternehmenskonzentration in der Bundesrepublik Deutschland abzufassen und sich darin zur Anwendung der Fusionskontrollvorschriften und zu aktuellen wettbewerbspolitischen Fragen zu äußern.[487] Eine weitere Aufgabe liegt darin, eine konkrete Stellungnahme in einem Sondergutachten abzugeben, sobald eine Ministererlaubnis beantragt wird. Der Minister ist verpflichtet, diese Stellungnahme bei der Monopolkommission einzuholen, § 42 Abs. 4 Satz 2 GWB. Diese Sondergutachten sind nicht verbindlich.[488]

---

[485] Zur Monopolkommission vgl. heute §§ 44-47 GWB.
[486] § 45 Abs. 1 Satz 1 GWB.
[487] § 44 Abs. 1 Satz 1 GWB.
[488] Vgl. *Bechtold*, GWB, § 42, Rn. 15.

2. Wirkung der Sondergutachten

Bislang hat sich die Monopolkommission zu allen relevanten Zusammenschlussvorhaben in einem Sondergutachten geäußert, obwohl ihre Gutachten erst seit der Vierten GWB-Novelle von 1980 obligatorisch sind.[489] Der Empfehlung des Gremiums ist der Bundeswirtschaftsminister hingegen nicht immer gefolgt. Von 15 Sondergutachten wurde in drei Fällen noch vor der Entscheidung des Ministers der Antrag nach ablehnendem Votum der Expertenkommission zurückgenommen. In fünf Fällen entschied der Minister anders, als es die Kommission empfohlen hatte, und in sechs Fällen folgte der Minister in seiner Entscheidung den Empfehlungen der Monopolkommission.[490]

a) Sondergutachten bis 2002

Als der erste durch Ministererlaubnis genehmigte Zusammenschluss zwischen VEBA und Gelsenberg anstand, beauftragte der Bundeswirtschaftsminister die Monopolkommission nicht erst mit einem Sondergutachten, sondern erteilte die Erlaubnis sofort. In der Entscheidung kündigte der Bundeswirtschaftsminister eine nachträgliche Stellungnahme der Monopolkommission an,[491] unterrichtete die Kommission aber später davon, dass mit einem Gutachtenersuchen nicht mehr zu rechnen sei. Die Kommission beschloss dennoch, von der ihr bereits damals eingeräumten Möglichkeit, nach ihrem Ermessen Gutachten zu erstellen, Gebrauch zu machen.[492] In dem nachträglichen Sondergutachten hielt die Monopolkommission fest, dass ihrer Ansicht nach der Zusammenschluss in der Form nicht hätte ge-

---

[489] BGBl. I, S. 458 ff. (1980). In drei Fällen hat die Kommission kein Sondergutachten erstellt, da die Anträge auf Ministererlaubnis vor Fertigstellung des Sondergutachtens zurückgenommen wurden, vgl. Haubrock, Konzentration und Wettbewerbspolitik, S. 250. Es handelt sich um die Fälle Sachs/GKN, Rheinmetall/WMF und Daimler-Benz/MAN/ENASA.
[490] Vgl. Anhang I.
[491] VEBA/Gelsenberg, WuW/E BWM 148.
[492] *Monopolkommission*, Sondergutachten 2, Tz. 15.

nehmigt werden dürfen. Insbesondere wurde von der Mehrheit der Kommission empfohlen, noch nachträglich die Preussen-Elektra von der VEBA-AG zu trennen.[493] Auch in ihrem ersten Hauptgutachten empfahl die Monopolkommission erneut, die Unternehmensstruktur der VEBA darauf zu überprüfen, wie sie so abgeändert werden könne, dass die Konflikte mit den Erfordernissen des Gemeinwohls und der marktwirtschaftlichen Ordnung herabgesetzt würden.[494] Die Bundesregierung ist dieser Empfehlung nicht gefolgt, insbesondere verblieb die Preussen-Elektra als eine der Haupttöchter in der VEBA AG.[495] Damit konnte die Monopolkommission schon beim ersten durch Ministererlaubnis freigegebenen Zusammenschluss ihre Kontrollfunktion nicht wahrnehmen.

In der Folgezeit ist ein kontinuierliches Verhalten des Bundeswirtschaftsministers im Hinblick auf die Beachtung der Empfehlungen der Monopolkommission nicht festzustellen. Schon 1976 im Fall Babcock/Artos genehmigte der Minister den Zusammenschluss, nachdem die Kommission eine Ablehnung empfohlen hatte. Auch 1977 im Fall Thyssen/Hüller hielt sich der Minister nicht an die Empfehlung der Kommission, nur eine Beteiligung von 33% zu genehmigen, sondern erteilte die Erlaubnis zur Beteiligung von 45%. 1978 lehnte die Kommission die Erlaubnis zum Zusammenschluss VEBA/BP in der Form ab,[496] der Minister genehmigte. Ab diesem Zeitpunkt jedoch gingen Monopolkommission und Bundeswirtschaftsminister in der Beurteilung der Zusammenschlussvorhaben weitgehend konform.[497]

---

[493] *Monopolkommission*, Sondergutachten 2, Tz. 99.
[494] *Monopolkommission*, Hauptgutachten I (1973/1975), Tz. 132, 860 f.
[495] Vgl. etwa *Monopolkommission*, Sondergutachten 8, Tz. 16.
[496] Als Kompromisslösung schlug die Kommission vor, den an die BP zu veräußernden Ruhrgas-Anteil auf 9% (statt der beantragten 25%) zu begrenzen, *Monopolkommission*, Sondergutachten 8, Tz. 124; vgl. hierzu auch *Haubrock*, Konzentration und Wettbewerbspolitik, S. 255 f. Dem ist der Minister nicht gefolgt, sondern stimmte dem Antrag auf Erlaubnis zu.
[497] Vgl. auch die Übersicht Anhang I.

b) Sondergutachten im Fall E.ON/Ruhrgas

Bei der Fusion zwischen E.ON und Ruhrgas empfahl die Monopolkommission, die beantragte Erlaubnis nicht zu erteilen. Der Minister folgte dieser Empfehlung nicht und erteilte die Erlaubnis unter Auflagen. Nachdem das OLG Düsseldorf die aufschiebende Wirkung der Beschwerden angeordnet,[498] und der Bundeswirtschaftsminister seine Absicht angekündigt hatte, eine erneute öffentliche mündliche Verhandlung durchzuführen, gab die Kommission eine zweite Stellungnahme zum Zusammenschlussvorhaben und zu den konkreten Diskussionspunkten als Ergänzung der ersten ab.[499] Auch in diesem Sondergutachten lehnte sie eine Erteilung der Erlaubnis ab, der Minister sprach dennoch (erneut) eine in der Gestalt veränderte Ministererlaubnis aus.[500] Allerdings darf eine gewisse Wirkung dieses zweiten Sondergutachtens nicht verkannt werden: In seiner Entscheidung hatte der Minister geltend gemacht, das Gewicht der vom Bundeskartellamt festgestellten Wettbewerbsbeschränkungen sei aufgrund verschiedener neuer Entwicklungen zu relativieren.[501] Diese Relativierung des Gewichts der Wettbewerbsbeschränkung monierte die Monopolkommission in ihrem ergänzenden Sondergutachten und hielt sie für „rechtlich und inhaltlich" problematisch.[502] Allerdings nicht aus dem Grund, dass eine eigenständige Gewichtung durch den Minister nicht zulässig sei, sondern weil diese Aspekte bereits im Verfahren vor dem Bundeskartellamt hätten berücksichtigt und von den Beteiligten vorgetragen werden müssen. Die Würdigung der Auswirkungen eines Zusammenschlusses auf künftige Wettbewerbsverbes-

---

[498] OLG Düsseldorf, E.ON/Ruhrgas, Beschlüsse I, II und III (Einleitung, Fn. 1).
[499] *Monopolkommission*, Sondergutachten 35, Tz. 2.
[500] E.ON/Ruhrgas II.
[501] Vgl. E.ON/Ruhrgas I (Einleitung, Fn. 1), Tz. 94, 99. Der Minister sah damit vor, die allgemein anerkannte Bindungswirkung der Bundeskartellamtsentscheidung (dazu unten IV. 1. c) aa)) in den Fällen zu missachten und die Entscheidung zu korrigieren, in denen "neue entscheidungserhebliche Sachverhalte" nach dem Zeitpunkt der Beschlussfassung beim Bundeskartellamt auftreten.
[502] *Monopolkommission*, Sondergutachten 35, Tz. 6, 7.

serungen und auch -verschlechterungen sei vom Bundeskartellamt vorzunehmen und könne nicht nachträglich im Ministererlaubnisverfahren ergänzt werden. Sofern sie vom Bundeskartellamt nicht berücksichtigt wurden, hätte dies vor dem zuständigen Gericht im Wege der Beschwerde vorgetragen werden müssen.[503] In der zweiten Ministererlaubnis, die zum Zusammenschluss E.ON/Ruhrgas dann im September 2002 ergangen ist, ging der Minister auf diese Rüge der Monopolkommission ein und gestand zu, dass das Gewicht der Wettbewerbsbeschränkungen nicht zu relativieren sei.[504]

In diesem Fall konnte die Monopolkommission mit ihren ablehnenden Empfehlungen den Bundeswirtschaftsminister gleichwohl nicht davon abhalten, die Erlaubnis zu erteilen. Jedoch setzte vor allem das zweite Sondergutachten (bestärkt durch die vorangegangenen Beschlüsse des OLG Düsseldorf im einstweiligen Rechtsschutzverfahren) deutliche Impulse, die der Minister dann auch beachtete.

c) Sondergutachten im Fall Holtzbrinck/Berliner Verlag

Beim Zusammenschlussvorhaben Holtzbrinck/Berliner Verlag kann man zumindest die starke Vermutung äußern, dass die Schärfe der Sondergutachten, vor allem des auch in diesem Fall erstatteten nachträglichen zweiten Gutachtens, Wirkung gezeigt hat. Die ablehnende Empfehlung wurde mit solcher Deutlichkeit und Unumstößlichkeit ausgesprochen, dass dem Minister letztlich keine Gegenargumente blieben, um die Fusion zu genehmigen.[505] Holtzbrinck nahm als Folge der offensichtlichen Aussichtslosigkeit seines Antrags auf Ministererlaubnis diesen zurück, nachdem sich die Kommission zweimal deutlich gegen das Vorhaben ausgesprochen hatte. Eine Kontrollfunktion kann in diesem Fall angenommen werden.

---

[503] *Monopolkommission*, Sondergutachten 35, Tz. 11, 12, 19.
[504] E.ON/Ruhrgas II (Einleitung, Fn. 1), Tz. 57.
[505] Vgl. *Monopolkommission*, Sondergutachten 34 und 36.

d) Sondervoten einzelner Kommissionsmitglieder

Auffallend ist, dass sich die Kommission bei einigen Sondergutachten nicht ganz einig war in der Abgabe einer Empfehlung. So wurden in vier Fällen Sondervoten von jeweils einem einzelnen Kommissionsmitglied erstellt, die von der Empfehlung der übrigen Kommissionsmitglieder abwichen.[506] Drei Sondervoten befürworteten im Gegensatz zu den übrigen Kommissionsmitgliedern den jeweiligen Zusammenschluss.[507] Diese befürwortenden Voten wurden jeweils von Vertretern der Wirtschaft abgegeben.[508] Das ablehnende Votum im Fall Daimler-Benz/MBB hatte Ulrich Immenga, damals Professor an der Universität Göttingen, abgegeben. Im Fall VEBA/Gelsenberg wurde in dem Sondervotum eine Trennung der VEBA von der Preussen Elektra nicht für erforderlich erachtet. Diese Position vertrat auch die Bundesregierung. Im Fall Babcock/Artos erteilte der Bundeswirtschaftsminister die Erlaubnis gemäß dem Sondervotum innerhalb der Monopolkommission und wandte sich gegen die Empfehlung der übrigen Kommissionsmitglieder. Im Fall von E.ON/Ruhrgas erteilte der Bundeswirtschaftsminister die Erlaubnis. In dem Sondervotum war eine Genehmigung des Zusammenschlusses befürwortet worden. Einzig im Fall Daimler-Benz/MBB folgte der Bundeswirtschaftsminister der Mehrheit der Kommission in der positiven Entscheidung, das ablehnende Votum von Immenga blieb daher folgenlos.

Zusammenfassend lässt sich daher feststellen, dass in den Fällen, in denen ein Vertreter aus der Wirtschaft innerhalb der Monopolkommission entgegen der Mehrheit eine zusammenschlussbefürwortende Haltung vertrat, der

---

[506] Es handelt sich um die Fälle VEBA/Gelsenberg, *Monopolkommission*, Sondergutachten 2, Babcock/Artos, Sondergutachten 4, Daimler-Benz/MBB, Sondergutachten 18, und E.ON/Ruhrgas, Sondergutachten 34.
[507] Das war bei den Fällen VEBA/Gelsenberg, VEBA/BP und E.ON/Ruhrgas.
[508] Im Sondergutachten 2 von Josef Murawski, Arbeitsdirektor bei der Mannesmann AG, im Sondergutachten 4 von Erich Mittelsten Scheid, Gesellschafter der Fa. Vorwerck & Co., und im Sondergutachten 34 von Winfried Haastert, Vorstandsmitglied der Thyssen Industrie AG (Nachweis bei *Haubrock*, Konzentration und Wettbewerbspolitik, S. 37).

Bundeswirtschaftsminister dessen Empfehlung gefolgt ist und eine Erlaubnis erteilt hat. Das betrifft die meisten Fälle, in denen der Minister von einem negativen Votum der Kommission abgewichen ist.[509] Das waren zudem die Fälle, in denen die Entscheidung nicht eindeutig zu treffen war (wie etwa bei Holtzbrinck), sondern sich sowohl die positive als auch die negative Haltung gegenüber dem Zusammenschluss rational begründen ließ.

3. Bewertung

Die Gutachten der Monopolkommission erfüllten in den bisherigen Ministererlaubnisverfahren insoweit eine wichtige Aufgabe, als dadurch detailliert der Inhalt des jeweiligen Zusammenschlussvorhabens öffentlich gemacht und zur Diskussion gestellt wurde. Die Prüfung und Beurteilung jedes gestellten Antrags auf Ministererlaubis erfolgte stets in besonders sachkundiger und gründlicher, sowie politisch neutraler Weise. Die Meinung dieses unabhängigen Expertengremiums ist daher sowohl für den Minister als auch für die Beteiligten und die außenstehende Öffentlichkeit von großem Interesse. So lässt sich nicht verneinen, dass zuletzt vor allem bei der geplanten Fusion zwischen Holtzbrinck und Berliner Verlag die Kommission ihre ablehnende Haltung besonders nachdrücklich zum Ausdruck gebracht und damit eine Rücknahme des Antrags zumindest mit bewirkt hat. Auch in einer Reihe weiterer Fälle hat sich der Minister weitgehend der Empfehlung der Kommission angeschlossen und die Erteilung der Ministererlaubnis abgelehnt.[510]

---

[509] Einzig beim Zusammenschluss VEBA/BP hatte die Kommission geschlossen die Ablehnung der Erlaubnis empfohlen (allerdings hatte Kommissionsmitglied Murawski, der schon bei VEBA/Gelsenberg eine zusammenschlussfreundliche Haltung vertrat, an der Meinungs- und Urteilsbildung nicht teilgenommen, Sondergutachten 8, Tz. 127.) und der Bundeswirtschaftsminister dennoch eine Genehmigung des Zusammenschlusses ausgesprochen.
[510] Vgl. *Bundesregierung*, Erfahrungsbericht WuW 1992, 930.

Jedoch kann eine durchweg (also für *alle* Ministererlaubnisanträge geltende) effektive Kontrolle durch die Kommission nicht bescheinigt werden. Der Bundeswirtschaftsminister hat sich zwar in vielen Fällen an die Empfehlung der Experten gehalten, ist aber in nahezu genauso vielen Fällen von deren Meinung abgewichen. Eine Abweichung ging dabei immer nur in eine Richtung, nämlich dass er die Erlaubnis trotz Ablehnung der Kommission erteilte. Der umgekehrte Fall, dass die Monopolkommission eine Ministererlaubnis empfohlen und der Minister diese dann verweigert hat, kam nie vor. Zieht man eine Linie zum Vorwurf des dirigistischen Verhaltens des entscheidenden Bundeswirtschaftsministers, so lässt sich eine Verbindung jedenfalls feststellen: In den Fällen, in denen der Minister augenscheinlich ein Interesse am Zusammenschluss hatte – aus welchen Gründen auch immer –, ist er bislang der ablehnenden Empfehlung der Monopolkommission nicht gefolgt. Es handelt sich hierbei zwar nur um vier Fälle,[511] dennoch ist diese Tatsache nicht zu unterschätzen. Offensichtlich wurden bislang Empfehlungen der Kommission nur dann umgesetzt, wenn sie mit den jeweils konkreten wirtschaftspolitischen Vorstellungen der Bundesregierung, respektive des Bundeswirtschaftsministers, übereinstimmten.[512] Ein Verlust der „politischen Integrität" des Ministers ging dagegen bei Erteilung der Erlaubnis trotz ablehnenden Sondergutachtens regelmäßig nicht einher. Als Garant für „richtige" Entscheidungen des Ministers kann die Meinung des Expertengremiums also alles in allem nicht gelten. Seine Kontrollfunktion ist letztlich schlicht deshalb begrenzt, weil

---

[511] In den Energiefällen VEBA/Gelsenberg, VEBA/BP und E.ON/Ruhrgas entschied der Minister anders als es die Kommission empfohlen hatte. Auch als es um die Arbeitsplatzerhaltung durch den Zusammenschluss Babcock/Artos ging, ging der Minister eigene Wege.

[512] Zu dieser Erkenntnis kam auch bereits *Haubrock*, Konzentration und Wettbewerb, S. 27, 286. Allerdings ist ihm in dem Schluss zu widersprechen, der Minister könne bei der Ministererlaubnis nur in Ausnahmefällen anders als die Kommission entscheiden, um seine politische Integrität nicht zu verlieren, denn das Votum der Kommission schränke seine ministerielle Entscheidungsfreiheit stark ein, a.a.O., S. 285; so auch *Richter*, in: Wiedemann, Handbuch des Kartellrechts, § 21, Rn. 122: ein Abweichen von den Gutachten der Monopolkommission habe sich als politisch schwierig erwiesen. Diese Annahmen sind durch die bisherigen Erfahrungen jedenfalls widerlegt.

der Minister gesetzlich nicht an die Empfehlung der Kommission gebunden ist und sich auch nie daran gebunden gefühlt, sondern stets autonom entschieden hat.

IV. Kontrolle durch die Gerichte

Nach der Rechtsschutzgarantie des Art. 19 Abs. 4 GG kann jeder, der durch die öffentliche Gewalt des Staates in seinen Rechten beeinträchtigt wird, Rechtsschutz vor unabhängigen Gerichten begehren.[513] Zur öffentlichen Gewalt des Staates gehören auch Entscheidungen der Kartellbehörden, also auch des Bundeswirtschaftsministers.[514] Die negativen Auswirkungen einer Ministererlaubnis für andere Wettbewerber müssen dazu führen, dass diese ihre Betroffenheit in Grundrechten in einem gerichtlichen Verfahren geltend machen können.[515]

1. Ausgestaltung der gerichtlichen Kontrolle

Nach § 63 Abs. 1 i.V.m. §§ 48 Abs. 1 und 42 GWB ist gegen Verfügungen der Kartellbehörde (bei einer Ministererlaubnis die des Bundeswirtschaftsministers) die Beschwerde zulässig. Diese ist nach § 66 Abs. 1 GWB innerhalb eines Monats schriftlich einzureichen. § 66 GWB enthält zudem Anweisungen, wie und binnen welcher Frist die Beschwerde zu begründen ist. Zuständig hierfür ist das OLG Düsseldorf.[516] §§ 67–71 GWB regeln das

---

[513] BVerfGE 35, 832; 84, 3, 59.
[514] Nach § 48 Abs. 1 GWB ist das Bundeswirtschaftsministerium Kartellbehörde. Im Fall einer Ministererlaubnis ist der Minister selbst zuständige Kartellbehörde. Der Unterschied in der Formulierung zwischen § 48 und §§ 8, 42 GWB ergibt sich nur daraus, dass §§ 8 und 42 die personenbezogene Verantwortung des Ministers bei der Ministererlaubnis hervorheben; vgl. *Bechtold*, GWB, § 48, Rn. 9; *Bundesregierung*, Entwurf eines Sechsten GWB, BT-Drucks. 13/9720, S. 61.
[515] Vgl. *Hermes/Wieland*, ZNER 2002, 158, 163.
[516] § 63 Abs. 4 Satz 1 GWB.

Beschwerdeverfahren und die Beschwerdeentscheidung. Die Beschwerde gegen eine Ministererlaubnisentscheidung hat keine aufschiebende Wirkung.[517] Das Beschwerdegericht kann jedoch auf Antrag die aufschiebende Wirkung einer Beschwerde gegen eine Ministerentscheidung gemäß § 65 Abs. 3 Satz 1 Nr. 2 und Satz 3 GWB anordnen. Dazu müssen „ernstliche Zweifel an der Rechtmäßigkeit der angefochtenen Verfügung bestehen". Dies geschah erstmals in der Geschichte der Ministererlaubnis im E.ON/Ruhrgas-Fall und das Gericht legte damit ein riesiges Zusammenschlussvorhaben über Monate auf Eis.[518] Zu einer Entscheidung in der Hauptsache kam es jedoch nicht, denn die Beschwerdeführer nahmen kurz vorher ihre Beschwerden zurück.[519]

Gemäß § 74 GWB findet gegen die in der Hauptsache erlassenen Beschlüsse des OLG die Rechtsbeschwerde zum BGH statt, wenn das OLG diese zugelassen hat. Die Zulassung der Beschwerde hat zu erfolgen, wenn eine „Rechtsfrage von grundsätzlicher Bedeutung zu entscheiden ist" oder „die Fortbildung des Rechts oder die Sicherung einer einheitlichen Rechtsprechung eine Entscheidung des BGH erfordert", § 74 Abs. 2 GWB. Es bedarf keiner Zulassung durch das OLG, wenn ein gerichtlicher Verfahrensmangel gerügt wird, § 74 Abs. 4 GWB.

a) Beschwerdebefugnis

Zur Einlegung der Beschwerde gegen eine Ministererlaubnis befugt sind gemäß § 63 Abs. 2 GWB die am Ministererlaubnisverfahren Beteiligten.

---

[517] Nur, wenn durch die angefochtene Verfügung eine Ministererlaubnis widerrufen oder geändert wird, § 64 Abs. 1 Nr. 1 GWB, tritt die aufschiebende Wirkung ein.
[518] OLG Düsseldorf, E.ON/Ruhrgas, Beschlüsse I, II und III (Einleitung, Fn. 1).
[519] OLG Düsseldorf, Pressemitteilung vom 31.1.2003, abrufbar unter: http://www. olg.duesseldorf.de/presse/material/mitteil/31_01_2003_eon_rueckn.pdf.

Das sind zum einen die materiell am Zusammenschluss beteiligten Unternehmen, § 54 Abs. 2 Nr. 2 GWB,[520] zum anderen auch Personen und Personenvereinigungen, „deren Interessen durch die Entscheidung erheblich berührt werden und die die Kartellbehörde auf ihren Antrag zu dem Verfahren beigeladen hat", § 54 Abs. 2 Nr. 3 GWB.[521] Für die Zulässigkeit einer Beschwerde, die ein Beigeladener gegen die Freigabe eines Zusammenschlusses durch Ministererlaubnis einlegt, gilt im Prinzip das Gleiche, wie für die Zulässigkeit der Beschwerde gegen eine Freigabe durch Bundeskartellamtsentscheidung. Denn die Ministererlaubnis soll die – vom Bundeskartellamt versagte – Freigabe des Zusammenschlusses ersetzen.[522] Erforderlich ist nach der Rechtsprechung und der h.M. neben der Eigenschaft als Beigeladener eine durch die Freigabe verursachte materielle Beschwer. Der Beigeladene muss „als Träger eigener Interessen in seinem unternehmerischen und wettbewerblichen Betätigungsfeld und Gestaltungsspielraum auf dem relevanten Markt durch die negative Veränderung der Wettbewerbsbedingungen, die durch die Freigabe eines Zusammenschlusses droht, betroffen sein".[523] Nach dem Wortlaut des Gesetzes und der h.M. ist damit für die Beschwerdebefugnis eine Rechtsverletzung, wie sie etwa § 42 Abs. 2 VwGO verlangt, nicht erforderlich.[524]

---

[520] Diese hatten im Verfahren Thyssen/Hüller erstmals eine Ministererlaubnis angefochten, KG WuW/E OLG 1937 ff. (Thyssen/Hüller). Allerdings wehrten sie sich gegen die Ablehnung eines weitergehenden Erwerbs als 33%, also gegen den ablehnenden Teil der Ministererlaubnis.
[521] Erstmals im Verfahren E.ON/Ruhrgas wehrten sich Beigeladene gegen die Erteilung einer Ministererlaubnis, OLG Düsseldorf, E.ON/Ruhrgas, Beschlüsse I, II und III (Einleitung, Fn. 1).
[522] OLG Düsseldorf, E.ON/Ruhrgas, Beschluss I (Einleitung, Fn. 1), S. 9.
[523] OLG Düsseldorf, E.ON/Ruhrgas, Beschluss I (Einleitung, Fn. 1), S. 9; ebenso GK-*Hinz*, § 62 a.F., Rn. 23; *Kollmorgen*, in: Langen/Bunte, § 62 a.F., Rn. 19; IM-*Schmidt*, GWB, § 63, Rn. 27; *Werner*, in: Wiedemann, Handbuch des Kartellrechts, § 54, Rn. 27; BGH v. 10.4.1984, Coop Supermagazin u.a., WuW/E BGH 1077, 1079.
[524] Zur Begründung der h.M. wird u.a. auf das gesetzgeberische Ziel einer Formalisierung der Beschwerdebefugnis verwiesen, das ansonsten leer liefe, IM-*Schmidt*, GWB, § 63, Rn. 27. Vgl. hierzu auch *Veelken*, WRP 2003, 207, 210; *Bechtold*, BB 2003,1021, 1023. Diese h.M. hat nunmehr ihre weitere Bestätigung in der Rechtsprechung des BGH erfahren: Eine Beschwerde gegen die Freigabe eines Zusammenschlusses durch das Bundeskartellamt kann Erfolg haben, wenn der Beigeladene „nur" in seinen wirtschaftlichen Interessen betroffen ist,

Gegen eine Ministererlaubnis können sich damit all die Personen und Personenvereinigungen wehren, die im Ministererlaubnisverfahren bereits beigeladen wurden und durch die Entscheidung materiell beschwert sind. Der Fall E.ON/Ruhrgas hat gezeigt, dass es nach dieser Rechtsprechung in der Praxis regelmäßig Unternehmen, nicht etwa Interessenverbände oder Verbrauchervertretungen, sind, die in ihrer wirtschaftlichen Betätigung als Wettbewerber von dem jeweiligen Zusammenschluss betroffen sind. Exemplarisch hierfür steht etwa auch die Zurückweisung des Beiladungsantrags von Greenpeace, der durch das OLG Düsseldorf bestätigt worden ist. Eine erhebliche, spürbare Beeinträchtigung liege bei Greenpeace nicht vor, auch fehle die Nähe zum Entscheidungsgegenstand. Weder seien Vereinsinteressen berührt, noch der Vereinszweck oder die Verbraucher unmittelbar durch die Entscheidung betroffen.[525]

b) Stellung der Beigeladenen

Seit der E.ON/Ruhrgas-Fusion und dem Beschwerdeverfahren gegen die darin ergangene Ministererlaubnis sind die Beigeladenen in einem Ministererlaubnisverfahren in ein neues Licht und in eine bisher unentdeckte Position gerückt. Seitdem nämlich das OLG Düsseldorf auf die Anträge einiger Beigeladener die aufschiebende Wirkung ihrer Beschwerden angeordnet hat, kam zum Vorschein, dass diese eine starke Position innehaben können. Durch die Einlegung der Beschwerde und den Antrag auf Anordnung der aufschiebenden Wirkung kann sich ein Zusammenschlussvorhaben erheblich verzögern, sofern das Gericht dem Antrag stattgibt. Dann dauert für die zusammenschlusswilligen Unternehmen das Vollzugsverbot

---

nicht aber die Verletzung eines subjektiven öffentlichen Rechts dargetan hat; BGH Beschluss v. 24.6.2003, BGH KVR 14/01 HABET/Lekkerland, NJW 2003, 3376 ff. = AG 2004, 31 ff.; auch abrufbar unter: http://www.bundesgerichtshof.de.

[525] OLG Düsseldorf, Beschluss vom 2.10.2002, abrufbar unter: http://www.olg-duesseldorf.de/presse/material/entscheid/greenpeace.pdf, S. 3 ff. Vgl. zudem die Zurückweisung der Beschwerde der Verbraucherzentrale Bundesverband e.V., unveröffentlicht, dazu Mussler, FAZ v. 3.2.2003, S. 13.

des § 41 Abs. 1 Satz 1 GWB einstweilen fort,[526] der Zusammenschluss ist „blockiert" und kann trotz Freigabeverfügung durch den Bundeswirtschaftsminister nicht vollzogen werden. Die bedeutende Stellung der Beigeladenen und Beschwerdeführer bzw. Antragssteller muss weniger wegen der rechtlichen Konsequenzen, als vielmehr deswegen eingeräumt werden, weil der Zeitfaktor bei Unternehmenszusammenschlüssen eine besonders wichtige Rolle spielt.[527] Nicht ohne Grund beträgt die zwingende Frist für die Erteilung einer Ministererlaubnis vier Monate und nicht ohne Grund zogen viele Unternehmen bei den bisherigen Ministererlaubnisverfahren deswegen den Weg zur ministeriellen Entscheidung demjenigen zum Beschwerdegericht vor.

Für die Beigeladenen in einem Ministererlaubnisverfahren hat sich eine Möglichkeit aufgetan, den Vollzug eines Zusammenschlusses auf eine für die Unternehmen im Zweifel zu lange Zeitspanne herauszuzögern. Ausreichend ist hierfür die Stellung als Beigeladener und die materielle Beschwer sowie von Seiten des Gerichts „ernstliche Zweifel an der Rechtmäßigkeit der angefochtenen Verfügung", § 65 Abs. 3 Satz 1 Nr. 2 GWB.[528]

Diese Position der Beigeladenen ist freilich nicht unbestritten. Bechtold verneint die Zulässigkeit von Maßnahmen des einstweiligen Rechtsschut-

---

[526] Vgl. IM-*Mestmäcker/Veelken*, GWB, § 41, Rn. 10; IM-*Schmidt*, GWB, § 65, Rn. 10. So auch das OLG Düsseldorf, E.ON/Ruhrgas, Beschluss I (Einleitung, Fn. 1), S. 21. Die ergänzenden Anordnungen in der Beschlussformel dienten der Unterstützung der Durchsetzung des Vollzugsverbots, da die Beteiligten bereits mit der Vollziehung der angemeldeten Zusammenschlüsse begonnen hatten.

[527] Vgl. auch die Bedenken der Antragsgegner gegen die Anordnung der aufschiebenden Wirkung und die einstweiligen Anordnungen, OLG Düsseldorf, E.ON/Ruhrgas, Beschluss I (Einleitung, Fn. 1), S. 6, sowie die Ausführungen des OLG auf S. 14.

[528] Dabei darf allerdings nicht übersehen werden, dass an die Feststellung „ernstlicher Zweifel" hohe Anforderungen zu stellen sind. Es genügt nicht, dass die Rechtslage offen ist. Vielmehr sind ernstliche Zweifel dann zu bejahen, wenn nach der Einschätzung des Gerichts die Aufhebung der angefochtenen Verfügung überwiegend wahrscheinlich ist, vgl. *Bechtold*, GWB, § 65, Rn. 3 m.w.N.; *Kollmorgen*, in: Langen/Bunte, § 63 a a.F., Rn. 13; OLG Düsseldorf, E.ON/Ruhrgas, Beschluss II (Einleitung, Fn. 1), S. 14; *IM-Schmidt*, § 65, Rn. 13; FK-*Quack*, § 65, Rn. 30, lässt sogar ausreichen, wenn der Erfolg des Rechtsmittels im Hauptsacheverfahren nach richterlicher Prognose ebenso wahrscheinlich ist wie sein Misserfolg.

zes auf Antrag von Beigeladenen mit der Begründung, dass die Beigeladenen wegen der Interessensberührung nur aufgrund einer Ermessensentscheidung zum Kartellverfahren beigeladen worden sind und ihre Verfahrensrechte nicht so weit gehen können wie die der am Zusammenschluss beteiligten Unternehmen, deren Rechtspositionen unmittelbar Gegenstand des Verfahrens sind. Die Beschwerdebefugnis der Beigeladenen impliziere nicht deren Rechtsmacht, den Vollzug eines durch Ministererlaubnis genehmigten Zusammenschlusses zu verhindern.[529] Das OLG Düsseldorf ist dieser Ansicht im Fall E.ON/Ruhrgas nicht gefolgt. Nach Ansicht des Gerichts sind die Interessen der am Zusammenschluss beteiligten Unternehmen nur erheblich, soweit sie mit dem öffentlichen Interesse an der ausnahmsweisen Zulassung von Marktbeherrschung durch Zusammenschluss übereinstimmen. Der Anspruch auf Erteilung der Ministererlaubnis bei Vorliegen der Erlaubnisvoraussetzungen hat seine Grundlage im Wesentlichen in Gemeinwohlvorteilen und öffentlichen Interessen. Da bei Vorliegen ernstlicher Zweifel an der Rechtmäßigkeit die Rechtsposition der Zusammenschlussbeteiligten (und damit ihr Anspruch auf Ministererlaubnis) ungeklärt ist, sind deren Interessen am Zusammenschluss auch nicht vorrangig zu berücksichtigen. Die Gefahr, dass das Zusammenschlussvorhaben aus zeitlichen Gründen scheitern kann, gehört zu den unternehmerischen Risiken der Zusammenschlussbeteiligten und kann kein Argument dafür sein, dass die Antragsgegner die Durchführung des Zusammenschlusses nach der Freigabeverfügung hinnehmen müssen, obwohl ernstliche Zweifel an der Rechtmäßigkeit dieser bestehen.[530] Das Bundeswirtschaftsministerium hingegen hat auf die Erfahrungen im Fall E.ON/Ruhrgas reagiert und angekündigt, es wolle Klagen Dritter gegen genehmigte Fusionen „erschweren". Nach dem Referentenentwurf zur 7. GWB-Novelle sollen im Eilverfahren nur noch die Unternehmen gegen eine vom Bundeskartellamt oder vom Bundeswirtschaftsminister genehmigte Fusion vorgehen dürfen,

---

[529] *Bechtold*, BB 2003, 1021 ff.; *Bechtold/Buntschek*, NJW 2003, 2872 f.
[530] OLG Düsseldorf, E.ON/Ruhrgas, Beschluss II (Einleitung, Fn. 1), S. 14.

die „in ihren Rechten verletzt" sind.[531] Genehmigte Fusionen sollen demnach nicht wegen Verzögerungen im Eilverfahren der Gefahr des Scheiterns ausgesetzt sein.

c) Prüfungsumfang

Die Ministererlaubnis ist zwar gerichtlich überprüfbar, jedoch ist für den Prüfungsumfang des Gerichts § 71 Abs. 5 Satz 2 GWB maßgeblich, nach dem „die Würdigung der gesamtwirtschaftlichen Lage und Entwicklung" bei Ermessensentscheidungen der Nachprüfung des Gerichts entzogen sind.[532] Die Vorschrift wird als Ausdruck einer „political-question-Doktrin des Kartellverwaltungsverfahrensrechts" gedeutet, als Freihaltung der Rechtsprechung von einer politischen Aufgabe. Es soll darum gehen, dem politisch verantwortlichen Minister einen seiner politischen Verantwortung vorbehaltenen Entscheidungsspielraum zu belassen.[533] Da die Ministererlaubnis Elemente einer wirtschaftspolitischen Wertung enthält, besteht eine Einschätzungsprärogative des Ministers.[534]
Ungeklärt ist nach wie vor, wie weit die Einschränkung nach § 71 Abs. 5 Satz 2 GWB geht. Die Vorschrift beinhaltet dem Wortlaut nach nur eine beschränkte Überprüfung im Hinblick auf *gesamtwirtschaftliche* Aspekte. Nicht ganz unumstritten ist daher, wie weit die Norm das Gericht bei der

---

[531] *Bundesministerium für Wirtschaft und Arbeit*, Referentenentwurf v. 17.12.2003, § 65 III a.E.; dazu vgl. *Bechtold*, BB 2004, 235, 236; FAZ v. 23.12.2003, S. 11.
[532] Die grundsätzliche Anwendbarkeit der Vorschrift auf die Ministererlaubnis nach § 42 GWB, bei der es sich um eine gebundene und keine Ermessensentscheidung handelt, ist dabei h.M., vgl. KG WuW/E OLG 1938 (Thyssen/Hüller); *Bechtold*, GWB § 71, Rn. 14; *Kleinmann/ Bechtold*, Fusionskontrolle, § 24, Rn. 365; *Kollmorgen*, in: Langen/ Bunte, § 71, Rn. 49; *Bunte*, BB 2002, 2393, 2401; im Grundsatz IM-*Schmidt*, GWB, § 71, Rn. 43, 46; *K. Schmidt*, Kartellverfahrensrecht, S. 574; FK-*Quack*, § 70 a.F., Rn. 36; *Werner*, in: Wiedemann, Handbuch des Kartellrechts, § 54, Rn. 97; auch *Möschel*, BB 2002, 2077, 2083 f., der zwar wegen der Gebundenheit der Entscheidung eine direkte Anwendbarkeit von § 71 Abs. 5 Satz 2 verneint, aber die Anwendbarkeit auch nicht davon abhängig machen will, ob es sich um eine gebundene oder eine Ermessensentscheidung handelt.
[533] Vgl. *Hermes/Wieland*, ZNER 2002, 158, 167 m.w.N.; KG WuW/E OLG 1938 (Thyssen/ Hüller); *K. Schmidt*, Kartellverfahrensrecht, S. 573.
[534] KG WuW/E OLG 1938 (Thyssen/Hüller).

Überprüfung einer Ministererlaubnis einschränkt, denn die Tatbestandsmerkmale des § 42 GWB müssen sich nicht nur auf wirtschaftliche Aspekte beziehen. Zugleich wurden bereits vom Gesetzgeber materielle Voraussetzungen angesprochen, die sich im Laufe der Zeit entwickelt haben. Auch da stellt sich die Frage, inwieweit das Gericht die Einhaltung dieser Voraussetzungen überprüfen darf. Zuletzt muss erörtert werden, ob und inwiefern die Abwägung innerhalb einer Ministererlaubnis gerichtlicher Kontrolle zugänglich ist. Es muss daher nochmals kurz vor Augen geführt werden, welche Punkte der Minister bei einer Ministererlaubnis zu prüfen hat, um dann zu untersuchen, welche Teile das Beschwerdegericht berücksichtigen darf.

Nach dem Inhalt von § 42 GWB und auch der bisherigen Praxis von Minister und Monopolkommission hat sich folgendes Vorgehen etabliert:

1. Der Minister gewichtet die vom Bundeskartellamt festgestellten Wettbewerbsbeschränkungen, ohne sie zu verändern (Bindungswirkung),
2. er prüft, ob und welche Gemeinwohlvorteile in Betracht kommen und ob diese nach den damit verbundenen materiellen Voraussetzungen tatsächlich vorliegen,
3. er wägt die gewichteten Wettbewerbsbeschränkungen mit den festgestellten Gemeinwohlvorteilen ab.

Eine Ministererlaubnis kann damit in einen dreistufigen Aufbau unterteilt werden. Fraglich ist, welche Stufen das Gericht überprüfen darf und inwieweit das formelle Verfahren für die gerichtliche Überprüfung eine Rolle spielt.

aa) Bindungswirkung

Der erste Schritt, den Monopolkommission und Minister gehen, bezieht sich auf die Gewichtung der Wettbewerbsbeschränkungen des Zusammenschlusses. Der Bundeswirtschaftsminister (und auch die Kommission) ist an die Entscheidung des Bundeskartellamts gebunden.[535] Das bedeutet, dass er eine erneute Überprüfung der Frage, inwieweit Wettbewerbsbeschränkungen vorliegen, nicht vornehmen darf. Dies würde einer Kontrolle der Entscheidung des Bundeskartellamts gleichkommen und den bewusst vom Gesetzgeber bestimmten zweistufigen Aufbau der Fusionskontrolle (hier Wettbewerbswirkungen, da Gemeinwohlwirkungen) unterlaufen. Er muss vielmehr die wettbewerbliche Beurteilung des Bundeskartellamts als Grundlage für seine Entscheidung heranziehen.[536] Allenfalls für den Fall, dass die Ausführungen des Bundeskartellamts "offensichtlich unplausibel, spekulativ oder widersprüchlich wären"[537], kann gegebenenfalls eine Ausnahme dieses Grundsatzes angenommen werden, die sich damit erklären lässt, dass der Minister bei der Ausübung von Hoheitsgewalt im Rahmen des § 42 GWB an Gesetz und Recht gemäß Art. 20 Abs. 3 GG gebunden bleibt. Die vollziehbare Gewalt soll nicht offensichtlich fehlsame Entschei-

---

[535] Zur Bindungswirkung vgl. statt vieler: IM-*Mestmäcker/Veelken*, GWB, § 42, Rn. 29; KG WuW/E OLG 1937 f. (Thyssen/Hüller); *Bartram*, WuW 1979, 373; *Ruppelt* in: Langen/Bunte, § 42 Rn. 2; *Kellner*, ZNER 2002, 275, 277; *Monopolkommission*, Sondergutachten 35, Tz. 5, Sondergutachten 36, Rn. 57; Thyssen/Hüller, WuW/E BWM 161; VEBA/BP, WuW/E BWM 166; VEW/Ruhrkohle, WuW/E BWM 185; Daimler-Benz/MBB, WuW/E BWM 199; BayWa/WLZ, WuW/E BWM 219; Kali+Salz/PCS, WuW/E BWM 226.

[536] Wenden sich die Zusammenschlussbeteiligten gegen die wettbewerbliche Beurteilung ihres Vorhabens, müssen sie Beschwerde gegen die Bundeskartellamtsentscheidung einlegen. Die Ministererlaubnis ist hierfür nicht geeignet. Trotzdem haben die Zusammenschlussbeteiligten in der Vergangenheit bei der Begründung ihres Ministererlaubnisantrags stets auch gegen die wettbewerblichen Ausführungen des Bundeskartellamtes argumentiert.

[537] Vgl. Kali+Salz/PCS, WuW/E BWM 226; Daimler/MBB, WuW/E BWM, 191.

dungen, die gleichsam ihren Fehler „auf der Stirn tragen", als eigene Entscheidungsgrundlage heranziehen.[538]

Das Gewicht der Wettbewerbsbeschränkungen legt der Minister selbst fest.[539] Das kann nach Sinn und Zweck der Bindungswirkung nichts anderes bedeuten, als dass er die Gewichtung im Verhältnis zu den Gemeinwohlgründen vornimmt, nicht hingegen, dass er (ohne die Gemeinwohlgründe zu berücksichtigen) eine völlig unabhängige Wertung vornimmt. Seine Aufgabe besteht in der „relativen Gewichtung"[540] der Wettbewerbsbeschränkungen. Er hat eine Abwägung zwischen Gemeinwohlvorteilen und Wettbewerbsbeschränkungen vorzunehmen, und zu diesem Zwecke erfolgt eine (relative) Gewichtung der Wettbewerbsbeschränkungen: „Weder die isolierte Würdigung der Gemeinwohlgründe noch die der Wettbewerbsbeschränkung ermöglicht eine Entscheidung über den Erlaubnisantrag; erst wenn die relevanten, gegenläufig wirkenden Fakten einschließlich der da-

---

[538] Vgl. *Möschel*, BB 2002, 2077, 2078; eine andere Ausnahme will *Bartram*, WuW 1979, 373, 376 zudem für die Fälle zulassen, in denen sich nach der Untersagungsverfügung grundlegende Änderungen ergeben, die eine andere Beurteilung des Zusammenschlusses unter wettbewerblichen Gesichtspunkten erfordern. Bechtold wiederum setzt für die Möglichkeit des Bundeswirtschaftsministers, sich ein eigenes Bild vom Gewicht der Wettbewerbsbeschränkungen zu machen, voraus, dass er nicht nur in der Wertung, sondern auch in der Überprüfung der zugrunde liegenden tatsächlichen Feststellungen frei ist, *Bechtold*, GWB, § 42, Rn. 4; *Kleinmann/Bechtold*, Fusionskontrolle, § 24, Rn. 292; ebenso FK-*Rieger/Quack*, § 24 a.F., Rn. 139; auch bei der ersten Ministererlaubnis E.ON/Ruhrgas hatte der Minister „neue entscheidungserhebliche Sachverhalte, das heißt zum Zeitpunkt der Beschlussfassung noch nicht eingetretene oder bekannte Tatsachen" geprüft und in die Wertung einbezogen, E.ON/Ruhrgas I (Einleitung, Fn. 1), Tz. 94, 99. Auf Rüge der Monopolkommission revidierte er in der zweiten Ministererlaubnis allerdings, E.ON/Ruhrgas II (Einleitung, Fn. 1), Tz. 57. Wegen der Bindungswirkung wäre ein solches Vorgehen extrem problematisch. Die Unternehmen könnten bestimmte Tatsachen zurückhalten und erst beim Bundeswirtschaftsminister in das Verfahren einführen oder bestimmte wettbewerbliche Änderungen gezielt erst nach der Bundeskartellamtsentscheidung vornehmen. Aus diesem Grund ist ein derartiges Vorgehen abzulehnen. Bei nachträglicher Veränderung der wettbewerblichen Situation bleibt der Beschwerde gegen die Bundeskartellamtsentscheidung. Wettbewerbliche Änderungen darf der Minister hingegen nicht berücksichtigen, denn er ist keine Kontrollinstanz für die Bundeskartellamtsentscheidung.

[539] So die bisherige Praxis, vgl. exemplarisch Veba/BP, WuW/E BWM 165; Kali+Salz/PCS, WuW/E BWM 225; zuletzt E.ON/Ruhrgas I (Einleitung, Fn. 1), Tz. 95, 99, 102, sowie *Monopolkommission*, Sondergutachten 22, Tz. 69; Sondergutachten 25, Tz. 64; Sondergutachten 34, Tz. 96, Sondergutachten 36, Tz. 57 ff.

[540] „relativ" i.S.v. „nicht unabhängig, sondern in Beziehung zu etwas stehend", Duden, S. 1299.

hinterstehenden konkurrierenden Zielvorstellungen zueinander in Beziehung gesetzt und gewichtet werden, wird daraus die vom Gesetz geforderte Abwägung."[541] In der Entscheidungspraxis wird dieses Vorgehen nicht deutlich, denn der Minister gewichtet erst, stellt dann die Gemeinwohlvorteile fest und wägt zum Schluss ab. Diese rein formale Abweichung von der *relativen* Gewichtung vermag aber nicht davon abzulenken, dass der Minister an die festgestellten Wettbewerbsbeschränkungen gebunden ist.[542] Nach der h.M. hat der Minister also das Gewicht der Wettbewerbsbeschränkungen festzustellen, um dieses in die Abwägung mit den festgestellten Gemeinwohlkriterien zu bringen.[543]

Ob das Beschwerdegericht die Einhaltung der Bindungswirkung überprüfen kann, wurde gerichtlich noch nicht geklärt. Das ergänzende Sondergutachten der Monopolkommission im Fall E.ON/Ruhrgas hat aber gezeigt, dass diesbezügliche Mängel in einer Ministererlaubnis „leicht" aufzu-

---

[541] Vgl. IBH/Wibau, WuW/E BWM 179.

[542] Für die relative Gewichtungsbefugnis des Bundeswirtschaftsministers spricht auch die ihm gesetzlich eingeräumte Möglichkeit, die Ministererlaubnis mit Auflagen zu versehen. Ob für die Auflagen bei einer Ministererlaubnis die gleichen Grundsätze wie bei denen des Bundeskartellamtes gelten, ist streitig und kann an dieser Stelle dahingestellt bleiben. Jedenfalls kann der Inhalt der Auflagen auch darauf gerichtet sein, die Untersagungskriterien des § 36 GWB zu begrenzen, vgl. *Bundesregierung*, Entwurf eines Sechsten GWB, BT-Drucks. 13/9720, S. 43, mithin die Wettbewerbswirkungen eines Zusammenschlusses zu begrenzen, vgl. IM-*Mestmäcker/Veelken*, GWB, § 42, Rn. 58. Durch den Gebrauch seiner Auflagenkompetenz gewichtet der Minister sonach die Wettbewerbsbeschränkungen im Verhältnis zu den Gemeinwohlvorteilen. Darüber hinaus kam der Bundeswirtschaftsminister in den bisherigen Fällen nicht daran vorbei, die Wettbewerbsbeschränkungen selbst relativ zu gewichten, denn das Bundeskartellamt nimmt in seiner Entscheidungspraxis eine für die Ministererlaubnisentscheidung adäquate Gewichtung der festgestellten Marktbeherrschung nicht vor. Dass eine „gewisse" Gewichtung in den Kartellamtsentscheidungen vorgenommen wird, genügt nicht für die Abwägung, wie sie § 42 GWB vorgibt. In den Aufgabenbereich des Amtes fällt nur die Prüfung, ob eine marktbeherrschende Stellung entsteht oder verstärkt wird, nicht hingegen, wie diese im Verhältnis zu den Gemeinwohlvorteilen zu bewerten ist.

[543] *Bunte*, BB 2002, 2393, 2400; *Hermes/Wieland*, ZNER 2002, 158, 169; a.A. *Möschel*, BB 2002, 2077, 2078: Dem Minister sei es im Rahmen der Abwägung verwehrt zu sagen, er mache sich ein vollständig eigenes Bild vom Gewicht der Wettbewerbsbeschränkungen. Im Extremfall könne der Minister das Gewicht der Wettbewerbsbeschränkungen als in der Tendenz Richtung Null gehend einstufen, daher sei die Vorgehensweise der eigenständigen Gewichtung durch den Minister unzulässig. Sofern man jedoch davon ausgeht, dass der Bundeswirtschaftsminister nur „relativ", d.h. im Verhältnis zu den Gemeinwohlvorteilen, gewichtet, ist dieser Extremfall nicht denkbar, denn die Gewichtung darf ausschließlich im Rahmen der Abwägung vorgenommen werden.

decken sind.[544] Die Übernahme und Gewichtung der festgestellten Wettbewerbsbeschränkungen eines Zusammenschlusses hat zudem nichts unmittelbar mit den Gemeinwohlvorteilen einer Ministererlaubnis zu tun. Auch wenn der Minister nur im Verhältnis zu den Gemeinwohlgründen gewichten kann, so ist leicht zu überprüfen, ob er an den festgestellten Wettbewerbswirkungen etwas verändert hat oder diese unverändert in seine Gewichtung und Abwägung übernimmt. Eine Kontrollinstanz ist also nicht wegen fehlenden politischen Hintergrundes daran gehindert, das zu erkennen. Insofern ist davon auszugehen, dass das Beschwerdegericht diesbezügliche Mängel überprüfen kann.

bb) Gemeinwohlgründe

Die Beurteilung der gesamtwirtschaftlichen Lage und Entwicklung ist nach § 71 Abs. 5 Satz 2 GWB der gerichtlichen Überprüfung entzogen. Das muss bedeuten, dass alle wirtschaftspolitischen Aspekte in der Ministererlaubnis vom Gericht nicht kontrolliert werden können.[545] Nach dem KG darf sich das Beschwerdegericht nur auf die Prüfung beschränken, ob die Ausführungen folgerichtig, hinreichend begründet und ohne weiteres vertretbar sind und ob anerkannte Bewertungsgrundsätze und allgemeine Denkgesetze verletzt sind.[546] Es hat also zu prüfen, ob etwa völlig sach-

---

[544] S.o. 2. Teil, Fn. 540.
[545] Dagegen *K. Schmidt*, Kartellverfahrensrecht, S. 577; IM-*Schmidt*, GWB, § 71, Rn. 45: § 71 Abs. 5 Satz 2 sage keinesfalls, dass bestimmte Tatbestandsmerkmale, die eine wettbewerbspolitische Wertung enthalten, das Beschwerdegericht nicht zu interessieren haben. Solche Tatbestandsmerkmale schafften nicht etwa „rechtsfreie Exklaven", sondern die Bestimmung stelle nur klar, dass der Rechtsanwendung Richtlinien der Wirtschaftspolitik vorgelagert sind, die die Beschwerdegerichte nicht konterkarieren dürfen. Solche kontrollfreien Vorgaben träten nur im Einzelfall auf, § 71 Abs. 5 Satz 2 sei daher praktisch nahezu bedeutungslos.
[546] KG WuW/E OLG 1937 ff. (Thyssen/Hüller)

fremde Belange zur Erteilung der Ministererlaubnis geführt haben,[547] anders ausgedrückt, ob die Erlaubnis willkürlich erteilt wurde. Im Rahmen einer Ministererlaubnis können aber auch Erwägungen angestellt werden, die sich nicht unmittelbar mit der gesamtwirtschaftlichen Lage und Entwicklung beschäftigen. Es muss ein „allgemeiner staats-, wirtschafts- oder gesellschaftspolitischer Grund"[548] gegeben sein. Dazu gehören beispielsweise die Gemeinwohlargumente des Umweltschutzes, eventuell auch das der Pressevielfalt, sowie solche des Gesundheitsschutzes etc. Ob diese ebenfalls der gerichtlichen Überprüfung entzogen sind, wird aus dem Wortlaut von § 70 Abs. 5 Satz 2 GWB nicht deutlich.[549] Bei den bisherigen Ministererlaubnisentscheidungen standen allerdings immer die wirtschaftspolitischen Aspekte im Vordergrund. Zudem dürfte eine klare Abgrenzung zwischen wirtschaftspolitischen und nicht wirtschaftspolitischen Gemeinwohlgründen in vielen Fällen schwer fallen. Dass ein Gericht unterscheiden soll, welche materiellen Teile der Erlaubnis es überprüfen „darf" und welche nicht, kann nicht verlangt werden. Bei der Geltendmachung der Gemeinwohlgründe, die für einen Zusammenschluss sprechen, gibt es meist Überschneidungen. Man muss davon ausgehen, dass, wenn dem Minister eine politische Einschätzungsprärogative eingeräumt wird, diese auch alle politischen Aspekte erfassen sollte. Die Begriffe gesamtwirtschaftliche Vorteile und Interessen der Allgemeinheit sind ohnedies weitgehend miteinander verknüpft, da es in beiden Fällen um eine Gemeinwohlbeurteilung durch die politische Führung geht. Eine Differenzierung

---

[547] *Hermes/Wieland*, ZNER 2002, 158, 169, ist daher nicht zuzustimmen, wenn sie dem Gericht die Möglichkeit zusprechen, zu beurteilen, welche Belange überhaupt als gesamtwirtschaftliche in Betracht kommen. Wenn in einer Ministererlaubnis „privatnützige" Ziele zu gesamtwirtschaftlichen deklariert werden sollten, so kann dies unter dem Gesichtspunkt „sachfremde Erwägungen" geprüft und gerügt werden.

[548] *Bundesregierung*, Entwurf eines Zweiten GWB, BT-Drucks. VI/2520, S. 31; VAW/Kaiser, WuW/E BWM 149.

[549] *Bechtold* will § 71 Abs. 5 Satz 2 GWB daher nur insoweit auf § 42 GWB anwenden, als sich die dort genannten Begriffe (also die Interessen der Allgemeinheit) mit wirtschaftspolitischen Gesichtspunkten überschneiden, *Bechtold*, GWB § 71, Rn. 14; ebenso *Kleinmann/Bechtold*, § 24, Rn. 365. *Möschel* will die Interessen der Allgemeinheit einer Konkretisierung und Verfestigung durch das Gericht nicht entzogen sehen, BB 2002, 2077, 2083.

wurde daher meist vermieden. Eine Aufteilung der gerichtlichen Prüfungsbefugnis wäre daher nicht sachgerecht. Den Gerichten soll gerade die Kontrolle des politischen Akts entzogen sein. Denn die Ministererlaubnis ist nichts anderes als ein Akt planender und lenkender Staatstätigkeit.[550] Es kann auch nicht davon ausgegangen werden, dass das Beschwerdegericht den einen Gemeinwohlvorteil „besser" beurteilen kann als der Bundeswirtschaftsminister mit seinen Beratern im Ministerium und den anderen nicht. Nach Sinn und Zweck der Vorschrift darf das Gericht also sämtliche außerwettbewerblichen Aspekte der Ministererlaubnis inhaltlich nicht überprüfen.[551]

cc) Materielle Voraussetzungen der Gemeinwohlvorteile

Die Ministererlaubnis darf nur „im Einzelfall" erteilt werden. Das bedeutet, dass der Bundeswirtschaftsminister gehindert ist, bestimmte Arten von Zusammenschlüssen stets zu erlauben oder bestimmte Gemeinwohlgründe allgemein als überwiegend anzuerkennen.[552] Entsprechend diesem Ausnahmecharakter sind nach der bisherigen Entscheidungspraxis des Bundeswirtschaftsministers und dem Willen des Gesetzgebers bei Einführung der Ministererlaubnis die Gemeinwohlargumente nur insoweit zu berücksichtigen, als sie *„im Einzelfall großes Gewicht haben, konkret nachweisbar sind und wettbewerbskonformere Lösungen nicht zur Verfügung stehen (Verhältnismäßigkeitsgrundsatz)."*[553] Der Zusammenschluss muss ein zu

---

[550] Vgl. IM-*Mestmäcker/Veelken*, GWB, § 42, Rn. 27; *Ruppelt*, in: Langen/Bunte, GWB, § 42, Rn. 1; OLG Düsseldorf, E.ON/Ruhrgas, Beschluss II (Einleitung, Fn. 1), S. 10; *Bunte*, BB 2002, 2393, 2401; *K. Schmidt*, Kartellverfahrensrecht, S. 573.
[551] So auch *Bartram*, WuW 1979, 383.
[552] Vgl. IM-*Mestmäcker/Veelken*, GWB, § 42 Rn. 26.
[553] Vgl. *Bundesregierung*, Begründung zum Entwurf eines Sechsten GWB, BT-Drucks. VI/2520, S. 31; BayWA/WLZ, WuW/E BWM 221; *Möschel*, Recht der Wettbewerbsbeschränkungen, Rn. 901; *ders.* BB 2002, 2080; *Kleinmann/Bechtold*, Fusionskontrolle, § 24, Rn. 327 f.; *Bechtold*, GWB, § 42, Rn. 7; IM-*Mestmäcker/Veelken*, § 42, Rn. 30; zuletzt *Monopolkommission*, Sondergutachten 36, Tz.112.

diesem Zweck geeignetes und verhältnismäßiges Mittel darstellen. Diese Voraussetzungen sind nicht unbestritten, denn im Gesetz gibt es dafür keine Stütze.[554]

a) Das „im Einzelfall große Gewicht" der Erlaubnisgründe ist keine Voraussetzung der Ministererlaubnis mehr, obwohl der Gesetzgeber hiervon noch ausgegangen war. Die Praxis wendet diese Voraussetzung außer bei der Beurteilung der Rationalisierungsvorteile nicht mehr an.[555]

b) Beibehalten wurde jedoch die materielle Voraussetzung der konkreten Nachweisbarkeit der Gemeinwohlgründe.[556] Sie müssen mit „hinreichender Wahrscheinlichkeit erwartet werden können". Die strengen Beweisanforderungen gelten, obwohl es sich bei den Beurteilungskriterien des § 42 Abs. 1 GWB um unbestimmte Rechtsbegriffe handelt.[557]
Der Minister hat in der Entscheidung E.ON/Ruhrgas erstmals eine Differenzierung der Gemeinwohlvorteile nach solchen, die sich auf vergangene und gegenwärtige Sachverhalte beziehen, und nach solchen, die sich auf künftige Sachverhalte beziehen, vorgenommen.[558] Die Gemeinwohlgründe, die sich auf vergangene und gegenwärtige Sachverhalte beziehen, müssen danach durch konkrete Tatsachen belegbar sein.[559] Bei denjenigen, die sich auf zukünftige Sachverhalte beziehen, genügt es hingegen, dass die diesbezüglichen Prognosen plausibel sind, d.h. auf konkreten Tatsachen aufbauen und nach logischen Denkgesetzen mit einer hinreichenden Wahrscheinlichkeit eintreten. Zwischen den einzelnen Gemeinwohlvorteilen muss zudem differenziert werden: Während bei dem Gemeinwohlvorteil der Arbeitsplatzsicherung der Erfahrungssatz dahingehend besteht, dass Fusionen zu-

---

[554] Vgl. etwa *Bunte*, BB 2002, 2393, 2398; *Bartram*, WuW 1979, 372, 381.
[555] Vgl. dazu oben C. I. 3.
[556] Kali+Salz/PCS, WuW/E BWM 226 f.; *Möschel*, BB 2002, 2077, 2080.
[557] *Bechtold*, GWB, § 42, Rn. 7; VEW/Ruhrkohle, WuW/E BWM 186; *Möschel*, BB 2002, 2077, 2080; *Monopolkommission*, Sondergutachten 36, Tz. 112.
[558] E.ON/Ruhrgas I (Einleitung, Fn. 1), Tz. 66.
[559] E.ON/Ruhrgas I (Einleitung, Fn. 1), Tz. 104.

nächst zu Arbeitsplatzverlusten führen und daher besonders hohe Beweisanforderungen bestehen, genügt bei anderen Gemeinwohlvorteilen, bei denen derartige Erfahrungssätze nicht bestehen, das Vorliegen plausibler und hinreichend wahrscheinlicher Prognosen.[560] Unabhängig davon, wie man zu einer solchen Differenzierung steht, ist jedenfalls unbestritten, dass das Vorliegen der Gemeinwohlvorteile im Rahmen des Möglichen zu beweisen ist, dass an den Nachweis hohe Anforderungen zu stellen sind (das ergibt sich schon aus Sinn und Zweck von § 42 GWB als Ausnahmevorschrift) und dass auch bei unvermeidlichen Prognosen „belastbare" Aussagen über sie zu tätigen sind.[561]

c) Auch die materielle Voraussetzung, dass wettbewerbskonformere Lösungen nicht zur Verfügung stehen dürfen, besteht nach wie vor. Die Zweck-Mittel-Relation hat in allen Fällen im Mittelpunkt gestanden.[562] Der Verhältnismäßigkeitsgrundsatz gebietet es, dass, wenn die Gemeinwohlvorteile auch ohne den Zusammenschluss in der wettbewerbsbeeinträchtigenden Form erreichbar sind, dieser nicht genehmigungsfähig ist.[563] Dabei sind nicht nur wettbewerbskonforme Abhilfemaßnahmen des Staates in die Betrachtung einzubeziehen, sondern auch andere Möglichkeiten, um die Gemeinwohlziele zu erreichen. Der Fall Holtzbrinck/Berliner Zeitung hat als Bestätigung dieser Auffassung gezeigt, dass der Verhältnismäßigkeitsgrundsatz von der Monopolkommission im klassischen verwaltungsrechtlichen Sinne angewendet wird: Der Zusammenschluss muss geeignet und erforderlich sein, um zumindest ein Gemeinwohlziel zu erreichen.[564] Bei

---

[560] E.ON/Ruhrgas I (Einleitung, Fn. 1), Tz. 104; bestätigend *Bunte*, BB 2002, 2393, 2398.
[561] So auch zuletzt *Monopolkommission*, Sondergutachten 36, Tz. 145; Sondergutachten 38, Tz. 36. Bestätigend mit die Aussage des Bundesministers für Wirtschaft, der im Fall Holtzbrinck den Nachweis der Unverkäuflichkeit des Tagesspiegels, mithin des Gemeinwohlgrundes, als nicht erbracht sah, vgl. *Monopolkommission*, Sondergutachten 38 Tz. 2, 36.
[562] IM-*Mestmäcker/Veelken*, GWB, § 42, Rn. 30.
[563] Vgl. *Möschel*, Recht der Wettbewerbsbeschränkungen, Rn. 900; *ders.*, BB 2002, 2080; a.A. noch *Bartram*, WuW 1979, 380.
[564] *Monopolkommission*, Sondergutachten 36, Tz. 121; Sondergutachten 38, Tz. 36; ebenso *Gröner/Köhler*, ORDO 31 (1980), S. 123.

der Frage der Erforderlichkeit des Zusammenschlusses kommt es darauf an, dass es keine alternative Möglichkeit gibt, die Gemeinwohlvorteile (im Fall Holtzbrinck/Berliner Zeitung war es die Pressevielfalt) zu erreichen.[565]

d) Nachdem das Beschwerdegericht die Tatbestandsmerkmale der Ministererlaubnis, mithin die Gemeinwohlgründe, wegen § 71 Abs. 5 Satz 2 GWB nicht überprüfen kann, muss geklärt werden, ob die soeben aufgezeigten materiellen Voraussetzungen dieser Merkmale der gerichtlichen Kontrolle zugänglich sind.[566] Das KG hatte den „materiellen" Prüfungsumfang in seiner Entscheidung nur darauf beschränkt, ob die Ausführungen des Ministers zum Vorliegen der Gemeinwohlgründe „folgerichtig, hinreichend begründet und vertretbar sind".[567] Die Erlaubnis darf nicht allgemein gültige Bewertungsgrundsätze oder Denkgesetze verletzen oder auf sachfremden Erwägungen beruhen.[568] Das OLG Düsseldorf hat zwar in seinem Beschluss vom 16.12.2002, der die Anordnung der aufschiebenden Wirkung der Beschwerden bestätigte, geäußert, der Senat habe „auch aus materiellrechtlichen Gründen ernstliche Zweifel" an der Rechtmäßigkeit der Ministererlaubnis.[569] Der Zusatz „im Sinne des § 65 Abs. 3 Satz 1 Nr. 2 i.V.m. Satz 3 GWB" sollte dabei aber betonen, dass es dabei nur um die Rechtfertigung der aufschiebenden Wirkung der Beschwerden und der einstweiligen Anordnungen geht, jedoch könnte das auch als Indiz dafür gewertet werden, dass gewisse materiellrechtliche Aspekte nach Auffassung des OLG Düsseldorf der gerichtlichen Überprüfung trotz § 71 Abs. 5

---

[565] *Monopolkommission*, Sondergutachten 36, Tz. 121; Sondergutachten 38, Tz. 37. Auch diese Haltung hat der Bundeswirtschaftsminister im Verfahren Holtbrinck/Berliner Verlag implizit bestätigt, indem er Holtzbrinck dazu veranlasste, seinen Sachverhalt zur Begründung der Unverkäuflichkeit des Tagesspiegels, mithin der Erforderlichkeit des Zusammenschlusses zu ergänzen, vgl. *Monopolkommission*, Sondergutachten 38, Tz. 36; FAZ v. 2.8.2003, S. 11.
[566] Bejahend *Möschel*, BB 2002, 2077, 2084: diese Voraussetzungen würden bei fehlender gerichtlicher Kontrollmöglichkeit „de facto eliminiert werden"; a.A. *Bunte*, BB 2002, 2393, 2401.
[567] KG WuW/E OLG 1940 (Thyseen/Hüller).
[568] KG WuW/E OLG 1939 (Thyssen/Hüller).
[569] OLG Düsseldorf, E.ON/Ruhrgas, Beschluss III (Einleitung, Fn. 1), S. 51.

Satz 2 GWB nicht entzogen sind. Die Zweifel des OLG beziehen sich jedoch auf die Rechtmäßigkeit zweier Auflagen. Es wird also nichts darüber ausgesagt, ob die Voraussetzungen, die an das Vorliegen der Gemeinwohlgründe gestellt werden, gerichtlich überprüfbar sind.

Es ist unwahrscheinlich, dass die Frage, ob ein Gemeinwohlgrund hinreichend konkret nachgewiesen ist, vom Beschwerdegericht aufgegriffen werden wird. Dieser Gesichtspunkt ist zu eng verknüpft mit der Bewertung des Vorliegens eines Gemeinwohlgrundes überhaupt. § 71 Abs. 5 Satz 2 GWB hat zum Zweck, dem Minister seine politische Einschätzungsprärogative zu belassen. Ob ein Gemeinwohlgrund nachgewiesen wurde, ist Bestandteil der Überprüfung, ob ein Gemeinwohlgrund überhaupt vorliegt. Eine klare Trennung wäre hier nicht möglich. Die Voraussetzung des konkreten Beweises kann vom Gericht daher nicht überprüft werden.

Ob eine Ministererlaubnis verhältnismäßig ist, ob der Zusammenschluss also geeignet und erforderlich ist, den jeweiligen Gemeinwohlvorteil zu erreichen, ist ebenfalls Teil der umfassenden Beurteilung eines Gemeinwohlgrundes. Die Geeignetheit des Zusammenschlusses ist letztlich ebenso Element der politischen Prüfung wie die Frage, ob es andere Möglichkeiten gibt, den Gemeinwohlvorteil zu erreichen. Denn alles, was sich um die Beurteilung der gesamtwirtschaftlichen Vorteile oder der Interessen der Allgemeinheit dreht, muss dem Minister vorbehalten bleiben. Dazu gehört auch die Möglichkeit von Alternativen, denn auch diese fallen in den politischen Teil der Entscheidung. Das OLG Düsseldorf hat daher mit Recht bereits in seinem Beschluss im einstweiligen Rechtsschutzverfahren kein Wort darüber verloren, ob die materiellen Voraussetzungen der Ministererlaubnis eingehalten wurden.

Im Ergebnis sind dem Beschwerdegericht insgesamt die Hände gebunden, sobald es darum geht, ob ein gesamtwirtschaftlicher Vorteil oder ein überragendes Interesse der Allgemeinheit vorliegt. Das umfasst neben sämtlichen geprüften Gemeinwohlkriterien auch die Überprüfung, ob die Voraussetzungen der Gemeinwohlgründe vorliegen. § 71 Abs. 5 Satz 2 GWB räumt dem Minister mithin einen sehr weiten, unkontrollierbaren Beurteilungsspielraum ein.

dd) Abwägungsvorgang

Der letzte Teil in einer Ministererlaubnisentscheidung beinhaltet die Abwägung zwischen der durch die Fusion entstehenden Wettbewerbsbeschränkung und den Vorteilen für das Gemeinwohl. Nach der Entscheidung des KG bezieht sich die Einschränkung der gerichtlichen Überprüfbarkeit nach § 71 Abs. 5 Satz 2 GWB auch auf die Abwägung.[570] Dem ist aus heutiger Sicht nicht mehr ohne Einschränkungen zuzustimmen. In Betracht kommt nämlich hinsichtlich des Abwägungsvorgangs eine gerichtliche Prüfung, die den Grundsätzen des allgemeinen Verwaltungsrechts entspricht, wenn es um Abwägungsentscheidungen geht.[571] Dies ergibt sich aus folgendem Gedanken:

(1) Grundsätze im allgemeinen Verwaltungsrecht

Art. 19 Abs. 4 GG gebietet im Grundsatz, dass die Gerichte die Verwaltungstätigkeit in tatsächlicher und rechtlicher Hinsicht vollständig nachprüfen. Das gilt auch im Anwendungsbereich relativ unbestimmter Gesetzestatbestände und -begriffe. Der Gesetzgeber kann aber der Verwaltung für

---

[570] KG WUW/E OLG 1939 (Thyssen/Hüller).
[571] Ähnlich auch *Fatschek*, Die Berücksichtigung außerwettbewerblicher Gesichtspunkte, S. 184. Er will den Umfang der gerichtlichen Kontrolle auf „Beurteilungsfehler" wie z.B. die Nichtberücksichtigung von entscheidungserheblichen Gesichtspunkten oder Heranziehung sachfremder Kriterien u.a. erstrecken, nicht aber auf die ministerielle Wertung der entscheidungserheblichen Fakten. Das ist im Ergebnis dasselbe. Vgl. zudem *Hermes/Wieland*, ZNER 2002, 158, 167 ff., die § 42 Abs. 1 GWB wegen seines Charakters als Abwägungsvorschrift ohnedies nur nach dem „Abwägungskontrollmodell" als überprüfbar erachten.

bestimmte Fälle einen Beurteilungsspielraum (Einschätzungsprärogative) einräumen und damit anordnen, dass sich die gerichtliche Nachprüfung auf die rechtlichen Grenzen dieses Spielraums zu beschränken habe.[572] Bei Bestehen solcher Beurteilungsspielräume prüft das Gericht, ob die Behörde das anzuwendende Gesetz fehlerfrei ausgelegt und den entscheidungserheblichen Sachverhalt fehlerfrei ermittelt hat. Bei Prognosen beschränkt sich das Gericht auf die Prüfung, ob der Verwaltung Ermittlungsfehler unterlaufen sind.[573] Soweit die Behörde jedoch einen Beurteilungsspielraum durch eine planerische Abwägungsentscheidung auszufüllen hat, gilt die *Abwägungsfehlerlehre*.[574] Eine planungs-ähnliche Entscheidung kann ein Gesetz dann erfordern, wenn die Gewichtung und Abwägung zahlreicher Gesichtspunkte notwendig ist. Besonders, wenn in die Abwägung politische Setzungen einfließen, nimmt die Rechtsprechung einen Beurteilungsspielraum an.[575] Im Verwaltungsrecht gelten also die Grundsätze des Abwägungsgebots, soweit es um die Beurteilung von Abwägungsentscheidungen geht. Es ist aus dem Rechtsstaatsprinzip hergeleitet und verlangt, dass

1. eine Abwägung überhaupt stattfindet (andernfalls Abwägungsausfall),
2. in die Abwägung eingestellt wird, was nach Lage der Dinge in sie eingestellt werden muss (andernfalls Abwägungsdefizit),
3. die Bedeutung der betroffenen Belange nicht verkannt wird (andernfalls Abwägungsfehleinschätzung),
4. der Ausgleich nicht in einer Weise vorgenommen wird, die zur Gewichtigkeit der Belange außer Verhältnis steht (andernfalls Abwägungsdisproportionalität).[576]

---

[572] Vgl. BVerfG 15, 275, 282; *Eyermann*, VwGO, § 114, Rn. 51.
[573] Vgl. *Eyermann*, VwGO, § 114, Rn. 55.
[574] Vgl. *Eyermann*, VwGO, § 114, Rn. 82.
[575] Vgl. *Eyermann*, VwGO, § 114, Rn. 62.
[576] Vgl. *Bonk/Neumann*, in: Stelkens/Bonk/Sachs, VwVfG, § 74, Rn. 55.

Das ergibt sich unabhängig von einer gesetzlichen Positivierung aus dem Wesen einer rechtsstaatlichen Planung.[577] Im Rahmen der gerichtlichen Überprüfung nach §§ 113, 114 VwGO hat insoweit eine Überprüfung der Verwaltungsentscheidung auf Abwägungsfehler zu erfolgen.[578]

(2) Grundsätze im Kartellrecht

Im Kartellrecht gilt für den Prüfungsumfang des Beschwerdegerichts § 71 GWB. Die Lücken des Kartellverfahrensrechts werden im Wege der Rechtsanalogie zur VwGO geschlossen.[579] Die Grundsätze der VwGO können jedoch nicht automatisch übernommen werden. Vielmehr muss stets überprüft werden, ob sie den Besonderheiten des Kartellverwaltungsverfahrens gerecht werden.

(3) Vergleichbarkeit

Es ist folglich zu untersuchen, ob das Kartellverfahrensrecht eine analoge Anwendung der Abwägungsfehlerlehre aus dem Verwaltungsgerichtsverfahren zulässt.
Bei der Entscheidung über die Ministererlaubnis hat ebenfalls eine Abwägung der verschiedenen Belange zu erfolgen. Nach allgemeiner Ansicht handelt es sich bei § 42 GWB nicht um eine Ermessensentscheidung, sondern um einen gebundenen Verwaltungsakt, der der Behörde einen Beurtei-

---

[577] Vgl. BVerwGE 56, 122.
[578] Auch wenn auf die gerichtliche Nachprüfung von Abwägungsentscheidungen im Verwaltungsrecht grundsätzlich § 114 VwGO (der für Ermessensentscheidungen gilt) entsprechende Anwendung findet, so bestehen doch klare Unterschiede zwischen der Ermessensfehlerlehre und der Abwägungsfehlerlehre, vgl. *Eyermann*, VwGO, § 114, Rn, 41.
[579] Vgl. *Werner*, in: Wiedemann, Handbuch des Kartellrechts, § 54, Rn. 63: ebenso durch Analogien zur ZPO, soweit in beiden Verfahrensordnungen übereinstimmende Regelungen enthalten sind. Wenn Abweichungen bestehen, wird die VwGO zugrunde gelegt, weil das Beschwerdeverfahren dem Verwaltungsprozess sachlich nahe steht, der auch vom Prinzip der Amtsaufklärung beherrscht wird.

lungsspielraum einräumt. Im Verwaltungsrecht findet § 114 VwGO, der sich seinem Wortlaut nach nur auf Ermessensfehler bezieht, auf Abwägungsfehler entsprechende Anwendung, auch wenn klare Unterschiede zur Ermessensfehlerlehre bestehen. Ebenso verfährt die Praxis im Kartellrecht, die § 71 Abs. 5 Satz 2 GWB entsprechend auf Verwaltungsakte mit Beurteilungsspielraum anwendet,[580] obwohl sich die Vorschrift dem Wortlaut nach auf Ermessensentscheidungen bezieht. Eine Vergleichbarkeit kann also angenommen werden.

(4) Indizien für die Vergleichbarkeit

Der zuletzt ergangene Beschluss des OLG Düsseldorf[581] könnte ein leichtes Anzeichen in diese Richtung sein: Der Senat äußert ernstliche Zweifel an der Rechtmäßigkeit der Ministererlaubnis wegen materiellrechtlicher Bedenken. Es stellt sich zunächst die Frage, ob § 71 Abs. 5 Satz 2 GWB auch bei der Anordnung der aufschiebenden Wirkung Anwendung findet, ob also der Prüfungsumfang innerhalb des einstweiligen Rechtsschutzes ebenfalls durch § 71 Abs. 5 GWB begrenzt ist. Stellt man den Vergleich zu § 80 Abs. 5 VwGO an, so gilt hier, dass bei Entscheidungen mit Beurteilungsspielraum dieser bereits im einstweiligen Rechtsschutz zu berücksichtigen ist.[582] Gleiches liegt auch für das Kartellverfahren nahe. Die Beschwerde gegen eine Ministererlaubnis kann nämlich nur dann aufschiebende Wirkung entfalten, wenn diese wegen ernstlicher Zweifel an ihrer Rechtmäßigkeit angeordnet wird. Das kann wiederum nur Sinn machen, wenn diese ernstlichen Zweifel später auch im Hauptsacheverfahren eine Rolle spielen, wenn also die Ministererlaubnis wegen genau dieser vermuteten Fehler auch aufgehoben werden kann. Würde das OLG die Schranke

---

[580] Oben 2. Teil, Fn. 534.
[581] Vgl. OLG Düsseldorf, E.ON/Ruhrgas, Beschluss III (Einleitung, Fn. 1), S. 50.
[582] Vgl. *Kopp/Schenke*, VwGO, § 80, Rn. 155.

des § 71 Abs. 5 Satz 2 GWB so streng nehmen, wie das teilweise gefordert wird, dürfte es bereits im Rahmen der einstweiligen Anordnung derartigen Rechtmäßigkeitsbedenken keinen Raum geben. In seiner Entscheidung jedoch stellt der Senat fest: Nach der Begründung der Ministererlaubnis könne diese nur dann erteilt werden, wenn den aus der Fusion resultierenden Wettbewerbsbeschränkungen alle tenorierten Auflagen entgegengesetzt werden, weil die Wettbewerbsbeschränkungen von den künftigen gesamtwirtschaftlichen Vorteilen der Fusion nur mit Hilfe der zusätzlichen Wirkungen der Auflagen aufgewogen werden. Dazu müssten die Auflagen rechtmäßig sein.[583] Ein Teil dieser verstoße nach dem Erkenntnisstand des Senats gegen die zwingende Vorschrift des § 40 Abs. 3 Satz 2 i.V.m. § 42 Abs. 2 Satz 2 GWB, das Verbot der laufenden Verhaltenskontrolle,[584] sei also wahrscheinlich rechtswidrig.

Zumindest lassen derartige Bedenken des Senats die Frage aufkommen, ob hier nicht implizit ein Abwägungsfehler geltend gemacht wird: Um die Wettbewerbsbeschränkungen auf ein Maß zu reduzieren, das eine positive Abwägungsentscheidung zugunsten der Gemeinwohlinteressen zulässt, sind die Auflagen in ihrer Gesamtheit erforderlich, davon darf keine rechtswidrig sein. Andernfalls wird die Bedeutung der betroffenen Belange verkannt (Abwägungsfehleinschätzung) und der Ausgleich in einer Weise vorgenommen, die zur Gewichtigkeit außer Verhältnis steht (Abwägungsdisproportionalität). Auch die Entscheidung des KG von 1977 kann in diese Richtung verstanden werden: „Nur das Subsumtionsergebnis ist der gerichtlichen Überprüfung entzogen, nicht die einzelnen festgestellten Erhebungen, Feststellungen und Erwägungen, die zur Ergebnisfindung erforderlich waren."[585] Letztlich ist das nichts anderes als eine verkürzte Darstellung der Abwägungsfehlerlehre.

---

[583] Vgl. OLG Düsseldorf, E.ON/Ruhrgas, Beschluss III (Einleitung, Fn. 1), S. 50 ff.
[584] Vgl. OLG Düsseldorf, E.ON/Ruhrgas, Beschluss III (Einleitung, Fn. 1), S. 52.
[585] Vgl. KG WuW/E OLG 1938 f. (Thyssen/Hüller).

(5) Ergebnis

Das Beschwerdegericht muss die Abwägungsentscheidung des Bundeswirtschaftsministers jedenfalls auf das Vorliegen von Abwägungsfehlern überprüfen können.

ee) Formelle Voraussetzungen der Ministererlaubnis

Die gerichtliche Überprüfung einer Ministererlaubnisentscheidung erstreckt sich in jedem Fall auf die Einhaltung der formellen Voraussetzungen einer Ministererlaubnis.[586] Dazu gehört neben dem Vorliegen einer Untersagungsverfügung durch das Bundeskartellamt vor allem die Beachtung der Normen, welche die Zuständigkeit, das der Ministerentscheidung vorausgehende Verwaltungsverfahren und die Form der Entscheidung regeln. Das OLG Düsseldorf hat in seinen Beschlüssen zur Ministererlaubnis E.ON/Ruhrgas entsprechend seinem Prüfungsumfang verschiedene Verfahrensmängel gerügt. In diesem konkreten Fall sind mehrere Streitpunkte aufgetreten, die jedoch alle unbestritten einer gerichtlichen Klärung zugänglich gewesen wären. Im Einzelnen ging es um die Frage, wer den Minister bei Befangenheit vertritt,[587] ob der Minister bei der öffentlichen mündlichen Verhandlung persönlich anwesend sein muss[588] und wie weit das Anhörungsrecht der Beigeladenen geht[589].

---

[586] Vgl. *Hermes/Wieland*, ZNER 2002, 158, 168.
[587] Vgl. hierzu E.ON/Ruhrgas I (Einleitung, Fn. 1), Tz. 88 ff.; E.ON/Ruhrgas II (Einleitung, Fn. 1), Tz. 53; *Staebe*, WuW 2003, 715 ff.; *Droege,* WuW 2002, 930 ff.; *Orth*, WRP 2003, 54 ff.; *Lenz*, NJW 2002, 2370 f.; *Hermes/Wieland*, ZNER 2002, 267 ff.; *Möschel*, BB 2002, 2077 f.; *Bunte*, BB 2002, 2393, 2394; *Meessen*, WuW 2002, 927; das OLG Düsseldorf ging in den drei Beschlüssen im einstweiligen Rechtsschutzverfahren von der Hypothese der Rechtmäßigkeit der Vertretung aus: OLG Düsseldorf, E.ON/Ruhrgas, Beschluss I (Einleitung, Fn. 1), S. 10; Beschluss II, S. 17; Beschluss III, S. 32, 51.
[588] Vgl. hierzu OLG Düsseldorf, E.ON/Ruhrgas, Beschluss I (Einleitung, Fn. 1), S. 10 ff.; Beschluss II, S. 18 ff.; *Möschel*, BB 2002, 2077; *Bunte*, BB 2002, 2393 f.; *Staebe*, WuW 2003, 718 ff.; *Meessen*, WuW 2002, 927.
[589] S. vorangegangene Fn.

Die formellen Voraussetzungen der Ministererlaubnis bilden folglich keinen eigenständigen Kontrollmechanismus, sondern leisten ihren Beitrag, indem sie die Kontrollfunktion von Öffentlichkeit und Parlament ermöglichen und selbst Bestandteil gerichtlicher Überprüfung sind.

ff) Fazit

Die erste (unbestrittene) Aufgabe des Beschwerdegerichts besteht darin, eine Ministerentscheidung auf formelle Fehler, also solche der Zuständigkeit, des Verfahrens und der Form hin zu überprüfen. Zudem muss es überprüfen, ob der Minister den Grundsatz der Bindungswirkung der Bundeskartellamtsentscheidung nicht missachtet hat und nicht eine eigene Beurteilung der Wettbewerbswirkungen des Zusammenschlussvorhabens vorgenommen hat.
Nach § 71 Abs. 5 Satz 2 GWB erstreckt sich der Prüfungsumfang des Gerichts jedoch nicht auf das Vorliegen der Tatbestandsmerkmale von § 42 Abs. 1 GWB. Ob gesamtwirtschaftliche Vorteile oder Interessen der Allgemeinheit vorliegen, konkret nachgewiesen wurden und der Grundsatz der Verhältnismäßigkeit bei der *Auswahl* der Gemeinwohlkriterien eingehalten wurden, ist der gerichtlichen Kontrolle entzogen. Allerdings hat das Gericht die Ministerentscheidung daraufhin zu überprüfen, ob Abwägungsfehler im verwaltungsrechtlichen Sinne gemacht wurden.

2. Schwächen der gerichtlichen Kontrolle

Die gerichtliche Kontrolle einer Ministererlaubnisentscheidung weist in den Fällen, in denen gegen eine positive Verfügung vorgegangen wird, erhebliche Schwächen auf. Das Gericht hat nur einen begrenzten Prüfungsumfang und darf die Würdigung und Bewertung der Gemeinwohlinteressen nicht beurteilen, sondern ist auf die Prüfung von formellen Fehlern und

Abwägungsfehlern beschränkt. Im Hinblick auf die Gemeinwohlbeurteilung ist der Minister also völlig frei.
Sofern dieses vor dem Hintergrund des politischen Beurteilungsspielraums des Ministers noch vertretbar scheinen mag, tritt ein weiterer Aspekt erschwerend hinzu: Diejenigen, denen wirklich daran gelegen ist, dass der Minister dem Gemeinwohl entsprechend entscheidet, kommen im Beschwerdeverfahren gar nicht erst zu Wort. Beschwerdeberechtigt sind nämlich unter Außenstehenden primär Unternehmen, die in ihren wirtschaftlichen Interessen berührt sind. Diese Unternehmen werden sich immer gegen einen Zusammenschluss wegen der wettbewerblichen Wirkungen wenden. Gesetzt den Fall, eine Ministererlaubnis ist fehlerhaft, ist mit ihr auch dem Gemeinwohl nicht gedient. Betroffen ist dann aber neben den Unternehmen vor allem „die Allgemeinheit", das bedeutet letztlich insbesondere die Verbraucher. Diese haben aber weder im Ministererlaubnisverfahren noch im Beschwerdeverfahren eine Stimme.[590] In einem Beschwerdeverfahren, das sich gegen eine rein wettbewerbliche Verfügung des Bundeskartellamtes richtet, macht diese Regelung durchaus Sinn. Hier geht es geht nur um wettbewerbliche Fragen. Eine Ministererlaubnis aber ist inhaltlich anderer Qualität. Sie steht eine Stufe über dem Wettbewerblichen und wird nur dann erteilt, wenn die viel besprochenen Gemeinwohlaspekte bei einem Zusammenschluss hinzutreten. Auch wenn dem Gericht die Würdigung der außerwettbewerblichen Belange entzogen ist, geht es in der Sache bei einer Beschwerde gegen eine Ministererlaubnis um eine Beschwerde gegen eine Gemeinwohlentscheidung.
Nun mag man der Ansicht sein, es mache keinen Unterschied, wer sich gegen die Ministererlaubnis wehrt, das Gericht kann ohnehin den materiellen Teil der Ministererlaubnis nicht überprüfen. Kein Gericht wird sich anma-

---

[590] Vgl. OLG Düsseldorf, Beschluss vom 2.10.2002, abrufbar unter: http://www.olg-duesseldorf.de/presse/material/entscheid/greenpeace.pdf, mit dem die Beschwerde von Greenpeace zurückgewiesen wurde, sowie die Zurückweisung der Beschwerde der Verbraucherzentrale Bundesverband e.V., unveröffentlicht, dazu *Mussler*, FAZ v. 3.2.2003, S. 13.

ßen, eine wirtschaftspolitische Entscheidung „besser" treffen zu können als der Bundeswirtschaftsminister mit seinem Beraterstab im Hintergrund. Der Fall E.ON/Ruhrgas hat hingegen gezeigt, dass es durchaus eine Rolle spielen kann, *wer* Beschwerdeführer ist. Mit den Wettbewerbern konnte sich E.ON in diesem Verfahren nämlich einigen, obwohl die Beschwerdeführer davon ausgehen konnten, dass ihre Beschwerden Erfolg haben würden. Das Ergebnis ist bekannt. Neben Geldzahlungen waren die Beschwerdeführer vor allem mit der Abgabe von Beteiligungen zu erreichen. Die Beschwerden wurden zurückgenommen und die Ministererlaubnis wurde damit bestandskräftig. Ob sich auch ein Verbraucherverband, eine Umweltschutzorganisation oder eine sonstige Interessenvertretung der Allgemeinheit in dieser Weise mit den fusionierenden Unternehmen geeinigt hätte, kann nicht sicher bejaht werden.

3. Reformbestrebungen

Die Probleme des Falls E.ON/Ruhrgas führten zu Diskussionen, ob und wie das Institut der Ministererlaubnis reformiert werden kann. Einerseits kommt darin die Problematik von Verfahrensfehlern zutage, die bei E.ON/Ruhrgas das Zusammenschlussvorhaben beinahe zum Scheitern gebracht hätte, andererseits werden Probleme der gerichtlichen Kontrolle ausgesprochen, die sich durch eine Reformierung beheben lassen könnten.
Der „Entwurf von Eckwerten der 7. GWB-Novelle"[591] geht davon aus, dass sich die Ministererlaubnis bewährt hat, dass das Verfahren aber „effektiver und praxisorientierter" ausgestaltet werden soll. Der Rechtsschutz gegen Entscheidungen über eine Ministererlaubnis soll zwar unangetastet bleiben, „Verfahrensregelungen dürfen aber nicht zulassen, dass notwendige Investitionen, die im überwiegenden Gemeinwohlinteresse liegen, von Dritten

---

[591] *Bundesministerium für Wirtschaft und Arbeit*, Entwurf von Eckwerten einer 7. GWB-Novelle.

unangemessen lange hinausgezögert werden".[592] Daher ist geplant, die Möglichkeiten Dritter auf einstweiligen Rechtsschutz zu begrenzen.[593] Bundeswirtschaftsminister Clement selbst spricht sich für eine „Stärkung" der Ministererlaubnis aus.[594] Vorschläge von mehreren Seiten für eine konkretere gesetzliche Ausgestaltung des Ministererlaubnisverfahrens gibt es bereits.[595] So könnten vor allem die Anforderungen an das Verfahren und auch die Vertretung des Ministers gesetzlich geregelt werden, um derartige Unklarheiten (die mangels gerichtlicher Entscheidung bis zum heutigen Zeitpunkt bestehen), wie sie im Fall E.ON/Ruhrgas aufgetreten sind, in Zukunft weitestmöglich zu vermeiden.[596]

4. Ergebnis

Auch die gerichtliche Kontrolle zeigt sich nach den dargestellten Grundsätzen als nicht ausreichend. Obwohl es in Bezug auf die Regelung des § 42 GWB nur eine Hauptsacheentscheidung und ein Eilverfahren gegen eine Ministererlaubnisentscheidung gibt, liegen keine Anhaltspunkte dafür vor, dass eine effektive gerichtliche Kontrolle gewährleistet sein könnte. Auch die Reformbestrebungen der Bundesregierung versprechen keine Besserung im Hinblick auf eine effektive gerichtliche Überprüfbarkeit der ministeriellen Ausnahme.

---

[592] *Bundesministerium für Wirtschaft und Arbeit*, Entwurf von Eckwerten einer 7. GWB-Novelle, S. 7; vgl. auch FAZ v. 5.3.2003, S. 11.
[593] S. oben D. IV. 1. b) a.E.
[594] Vgl. FAZ v. 20.1.2003, S. 11; FAZ v. 20.5.2003, S. 12 ; Handelsblatt v. 20.1.2003, S. 8.
[595] Vgl. etwa die Vorschläge *Staebes*, WuW 2003, 714 ff.; insbesondere aber *Bundesministerium für Wirtschaft und Arbeit*, Referentenentwurf v. 17.12.2003; dazu *Bechtold*, BB 2004, 235 ff.
[596] Im Referentenentwurf ist daher etwa die Formulierung vorgesehen, dass das Bundesministerium eine öffentliche mündliche Verhandlung durchzuführen hat und nicht der Minister persönlich, § 56 Abs. 3 des Entwurfs, vgl. auch *Bechtold*, BB 2004, 235, 236.

V. Kontrolle durch die normative Grenze: Gefährdung der marktwirtschaftlichen Ordnung

Eine Ministererlaubnis kann den Wettbewerb bis zur Grenze der Gefährdung der marktwirtschaftlichen Ordnung beschränken.[597] Die Vorschrift des § 42 GWB selbst enthält damit einen Kontrollmechanismus, der ihre Anwendung überhaupt verhindert, sobald es durch einen Zusammenschluss um die marktwirtschaftliche Ordnung schlecht steht. Die Monopolkommission hat diese Gesetzesformulierung bereits in ihrem ersten zu einer Ministererlaubnis ergangenen Sondergutachten konkretisiert: Danach kann es nicht darum gehen, ob ein Zusammenschluss die marktwirtschaftlichen Prozesse im Geltungsbereich des GWB überhaupt unmöglich macht. Vielmehr liegt eine Gefährdung der marktwirtschaftlichen Ordnung dann vor, wenn auf Bedarfsmärkten, die wegen ihrer Größe und Dringlichkeit, mit der ihre Produkte für Konsumzwecke oder im Produktionsprozess benötigt werden, eine erhebliche Bedeutung für die Gesamtwirtschaft haben, die Substitutionsbeziehungen grob verfälscht oder dem Wettbewerb entzogen werden.[598] Daraus folgt, dass im Einzelfall auf „weniger wichtigen" Märkten der Wettbewerb auch zum Erliegen kommen kann.[599] Die Grenze der Gefährdung der marktwirtschaftlichen Ordnung ist damit relativ weit gefasst und Wettbewerbsbeschränkungen können mit einer Ministererlaubnis in erheblichem Umfang hingenommen werden. In der Praxis der Ministererlaubnis war diese Einschränkung des § 42 GWB nie ein Grund dafür, eine Ministererlaubnis nicht zu erteilen, und sie wurde

---

[597] § 42 Abs. 1 Satz 3 GWB: „Die Erlaubnis darf nur erteilt werden, wenn durch das Ausmaß der Wettbewerbsbeschränkung die marktwirtschaftliche Ordnung nicht gefährdet wird."
[598] *Monopolkommission*, Sondergutachten 2, Tz. 31.
[599] Vgl. FK-*Quack*, § 24 a.F., Rn. 136; GK-*Harms*, § 42 a.F., Rn. 1186; *Kleinmann/Bechtold*, Fusionskontrolle § 24, Rn. 324; nach *Emmerich*, AG 1978, 150, 153, ist die Grenze der Gefährdung der marktwirtschaftlichen Ordnung aber dann erreicht, wenn durch einen Zusammenschluss die Struktur der Gesamtwirtschaft nachhaltig negativ tangiert wird, weil er auf zahlreichen wichtigen Märkten zum Aufbau oder zur Verstärkung marktbeherrschender Stellungen führt.

in den Entscheidungen nicht geprüft.[600] Daher kann dieser tatbestandlichen Einschränkung keine besondere Bedeutung als Kontrollmechanismus zugemessen werden.[601]

VI. Ergebnis

Die Kontrollfunktion von Parlament, Öffentlichkeit und auch Monopolkommission kann weitgehend einheitlich beurteilt werden: Es bestehen zwar Möglichkeiten zur Kontrolle des Bundeswirtschaftsministers, diese sind aber extrem begrenzt und haben sich in der Vergangenheit im Regelfall als nicht effektiv herausgestellt. Der Zusammenhang mit den dirigistischen Tendenzen bei bestimmten Entscheidungen kann nicht übersehen werden: Bei den Entscheidungen, die eindeutig im Interesse der Bundesregierung bzw. des Bundeswirtschaftsministeriums lagen, versagte eine effektive Kontrolle. Eine Ausnahme bildete bislang der Bereich der Pressefusionskontrolle. Der Natur der Sache gemäß wurde über den dafür stehenden Beispielsfällen extrem ausführlich und kritisch in der Presse berichtet. In beiden Fällen kam es nicht zur Erteilung der Ministererlaubnis. Die gerichtliche Kontrolle kann anhand der Erfahrungen ebenfalls nur als gering bewertet werden. Der Prüfungsumfang ist zu beschränkt und gerade der Fall E.ON/Ruhrgas hat aufgezeigt, dass die gerichtlichen Überprüfungsmöglichkeiten einer Ministererlaubnis sehr begrenzt sind. Die anstehenden Reformpläne vermögen diese Schwächen nicht zu beheben.

---

[600] Insbesondere bei Daimler-Benz/MBB schien diese Frage wegen der Kumulation marktbeherrschender Stellungen in gesamtwirtschaftlich wichtigen Bereichen „unabweisbar", wurde aber weder von der Monopolkommission noch vom Bundeswirtschaftsminister gründlich geprüft, vgl. IM-*Mestmäcker/Veelken*, GWB, § 42, Rn. 12.
[601] So auch GK-*Bosch*, § 42, Rn. 12.

E. Zusammenfassung

Blickt man auf die Erfahrungen mit der Ministererlaubnis seit ihrer Einführung im Jahre 1973 zurück, so muss festgestellt werden, dass sie sich nicht bewährt hat. Die vormaligen Gründe für die Aufnahme einer politischen Ausnahmevorschrift in die Fusionskontrollregelung bestehen zu einem erheblichen Teil heute nicht mehr oder haben sich rückblickend nicht bewahrheitet. Nach wie vor gibt es erhebliche, begründete ordnungspolitische Bedenken, die auch nicht durch die bisherige Ausübungspraxis widerlegt worden sind. Ein politischer Entscheidungsträger ist in hohem Maße für Einflussnahmen durch Interessenvertreter und einzelne Unternehmen anfällig. Auch verführt die Ministererlaubnis dazu, sie zu industriepolitischen Zwecken zu gebrauchen, die sich vom eigentlichen Gemeinwohlcharakter der Regelung weit entfernen. In der Konsequenz kann das bedeuten, dass die industriepolitischen Vorteile eines Zusammenschlussvorhabens deutlich überschätzt werden.[602]

Die Kontrolle des Ministers durch Öffentlichkeit, Parlament und auch Monopolkommission hat sich sogar in den umstrittensten Fällen – abgesehen von den Zusammenschlüssen im Pressebereich – in Grenzen gehalten. Wenn deutliche Worte gesprochen wurden, hat sich der jeweilige Minister dennoch nicht von einer positiven Entscheidung abbringen lassen. Der wichtigste Kontrollmechanismus bei einer solchen Entscheidung ist nach wie vor die gerichtliche Kontrolle. Gerade diese versagt aber wegen des politischen Beurteilungsspielraums des Ministers, der den Gerichten jegliche inhaltliche Überprüfung der Gemeinwohlaspekte versagt. Und gerade die Gemeinwohlvorteile bilden einen starken Angriffspunkt der Regelung, denn sie sind weder verlässlich noch vorhersehbar oder geeignet.

---

[602] Vgl. *Kantzenbach,* WuW 1990, 116, 121; *Kögel,* Die Angleichung der deutschen an die europäische Fusionskontrolle, S. 396.

Dennoch hat die Untersuchung der Anwendungsfälle der Ministererlaubnis nicht widerlegt, dass im Ausnahmefall die Möglichkeit von Zielkonflikten zwischen der Aufrechterhaltung wirksamen Wettbewerbs und anderen politischen Zielen besteht.[603] Zwar haben sich die Gemeinwohlargumente für die bisherigen Ausnahmegenehmigungen in der Mehrzahl anders entwickelt und so gut wie nie rückblickend bestätigt, dennoch muss anerkannt werden, dass es durchaus wettbewerbsbeschränkende Unternehmenszusammenschlüsse geben kann, die gesamtwirtschaftlich vorteilhaft sind bzw. überragenden Interessen dienen. Das ergibt sich bereits aus der Unterschiedlichkeit der Materien – das eine schließt nicht notwendigerweise das andere aus. Doch kann man daraus nicht den Schluss ziehen, dass die Ministererlaubnis allein wegen der Möglichkeit von Zielkonflikten beibehalten werden sollte.[604] Die Erfahrungen haben vielmehr gezeigt, dass sich ein derart weiter Beurteilungsspielraum nicht praktizieren lässt. Für die Unternehmen sind Ministerentscheidungen nicht vorhersehbar und die Gefahr von Fehlprognosen ist hoch. Die Ministererlaubnis ist daher nicht das geeignete Instrument zur Lösung von Zielkonflikten zwischen Wettbewerbsschutz und sonstigen Gemeinwohlzielen. Die Konfliktlösung wird einem politischen Entscheidungsprozess überantwortet, der auf Grund der Unbestimmtheit der Entscheidungskriterien und der unzureichenden Rechtskontrolle vielfältige Möglichkeiten politischer Einflussnahme bietet und zu industriepolitischen Zwecken einsetzbar ist.[605] Die Tatsache, dass die bisherige Verwaltungspraxis sehr restriktiv war, ist überwiegend auf den ho-

---

[603] Zur Möglichkeit von Zielkonflikten zwischen dem Wettbewerbsschutz und sonstigen Gemeinwohlzielen vgl. statt vieler *Kögel*, Die Angleichung der deutschen an die europäische Fusionskontrolle, S. 393 f., *Willeke*, Wettbewerbspolitik, S. 383, *I. Schmidt*, Wettbewerbspolitik und Kartellrecht, S. 81 ff., insbes. S. 113 f.; *Schmidt/Röhrich*, WiSt 1992, 179.

[604] So aber Kantzenbach: „Wer für die Abschaffung der Ministererlaubnis plädiert, muss entweder die Möglichkeit von Zielkonflikten zwischen wettbewerbspolitischen und anderen politischen Zielen leugnen oder im Falle der Konfliktsituation für den absoluten Vorrang der Wettbewerbspolitik eintreten, *Kantzenbach*, in: Der Einfluss des Staates auf den Wettbewerb, S. 41.

[605] Vgl. auch *Kögel*, Die Angleichung der deutschen an die europäische Fusionskontrolle, S. 397; *Noll*, Wettbewerbs- und ordnungspolitische Probleme der Konzentration, S. 195.

hen ordnungspolitischen Grundkonsens in der Bundesrepublik und nicht auf die Existenz verfahrensrechtlicher Sicherungen zurückzuführen.[606] Daher kann die zurückhaltende Anwendung der Ausnahmeregelung kein Argument für die Ministererlaubnis sein.

Die Ministererlaubnis ist nicht nur nicht geeignet, sondern auch nicht erforderlich, um eventuell auftauchende Zielkonflikte zu lösen. Andere wirtschaftspolitische Instrumente sind geeigneter, die konkreten Gemeinwohlziele zu erreichen. Die ausnahmsweise Genehmigung eines Unternehmenszusammenschlusses ist hierzu nicht nötig.

---

[606] *Kögel*, Die Angleichung der deutschen an die europäische Fusionskontrolle, S. 397; *Noll*, Wettbewerbs- und ordnungspolitische Probleme der Konzentration, S. 195.

3. Teil: Konsequenzen einer zukünftigen Abschaffung

Nachdem im Rückblick auf die Erlaubnispraxis im Bundeswirtschaftsministerium festgestellt wurde, dass die Ministererlaubnis sich bislang offenbar nicht bewährt hat, stellt sich die Frage, welche Konsequenzen es haben kann, wenn § 42 GWB aus dem Regelungskatalog der Fusionskontrolle gestrichen wird. Das bedeutet, dass aufgezeigt werden muss, wie eine Fusionskontrolle in Deutschland aussehen würde, wenn der Bundeswirtschaftsminister im Fusionskontrollverfahren nicht mehr als eigenständige Instanz auftauchen würde, sondern ausschließlich das Bundeskartellamt für die Prüfung und Beurteilung von Unternehmenszusammenschlüssen zuständig wäre. Die Befürworter der Ministererlaubnis erkennen in der deutschen Besonderheit der Ministererlaubnis Vorteile, die nach einer Streichung der Norm wegfallen würden. Mögliche Probleme einer solchen Reform müssen daher skizziert werden, auch wenn auf Erfahrungswerte nicht zurückgegriffen werden kann. Denn die Fusionskontrolle in Deutschland hat seit ihrer Einführung die Ausnahmevorschrift weitgehend unverändert beibehalten und die Erfahrungen mit Regelungssystemen in anderen Ländern können mit dem deutschen nur bedingt verglichen werden.

A. Fusionskontrolle ohne Ausnahmeregelung

Die erste sichtbare Konsequenz einer Abschaffung der Ministererlaubnis in der Fusionskontrolle ist, dass es nur noch eine einstufige Prüfung von Unternehmenszusammenschlüssen durch das Bundeskartellamt als einzig zuständige Behörde gibt. Ob ein Zusammenschluss freigegeben wird, wird auf der Grundlage rein wettbewerblicher Kriterien beurteilt, ohne dass es die Möglichkeit mehr gibt, in einer zweiten Stufe nicht-wettbewerbliche Aspekte einer Fusion in die Beurteilung ihrer kartellrechtlichen Zulässigkeit einzubeziehen. Die Zusammenschlusskontrolle erfolgt dann nach einer reinen, strikten *rule of law*, die Spielräume nicht zulässt: Unternehmenszusammenschlüsse, von denen zu erwarten ist, dass sie zur Entstehung oder Verstärkung einer marktbeherrschenden Stellung i.S.d. § 19 Abs. 2, 3 GWB führen werden, sind grundsätzlich verboten. Normative Ausnahmen hiervon aufgrund außerwettbewerblicher Gesichtspunkte sind nicht berücksichtigungsfähig.[1] Sofern die Unternehmen mit der Entscheidung des Kartellamtes nicht zufrieden sind, bleibt ihnen der Rechtsweg durch Einlegung der Beschwerde.[2]

B. Mögliche Probleme

Für die Beibehaltung der Ministererlaubnis werden von ihren Befürwortern im Wesentlichen zwei Hauptargumente ins Feld geführt:

1. Sie berücksichtigt die Möglichkeit von Zielkonflikten zwischen Wettbewerbsschutz und anderen wirtschafts- oder gesellschaftspolitischen Zielen und bildet ein notwendiges Korrektiv der reinen Wettbewerbspolitik.[3]
2. Durch die Zweistufigkeit des Verfahrens wird die Offenlegung der Bewertungsmaßstäbe ermöglicht und die Autorität des Bundeskartellamtes in zweifacher Weise gewahrt: Einerseits wird es von politischen Einflüssen (evt. von Seiten des Ministers oder der Bundesregierung direkt) bewahrt, andererseits werden jegliche sonstige Einflüsse (etwa von Seiten der beteiligten Unternehmen) auf den Minister umgelenkt.[4]

---

[1] Wenn den Unternehmen allerdings der Nachweis gelingt, dass mit dem Zusammenschluss *Wettbewerbsverbesserungen* verbunden sind und diese die Nachteile der Marktbeherrschung überwiegen, wird ein Verbot nicht ausgesprochen, § 36 Abs. 1 a.E. GWB.
[2] §§ 63 ff. GWB.
[3] Vgl. insbesondere *v. Weizsäcker*, FAZ v. 3.6.2002, S. 8; *Kantzenbach*, WuW 1990, 116, 121; *Bechtold*, GWB, § 42, Rn. 1; *Wilkens*, Neues Wirtschaftsrecht 2002, S. 6.
[4] Vgl. *v. Weizsäcker*, FAZ v. 3.6.2002, S. 8; *Mönch-Tegeder*, Energiewirtschaftliche Tagesfragen 4/2002, S. 202; *Schlecht*, FAZ v. 22.8.2002, S. 8; *Kantzenbach*, WuW 2002, 1039; *Basedow*, EuZW 2002, 417; *Dreher*, WuW 2002, 665; IM-*Mestmäcker/Veelken*, GWB, § 42, Rn. 1 f.; *Bechtold*, GWB, § 42, Rn. 1; *Wolf*, FAZ v. 5.11.1994, S. 15; *Wilkens*, Neues Wirtschaftsrecht 2002, S. 8.

Diese Vorteile des deutschen Systems entfallen, wenn § 42 GWB nicht mehr Bestandteil der Fusionskontrolle ist. Zum einen finden die bislang in Ministererlaubnisverfahren angeführten Gemeinwohlgründe bei der Überprüfung, ob ein Zusammenschluss genehmigungsfähig ist, keine Berücksichtigung mehr. Zum anderen wird das Bundeskartellamt vor politischen Einflussnahmen nicht mehr geschützt und läuft Gefahr, an Integrität und Ansehen einzubüßen.

I. Keine Berücksichtigung wettbewerbstranszendierender Wirkungen

Ein Zusammenschluss, der überwiegende Vorteile für das Gemeinwohl bietet, wird ohne Regelung der Ministererlaubnis bei wettbewerbsbeschränkender Wirkung verboten, die Unternehmen haben keine Möglichkeit, außerwettbewerbliche Argumente im Verfahren vor dem Bundeskartellamt anzuführen. Das bezieht sich sowohl auf wirtschaftliche, als auch auf gesellschaftliche und allgemeinpolitische Gesichtspunkte.[5] Nur die Sanierungsfusion wird weiterhin Bestandteil der kartellamtlichen Prüfung sein, und zwar nach den Grundsätzen, die das Bundeskartellamt in der Vergangenheit entwickelt und bislang bereits angewendet hat.[6] Ansonsten bleibt es bei dem bislang ohnedies in den meisten Zusammenschlussvorhaben ausschließlich durchgeführten Fusionskontrollverfahren beim Bundeskartellamt.

---

[5] Zielkonflikte (dazu oben 2. Teil, E.) mit der Aufrechterhaltung wirksamen Wettbewerbs gibt es also in verschiedenen Ausgestaltungen. Im Vordergrund der wettbewerbspolitischen Diskussionen stehen heutzutage insbesondere der Konflikt zwischen Wettbewerbsschutz und Effizienzvorteilen eines Zusammenschlusses, sowie der zwischen Wettbewerbsschutz und der internationalen Wettbewerbsfähigkeit sowie dem technischen Fortschritt. Eine detaillierte Unterscheidung und Definition der verschiedenen kollidierenden (überwiegend wirtschaftlichen) Zielsetzungen ist jedoch hier nicht erforderlich. Es geht lediglich um die abstrakte Möglichkeit der Berücksichtigung von Zielkonflikten überhaupt, die bei einer ausschließlich wettbewerblich ausgerichteten Prüfung durch das Bundeskartellamt zwangsläufig unterbleibt.

[6] Oben 2. Teil, B. II. 2.

1. Ein Rückblick auf die vergangenen Erfahrungen mit der Ministererlaubnis relativiert diese Problematik: Unternehmen haben sehr selten den Antrag auf die Ausnahmeerlaubnis gestellt, und in den seltensten Fällen war langfristig gesehen ein Unternehmenszusammenschluss unerlässlich, um gesamtwirtschaftliche Vorteile oder Interessen der Allgemeinheit zu verwirklichen. Das Arbeitsplatzargument hat sich als gänzlich ungeeignet erwiesen, ebenso das der Meinungs- und Pressevielfalt. Die Wahrscheinlichkeit von gesamtwirtschaftlich erheblichen Rationalisierungsvorteilen einer Fusion ist nach den Erfahrungen in Deutschland denkbar gering und die Aspekte der Versorgungssicherheit sowie der internationalen Wettbewerbsfähigkeit haben sich neben den anderen in Ministererlaubnisverfahren geprüften Gemeinwohlgründen auch vor dem Hintergrund der Rechtssicherheit nicht bewährt.[7] Generell waren bisher Unternehmenszusammenschlüsse so gut wie nicht geeignet, die erhofften positiven Wirkungen für die Allgemeinheit hervorzurufen, die Praxis hat eher zu Unsicherheiten geführt. Allerdings ist damit, wie bereits gezeigt, die theoretische Möglichkeit derartiger Zielkonflikte nicht abgetan. Nach wie vor muss davon ausgegangen werden, dass möglicherweise ein Unternehmenszusammenschluss neben den wettbewerbsbeeinträchtigenden auch solche Wirkungen haben kann, die über den Wettbewerb hinaus wünschens- und erstrebenswert sind.[8] Daher wäre für den Fall, dass ein Zusammenschluss einen Beitrag zur Steigerung der (wirtschaftlichen) Gesamtwohlfahrt tatsächlich zu leisten vermag, eine Berücksichtigung dieser nach normativen Maßstäben nicht mehr möglich. Das Bundeskartellamt könnte nach bisher geltenden

---

[7] Aufgezeigt wurde dies oben 2. Teil, B.
[8] Von den Befürwortern der Ministererlaubnis wird daher insbesondere die Fusion Daimler-Benz/MBB angeführt mit dem Argument, dass der Airbus ohne die damalige Ministererlaubnis wahrscheinlich nicht mehr oder zumindest ohne deutsche Beteiligung existieren würde, vgl. *v. Weizsäcker*, FAZ v. 3.6.2002, S. 8, und *Schlecht*, FAZ v. 22.8.2002, S. 8. Ob eine andere politische Lösung für das damalige Problem hätte gefunden werden können, wenn nicht die Ministererlaubnis erteilt worden wäre, kann aus heutiger Sicht nicht beurteilt werden.

Maßstäben dem jedenfalls nicht Rechnung tragen, ebenso wenig wie die Beschwerdegerichte.

2. Man kommt nicht umhin, an dieser Stelle einen – wenn auch oberflächlichen – Blick auf andere Wettbewerbsordnungen zu werfen. Dies vor allem deshalb, weil das Problem der Zielkonflikte zwischen Wettbewerbsschutz und anderen (zumeist wirtschaftlichen) Zielen jeder normativen Ausformulierung von wettbewerbspolitischen Grundsätzen in einer Rechtsordnung immanent ist. Deshalb muss kurz dargestellt werden, wie diese Zielkonflikte in anderen Wettbewerbsrechtssystemen Berücksichtigung finden. Es kann hier kein unfassender Vergleich mit den Wettbewerbsordnungen, insbesondere den Fusionskontrollregelungen in anderen Rechtssystemen, vorgenommen werden. Ein solcher müsste sich auf der Ebene des Verfahrens, der materiellen Kriterien und der institutionellen Ausgestaltung einer Fusionskontrolle abspielen, um zuletzt die Fallpraxis gegenüberzustellen und eine Vergleichbarkeit zu schaffen. Dennoch kann in aller gebotenen Kürze dargestellt werden, dass die deutsche Regelung der Ministererlaubnis jedenfalls in den für den wettbewerblichen Vergleich wichtigsten Zusammenschlussordnungen der USA und der EU kein Pendant hat. Ein oberflächlicher Blick auf diese Regelungen, wie auch auf diejenigen Frankreichs und Großbritannien, zeigt aber auch, dass keine dieser Fusionskontrollordnungen eine solche, strikt wettbewerblich orientierte Prüfung eines Zusammenschlusses vorsieht wie das GWB für das Bundeskartellamt in Deutschland – obwohl der Wettbewerbsschutz wichtiges Ziel dieser Regelungen ist.[9] In anderen Systemen besteht zumindest die Möglichkeit, auch andere (wirtschaftliche) Aspekte in der wettbewerblichen Beurteilung eines Zusammenschlusses zu berücksichtigen.

---

[9] *Möschel*, in: FS Rittner, S. 410.

Für die europäische Zusammenschlusskontrolle gilt, dass sie trotz ihrer grundsätzlich wettbewerblich orientierten Ausrichtung und Zielsetzung verschiedene potenzielle Einbruchstellen für die Berücksichtigung nichtwettbewerblicher Faktoren hat. Auch innerhalb der europäischen Regelungen gibt es Beurteilungsspielräume, die eine Berücksichtigung außerwettbewerblicher Ziele zulassen.[10] Allerdings sind es vorrangig wirtschaftliche Gesichtspunkte, die in die Beurteilung eines Zusammenschlussvorhabens einfließen können. Vergleichbare Formulierungen wie etwa „überragende Interessen der Allgemeinheit" des § 42 GWB tauchen als Gegenpart zum Wettbewerbsschutz nicht auf.

Obwohl die bisherige Fallpraxis der Europäischen Kommission sich dadurch auszeichnet, dass der wirksame Schutz des Wettbewerbs gegen die Marktbeherrschung durch Zusammenschlüsse in der absoluten Mehrzahl der Entscheidungen im Vordergrund gestanden hat und wettbewerbliche Gesichtspunkte den Ausschlag gegeben haben, so gab es auch Fälle, in denen außerwettbewerbliche Gesichtspunkte eine Entscheidung beeinflusst haben.[11] Einem möglichen Zielkonflikt zwischen Wettbewerbsschutz und Gemeinwohlvorteilen wirtschaftspolitischer Art kann also nach europäischem Recht Rechnung getragen werden – auch wenn dessen Lösung von der konkreten Ausgestaltung des Einzelfalles abhängt und dann wenig transparent und nicht vorhersehbar ist.

Auch das US-amerikanische Kartellrecht ist geprägt durch eine primär wettbewerbliche Ausrichtung. Zentrale Vorschrift der Fusionskontrolle ist sec. 7 Clayton Act, der den Erwerb von Kapitalanteilen oder Vermögen verbietet, soweit der Erwerb eine wesentliche Beeinträchtigung des Wett-

---

[10] Vgl. *Mische*, Nicht-wettbewerbliche Faktoren in der europäischen Fusionskontrolle, S. 154, sowie oben 2. Teil, C. II. 2. a).
[11] Vgl. dazu *Mische*, Nicht-wettbewerbliche Faktoren in der europäischen Fusionskontrolle, S. 325.

bewerbs bewirken kann oder geeignet ist, ein Monopol zu bilden.[12] Konkretisierung erfahren die Eingriffskriterien durch die 1968 von der Antitrust Division des Departement of Justice herausgegebenen und 1982/84 bzw. 1992, 1997 aktualisierten Merger Guidelines. Sie sind Richtlinien ohne Gesetzesrang (in der Praxis aber von hoher Bedeutung), konkretisieren die Umstände, unter denen die Behörden normalerweise einschreiten und führen mögliche anerkennungswürdige Rechtfertigungsgründe für eine Fusion an.[13] Im Fokus der Fusionskontrolle steht die Verhinderung von Marktmachtzuwächsen. Aber auch hier gibt es „Ausnahmen". Zum einen kann ein Zusammenschluss nach den Grundsätzen über die Sanierungsfusion („Failing Firm Defense") beurteilt werden.[14] Zum anderen können in der amerikanischen Fusionskontrolle im Rahmen der sog. „Efficiency Defense" wirtschaftliche Effizienzgewinne, von denen das Gesamtwohl einer Volkswirtschaft potenziell profitieren kann, Berücksichtigung finden.[15] Darüber hinausgehende gesellschaftspolitische Zusammenschlussvorteile, wie Arbeitsmarktinteressen o.Ä. werden nicht berücksichtigt.[16]

In den Wettbewerbsordnungen Frankreichs und Großbritanniens fanden außerwettbewerbliche Gesichtspunkte bei der Beurteilung eines Zusammenschlusses bislang besondere Beachtung. Insbesondere in Frankreich

---

[12] „... where the effect of such acquisition may be substantially to lessen competition or tend to create a monopoly ..."
[13] U.S. DOJ and FTC, Horizontal Merger Guidelines, 1992 (revidiert 1997); vgl. *I. Schmidt*, Wettbewerbspolitik und Kartellrecht, S. 257; *Immenga/Stopper*, RIW 2001, 513 m.w.N.
[14] Zur Sanierungsfusion und den von der EU-Kommission und vom Bundeskartellamt angewendeten Grundsätzen vgl. oben 2. Teil, B. II. 2.b). Vordergründig bestehen keine tiefgreifenden Unterschiede in der Behandlung der Sanierungssituation eines Unternehmens in den drei Rechtsordnungen; auch in Deutschland und in Europa handelt es sich bei dieser Konstellation nicht um ein „außerwettbewerbliches Problem", sondern es ist Bestandteil der wettbewerblichen Beurteilung einer Fusion durch Bundeskartellamt bzw. EU-Kommission. Zum Einfluss dieser US-rechtlichen Doktrin auf das Europäische Wettbewerbsrecht vgl. *Fleischer/Körber*, WuW 2001, 6, 10 ff.
[15] Zur Berücksichtigung des Effizienzgedankens vgl. statt vieler *Immenga/Stopper*, RIW 2001, 515 ff. m.w.N.; *Kinne*, Effizienzvorteile in der Zusammenschlusskontrolle, S. 144 ff.; *Westerhausen*, Relevanz von Effizienzvorteilen in der US-amerikanischen und deutschen Fusionskontrolle, S. 20 ff.
[16] *Kinne*, Effizienzvorteile in der Zusammenschlusskontrolle, S. 144.

werden Zusammenschlüsse eher als Mittel zur Steigerung der gesamtwirtschaftlichen Wohlfahrt denn als Gefahr für die Wettbewerbsordnung angesehen.[17] Die französische Wettbewerbspolitik ist hauptsächlich auf die Förderung der ökonomischen Effizienz ausgerichtet, das französische Kartellrecht verstand sich traditionell eher als ein Instrument staatlicher Wirtschaftslenkung[18] und geht daher über die in § 42 GWB verankerten Wertungen weit hinaus.[19] Insofern wird dort eher Industriepolitik betrieben. Auch in Großbritannien wurden Fusionen bislang nicht per se als schlecht empfunden, überprüft wurde lediglich, ob die Wettbewerbsbeschränkungen das „öffentliche Interesse" beeinträchtigen.[20] Die Fusionskontrolle war daher sehr zurückhaltend und Fusionen wurden als Mittel angesehen, um die Effizienz und damit die internationale Wettbewerbsfähigkeit der britischen Wirtschaft zu steigern. Die Reform des britischen Wettbewerbsrechts durch den Enterprise Act 2002[21] brachte hier allerdings Veränderungen. Nur in Ausnahmefällen kann danach ein Zusammenschluss vom Minister aus Gründen des nationalen Interesses erlaubt oder untersagt werden.[22] Der weite Kontrollmaßstab des „öffentlichen Interesses" wurde fallen gelassen und durch einen engeren Prüfungsmaßstab ersetzt, der nur die möglichen Auswirkungen auf den Wettbewerb ins Auge fasst. Dabei können aber Verbrauchervorteile ausgleichend berücksichtigt werden.[23] Damit vollzieht sich in Großbritannien ein Wandel, der in Richtung einer strengeren Fusionskontrolle (die sich an der europäischen orientiert) geht, die aber den-

---

[17] Zur französischen Fusionskontrolle vgl. *I. Schmidt*, Wettbewerbspolitik und Kartellrecht, S. 195 ff.; *Kantzenbach*, WuW 1990, 116, 120; ausführlich *Volkers*, Erlaubnis wettbewerbsbeschränkender Zusammenschlüsse, S. 225 ff., 347 ff.

[18] *Möschel*, in: FS Rittner, S. 408.

[19] Vgl. *Schwintowski*, Die Abwägungsklausel in der Fusionskontrolle, S. 24.

[20] Zur britischen Fusionskontrolle vgl. *Kantzenbach*, WuW 1990, 116, 120; *Spreng*, RIW 2003, 433, 434; *I. Schmidt*, Wettbewerbspolitik und Kartellrecht, S. 185 ff.; ausführlich *Volkers*, Erlaubnis wettbewerbsbeschränkender Zusammenschlüsse, S. 143 ff., 347 ff.

[21] Abrufbar unter: http//www.hmso.gov.uk/acts/acts2002/20020040.htm (22.9.2004).

[22] Danach gilt zunächst die nationale Sicherheit als solcher Grund, per Rechtsverordnung können aber noch andere Faktoren als Gründe des öffentlichen Interesses deklariert werden.

[23] Zur Reform des britischen Wettbewerbsrechts insgesamt vgl. *Spreng*, RIW 2003, 433 ff.; *Krohs/ Reimann*, WuW 2003, 1266 ff.; *Wilkens*, Der Zusammenschluss E.ON/Ruhrgas, S. 9.

noch die Möglichkeit von Ausnahmen durch den zuständigen Minister aufgrund außerwettbewerblicher Gesichtspunkte berücksichtigt. Auch hier wird also eine Lösung möglicher Zielkonflikte offen gehalten.

3. Die Regelung der Ministererlaubnis in der Bundesrepublik Deutschland steht im Vergleich zu anderen Wettbewerbsordnungen wegen der Zweistufigkeit des Verfahrens für eine Transparenz der Bewertungsmaßstäbe.[24] Sofern aber mit Streichung der Ministererlaubnis jegliche außerwettbewerblichen Gesichtspunkte aus der Fusionskontrolle entfernt werden, wendet sich dieser Vorteil der Ministererlaubnis vordergründig nicht zum Nachteil. Wenn nämlich überhaupt keine außerwettbewerblichen Gesichtspunkte in der kartellrechtlichen Beurteilung einer Fusion eine Rolle spielen, brauchen diese auch nicht transparent gemacht zu werden. Die wettbewerblichen Kriterien des Bundeskartellamtes sind bekannt und kommen in der jeweiligen Verfügung klar zum Ausdruck. Andererseits wurden Motive für die Freigabe eines Zusammenschlusses, die außerhalb der Tatbestandsmerkmale der Ministererlaubnis lagen, ohnedies nie publik gemacht. Wenn also Einflüsse eine Rolle spielen sollten, so hilft auch eine vordergründige Transparenz des Verfahrens nicht über die „wahren Hintergründe" der Entscheidung hinweg.

Es bleibt jedoch das Problem der Einzelweisungsbefugnis, worauf im nachfolgenden Abschnitt eingegangen wird. Sollten Einzelweisungen vom Bundeswirtschaftsminister an das Bundeskartellamt erteilt werden, so wird deren Inhalt der Öffentlichkeit nicht zugänglich gemacht werden. Bei Genehmigung eines Zusammenschlusses nach Erteilung einer Einzelweisungsbefugnis würden die Gründe dafür vollends undurchsichtig werden.

---

[24] Zum Transparenzdefizit bei anderen Organisations- und Verfahrensstrukturen, wie etwa innerhalb der EG vgl. *Bartodziej*, Die Reform der EG-Wettbewerbsaufsicht, S. 92 ff.

II. Einzelweisungsbefugnis des Bundeswirtschaftsministers

Unter industriepolitischen Aspekten bedenklich wäre es, wenn der Bundeswirtschaftsminister nunmehr ein mögliches Interesse, das er im Einzelfall an einem Unternehmenszusammenschluss haben kann (sei es, weil die Unternehmen Druck ausüben, sei es, weil es industriepolitischen Zielen entspricht), in einer direkten Einflussnahme auf das Bundeskartellamt geltend machen würde. Das könnte er in Form von direkten Weisungen gegenüber der Behörde tun.

Als selbständige Bundesoberbehörde[25] ist das Bundeskartellamt im Gegensatz zu unselbständigen Bundesoberbehörden organisatorisch und funktionell verselbständigt und dem Bundeswirtschaftsministerium organisatorisch ausgegliedert.[26] Die Befugnis des Bundeswirtschaftsministers zu *allgemeinen Weisungen* gegenüber dem Bundeskartellamt ergibt sich bereits aus der gesetzlichen Pflicht zur Veröffentlichung solcher Weisungen im Bundesanzeiger.[27] Die Veröffentlichungspflicht „erschwert" die allgemeinen Weisungen und setzt den Bundeswirtschaftsminister der allgemeinen Kritik durch die Öffentlichkeit aus.[28] Von seiner allgemeinen Weisungsbefugnis machte der Minister entsprechend der gesetzlichen Intention nur selten Gebrauch. In den letzten 30 Jahren sind vier allgemeine Weisungen gegenüber

---

[25] § 51 Abs. 1 Satz 1 GWB.
[26] Zur Abgrenzung „selbständige" und „unselbständige" Bundesoberbehörden vgl. *Ortwein*, Das Bundeskartellamt, S. 83 f. m.w.N.; *Schultz*, in: Langen/Bunte, § 51, Rn. 1.
[27] § 52 GWB. Die Weisungsbefugnis ist aber auch eine Konsequenz der parlamentarischen Verantwortlichkeit des Ministers als oberster Bundesbehörde. Da das Bundeskartellamt zum Geschäftsbereich des Bundeswirtschaftsministeriums gehört, untersteht es grundsätzlich dessen allgemeinen Weisungen. Zudem wird aus der Entstehungsgeschichte des GWB in den fünfziger Jahren das Argument für die Weisungsbefugnis hergeleitet. Darin heißt es: "Da das Bundeskartellamt obere Verwaltungsbehörde und kein Bundesgericht ist, glaubte man [...], das Weisungsrecht des Ministers nicht beschränken zu dürfen, da nur auf diese Weise von ihm die politische Verantwortung für die Entscheidungen der Kartellbehörde getragen werden kann. Soweit allgemeine Weisungen in Frage stehen, hat man für diese aber die Veröffentlichungspflicht vorgesehen [...]." *Ausschuss für Wirtschaftspolitik*, Bericht, BT-Drucks. II/3644, S. 34.
[28] Vgl. *Ortwein*, Das Bundeskartellamt, S. 85.

dem Bundeskartellamt ergangen, davon zwei die von besonderer Bedeutung sind.[29]

Umstritten ist, ob und inwieweit das Bundeskartellamt auch der *Einzelweisungsbefugnis* durch den Bundeswirtschaftsminister unterliegt. Konkret handelt es sich dabei um die Frage, ob der Minister in einzelne Verfahren eingreifen kann oder ob das Bundeskartellamt unabhängig ist. Das Bundeswirtschaftsministerium und die wohl h.M. gehen davon aus, dass trotz genauer gesetzlicher Regelung des Aufbaus und der Entscheidungszuständigkeit des Bundeskartellamtes weder das Amt noch die Beschlussabteilungen völlig unabhängig und weisungsfrei sind, denn eine ausdrückliche gesetzliche Gewährleistung der Unabhängigkeit fehlt.[30] Das bedeutet in der Konsequenz, dass der Minister faktisch befugt ist, Einzelweisungen zu erteilen, ohne dass diese zu veröffentlichen sind.[31] Die Anwendung der Einzelweisungsbefugnis ist bekannt und bezeugt, dass das Ministerium tatsächlich von dieser Befugnis ausgeht,[32] wenn auch ein „ordnungspolitisches Gewohnheitsrecht" der Nichtanwendung der Einzelweisungsbefugnis bestehe.[33] Die Gegenmeinung geht davon aus, dass der Minister Weisungen im Einzelfall nicht erteilen kann und das Bundeskartellamt insoweit unab-

---

[29] Vgl. dazu *Bechtold*, GWB, § 52, Rn. 1.
[30] Bestätigung findet diese Auffassung auch in dem jahrelangen Bestreben des vormaligen Präsidenten des Bundeskartellamtes *Günther* (etwa WuW 1967, 99), die Unabhängigkeit des Bundeskartellamtes gesetzlich zu verankern, vgl. *Ortwein*, Das Bundeskartellamt, S. 115, 117 f.
[31] Für die Weisungsgebundenheit bzw. davon ausgehend *Bechtold*, GWB, § 52, Rn. 1; IM-*Klaue*, GWB, § 51, Rn. 11 ff.; FK-*Nägele*, § 51, Rn. 4 ff.; *Werner*, in: Wiedemann, Handbuch des Kartellrechts, § 53, Rn. 2; *Schlecht*, Handelsblatt v. 23.7.1996, S. 4; *Gebert*, AG 1991, 295, 296; *Barbier*, FAZ v. 23.5.203, S. 15; kritisch bereits *Rittner*, WuW 1969, 73.
[32] *Schlecht*, Handelsblatt v. 23.7.1996, S. 4, verweist als Ausnahme auf den Fall Karstadt/ Neckermann, in dem der Minister vehement auf das Bundeskartellamt eingewirkt hat, allerdings keine förmliche Einzelweisung erteilt hat, dazu oben 2. Teil, B. IV. 2. Eine bekannte unveröffentlichte Einzelweisung erfolgte bereits im Jahre 1963, nach dem „Selbstbeschränkungsabkommen" auf dem Heizölmarkt nicht verfolgt werden sollten, vgl. *Ortwein*, Das Bundeskartellamt, S. 115 f.; *Gebert*, AG 1991, 295, 296. Diese Weisung sei aus wahltaktischen Gründen erteilt worden, *Robert*, Die Haltung des Bundeskartellamtes zur Unternehmenskonzentration, S. 36 f.
[33] *Schlecht*, Handelsblatt v. 23.7.1996, S. 4; vgl. auch *Gebert*, AG 1991, 295, 296: „Tatsache ist, dass es [...] Einzelweisungen nie gegeben hat und in Zukunft auch nicht geben soll."

hängig ist.[34] Hintergrund dieser Unabhängigkeit sei insbesondere der Objektivierungszweck, was bedeutet, dass es sich um Materien handelt, die eine spezifische Sachkunde und Erfahrung voraussetzen, weshalb ministerielle und damit parlamentarische Kontrolle nur schwer zu erreichen ist.[35] Ein starkes Argument für diese Gegenansicht ist die Vorschrift der Ministererlaubnis nach § 42 GWB.[36] Diese Norm verlagert den politischen Teil der Fusionskontrollentscheidung auf den parlamentarisch kontrollierten Bundeswirtschaftsminister. Der eindimensionale Prüfungsauftrag des Bundeskartellamtes, der sich nur auf die wettbewerbsbeschränkenden Wirkungen eines Zusammenschlusses beschränkt, und die Bindungswirkung der Kartellamtsentscheidung bestätigen die Zweistufigkeit des Verfahrens. Die Ministererlaubnis wird also als starkes Indiz dafür herangezogen, dass ein Einzelweisungsrecht des Ministers in bestimmten Verfahren wenig Sinn macht. Er brauche gar nicht in konkrete Verfahren in Einzelfällen einzugreifen, denn er hat ein eigenes politisches Instrument der Fusionskontrolle in der Hand. Die Ministererlaubnis würde ihren Sinn verlieren, könnte der Minister durch schlichte verwaltungsinterne Weisung jedwede Entscheidung der Kartellbehörde herbeiführen.[37] Zudem könne das Ministerium selbst die Ministererlaubnis etwa gegenüber Unternehmen oder anderen Interessengruppen als Grund dafür anführen, sich nicht in die Tätigkeit des Bundeskartellamtes einzumischen, denn der Minister müsse seine Unbefangenheit für den Fall bewahren, dass der Betroffene für den Fall einer kartellamtlichen Untersagung eine Ministererlaubnis beantragen könne.[38] Sollte die Vorschrift der Ministererlaubnis abgschafft werden, ist dieses Argument hinfällig geworden und die Auffassung des Bundeswirtschafts-

---

[34] *Möschel*, ORDO 48 (1997), S. 241, 245 ff.; *Wolfgang Müller*, JuS 1985, 501; *Schultz*, in: Langen/Bunte, § 51, Rn. 5.; *Emmerich*, Kartellrecht, S. 326; *Rittner*, in: FS Kaufmann, S. 307, 317 ff.
[35] Vgl. *Wolfgang Müller*, JuS 1985, 503.
[36] Und auch die Ministererlaubnis nach § 8 GWB.
[37] So bereits *Fatschek*, Die Berücksichtigung außerwettbewerblicher Gesichtspunkte, S. 73; *Möschel*, ORDO 48 (1997), S. 244 ff.; i.E. auch *Schultz*, in: Langen/Bunte, § 51, Rn. 1; a.A. FK-*Nägele*, § 51, Rn. 5; *Immenga*, Politische Instrumentalisierung des Kartellrechts, S. 24.
[38] Vgl. *Gebert*, AG 1991, 295, 296.

ministeriums hat eine weitere Bestätigung erfahren. Zugleich wächst die Gefahr, dass das bisher geltende „Gewohnheitsrecht der Nichtanwendung" der Einzelweisungsbefugnis aufgegeben wird, und der Minister in einzelne Verfahren, die beim Bundeskartellamt anhängig sind, eingreift.[39]

Fraglich ist neben der rechtlichen Zulässigkeit die faktische Möglichkeit solcher Eingriffe in konkrete Verfahren. Selbst wenn man grundsätzlich vom Bestehen eines Einzelweisungsrechts des Bundeswirtschaftsministers ausgeht, so ergeben sich Grenzen dieses Weisungsrechts, sobald es der Minister bei konkreten Sachentscheidungen ausübt. Die Weisungsbefugnis besteht zunächst nur im Rahmen der Gesetzmäßigkeit der erteilten Weisungen, was aus dem Prinzip der Gesetzmäßigkeit der Verwaltung folgt, an das Bundeswirtschaftsminister und Bundeskartellamt gebunden sind.[40] Wenn das Bundeskartellamt in einer konkreten Entscheidung das GWB als bloßen Gesetzesvollzug anwendet, ohne jegliches Ermessen, so verstieße eine konkrete Einzelweisung, die etwas Gegenteiliges anordnet, gegen das GWB. Allerdings gibt es selbst bei den wettbewerblichen Beurteilungen des Bundeskartellamtes oftmals nicht die eine richtige „Lösung", sondern es sind verschiedene Möglichkeiten denkbar (etwa bei der Marktabgrenzung). Insofern wird sich ein Gesetzesverstoß einer Einzelweisung nicht ohne weiteres feststellen lassen. Da diese Weisungen nicht zu veröffentlichen sind, ist auch fraglich, ob eine rechtswidrige Weisung überhaupt überprüft werden würde.

Eine weitere Grenze für Einzelweisungen liegt darin, dass das Bundeskartellamt seine Entscheidungen in einem justizähnlichen Verfahren durch Beschlussabteilungen trifft, die mit einem Vorsitzenden und zwei Beisitzern besetzt sind, § 51 Abs. 2 und 3 GWB. Die Willensbildung und das gesetzliche Entscheidungsverfahren beruhen auf Beratung, Meinungsbildung und

---

[39] Selbst wenn dies nur außerordentlich selten der Fall sein sollte, so können die Auswirkungen umso intensiver sein, vgl. auch *Paulweber*, Regulierungszuständigkeiten, S. 91 f.
[40] Vgl. FK-*Nägele*, § 51, Rn. 7; GK-*Junge*, § 48 a.F., Rn. 2.

Abstimmung eines Kollegialorgans, weshalb in konkrete Entscheidungen nicht durch Einzelweisung eingegriffen werden kann.[41] Weder der Vorsitzende noch der Präsident des Kartellamtes können Einzelweisungen erteilen.[42] Insofern könnte die Befürchtung, der Minister könne in eine konkretes Fusionskontrollverfahren eingreifen, bereits mit der Begründung ausgeräumt werden, das Kollegialorgan könne nicht beeinflusst werden. Die Realität kann jedoch anders aussehen. Unabhängig vom theoretischen Streit über Bestehen und Umfang des Einzelweisungsrechts ist das Bundeswirtschaftsministerium wegen des Über-/Unterordnungsverhältnisses zum Bundeskartellamt innerhalb des hierarchischen Verwaltungsaufbaus die zuständige Fach-, Rechts- und Dienstaufsichtsbehörde.[43] Sollte der Minister eine konkrete Einzelweisung aussprechen, ist nicht gewährleistet, dass dieser nicht Folge geleistet wird – trotz des Kollegialprinzips bei einer Entscheidung.

Für die Zukunft muss daher dennoch die Befürchtung ausgesprochen werden, dass ein verstärktes Mitwirken des Bundeswirtschaftsministers bei der Beurteilung einzelner, vielleicht auch gänzlich seltener Zusammenschlussvorhaben, durch Einzelweisungen an das Bundeskartellamt bestehen kann.[44] Auf den Nichtgebrauch des vom Ministerium und der h.M. anerkannten Einzelweisungsrechts durch den jeweilgen Bundeswirtschaftsminister kann kein Verlass sein. Die Konsequenz, wenn der Minister bei konkreten Zusammenschlüssen eine Einzelweisung an das Bundeskartellamt erteilt, umschreibt Barbier: *„Man hörte ein Poltern, die dünne Wand [zwischen Wettbewerbspolitik und Industriepolitik] fiele ein – und dann*

---

[41] *Möschel*, ORDO 48 (1997), S. 246; *ders.*, Recht der Wettbewerbsbeschränkungen, Rn. 1073; *Emmerich*, Kartellrecht, S. 362; Schultz, in: Langen/Bunte, § 51, Rn. 1; GK-*Junge*, § 48 a.F., Rn. 2 f.; a.A. FK-*Nägele*, § 51, Rn. 6: Die Zuordnung der Entscheidungskompetenz an Beschlussabteilungen im Bundeskartellamt sage nichts über die Weisungsbefugnis aus, damit solle nur die Sachgerechtigkeit und Richtigkeit der zu treffenden Entscheidungen gewährleistet werden, deswegen seien die Beschlussabteilungen aber nicht selbständige und unabhängige Organe, die autonom entscheiden können.

[42] Dies im Unterschied zu den Landeskartellbehörden, die monokratisch organisiert sind.

[43] FK-*Nägele*, § 51, Rn. 5.

[44] Vgl. auch *Barbier*, FAZ v. 23.5.2003, S. 15.

herrschte Stille, die die industriepolitischen Gestalter endlich in Ruhe werkeln ließe."[45]

III. Einflussnahme der Unternehmen

Von Befürworten der Ministererlaubnis wird auch angeführt, dass durch ihre Existenz das wettbewerbliche Verfahren vor dem Bundeskartellamt weitgehend von politischem Druck durch Unternehmen oder Interessenvertretungen freigehalten wird.[46] Ob Unternehmen und Interessengruppen eher versuchen werden, auf den Minister oder auf das Kartellamt einzuwirken, wird davon abhängen, wie der jeweilige Minister sein Verhältnis zum Einzelweisungsrecht praktiziert. Anzunehmen ist, dass die Unternehmen zunächst bei den Politikern versuchen werden, ihre Wünsche und Forderungen durchzusetzen. Ist der Minister dann nicht bereit, von seinem Einzelweisungsrecht Gebrauch zu machen oder anderweitig auf das Amt einzuwirken, so muss davon ausgegangen werden, dass die Unternehmen direkt auf das Bundeskartellamt zukommen werden. Dann aber hängt es von der Integrität der Mitarbeiter ab, wie sie mit dieser Situation umgehen. Auch diese Befürchtung kann nicht von vornherein widerlegt oder abgeschwächt werden. Sie hat nach wie vor ihre Berechtigung.

IV. Zusammenfassung

Die Abschaffung der Ministererlaubnis bringt nicht unmittelbar Nachteile für die deutsche Wettbewerbspolitik mit sich. Jedoch hätte ein möglicher Zielkonflikt zwischen wettbewerblichen und außerwettbewerblichen Ge-

---

[45] *Barbier*, FAZ v. 23.5.2003, S. 15.
[46] Vgl. etwa *Basedow*, EuZW 2002, 417; *Kantzenbach*, WuW 2002, 1039; *Dreher*, WuW 2002, 665.

sichtspunkten im Gegensatz zu anderen Fusionskontrollregelungen keine gesetzliche Lösungsmöglichkeit mehr. Es könnte sich daher eine deutliche Gefahr für die Autorität und Integrität des Bundeskartellamtes sowie für die sachliche Neutralität seiner Entscheidungen realisieren. Der Minister könnte von seinem Einzelweisungsrecht Gebrauch machen, mit der Folge, dass die wahren Gründe für die Bundeskartellamtsentscheidung undurchsichtig wären. Die bislang zumindest faktische Unabhängigkeit des Bundeskartellamtes von Einzelweisungen ist aber wesentlicher Bestandteil einer regelgebundenen und verlässlichen Wettbewerbspolitik, die dazu beiträgt, dass die Fusionskontrolle nach einheitlichen Maßstäben und nicht nach der „jeweiligen Konvenienz im politischen Tagesgeschäft"[47] praktiziert wird. Im Ergebnis bedeutet das, dass es letztlich von der Person und Einstellung des Bundeswirtschaftsministers, aber auch von der personellen Zusammensetzung des Bundeskartellamtes abhängen würde, ob sich diese Gefahr bei Abschaffung der Ministererlaubnis realisiert.[48]

---

[47] *Roth/Voigtländer*, ZfW 2002, 232. Vgl. auch *Kögel*, Die Angleichung der deutschen an die europäische Fusionskontrolle, S. 397: Nach politökonomischer Betrachtungsweise gefährde die Zweistufigkeit des Verfahrens eher die Motivation der Mitarbeiter und damit die Effizienz der Wettbewerbskontrolle, wenn es häufig zu Ministererlaubnissen kommt.

[48] Einen „kleinen Trost" mögen die Erkenntnisse der ausführlichen Untersuchung *Misches*, Nicht-wettbewerbliche Faktoren in der europäischen Fusionskontrolle, darstellen: Die Entscheidungen der Europäischen Kommission haben sich trotz politischer Einflussnahmen und politischer Tatsachen beinahe ausschließlich an wettbewerblichen Kriterien orientiert. Die starken Persönlichkeiten der Wettbewerbskommissare haben eine herausragende Rolle gespielt und dafür gesorgt, dass der wettbewerbspolitische Auftrag der Kommission im Wesentlichen durchgesetzt wurde, a.a.O., S. 325 f. Ähnliches könnte auch für das Bundeskartellamt festgestellt werden.

4. Teil: Konsequenzen einer Beibehaltung der Ministererlaubnis

Je nach Bewertung der oben skizzierten Nachteile einer Abschaffung der Ministererlaubnis können eben diese Befürchtungen für die Beibehaltung der Ausnahmevorschrift und der zweistufigen Fusionskontrollprüfung in Deutschland sprechen. Dann würde man – in einem Prüfungsaufbau, der eine gewisse Nachvollziehbarkeit der Entscheidungen ermöglicht – möglichen Zielkonflikten weiterhin Berücksichtigung schenken. Aber auch die Fortführung dieses Systems der Fusionskontrolle birgt Gefahren und berechtigt zur Äußerung von Bedenken. Nach den Erfahrungen im E.ON/Ruhrgas-Fall könnte die Ministererlaubnis wieder verstärkt beantragt und auch erteilt werden. Insbesondere, wenn die 7. GWB-Novelle eine Einschränkung des gerichtlichen Drittschutzes mit sich bringt,[1] könnte dieses Instrument nach dem Willen des jeweiligen Wirtschaftsministers verstärkt als industriepolitisches Mittel genutzt werden. Auch dann könnte das Stichwort der Entmachtung des Bundeskartellamtes auftauchen. Eine zu weite Handhabung in der Zukunft wäre sicher nicht förderlich für die Autorität der Kartellbehörde und die Effizienz der Fusionskontrolle.[2] Schon die ministerielle Genehmigung für den Zusammenschluss Daimler-Benz/MBB war hierfür nicht zuträglich, denn hier war von Anfang an klar, dass die Bundesregierung den Zusammenschluss unterstützen würde – auch bei einer Untersagung durch das Bundeskartellamt.[3] Obwohl in den neunziger Jahren keine Ministererlaubnis mehr erteilt wurde, erschütterte der Fall E.ON/Ruhrgas aufs Neue das Wettbewerbssystem in Deutschland. Auch wenn, wie angeführt wurde, gemessen an der Zahl der beim Kartellamt angezeigten Unternehmenszusammenschlüsse nur in wenigen Fällen

---

[1] Vgl. dazu oben 2. Teil, D. IV. 1. b) und D. IV. 3.
[2] Vgl. *Roth/Voigtländer*, ZfW 2002, 233; *Herdzina*, Wettbewerbspolitik, S. 232; *Kögel*, Die Angleichung der deutschen an die europäische Fusionskontrolle, S. 397.
[3] *Berg*, WiSt 1990, 643, 646.

eine Ministererlaubnis erteilt wurde, hat der Fall E.ON/Ruhrgas gezeigt, dass eine Gefährdung der Effektivität der Fusionskontrolle und der Autorität des Bundeskartellamtes nach wie vor besteht. Dazu bedarf es keiner großen Zahl von Erlaubnisentscheidungen, es würde bereits genügen, wenn sich ein ähnlicher Fall wiederholen würde. Insgesamt ist eine Abnahme der Fusionstätigkeit der Unternehmen nicht abzusehen. Die Wahrscheinlichkeit, dass Unternehmen mit „gutem Draht zur Regierung" wieder versuchen werden, über eine Ministererlaubnis einen wettbewerbsbeschränkenden Zusammenschluss durchzusetzen, besteht weiterhin.

5. Teil: Alternativen zur Abschaffung

Nachdem weder die Abschaffung der Ministererlaubnis noch ihre Beibehaltung die optimale Lösung zu sein scheint, stellt sich die Frage, ob es Alternativen hierzu gibt, die als „goldene Mitte" vorzuziehen sind.

A. Reformierung der Regelung

Die Novellierung des GWB steht vor der Umsetzung und im Zuge dieser Pläne wird auch über eine Reformierung des § 42 GWB bzw. des ministeriellen Verfahrens diskutiert. Insgesamt gehen die Vorschläge der Bundesregierung in die Richtung einer Stärkung des Instruments Ministererlaubnis durch eine „effektivere und praxisnähere" Ausgestaltung der Verfahrens vor dem Ministerium und – bei Anfechtung der Ministererlaubnis – vor Gericht.[1] Eine Formulierungsänderung des § 42 GWB ist hingegen nicht geplant.[2]

Als Alternative zur Abschaffung von § 42 GWB steht also eine Reform des Ministererlaubnisverfahrens im Raum. Nachdem sich im Fall E.ON/ Ruhrgas Unklarheiten bei der Auslegung von Verfahrensvorschriften aufgetan haben, könnte eine klare Regelung in der Zukunft für eine leichtere Handhabung sorgen.[3] Für die Unternehmen würde damit die Praxis der Ministererlaubnis möglicherweise in der Durchführung vorhersehbarer und verlässlicher werden und es müsste nicht zugewartet werden, bis die offenen Fragen gerichtlich geklärt werden. Verzögerungen eines Zusammenschlusses, aufgrund von Unklarheiten wie sie bei E.ON/Ruhrgas aufgetreten sind, könnten zumindest im Verfahren vermieden werden.

---

[1] *Bundesministerium für Wirtschaft und Arbeit,* Entwurf von Eckwerten einer 7. GWB-Novelle, S. 7; *Bundesministerium für Wirtschaft und Arbeit,* Referentenentwurf v. 17.12.2003; FAZ v. 5.3.2003, S. 11; FAZ v. 10.10.2003, S. 14.
[2] S. *Bundesministerium für Wirtschaft,* Referentenentwurf v. 17.12.2003, § 42.
[3] Vgl. dazu etwa die Vorschläge *Staebes,* WuW 2003, 714 ff.

An den festgestellten Nachteilen von § 42 GWB ändert eine Konkretisierung der Verfahrensvorschriften freilich nichts. Nicht erst seitdem Fall E.ON/Ruhrgas, in dem derartige Probleme erstmals auftraten, werden die Schwächen der Ausnahmeregelung sichtbar. Die Tatsache, dass sie sich bislang nicht bewährt hat, d.h. dass sie in fast allen Fällen das ungeeignete und auch unnötige Mittel war, um außerwettbewerbliche Ziele zu erreichen, lässt sich auch durch veränderte normative Ausgestaltung der formellen Bestandteile dieses Verwaltungsakts nicht aus der Welt schaffen. Die Gründe hierfür liegen nicht in Unklarheiten bei der Verfahrensdurchführung.

In Betracht könnte eine Konkretisierung der Tatbestandsmerkmale „gesamtwirtschaftliche Vorteile" und „Interessen der Allgemeinheit" kommen, etwa durch Ausformulierung von Regelbeispielen. Damit könnte man möglicherweise der Problematik der unzureichenden Verlässlichkeit und Vorhersehbarkeit der Norm begegnen.

Hingegen muss auch einer solchen Reformierung der Vorschrift entgegengesetzt werden, dass die mangelnde Voraussehbarkeit der Ministererlaubnisentscheidungen nicht damit zusammenhängt, dass es keinen konkreten Katalog von Gemeinwohlgründen gibt. Anerkannte Gemeinwohlkriterien haben sich in der Vergangenheit deutlich herausgebildet und werden als ganz konkrete Beispielsfälle für eine Ministererlaubnis gehandhabt. Sie liegen einem Regelungskatalog letztlich nicht fern. Problematisch ist vielmehr, dass die Auslegung und Bewertung dieser Kriterien durch den jeweiligen Politiker vorgenommen wird und stark einzelfallabhängig ist.[4] Eine Normierung der Tatbestandsmerkmale würde daher keine Verbesserung der Situation bewirken.

Zudem ist ein Argument gegen die Abschaffung und für die Beibehaltung von § 42 GWB die abstrakte Möglichkeit von Zielkonflikten. Was dem

---

[4] Dazu oben 2. Teil, B. III.

Ziel Wettbewerbsschutz im konkreten Einzelfall als höher zu bewertendes Ziel gegenübersteht, soll gerade offen bleiben. Durch eine Konkretisierung liefe man jedenfalls Gefahr, möglicherweise auftretende Vorteile eines Zusammenschlusses nicht zu berücksichtigen, weil sie in der Vergangenheit so noch nicht aufgetreten sind.

Eine Reform der Vorschrift des § 42 GWB oder eine konkretere Ausgestaltung des Verfahrens würde die aufgezeigten Probleme der Ministererlaubnis nicht in ausreichendem Maße beheben.

B. Stärkung der gerichtlichen Kontrolle

Nach den Plänen der 7. GWB-Novelle soll das Verfahren im einstweiligen Rechtsschutz aufgrund der Erfahrungen im E.ON/Ruhrgas-Fall verändert werden: Nach den Plänen von Bundeswirtschaftsminister Wolfgang Clement sollen Unternehmen künftig im Eilverfahren nur noch gegen eine vom Bundeskartellamt oder vom Bundeswirtschaftsminister freigegebene Fusion vorgehen können, „wenn sie in ihren Rechten verletzt sind".[5] Die dargestellten Probleme, die hier als Folge einer Beibehaltung oder Abschaffung der Norm auftreten, sind damit allerdings nicht behoben. Durch eine derartige Reform des gerichtlichen Rechtsschutzes werden vielmehr die Befürchtungen einer zu weiten Handhabung der Ministererlaubnis genährt, denn Ziel einer solchen Veränderung ist, Zusammenschlüsse nicht vorschnell zu blockieren und so das Instrument der Ministererlaubnis salonfähiger zu machen. Wenn eine Ministererlaubnis erst einmal erteilt ist, soll diese nicht vorschnell durch die aufschiebende Wirkung von Beschwerden an ihrer Vollziehbarkeit gehindert werden.
In Betracht könnte aber eine Stärkung der gerichtlichen Kontrolle weniger hinsichtlich des Verfahrens als vielmehr hinsichtlich des Prüfungsumfangs

---

[5] *Bundesministerium für Wirtschaft*, Referentenentwurf v. 17.12.2003, § 65 III a.E.; dazu *Bechtold*, DB 2004, 235, 236.

kommen. Dargestellt wurde bereits, dass das Beschwerdegericht nach der Rechtsprechung des KG und der überwiegend vertretenen Meinung nur einen stark begrenzten Prüfungsumfang hat, was das Vorliegen der Tatbestandsmerkmale von § 42 GWB betrifft. Um das im Zuge einer GWB-Reform zu ändern, müsste die Vorschrift des § 71 Abs. 5 Satz 2 GWB neu formuliert oder schlicht gestrichen werden. Diese Vorschrift ist seit ihrer Einführung in das GWB von 1958 in ihrer materiellen Tragweite umstritten gewesen, und die Meinungen schwankten zwischen Überflüssigkeit und verfassungswidriger Beschneidung des Rechtsschutzes.[6] Die „orakelhafte Dunkelheit" des Wortlauts hat sich letztlich bis heute gehalten.[7] Hintergrund der Norm ist, dass die Gerichte nicht Rechtspolitik betreiben sollen und der Regierung ein Bereich erhalten bleiben soll, der typischerweise in Ermessens-, insbesondere in Zweckmäßigkeitsentscheidungen besteht.[8] Selbst wenn sich eine solche Reform durchsetzen ließe, so ist zweifelhaft, ob die Gerichte nicht überfordert wären in der Beurteilung der gesamtpolitischen Zusammenhänge.[9] In die Abwägungsentscheidung zwischen auftretenden Wettbewerbsbeschränkungen und positiven Wirkungen des Zusammenschlusses fließen eine Vielzahl wirtschafts- und gegebenenfalls auch allgemein-politischer Ziele ein, mit deren Beurteilung ein Beschwerdegericht überfordert wäre. Der Bundeswirtschaftsminister ist zu einer solchen Abwägung mit seinem Beraterstab noch eher in der Lage. Daher ist es auch nicht wahrscheinlich, dass der Gesetzgeber die Überprüfung einer politischen Entscheidung in die Hände der Beschwerdegerichte legt.

---

[6] Vgl. *K. Schmidt*, Kartellverfahrensrecht, S. 553 m.w.N.; *Rittner*, in: FS Kaufmann, S. 311ff.
[7] Der Ausdruck stammt vom damaligen Bundestagsabgeordneten Böhm, Nachweis bei *K. Schmidt*, Kartell-verfahrensrecht, S. 554; *Rittner*, in: FS Kaufmann, S. 311.
[8] Vgl. *K. Schmidt*, Kartellverfahrensrecht, S. 574 f. m.w.N.
[9] Vgl. *Bartling*, WuW 1993, 16, 27.

C. Parlamentserlaubnis

Im Zuge der Diskussionen um die Ministererlaubniserteilung im Fall E.ON/Ruhrgas trat der Vorschlag zutage, Ausnahmegenehmigungen für wettbewerbsbeeinträchtigende Fusionen müssten vom Parlament erteilt werden.[10] Hintergrund dieses Vorschlags ist, das Instrument der Ausnahmegenehmigung „demokratischer" zu gestalten, insbesondere auch, weil das Parlament die eigentlich zuständige Instanz ist, wenn es um die Festlegung dessen geht, was „Gemeinwohl" ist. Bereits bei Einführung der Ministererlaubnis wurde diskutiert, ob nicht besser ein parlamentarisches Gremium (Bundestagsausschuss) mit der Entscheidung betraut werden sollte.[11] Bei der Abwägung innerhalb einer Ministererlaubnis geht es letztlich um eine Konkretisierung des Gemeinwohls,[12] um eine Ausprägung des Gegenstücks zum Wettbewerbsschutz, um eine Definition im Einzelfall. Aber auch die endgültige Ministerentscheidung als solche ist eine Entscheidung über das Gemeinwohl: das Ergebnis der Abwägung zwischen „allgemeinen" Gemeinwohlbelangen und dem Gemeinwohlbelang Wettbewerbsschutz. Je unbestimmbarer also die Determinanten in einer solchen Abwägung sind, desto mehr gewinnt die Frage an Bedeutung, wer die Abwägungsentscheidung trifft. Diese „Gemeinwohl-Definitionskompetenz" fällt grundsätzlich der demokratisch unmittelbar legitimierten Volksvertretung sowie der von ihr getragenen Regierung zu.[13] Die Lösung von Spannungslagen zwischen verschiedenen Verfassungsgütern wird in erster Linie als Aufgabe des Gesetzgebers gesehen.[14] Dies aus zwei Gründen: zum einen,

---

[10] So der Vorschlag der Wettbewerbsexpertin der Grünen, Michaele Hustedt, Handelsblatt v. 21.1.2003, S. 4.
[11] Vgl. *Kartte*, BB 1969, 1408.
[12] Wobei das Gemeinwohl sich gerade nicht nur auf wirtschaftspolitische Gesichtspunkte stützt, sondern mit den „Interessen der Allgemeinheit" einhergeht, s.a. Einleitung.
[13] *Schuppert*, Universitas 2002, 910, 914; *ders.*, in: Gemeinwohl – auf der Suche nach Substanz, S. 49; *Engel*, Meinungsvielfalt durch Ministererlaubnis?, S. 28.
[14] *Schuppert*, in: Gemeinwohl – auf der Suche nach Substanz, S. 49; *Engel*, Meinungsvielfalt durch Ministererlaubnis, S. 28; *Kirste*, in: Gemeinwohl in Deutschland, Europa und der Welt, S. 337; BVerfGE 24, 367, 403.

weil die plurale Zusammensetzung dieses Organs und dessen Informationsmöglichkeiten (durch Anhörung von Sachverständigen und Verbänden) ausgewogene, sachgerechte Entscheidungen erwarten lässt. Dazu gehört auch, dass die Bundesregierung die Aufgabe hat, das politische Programm der sie tragenden Partei oder Parteienkoalition zu verwirklichen. Sie ist also im Gegensatz zum Parlament in ihrer Funktion nicht neutral in dem Sinne, dass sie losgelöst von Zielen und Programmen der Partei dem „objektiven Gemeinwohl" verpflichtet wäre.[15] Zum anderen, weil das Parlament aus Gründen des Demokratieprinzips alle wesentlichen Entscheidungen selbst zu treffen hat.[16]

Dem sind allerdings verschiedene Argumente entgegenzusetzen: Zunächst kann nicht davon ausgegangen werden, dass der Bundestag für eine Abwägungsentscheidung wie sie § 42 GWB vorsieht, besser gerüstet ist als der Bundeswirtschaftsminister. Man wird im Gegenteil sogar davon ausgehen müssen, dass die fachliche Kompetenz im Wirtschaftsministerium ihren Teil dazu beiträgt, eine sachgerechte Abwägungsentscheidung zu treffen. Zudem hat der Minister alle Möglichkeiten der Informationsgewinnung von außerhalb, auch er kann Sachverständige und Verbände anhören. Die parteipolitische Ausprägung der Gemeinwohlorientierung einer Bundesregierung hingegen war dem Gesetzgeber bereits bei Einführung der Ministererlaubnis bekannt. Bewusst wird bei § 42 GWB von einer „politischen Entscheidung" ausgegangen, die durch die Grundsätze der jeweiligen Regierungspolitik entscheidend mit bestimmt wird, was sich in vielen Entscheidungen durch Bezugnahme auf die ganz konkrete (Wirtschafts-) Politik der jeweiligen Regierung manifestiert hat. Die Ausnahmegenehmigung in der Fusionskontrolle stellt gerade nicht eine objektivierte Fassung des Gemeinwohls in Deutschland dar, sondern soll der Politik ganz bewusst die Möglichkeit geben, das von ihr geförderte Wettbewerbsprinzip in konkreten Einzelfällen zu umgehen, und zwar wegen Gemeinwohlgründen, die

---

[15] BVerfGE 44, 125, 186; *Kirste*, in: Gemeinwohl in Deutschland, Europa und der Welt, S. 338.
[16] *Schuppert*, Universitas 2002, 925 f.; zum Wesentlichkeitsgrundsatz oben, 2. Teil, C. I. 1.

gerade die jeweilige Politik feststellt – auch wenn tagespolitische Motive hier außen vor zu bleiben haben. Des Weiteren geht der Wesentlichkeitsgrundsatz nicht so weit, dass jede Einzelfallentscheidung (und eine fusionsrechtliche Ausnahmeerlaubnis ist immer eine solche), die das Gemeinwohl in irgendeiner Weise betrifft, vom Parlament zu treffen ist.[17] Vielmehr genügt dessen Beteiligung bereits durch die Tatsache, dass es die Möglichkeit zur Kontrolle des entscheidenden Ministers hat. Zuletzt unterstreicht der Gewaltenteilungsgrundsatz diese Aussage. Das Parlament gibt als Gesetzgeber den Rahmen vor, innerhalb dessen kartellrechtlich bedenkliche Fusionen ausnahmsweise erlaubt werden können. Die Ausführung dieser Vorgaben im Einzelfall ist Aufgabe der Exekutive.[18] Gerade Einzelfallentscheidungen sollen nicht vom Gesetzgeber getroffen werden. Daher gilt, wenn der Gesetzgeber unbestimmte Rechtsbegriffe und Beurteilungsspielräume in Generalklauseln verwendet, dass deren Anwendung und Auslegung der Verwaltung obliegt – im Falle einer Administrativentscheidung von großer Auswirkung muss hierfür dann ein parlamentarisch verantwortlicher Amtsträger zuständig sein.[19] Eine Parlamentserlaubnis wäre mithin keine realistische Alternative zur Ministererlaubnis.[20]

D. Erweiterung des Prüfungsumfangs beim Bundeskartellamt

Eine denkbare Alternative bildet die Konstellation, dass man den Prüfungsumfang beim Bundeskartellamt um außerwettbewerbliche Gesichtspunkte erweitert. Ob das eine zusätzliche Abwägung der Wettbewerbswirkungen mit „gesamtwirtschaftlichen Vorteilen" oder „Interessen der Allgemein-

---

[17] S. oben 2. Teil, C. I. 1.
[18] So auch Antwort der Bundesregierung auf die kleine Anfrage der Abgeordneten Brüderle u.a., BT-Drucks. 15/448, S. 2, ebenso bereits *Kartte*, BB 1969, 1408.
[19] Vgl. *Kirste*, in: Gemeinwohl in Deutschland, Europa und der Welt, S. 340.
[20] Auch die Begrenztheit der parlamentarischen Kontrolle ist ein Zeichen dafür, dass die Volksvertretung mit der Beurteilung komplexer Zusammenschlussvorhaben bereits faktisch überfordert wäre, vgl. oben 2. Teil, D. II.

heit" im Rahmen der Fusionskontrollprüfung bedeutet oder die Aufnahme eines konkreteren „Rechtfertigungsgrundes" für wettbewerbsbeschränkende Unternehmenszusammenschlüsse, mag an dieser Stelle dahingestellt bleiben. Es ergeben sich nämlich auch hier Gegenargumente sowohl auf der Ebene des Verfassungsrechts als auch solche außerhalb rechtlicher Diskussionsbereiche.

Zum einen stellt das Demokratieprinzip ein wesentliches Hindernis dar. Wie bereits dargestellt, müssen wesentliche Entscheidungen, die das Gemeinwohl betreffen, von einer demokratisch legitimierten und parlamentarisch kontrollierten Instanz getroffen werden.[21] Sofern man von der Unabhängigkeit des Bundeskartellamtes ausgeht, fände diese Entscheidung im ministerialfreien – also im parlamentsfreien Raum[22] – ohne parlamentarische Kontrolle statt. Bei einer so wichtigen politischen Entscheidung, die zudem aufgrund eines umfassenden Beurteilungsspielraums getroffen wird, kann diese Parlamentsfreiheit nicht gerechtfertigt werden. Nach dem Bundesverfassungsgericht gibt es nämlich Regierungsaufgaben, die wegen ihrer politischen Tragweite nicht generell der Regierungsverantwortung entzogen und auf von Regierung und Parlament unabhängige Stellen übertragen werden dürfen.[23] Sobald das Bundeskartellamt nicht mehr den „eindimensionalen" Prüfungsauftrag[24] hat, sondern ihm eine „rule of reason" und die Abwägung mit außerwettbewerblichen, politischen Gesichtspunkten gesetzlich ermöglicht werden, müsste es in jedem Fall parlamentarischer und damit ministerieller Kontrolle unterliegen.[25] Das umfasst dann auch die Möglichkeit von Weisungen im Einzelfall.[26] Dann aber spricht wiederum die mangelnde Transparenz und absolute Undurchsich-

---

[21] S. oben 2. Teil, C. I. 1.
[22] *Wolfgang Müller*, JuS 1985, 497.
[23] BVerfGE 9, 268, 282: vgl. dazu auch *Wolfgang Müller*, JuS 1985, 497, 504; *Möschel*, ORDO 48 (1997), S. 243 f.
[24] *Möschel*, ORDO 48 (1997), S. 244.
[25] Vgl. *Wolfgang Müller*, JuS 1985, 497, 508.
[26] Andernfalls gerät das Bundeskartellamt in den Bereich unverzichtbarer Regierungsaufgaben und nimmt den Charakter einer „Nebenregierung" an, GK-*Junge*, § 48 a.F., Rn. 2.

tigkeit der Bewertungsmaßstäbe gegen eine solche Lösung. Der Bundeswirtschaftsminister könnte seine industriepolitischen Interessen oder den Druck aus Wirtschaftskreisen direkt im Wege von Einzelweisungen auf das Bundeskartellamt umlenken, ohne dass dies in irgendeiner Weise publik werden würde.

Eben dieselben Argumente müssten auch herangezogen werden, wenn der Vorschlag ausgesprochen würde, der Monopolkommission eine stärkere Position im Ministererlaubnisverfahren einzuräumen – etwa durch die Bindung des Ministers an ihr Votum. Damit würden der Kommission zu umfangreiche Kompetenzen (nämlich faktisch die Entscheidungsbefugnis über die Ministererlaubnis) eingeräumt werden, die sich verfassungsrechtlich nicht rechtfertigen ließen. Was also für eine Ausweitung der Befugnisse des Bundeskartellamts gilt, kann insoweit auf eine Ausweitung der Befugnisse der Monopolkommission übertragen werden.

E. Gemeinsame Kontrolle von Bundeskartellamt, Bundeswirtschaftsminister und Bundestag

Am Ende gelangt man wieder zu den Anfängen: Es bleibt, nachdem keine der in diesem Teil angesprochenen Ansätze die geeignete Lösung zu bieten scheint, eine letzte Alternative zur Abschaffung der Generalklausel aus der Fusionskontrolle. Die ersten Anfänge einer Wettbewerbsgesetzgebung in Deutschland – einige Zeit bevor das GWB in seiner ersten Fassung in Kraft trat – waren unter anderem durch den so genannten Josten-Entwurf[27] geprägt. Dieser Entwurf sah bereits eine Zusammenschlusskontrolle vor.

---

[27] Entwurf zu einem Gesetz zur Sicherung des Leistungswettbewerbs und zu einem Gesetz über das Monopolamt mit Stellungnahme des Sachverständigen-Ausschusses zu einigen grundsätzlichen Fragen der deutschen Monopolgesetzgebung und Minderheitsgutachten von Dr. Fischer (v. 15. Juli 1949), gedr. i. Auftrage des Bundesministers für Wirtschaft, Frankfurt/M., o.J., teilweise abgedruckt bei *Günther*, Probleme der Fusionskontrolle, S. 20. Zu dessen Grundlagen und Gründen für sein Scheitern vgl. *Günther*, in: FS Böhm, S. 183 ff.; *Kartte/Holtschneider*, in: Handbuch des Wettbewerbs, S. 203 ff.; s.a. oben 1. Teil, A. I. 2.

Diese war allerdings nicht präventiv ausgestaltet und kann nicht mit den heutigen Regelungen innerhalb der Zusammenschlusskontrolle verglichen werden. Sie sollte nach dem Gesetzesentwurf von einem unabhängigen „Monopolamt" (§ 53 des Entwurfs) durchgeführt werden, was ungefähr dem heutigen Bundeskartellamt entspricht. Interessant ist an dieser Stelle ausschließlich § 52 des Josten-Entwurfs, der im Folgenden im Wortlaut wiedergegeben werden soll:[28]

1) Das Monopolamt kann *Ausnahmen* von den Vorschriften dieses Gesetzes zulassen, wenn ohne Gefährdung des Gesetzeszwecks volkswirtschaftliche Gründe von überragender Bedeutung eine Ausnahme erforderlich erscheinen lassen, insbesondere wenn

    a) mit der Durchführung der Vorschriften Nachteile technischer oder volkswirtschaftlicher Art verbunden wären, die auf andere Weise nicht behoben werden können, oder

    b) ihre Durchführung mit einem hohen Grad von Wahrscheinlichkeit für die Betroffenen wirtschaftliche Nachteile im Gefolge hat und Interessen der Gesamtwirtschaft die Erteilung einer Ausnahme nicht verbieten.

2) Die Ausnahmen können beschränkt und befristet erteilt werden.

3) Die Ausnahmen können auch an Bedingungen und Auflagen geknüpft werden, insbesondere kann damit die Verpflichtung verbunden werden,

    a) dem Monopolamt von wichtigen künftigen Maßnahmen des Machtgebildes vor dem Beginn der Durchführung Nachricht zu geben mit der Maßgabe, dass sie erst zwei Wochen nach Zugang der Mitteilung wirksam vorgenommen werden können,

---

[28] Diese Norm bezieht sich freilich auf den Kontext des Normenkomplexes, den Paul Josten entworfen hat. Es soll hier keinesfalls ein Rückgriff auf den vollständigen Entwurf erfolgen, nur die Ausnahmevorschrift soll – *isoliert vom Gesamtzusammenhang* – betrachtet werden.

b) bestimmte Rechte aus Verträgen oder aus Anteilsrechten nicht oder nur beschränkt oder nur durch eine vom Monopolamt bezeichnete Person oder Stelle oder nach seinen Weisungen wahrzunehmen.
4) Die Ausnahmebewilligung ist mit angemessener Frist widerruflich.
5) *Das Monopolamt hat für jede Erteilung oder Aufhebung einer Ausnahmebewilligung das Einvernehmen mit dem Bundeswirtschaftsminister herzustellen.*
Der Bundeswirtschaftsminister ist seinerseits berechtigt, beim Monopolamt die Erlaubnis oder Aufhebung von Ausnahmebewilligungen zu beantragen.
6) Kommt zwischen Monopolamt und Bundeswirtschaftsminister über die Erteilung oder Aufhebung von Ausnahmebewilligungen eine Einigung nicht zustande, so hat das Monopolamt die Angelegenheit einem Ausschuss, den der Bundestag bestellt, zur endgültigen Entscheidung vorzulegen.[29]

Interessant an diesem Vorschlag sind hier insbesondere die hervorgehobenen letzten beiden Absätze 5 und 6. Danach kann die unabhängige Kartellbehörde – das wäre heute das Bundeskartellamt – Ausnahmen für wettbewerbsbeschränkende Zusammenschlüsse aus nicht-wettbewerblichen Gründen zulassen, aber nur im Einvernehmen mit dem Bundeswirtschaftsminister. Dieser kann die Ausnahme auch selbst beantragen. Bei fehlender Einigung erteilt ein Ausschuss des Bundestags die endgültige Entscheidung.

Die Vorteile einer solchen normativen Lösung liegen auf der Hand: Einem möglichen Zielkonflikt zwischen Wettbewerbsschutz und außerwettbewerblichen Vorteilen eines Unternehmenszusammenschlusses kann in Einzelfällen im Rahmen der Fusionskontrollprüfung durch das Bundeskartellamt Rechnung getragen werden. Das Amt kann aber nicht völlig frei eine derartige politische Entscheidung treffen, sondern es ist auf das Einver-

---

[29] Hervorhebungen durch die Verfasserin.

nehmen des Bundeswirtschaftsministers angewiesen. Die kontrollierende Position des Parlaments bei einem solchen Verfahren wird gestärkt, indem es bei fehlender Einigung zwischen Wirtschaftsminister und Kartellamt eine eigene Entscheidungskompetenz erhält. Das Gewaltenteilungsprinzip bleibt dabei gewahrt, denn das Parlament ist nur im Ausnahmefall zuständig und übernimmt nicht die Aufgabe der Exekutive, sondern nur eine „vermittelnde Funktion". Und dennoch ist für die Ausnahme die wirtschaftspolitische Kompetenz von Kartellamt und Bundeswirtschaftsministerium vereint, womit in fachlicher Hinsicht Fehlentscheidungen weitgehend ausgeschlossen werden können. Zuletzt hält eine solche Lösung auch den Erfordernissen des Wesentlichkeitsgrundsatzes und des Demokratieprinzips stand. Das Bundeskartellamt allein ist für Ausnahmen nicht zuständig, sondern der demokratisch legitimierte Bundeswirtschaftsminister wird zwingend an der Abwägungsentscheidung beteiligt: Sein Einvernehmen ist erforderlich. Diese „wesentliche" politische Entscheidung über das Gemeinwohl wird also vom Bundeskartellamt und dem Bundeswirtschaftsminister gemeinsam getroffen.

Umgekehrt bleibt die stets geforderte Transparenz erhalten, denn der Minister kann nicht durch Einzelweisungen im Hintergrund auf die Entscheidungen einwirken, sondern muss sich mit den Bonner Wettbewerbshütern einigen. Damit würde die Unabhängigkeit des Bundeskartellamtes in der gleichen Weise unterstützt werden wie bei Vorliegen der Ministererlaubnis und der „Nichtgebrauch der Einzelweisungsbefugnis" durch den Bundeswirtschaftsminister könnte so fortgesetzt werden wie bisher. In der Entscheidung selbst müssten dann freilich die Gründe für die Ausnahmegenehmigung ebenso aufgeführt werden, wie das bislang bei der ministeriellen Ausnahmeerlaubnis der Fall war. Einflussnahmen aus der Wirtschaft würden schwieriger werden. Denn der Minister muss sich mit dem Bundeskartellamt einigen und kann nicht in einer übergeordneten Entscheidung die wettbewerblichen Erwägungen „übergehen". Ob die Monopolkommission auch bei einer derartigen Lösung dennoch Sondergutachten erstatten soll, mag an dieser Stelle zweitrangig sein. Jedenfalls spricht nichts dagegen, das sachkundige, neutrale Gremium weiterhin in die Beurteilung fusionsrechtlicher Ausnahmen einzubeziehen.

Ob dieser Vorschlag den „Königsweg" für alle Probleme der Ministererlaubnis darstellt, kann dennoch nicht von vornherein festgestellt werden. Auch wenn der Vorschlag ein „Einvernehmen" zwischen Bundeskartellamt und Bundeswirtschaftsminister fordert, so könnte die Realität freilich anders aussehen. Das Bundeswirtschaftsministerium ist immer noch ranghöhere Aufsichtsbehörde gegenüber dem Bundeskartellamt und der Bundeswirtschaftsminister steht der Kartellbehörde in einem Über-/Unterordnungsverhältnis hierarchisch voran.[30] Das bedeutet, dass er faktisch wenn nicht im Wege einer Einzelweisungsbefugnis, so auf anderem Wege innerhalb des „Einvernehmens" auf die Beamten des Kartellamtes einwirken kann. Ebenso kann auf ihn nach wie vor Einfluss ausgeübt werden. Allerdings gibt eine derartige Konstellation dem Bundeskartellamt eine wesentlich stärkere Position. Bei eingreifenden Wettbewerbsbeschränkungen mag es diese eventuell stärker verteidigen.

Sofern man eine Kompetenzverteilung zwischen Bundeskartellamt, Bundeswirtschaftsminister und Bundestag befürwortet, bleibt die Unsicherheit bei einzelnen Gemeinwohlgründen, die sich in der Vergangenheit nicht bewährt haben, zunächst dennoch bestehen. Hier kann nur der Hinweis auf die bisherigen Erfahrungen und die Betonung einer durchweg einschränkenden Auslegung diesbezügliche Bedenken relativieren. Bei einer Kompetenzverteilung scheint aber eine restriktive Handhabe der Ausnahmemöglichkeit in der Fusionskontrolle eher gewährleistet als bei einer Alleinzuständigkeit des Wirtschaftsministers.

---

[30] Vgl. FK-*Nägele*, § 51, Rn. 5.

F. Zusammenfassung

Trotz der aufgezeigten Nachteile der Ministererlaubnis nach § 42 GWB bildet eine Abschaffung dieser Ausnahmevorschrift nicht die erhoffte Lösung aller Probleme. Es bleibt die Befürchtung, dass möglichen Zielkonflikten von Wettbewerbsschutz und anderen – insbesondere wirtschaftspolitischen – Vorteilen eines Zusammenschlusses im deutschen Wettbewerbsrecht überhaupt nicht mehr Rechnung getragen werden kann. Das mündet in ein weiteres Problem, nämlich dass Zusammenschlüsse, die trotz ihrer wettbewerbsbeschränkenden Wirkung dennoch überwiegend gesamtwirtschaftlich vorteilhaft sind, vom Bundeskartellamt auf eine Weise beurteilt werden könnten, die Zweifel an dessen Integrität und Autorität aufkommen lässt. Insbesondere steht zu befürchten, dass der Minister im Einzelfällen konkrete Einzelweisungen erteilt und die Fusionskontrolle damit zu durchlöchern droht. Wenn die Vorschrift hingegen beibehalten wird, muss davon ausgegangen werden, dass die bislang überwiegend negativen Erfahrungen mit der Generalklausel sich mehren werden. Daher bleiben nur andere normative Möglichkeiten. Aber auch hier zeigen sich schnell Grenzen. Einzig eine Aufteilung der Kompetenzen dergestalt, dass das Bundeskartellamt im Einvernehmen mit dem Bundeswirtschaftsminister (und auf dessen Antrag) Ausnahmen vom Zusammenschlussverbot bei Marktbeherrschung erteilen kann und das Parlament bei fehlendem Einvernehmen entscheidet, stellt die beste aller angebotenen Lösungen dar. Dabei muss abschließend festgestellt werden, dass jede fusionsrechtliche Sonderregelung Probleme und Bedenken aufwirft und es keine gibt, die in jeder Hinsicht unangreifbar oder gar perfekt ist.

Wettbewerbspolitische Änderungen lassen sich nur schwer durchsetzen. Aufgrund allgemeiner Erfahrungen sind größere Veränderungen des Wettbewerbsrechts nur schwer zu realisieren – insbesondere wenn sie sich nicht an den eigenen Interessen der Entscheidungsträger orientieren.[31] Bestimmte Probleme müssen in der Öffentlichkeit erst „reifen", um im politischen Raum durchsetzbar zu werden. Und der Bundeswirtschaftsminister oder die Bundesregierung wird im Zweifel nicht den Anstoß dafür geben, eines seiner „kleinen industriepolitischen" Instrumente abzuschaffen oder so zu verändern, dass es für diese Zwecke schwieriger einzusetzen sein könnte.

---

[31] *Jens*, in: Handbuch des Wettbewerbs, S. 187 f.

Schluss und Ausblick

Der Rückblick auf die Umstände der Einführung der Fusionskontrollvorschriften in das GWB im Jahre 1973 hat gezeigt, dass die Ministererlaubnis als Ausnahmevorschrift insbesondere deshalb in den Regelungskatalog aufgenommen wurde, weil sie als notwendige Korrektur eines ordnungspolitischen Akts unabdingbar schien. Primär sollte durch die Möglichkeit von Ausnahmen der mit der Kontrolle von Unternehmenszusammenschlüssen verbundene Eingriff in die Freiheitsrechte abgeschwächt werden. Bereits damals setzte man sich aber auch mit Schwächen und Gefahren eines solchen politischen Lenkungsinstruments auseinander.

Betrachtet man die nun über 30 Jahre andauernde Fusionskontrolltätigkeit in Deutschland, so hat sich vieles anders entwickelt, als es anfangs angenommen worden war. Das betrifft in besonderem Maße die Anwendungsfälle der Ministererlaubnis: Die mit den sieben erteilten Ausnahmegenehmigungen für wettbewerbsbeschränkende Zusammenschlüsse angestrebten positiven Auswirkungen für das Gemeinwohl haben sich überwiegend nicht realisiert. Gerade die unbestimmten Rechtsbegriffe „gesamtwirtschaftliche Vorteile" und „überragende Interessen der Allgemeinheit" haben sich als unvorhersehbare, nicht fassbare Kategorien herausgestellt, die sich trotz Konkretisierung in bestimmte Gemeinwohlgründe als ungeeignet und oft unnötig herausgestellt haben, um durch einen ministeriell genehmigten Zusammenschluss realisiert zu werden. Bedenklicher aber stimmt rückblickend die Erkenntnis, dass insbesondere die ordnungspolitischen Einwände gegen die politische Ausnahmevorschrift als industriepolitisches Instrument, das den für Einflüsse von allen Seiten anfälligen Wirtschaftsminister zu dirigistischem Handeln verführen kann, nicht ausgeräumt werden konnten. Auch wenn letztlich nur Umstände einzelner Entscheidungen geschildert werden konnten, ohne dass eindeutige Schlussfolgerungen hinsichtlich eines vorwerfbaren Missbrauchs der Ministererlaubnis gezogen werden konnten, so bleibt diese Möglichkeit bestehen. Durch die bisherige

Praxis wurden diese Bedenken mehr bestätigt als behoben. Verstärkt werden diese offensichtlichen Nachteile der Regelung dadurch, dass eine Kontrolle des Ministers nicht in ausreichendem Maße funktioniert. Die vielgepriesene parlamentarische Verantwortlichkeit des Politikers und die Kontrollfunktion der öffentlichen Meinung hat in den bisherigen Ministererlaubnisverfahren nahezu jegliche Wirkung verfehlt. Die wenigsten Zusammenschlussvorhaben erreichten das öffentliche Interesse und die wenigen – sehr umstrittenen – Vorhaben, die in der Öffentlichkeit, respektive in den Medien, Beachtung fanden, endeten dennoch mit der Erteilung der beantragten Erlaubnis zum wettbewerbsbeeinträchtigenden Zusammenschluss. Eine Ausnahme bildeten allenfalls die beiden Fusionsvorhaben, an denen Presseunternehmen beteiligt waren. Beide endeten mit einer Rücknahme des Antrags, nachdem die publizistische Öffentlichkeit sich aufs Heftigste gegen die Wettbewerbsbeschränkung gewehrt hatte. Nicht genug, dass, sobald ein Ministererlaubnisantrag gestellt ist, der Minister als Politiker, nur einer geringen Kontrolle ausgesetzt ist – auch die gerichtliche Kontrolle des Verwaltungsakts Ministererlaubnis ist unzureichend. Sie ist darauf beschränkt, das Verfahren und die Entscheidung auf formelle Fehler hin zu überprüfen, und Fehler, die bei der Abwägung gemacht wurden, festzustellen.

Und dennoch hat die vorliegende Arbeit gezeigt, dass sich eine Abschaffung der Ausnahmeerlaubnis in der Fusionskontrolle als schwerlich realisierbar erweist. Denn es bleibt – auch im Vergleich zu anderen Wettbewerbsordnungen – das Argument, dass eine ausschließlich wettbewerblich ausgerichtete Fusionskontrolle eine Lösung für mögliche Zielkonflikte mit anderen wirtschaftspolitisch erstrebenswerten Vorteilen eines Zusammenschlusses ausschließt. Zudem bleibt das Problem, dass wirtschaftspolitisch besonders bedeutende Zusammenschlussvorhaben auf andere Art und Weise behandelt werden könnten, indem der Bundeswirtschaftsminister konkrete Einzelweisungen an das Bundeskartellamt erteilt. Trotz der Umstrittenheit von Art und Umfang solcher Einzelweisungen bleibt diese Möglichkeit im Raum stehen. Die Auswirkungen auf die Effektivität der Fusionskontrolle in Deutschland könnten mehr als nachteilig sein. Es bleibt, nachdem weder Abschaffung noch Beibehaltung der Ministererlaubnis erstrebenswert sind, der Vorschlag einer Alternativlösung: eine Kompromisslösung, nach der Bundeswirtschaftsminister und Bundeskartellamt gleichsam an der Ausnahmeentscheidung beteiligt werden und das Parlament bei mangelnder Einigung die von einem sachkundigen Ausschuss vorbereitete Entscheidung trifft.

Insgesamt aber muss angenommen werden, dass sich Veränderungen in der Wettbewerbsgesetzgebung, insbesondere, wenn es um die Reformierung politischer Ermächtigungsnormen geht, nur schwer durchsetzen lassen. Die Regierung selbst hat kein Interesse an derartigen Veränderungen, die Problematik muss in der Öffentlichkeit daher erst ausreichend reifen. Dennoch mag mit der vorliegenden Arbeit ein Denkanstoß zur Reflexion gegeben worden sein. Es bleibt nach den Erfahrungen der letzten Jahre mit den Zusammenschlüssen E.ON/Ruhrgas und Holtzbrinck/Berliner Verlag die Hoffnung, dass die Öffentlichkeit für die Probleme einer Ministererlaubnis mehr sensibilisiert worden ist.

Anhang I : Ministererlaubnisverfahren

Nr.	Beteiligte Unternehmen	Antrag	Monopolkommission	Bundesminister für Wirtschaft und Technologie
1	VEBA/Gelsenberg	1974	Ablehnung SG 2	Erlaubnis WuW/E BWM 147
2	VAW/Kaiser	1975	Ablehnung SG 3	Ablehnung WuW/E BWM 149
3	Babcock/Artos	1976	Ablehnung SG 4	Erlaubnis mit Auflagen WuW/E BWM 155
4	Thyssen/Hüller-Hille	1977	Teilerlaubnis (33 % Beteiligung) SG 6	Teilerlaubnis (45 % Beteiligung) mit Entflechtungsauflage WuW/E BWM 159
5	Sachs/GKN	1978	–	Antrag zurückgenommen
6	VEBA/BP	1978	Ablehnung SG 8	Erlaubnis mit Auflagen WuW/E BWM 165

7	IBH/Wibau	1981	Erlaubnis SG 10	Erlaubnis WuW/E BWM 177
8	Burda/Springer	1981	Ablehnung SG 12	Antrag zurück genommen
9	Klöckner/SEN	1984	Ablehnung SG 15	Antrag zurück genommen Untersagung vom BKartA wg. veränderter Marktverhältnisse aufgehoben
10	VEW/Sidéchar	1985	Ablehnung SG 16	Ablehnung WuW/E BWM 185 Untersagung vom BKartA wg. Formfehler aufgehoben
11	Rheinmetall/WMF	1985	–	Antrag zurück genommen
12	Daimler-Benz/MBB	1989	Erlaubnis mit Auflagen SG 18	Erlaubnis mit Auflagen WuW/E BWM 191
13	MAN/Sulzer	1989	Ablehnung SG 19	Ablehnung WuW/E BWM 207

14	Daimler-BENZ/ MAN/ENASA	1990	–	Antrag zurück genommen
15	BayWa/WLZ	1992	Ablehnung SG 22	Ablehnung WuW/E BWM 213
16	Kali+Salz/PCS	1997	Ablehnung SG 25	Ablehnung WuW/E BWM 225
17	E.ON/Ruhrgas	2002	Ablehnung SG 34 SG 35	Erlaubnis mit Auflagen WuW/E DE-V 573 WuW/E DE-V 643
18	Holtzbrinck/Berliner Verlag	2003	Ablehnung SG 36 SG 38	Antrag zurückgenommen

Quelle: www.monopolkommission.de/stellung/mine_t.htm
unter Ergänzung der Fälle E.ON/Ruhrgas und Holtzbrinck/Berliner Verlag.

Anhang II: Fusionskontrollverfahren 1973 – 2002

Jahr	Zusammenschlüsse
1973	34
1974	294
1975	445
1976	453
1977	554
1978	558
1979	602
1980	635
1981	618
1982	603
1983	506
1984	575
1985	709
1986	802
1987	887
1988	1 159
1989	1 414
1990	1 548
1991	2 007
1992	1 743
1993	1 514
1994	1 564
1995	1 530
1996	1 434

1997	1 751
1998	1 888
1999	1 182
2000	1 429
2001	1 138
2002	1 317
Gesamt 1973-2003	**30 893**

Quelle: Bericht des Bundeskartellamtes über seine Tätigkeit in den Jahren 2001/2002 sowie über die Lage und Entwicklung in seinem Aufgabengebiet, BT-Drucks. 15/1226, S. 257.

Abkürzungsverzeichnis

a.A.	anderer Ansicht
Abs.	Absatz
a.E.	am Ende
a.a.O.	an angegebenem Ort
AdG	Archiv der Gegenwart (Zeitschrift)
a.F.	alte Fassung
ABl.EG	Amtsblatt der EG
AG	Aktiengesellschaft (Zeitschrift)
ASU	Arbeitsgemeinschaft selbständiger Unternehmer
Art(t).	Artikel
BB	Betriebsberater (Zeitschrift)
Bd.	Band
BDI	Bundesverband der Deutschen Industrie
Bek.	Bekanntmachung
BGBl.	Bundesgesetzblatt
BKartA	Bundeskartellamt
BMWi	Bundesministerium für Wirtschaft (und Arbeit)
DB	Der Betrieb (Zeitschrift)
DGB	Deutscher Gewerkschaftsbund
DIHT	Deutscher Industrie- und Handelstag
DVBl.	Deutsches Verwaltungsblatt (Zeitschrift)
DSWR	Datenverarbeitung, Steuer, Wirtschaft, Recht (Zeitschrift)
EG	Europäische Gemeinschaft
EGV	Vertrag zur Gründung der Europäischen Gemeinschaft
EU	Europäische Union
EuGH	Europäischer Gerichtshof
EUV	Vertrag über die Europäische Union
EuZW	Europäische Zeitschrift für Wirtschaftsrecht

EWG	Europäische Wirtschaftsgemeinschaft
f.	folgend
FAZ	Frankfurter Allgemeine Zeitung
ff.	fortfolgende
FIW	Forschungsinstitut für Wirtschaftsverfassung und Wettbewerb e.V. Köln
FK	Frankfurter Kommentar
FKVO	Europäische Fusionskontrollverordnung
Fn.	Fußnote
FS	Festschrift
GK	Gemeinschaftskommentar
GWB	Gesetz gegen Wettbewerbsbeschränkungen
h.M.	herrschende Meinung
Hrsg.	Herausgeber
HWWA	Hamburgisches Welt-Wirtschafts-Archiv
i.e.	id est (das ist, das heißt)
IM	Immenga/Mestmäcker, Kommentar zum GWB
insbes.	insbesondere
i.S.d.	im Sinne des/der
JuS	Juristische Schulung (Zeitschrift)
KfW	Kreditanstalt für Wiederaufbau
KG	Kammergericht
NJW	Neue Juristische Wochenschrift (Zeitschrift)
Nr.	Nummer
o.	oder
ORDO	Jahrbuch für die Ordnung für Wirtschaft und Gesellschaft
RGBl.	Reichsgesetzblatt
RIW	Recht der Internationalen Wirtschaft (Zeitschrift)
Rn.	Randnummer
s.	siehe

SZ	Süddeutsche Zeitung
Tz.	Textziffer
u.	und
u.a.	und andere / unter anderem
v.	vom
v.a.	vor allem
vgl.	vergleiche
WiST	Wirtschaftswissenschaftliches Studium (Zeitschrift)
WRP	Wettbewerb in Recht und Praxis (Zeitschrift)
WuW	Wirtschaft und Wettbewerb (Zeitschrift)
WW	Wirtschaftswoche
ZHR	Zeitschrift für das gesamte Handels- und Wirtschaftsrecht
z.B.	zum Beispiel
zit.	zitiert
ZfW	Zeitschrift für Wirtschaftspolitik
ZNER	Zeitschrift für Neues Energierecht

Literaturverzeichnis

Bach, Albrecht
- Materielle Veränderungen der deutschen Fusionskontrolle durch die EWG Fusionskontrolle, WuW 1992, S. 571-583

Barbier, Hans D.
- Nicht nach Dreiholdingland, FAZ vom 10.10.2003, S. 15
- Dünne Wand, FAZ vom 23.5.2003, S. 15

Baron, Michael
- Kartellgesetznovelle: Die wesentlichen Änderungen, in: Schwerpunkte des Kartellrechts 1998, Verwaltungs- und Rechtsprechungspraxis Bundesrepublik Deutschland und EG, Referate des XXVI. FIW-Seminars mit zusätzlichen Beiträgen, Köln u.a. 1999, S. 1-21 (zit.: Baron, in: Schwerpunkte des Kartellrechts)

Bartling, Hartwig
- Schlussfolgerungen aus Entwicklungstendenzen der Wettbewerbstheorie für die Wettbewerbspolitik, WuW 1993, S. 16-30

Bartodziej, Peter
- Die Reform der EG-Wettbewerbsaufsicht und Gemeinschaftsrecht, Baden-Baden 1994

Bartram, Dirk
- Zur Problematik der „Ministererlaubnis", (§ 24 Abs. 3 GWB), WuW 1979, S. 372-384

Basedow, Jürgen
- Die Ministererlaubnis muss bleiben, EuZW 2002, S. 417
- Gemeinschaftsrechtliche Grenzen der Ministererlaubnis in der Fusionskontrolle, EuZW 2003, S. 44-50
- Energisches Duopol, FAZ vom 5.2.2003, S. 14

Bechtold, Rainer
- Fusionskontrolle im EG-Binnenmarkt, in: Gisela Wild u.a. (Hrsg.), Festschrift für Alfred-Carl Gaedertz, München 1992, S. 45-59 (zit.: Bechtold, in: FS Gaedertz)
- Kartellgesetz, Gesetz gegen Wettbewerbsbeschränkungen – Kommentar, 3. Auflage, München 2002
- Die Stellung der Beigeladenen im Kartellverfahren, BB 2003, S. 1021-1025
- Tagesspiegel/Berliner Zeitung – Keine oligopolistische Marktbeherrschung, Erwiderung auf Säcker, BB 2003, 2245 ff., BB 2003, 2528-2530
- Grundlegende Umgestaltung des Kartellrechts: Zum Referentenentwurf der 7. GWB-Novelle, DB 2004, S. 235-241

Bechtold, Rainer; Buntschek, Martin
- Die Entwicklung des deutschen Kartellrechts 2001–2003, NJW 2003, S. 2866-2874

Bechtold, Rainer; Kleinmann, Werner
- Kommentar zur Fusionskontrolle, 2. Auflage, Heidelberg 1989

Behrends, Sylke
- Neue Politische Ökonomie, München 2001

Benisch, Werner
- Die Problematik einer nationalen Zusammenschlusskontrolle, WRP 1970, S. 93-98
- Die Kompetenzverteilung bei einer Konzentrationskontrolle, WuW 1970, S. 718-726
- Fusionskontrolle und internationale Wettbewerbsfähigkeit deutscher Unternehmen, WuW 1983, S. 93–99

Berg, Hartmut
- Internationale Wettbewerbsfähigkeit und nationale Zusammenschlusskontrolle, Köln u.a. 1985
- Der Zusammenschluss „Daimler-Benz/MBB", Eine Fallstudie zu Problemen der strategischen Unternehmensplanung, der Wettbewerbs- und der Industriepolitik, WiSt 1990, S. 643-647

Berg, Hartmut; Schmitt, Stefan
- Wettbewerbspolitik im Prozess der Globalisierung, Das Beispiel der Zusammenschlusskontrolle, Dortmunder Diskussionsbeiträge zur Wirtschaftspolitik, Dortmund 2003

Berg, Hartmut; Tielke-Hosemann, Notburga
- Von Glanz und Elend staatlicher Technologieförderung: Das Projekt „Airbus", in: Gutowski, Arno; Molitor, Bruno (Hrsg.): Hamburger Jahrbuch für Wirtschafts- und Gesellschaftspolitik, 33. Jg., Tübingen 1988, S. 121-140 (zit.: Berg/Tielke-Hosemann, Hamburger Jahrbuch 1988)

Berg, Werner; Nachtsheim, Sabine; Kronberger, Sylvia
- Zusammenschlüsse zwischen multinationalen Unternehmen und Fusionskontrolle, RIW 2003, 15-23

Beyer, Andreas
- Zusammenschlusskontrolle im englischen und deutschen Recht unter Berücksichtigung von Sanierungsfusionen, Berlin 1986

Böge, Ulf
- „Globalisierung – Chance oder Gefahr für den Wettbewerb?", Vortrag an der Hermann Ehlers Akademie vom 07.05.2001, abrufbar unter: http://www.bundeskartellamt.de (3.8.2003)
- Zur Reform des Verfahrens in der neuen EG-Fusionskontrollverordnung, WuW 2004, S. 148-161

Breuer, Rolf-E.
- Zukünftige Energiepolitik – Rahmenbedingungen und Ziele, abrufbar unter: http://www.energiedialog2000.de/z-energie.html (20.10.2003)

Brüderle, Rainer
- Der Zeitungsmarkt bedarf der Aufmerksamkeit, FAZ vom 22.10.2003, S. 16

Brychcy, Ulf
- Gegen die Verbraucher, SZ vom 20.9.2002, S. 19

Büdenbender, Ulrich
- Generelle und energierechtliche Konflikte zwischen Wettbewerb und Umweltschutz, DVBl 2002, S. 800-809

Bunte, Hermann-Josef
- Ein Votum für eine 6. GWB-Novelle, WuW 1994, S. 6-21
- Nochmals: Rechtsfragen zur Ministererlaubnis nach § 42 GWB, Erwiderung auf Möschel, BB 2002, 2077 ff., BB 2002, S. 2393-2402

Calliess, Christian; Ruffert, Martin (Hrsg.)
- Kommentar zum EU-Vertrag und EG-Vertrag, 2. Auflage, Neuwied, Kriftel 2002 (zit.: Bearbeiter, in: Calliess/Ruffert, EU-/EGV)

Canenbley, Cornelis; Moosecker, Karlheinz
- Fusionskontrolle, Handbuch für die Praxis, Köln 1982

Catranis, Alexander
- Die Aufgabe der Zusammenschlusskontrolle dargestellt am Beispiel der Sanierungsfusion, Berlin 1981

Däuper, Olaf
- Neue Anforderungen an die Fusionskontrolle in der Energiewirtschaft, WuW 2002, S. 458-470

Dauses, Manfred (Hrsg.)
- Handbuch des EU-Wirtschaftsrechts, Bd. 2, München 2003 (zit.: Bearbeiter, in: Handbuch des EU-Wirtschaftsrechts)

Degenhart, Christoph
- Staatsrecht I, Staatsorganisationsrecht, 16. Auflage, Heidelberg 2000

Dreher, Meinrad
- Das deutsche Kartellrecht vor der Europäisierung, WuW 1995, S. 881-907
- Die 6. GWB-Novelle, in: Schwerpunkte des Kartellrechts 1998, Verwaltungs- und Rechtsprechungspraxis Bundesrepublik Deutschland und EG, Referate des XXVI. FIW-Seminars mit zusätzlichen Beiträgen, Köln u.a. 1999, S. 111-119
- Die Ministererlaubnis muss bleiben!, WuW 2002, S. 665
- Deutsche Ministererlaubnis in der Zusammenschlusskontrolle und europäisches Kartellrecht, WuW 2002, S. 828-841

Droege, Michael
- Fusionskontrolle und Verfahren – verfahrene Fusionskontrolle? – Die Vertretung des Bundeswirtschaftsministers im Ministererlaubnisverfahren nach § 42 GWB – WuW 2002, S. 930-944

Dohmen, Frank; Reiermann, Christian
- „Ganz, ganz schwierige Kiste", Der Spiegel Nr. 27/2002, S. 94–95

Eckstein, Dieter, u.a.
- Zur Reform des Wettbewerbsrechts, in: Mestmäcker, Ernst-Joachim (Hrsg.) i.V.m. Biedenkopf, Kurt; Hoppmann, Erich: Wettbewerb als Aufgabe, Nach zehn Jahren Gesetz gegen Wettbewerbsbeschränkungen, Reihe Wirtschaftsrecht und Wirtschaftspolitik, Bd. 7, Bad Homburg u.a. 1968, S. 21-24 (zit.: Eckstein u.a., in: Wettbewerb als Aufgabe)

Eeckhoff, Johann
- Wettbewerbsordnung und staatliches Handeln, in: Monopolkommission, Wettbewerbspolitik im Wandel, Baden-Baden 1995, S. 21-35

Ehlermann, Claus-Dieter
- Zukünftige Entwicklungen des europäischen Wettbewerbsrechts, in: Monopolkommission, Wettbewerbspolitik im Wandel, Baden-Baden 1995, S. 37-51

Elben, Roland
- Der Zusammenschluss von Großunternehmen im deutschen und europäischen Kartellrecht, Frankfurt a.M. 1994

Engel, Christoph
- Meinungsvielfalt durch Ministererlaubnis?, Der Zusammenschluss Holtzbrinck/ Berliner Verlag, Gutachten im Auftrag der Axel Springer AG, unveröffentlicht
- Offene Gemeinwohldefinitionen, Rechtstheorie 2002, Bd. 32, S. 23–52

Emmerich, Volker
- Die bisherige Praxis zur Fusionskontrolle, AG 1978, S. 85-91, 118-134, 150-158
- Die neueste Praxis zur Fusionskontrolle, AG 1979, S. 6-12, 40-49
- Fusionskontrolle 1983/1984, AG 1984, S. 309-319
- Fusionskontrolle 1986/1987, AG 1987, S. 357-368
- Fusionskontrolle 1987/1988, AG 1988, S. 357-369
- Fusionskontrolle 1991/1992, AG 1992, S. 417-424
- Fusionskontrolle 2001/2002, AG 2002, S. 641-651
- Fusionskontrolle 2002/2003, AG 2003, S. 649-660
- Kartellrecht, 9. Auflage (soweit nicht anders zitiert), München 2001

Everling, Ulrich
- Zur Wettbewerbskonzeption in der neueren Rechtsprechung des Gerichtshofs des Europäischen Gemeinschaften, WuW 1990, S. 995-1009

Eyermann, Erich; Fröhler, Ludwig (Begr.)
- Verwaltungsgerichtsordnung – Kommentar, 11. Auflage, München 2000 (zit.: Eyermann, VwGO)

Fatschek, Jochen
- Die Berücksichtigung außerwettbewerblicher Gesichtspunkte bei Anwendung der Zusammenschlusskontrolle, Gerbrunn bei Würzburg 1977

Feser, Andreas
- Vermögensmacht und Medieneinfluss – parteieigene Unternehmen und die Chancengleichheit der Parteien –, Würzburg, Univ., Diss., 2002
- Der Genossenkonzern, Parteivermögen und Pressebeteiligungen der SPD, München 2002

Fiedler, Patrick
- EG-Kommission erleichtert Vorraussetzungen für Sanierungsfusion, EuZW 2001, S. 585-589

Flauger, Jürgen
- E.ON rettet Ruhrgas-Fusion mit teuren Zugeständnissen, Handelsblatt vom 3.2.2003, S. 16

Fleischer, Holger; Körber, Torsten
- Der Einfluss des US-amerikanischen Antitrustrechts auf das Europäische Wettbewerbsrecht, WuW 2001, S. 6-19

Frantzke, Anton; Kurz, Rudi
- Der Fall Daimler-Benz/MBB, Die Bedeutung Ökonomischer Argumente, Jahrbuch für Sozialwissenschaft 42 (1991), S. 241-261

Fritzsche, Alexander
- Der Einfluss des europäischen Wettbewerbsrechts auf das Ministererlaubnisverfahren nach § 42 GWB, WuW 2003, S. 1153-1165

Gebert, Rolf
- Das Spannungsfeld zwischen Wirtschaftsministerium und Bundeskartellamt, AG 1991, S. 295-301

Glassen, Helmut, u.a. (Hrsg.)
- Frankfurter Kommentar zum Kartellrecht, Köln 2001 (zit.: FK-Bearbeiter)

Gorzny, Willi (Hrsg.)
- Zeitungs-Index, Verzeichnis wichtiger Aufsätze aus deutschsprachigen Zeitungen, 1. Jg. 1974 – 30. Jg. 2003, Jg. 18-21, 30 teilw. erschienen, Jg. 22-25, 29 noch nicht erschienen, München 1976-2003

Grabitz, Eberhard; Hilf, Meinhard (Hrsg.)
- Das Recht der Europäischen Union, Bd. I: EUV/EGV, München 2003 (zit.: Bearbeiter, in: Grabitz/Hilf, Das Recht der Europäischen Union)

Groeben, Hans von der; Thiesing, Jochen; Ehlermann, Claus-Dieter (Hrsg.),
- Kommentar zum EU-/EG-Vertrag, 5. Auflage, Baden-Baden 1997 (zit.: Bearbeiter, in: Groeben/Thiesing/Ehlermann)

Gröner, Helmut; Köhler, Helmut
- Wettbewerbsprobleme der Sanierungsfusion, ORDO 31 (1980), S. 87-126

Günther, Eberhard
- Entwurf eines deutschen Gesetzes gegen Wettbewerbsbeschränkungen, WuW 1951, S. 17-35
- Probleme der Fusionskontrolle, Köln u.a. 1970
- Die geistigen Grundlagen des sogenannten Josten-Entwurfs, in: Sauermann, Heinz; Mestmäcker, Ernst-Joachim (Hrsg.), Wirtschaftsordnung und Staatsverfassung, Festschrift für Franz Böhm, Tübingen 1975, S. 183-204 (zit.: Günther, in: FS Böhm)

Hasenfelder, Silke; Lutz, Martin
- Die neue Durchführungsverordnung zu den Artikeln 81 und 82 EG-Vertrag, WuW 2003, S. 118-129

Hanfeld, Michael
- Fluch der Erlaubnis, FAZ vom 9.9.2003, S. 14

Haubrock, Manfred
- Konzentration und Wettbewerbspolitik: Die Funktion der Monopolkommission im Zusammenhang mit der Konzentrationsentwicklung und ihre Bedeutung in der wettbewerbspolitischen Auseinandersetzung der Bundesrepublik Deutschland, Frankfurt a.M. 1994

Heuß, Ernst
- Wettbewerb – kein Gegenstand wirtschaftspolitischer Opportunität, Volkswirt 9/1970, S. 42

Herdzina, Klaus
- Wettbewerbspolitik, 5. Auflage, Stuttgart 1999

Hermes, Georg; Wieland, Joachim
- Die Ministererlaubnis nach § 42 GWB – Europarechtliche Fragen und Probleme der gerichtlichen Kontrolle, ZNER 2002, S. 158-170
- Die Ministererlaubnis nach § 42 GWB als persönlich zu verantwortende Entscheidung, ZNER 2002, S. 267-275

Hinten-Reed, Nils von; Camesaca, Peter; Schedl, Michael
- Reform der Europäischen Fusionskontrollverordnung, RIW 2003, 321-326

Hirsch, Günter
- „Ich bin kein Freund der Ministererlaubnis", Fragen an Günter Hirsch, Präsident des Bundesgerichtshofs und Vorsitzender des Kartellsenats, FAZ vom 19.8.2003, S. 12

Hoppmann, Erich
- Fusionskontrolle, Tübingen 1972

Immenga, Frank; Stopper, Martin
- Impulsgeber „Baby Food Merger": Die Berücksichtigung des Effizienzgedankens im US-amerikanischen und europäischen Fusionskontrollrecht, RIW 2001, S. 512-518

Immenga, Ulrich
- Politische Instrumentalisierung des Kartellrechts, Tübingen 1976
- Konzentrationskontrolle und Sanierungsfusion, ZHR 137 (1973), S. 334-355
- Macht durch Staat, Wirtschaftsdienst 1988, S. 603-605
- Die europäische Fusionskontrolle im wettbewerbspolitischen Kräftefeld, Tübingen 1993
- Schluss mit den Verfahrensfragen!, Handelsblatt vom 13./14. 09. 2002, S. 10

Immenga, Ulrich; Mestmäcker, Joachim (Hrsg.)
- Gesetz gegen Wettbewerbsbeschränkungen, 3. Auflage, München 2001 (zit.: IM-Bearbeiter, GWB)
- EG Wettbewerbsrecht, Bd. I und II, München 1997 (zit.: IM-Bearbeiter, EG-Wettbewerbsrecht)

Ipsen, Jörn
- Staatsrecht I, 12. Auflage, Neuwied, Kriftel 2000

Isele, Kathrin
- Fusionskontrolle im Standortwettbewerbs: Droht ein race-to-the-bottom?, abrufbar unter: http://walter-eucken-institut.de/veranstaltungen/workshop2002/Isele-Paper.pdf (1.10.2003)

Jäckering, Werner
- Die politischen Auseinandersetzungen um die Novellierung des Gesetzes gegen Wettbewerbsbeschränkungen (GWB), Berlin 1977

Jens, Uwe
- Möglichkeiten und Grenzen rationaler Wettbewerbspolitik in Demokratien, in: Cox, Helmut; Jens, Uwe; Markert, Kurt (Hrsg.), Handbuch des Wettbewerbs: Wettbewerbstheorie, Wettbewerbspolitik, Wettbewerbsrecht, München 1981, S. 170-192
(zit.: Jens, in: Handbuch des Wettbewerbs)

Junge, Werner
- Das Verfahrensrecht in der Zweiten Kartellgesetznovelle, WuW 1970, S. 834-843

Kallfass, Hermann
- Staatliche Zusammenschlusskontrolle oder unreglementierte Märkte für Unternehmenskontrolle?, WuW 1992, 597-605

Kantzenbach, Erhard
- Fusionskontrolle – Sachzwang oder politische Entscheidung?, Volkswirt 9/1970, S. 41 f.
- Der Einfluss des Staates auf den Wettbewerb aus Sicht der Monopolkommision, in: Röper, Burkhardt (Hrsg.), Der Einfluss des Staates auf den Wettbewerb, Berlin 1986, S. 41-47
(zit.: Kantzenbach, in: Der Einfluss des Staates auf den Wettbewerb)
- Erfahrungen aus der deutschen Zusammenschlusskontrolle, WuW 1990, S. 116-123
- Nicht das Kind mit dem Bade ausschütten!, WuW 2002, S.1039

Kantzenbach, Erhard; Kinne, Konstanze
- Nationale Zusammenschlusskontrolle und internationale Wettbewerbsfähigkeit von Unternehmen, in: Kruse, Jörn; Stockmann, Kurt; Vollmer, Lothar (Hrsg.), Wettbewerbspolitik im Spannungsfeld nationaler und internationaler Kartellrechtsordnungen, Festschrift für Ingo Schmidt zum 65. Geburtstag, Baden-Baden 1997, S. 67-83 (zit.: Kantzenbach/Kinne, in: FS I. Schmidt)

Kartte, Wolfgang
- Fusionskontrolle, BB 1969, S. 1405-1408
- Ein neues Leitbild für die Wettbewerbspolitik, Köln u.a. 1969
- Fusionskontrolle in der Marktwirtschaft, in: Raisch, Peter; Sölter, Arno; Kartte, Wolfgang, Fusionskontrolle – Für und Wider, Stuttgart u.a. 1970, S. 87-114 (zit.: Kartte, in: Fusionskontrolle)
- „Wir stehen häufig unter Zwängen", Spiegel-Gespräch mit Wolfgang Kartte, Der Spiegel 49/1978, S. 89-99

Kartte, Wolfgang; Holtschneider, Wolfgang
- Konzeptionelle Ansätze und Anwendungsprinzipien im Gesetz gegen Wettbewerbsbeschränkungen, – Zur Geschichte des GWB –, in: Cox, Helmut; Jens, Uwe; Markert, Kurt (Hrsg.), Handbuch des Wettbewerbs: Wettbewerbstheorie, Wettbewerbspolitik, Wettbewerbsrecht, München 1981, S. 193–224 (zit.: Kartte/Holtschneider, in: Handbuch des Wettbewerbs)

Kartte, Wolfgang; Röhling, Eike
- Fusionskontrolle durch das Bundeswirtschaftsministerium, in: Auslegungsfragen zur Zweiten GWB-Novelle, FIW-Schriftenreihe, Köln 1974, S. 91-98 (zit.: Kartte/Röhling, in: Auslegungsfragen)

Kaufer, Erich
- Konzentration und Fusionskontrolle, Wirtschaftliche und wirtschaftsrechtliche Untersuchungen, Bd. 11, Tübingen 1977

Kellner, Martin
- Die Ministererlaubnis nach § 42 GWB – Neue Tendenzen im Zeichen der Globalisierung, ThürVBl. 2003, S. 31-34
- Ministerielle Fusionskontrolle im Energiesektor, ZNER 2002, S. 275-282

Kerber, Wolfgang
- Die europäische Fusionskontrolle: Entwicklungslinien und Perspektiven, in: Oberender, Peter (Hrsg.), Die europäische Fusionskontrolle, Berlin 2000

Kinne, Konstanze
- Effizienzvorteile in der Zusammenschlusskontrolle, Eine vergleichende Analyse der deutschen, europäischen und US-amerikanischen Wettbewerbspolitik, Baden-Baden 2000

Kirste, Stephan
- Die Realisierung von Gemeinwohl durch verselbständigte Verwaltungseinheiten in: Brugger, Winfried; Kirste, Stephan; Anderheiden, Michael (Hrsg.), Gemeinwohl in Deutschland, Europa und der Welt, Baden-Baden 2002, S. 327-391 (zit.: Kirste, in: Gemeinwohl in Deutschland, Europa und der Welt)

Klaue, Siegfried
- „Die Entscheidungskompetenz gehört ins Bundeskartellamt", Der Volkswirt 33/1970, S. 35 f.

Klaue, Siegfried; Lampe, Heinz von; Markert, Kurt; Petry, Horst; Reiniger, Klaus
- Zur Problematik der Fusionskontrolle, Frankfurt 1971

Klees, Andreas
- Der Vorschlag für eine neue EG-Fusionskontrollverordnung, EuZW 2003, S. 197-202

Klosa, Annette u.a. (Hrsg.)
- Duden, Deutsches Universalwörterbuch, 4. Auflage, Mannheim 2001

Knoche, Manfred; Zerdick, Axel u. Mitarbeit von Gollhammer, K.; Klaue, Siegfried
- Vergleich der kartellrechtlichen Regelungen und ihrer Rechtsanwendung für Fusionen und Kooperationen im Bereich Presse und Pressegroßhandel in Europa und den USA, BMWi-Forschungsauftrag 49/01, abrufbar unter: http://www.bmwi.de/Redaktion/Inhalte/Downloads/Homepage_ 2Fdownload_2Fwirtschaftspolitik_2Fpressekonzentration.pdf, property:pdf.pdf (2.12.2003)

Knöpfle, Robert
- Zur Novellierung des § 22 GWB, BB 1970, S. 717-724
- Gesamtwirtschaftliche Vorteile eines Zusammenschlusses und überragendes Interesse der Allgemeinheit als Zulassungskriterien, WuW 1974, S. 5–19
- Die Problematik der Zusammenschlusskontrolle nach dem GWB, Heidelberg 1986

Kögel, Rainer
- Die Angleichung der deutschen an die europäische Fusionskontrolle, Baden-Baden 1996

Köhler, Helmut
- Zur Reform des GWB, WRP 1996, S. 835-848

Kopp, Ferdinand; Schenke, Wolf-Rüdiger
- Verwaltungsgerichtsordnung, 12. Auflage, München 2002

Krakowski, Michael
- Verfehlte Ministererlaubnis, Wirtschaftsdienst 2002, abrufbar unter: http://www.hwwa.de/Publikationen/Wirtschaftsdienst/ 2002/wd_docs2002/wd0203-krakowski.pdf (20.7.2003)

Krohs, Christian; Reimann, Carsten
- Das britische Fusionskontrollrecht nach dem Enterprise Act, WuW 2003, S. 1266-1278

Langen, Eugen; Bunte, Hermann-Joseph (Hrsg.)
- Kommentar zum deutschen und europäischen Kartellrecht, 9. Auflage, Neuwied, Kriftel 2001 (zit.: Bearbeiter, in: Langen/Bunte, GWB)

Lenz, Christofer
- Wer ist Minister bei der Ministererlaubnis nach § 42 GWB?, NJW 2002, S. 2370-2371

Lukes, Rudolf
- Wettbewerbsrecht und Konzentration, in: Arndt, Helmut (Hrsg.): Die Konzentration in der Wirtschaft, 2. Auflage, 1. Bd., Berlin 1971, S. 591-602 (zit.: Lukes, in: Die Konzentration in der Wirtschaft)

Maunz, Theodor; Dürig, Günter u.a. (Hrsg.).
- Grundgesetz, Bd. I, Art. 1-11, Lieferungen 1-42, München 2003 (zit.: Bearbeiter, in: Maunz/Dürig, GG)

Maunz, Theodor; Zippelius, Reinhold
- Deutsches Staatsrecht, 29. Auflage, München 1994

Maurer, Hartmut
- Allgemeines Verwaltungsrecht, 13.Auflage, München 2000

Martens, Heiko
- Die reine Lehre als ewiges, unerreichbares Ziel, Der Spiegel 3/1985, S. 33-39

Meessen, Karl M.
- Industriepolitisch wirksamer Wettbewerb im EWG-Fusionskontrollrecht, in: Wild, Gisela u.a. (Hrsg.), Festschrift für Alfred-Karl Gaedertz, München 1992, S. 417-429 (zit.: Meessen in: FS Gaedertz)

Meessen, Konrad
- E.ON und vorerst kein Ende, WuW 2002, S. 927

Meffert, H.; Backhaus, K.; Becker, J. (Hrsg.)
- Unternehmensgröße und Fusionen als Erfolgsfaktoren?, Dokumentation des 39. Münsteraner Führungsgesprächs vom 12./13.Oktober 2000, Wissenschaftliche Gesellschaft für Marketing und Unternehmensführung e.V., 2001

Mestmäcker, Ernst-Joachim
- Konzentration und Wettbewerb, FAZ vom 14.03.1970, S. 15
- Medienkonzentration und Meinungsvielfalt, Baden-Baden 1978
- Auf dem Wege zu einer Ordnungspolitik für Europa, in: Mestmäcker, Hans-Joachim; Möller, Hans; Schwarz, Hans-Peter (Hrsg.), Eine Ordnungspolitik für Europa, Festschrift für Hans von der Groeben, Baden-Baden 1987, S. 9-49 (zit.: Mestmäcker, in: FS von der Groeben)
- Wirtschaftsordnung und Staatsverfassung, in: Monopolkommission, Wettbewerbspolitik im Wandel, Baden-Baden 1995, S. 9-20 (zit.: Mestmäcker, in: Monopolkommission, Wettbewerbspolitik im Wandel)
- Zur Reform der Europäischen Fusionskontrollverordnung, WuW 2004, S. 135

Miert, Karel van
- Megafusionen und die globale Fusionswelle – eine Herausforderung für das Kartellrecht? in: Hansen, Knud (Hrsg.) Megafusionen – eine neue Herausforderung für das Kartellrecht, Bonn 2000, S. 38-53 (zit.: van Miert, in: Megafusionen)

Mische, Harald
- Nicht-wettbewerbliche Faktoren in der europäischen Fusionskontrolle, Baden-Baden 2002

Mönch-Tegeder, Ingo
- Ministererlaubnis – die Kunst des Möglichen, Energiewirtschaftliche Tagesfragen 2002, S. 202

Möschel, Wernhard
- Pressekonzentration und Wettbewerbsgesetz, Tübingen 1978
- Die Sanierungsfusion im Recht der Zusammenschlusskontrolle, in: Lutter, Markus; Stimpel, Walter; Wiedemann, Herbert (Hrsg.), Festschrift für Robert Fischer, Berlin, New York 1979, S. 487-507 (zit.: Möschel, in: FS Fischer)
- Recht der Wettbewerbsbeschränkungen, Köln 1983
- Wettbewerbspolitik aus ordoliberaler Sicht, in: Freiherr von Gamm, Otto Friedrich; Raisch, Peter; Tiedemann, Klaus (Hrsg.), Strafrecht, Unternehmensrecht, Anwaltsrecht, Festschrift für Gerd Pfeiffer, Köln u.a. 1988, S. 707-725 (zit.: Möschel, in: FS Pfeiffer)
- Schutzziele eines Wettbewerbsrechts, in: Löwisch, Manfred (Hrsg.), Beiträge zum Handels- und Wirtschaftsrecht, Festschrift für Fritz Rittner zum 70. Geburtstag München 1991, S. 405-421 (zit.: Möschel, in FS Rittner)
- Die Unabhängigkeit des Bundeskartellamtes, ORDO 48 (1997), S. 241-251
- Die deutsche Fusionskontrolle auf dem Prüfstand des europäischen Rechts: "Überflügelung" oder Harmonisierung?, AG 1998, S. 561-566
- Rechtsgutachten in Sachen Ministererlaubnisverfahren E.ON/Ruhrgas im Auftrag der RWE AG vom 2. April 2002, unveröffentlicht
- Anmerkungen zum ifo-Gutachten in der Sache E.ON/Ruhrgas vom 10. April 2002, unveröffentlicht
- Ein juristisches Desaster droht, Handelsblatt vom 4.09.2002, S. 8
- Neue Rechtsfragen bei der Ministererlaubnis in der Fusionskontrolle, BB 2002, S. 2077-2087
- Stamokap statt Wettbewerbspolitik, FAZ vom 16.4.2003, S. 14
- Die 7. GWB-Novelle ante portas, WuW 2003, S. 571

Müller, Friedemann
- Die Risiken der internationalen Energieversorgung, Deutschen Gesellschaft für Auswärtige Politik, abrufbar unter: http://www.dgap.org/IP/ip0303/mueller.htm#top (20.10.2003)

Müller, Henrik
- „Eon verhält sich höchst zweifelhaft", Manager-Magazin v. 22.8.2002, S. 27

Müller, Uwe
- Clements heikle Mission, Welt vom 10.2.2003, abrufbar unter: http://www.welt.de/data/2003/02/10/40380.html

Müller, Werner
- Megafusionen – eine neue Herausforderung für das Kartellrecht, in: Hansen, Knut (Hrsg.) Megafusionen – eine neue Herausforderung für das Kartellrecht, Bonn 2000, S. 23-37
(zit.: Werner Müller, in: Megafusionen)

Müller, Wolfgang
- Ministerialfreie Räume, JuS 1985, S. 497-508

Müller-Henneberg, Hans; Schwarz, Gustav (Begr.);
Hootz, Christian (Hrsg.)
- Gesetz gegen Wettbewerbsbeschränkungen und Europäisches Kartellrecht – Gemeinschaftskommentar, 5. Auflage, Köln u.a. 2000 (zit.: GK-Bearbeiter)

Münch, Ingo v. (Begr.); Kunig, Philip (Hrsg.)
- Grundgesetz-Kommentar, 5. Auflage, München 2000
(zit.: Bearbeiter, in: v. Münch/Kunig, GG)

Münkler, Herfried; Fischer, Karsten
- Gemeinwohl und Gemeinsinn in der modernen Gesellschaft, Universitas 2002, 57. Jg., S. 888-896

Mussler, Werner
- Die Ministererlaubnis muss weg, FAZ vom 23.05.2002, S. 13
- Kartellbrüder in Polizeiuniform, FAZ vom 9.8.2002, S. 10
- Clements Nebelkerzen, FAZ vom 28.1.2003, S. 11
- Die Betroffenen, FAZ vom 3.2.2003, S. 13
- Ministererlaubnis am Ende, FAZ vom 10.2.2003, S. 9
- Jedem sein Gemeinwohl, FAZ vom 22.4.2003, S. 13

Nagel, Bernhard
- Fusion und Fusionskontrolle, in: Cox, Helmut; Jens, Uwe; Markert, Kurt (Hrsg.), Handbuch des Wettbewerbs: Wettbewerbstheorie, Wettbewerbspolitik, Wettbewerbsrecht, München 1981, S. 331-365
  (zit.: Nagel, in: Handbuch des Wettbewerbs)
- Fusionskontrolle und Schutz von Arbeitsplätzen, Arbeit und Recht 1982, S. 207-215

Neiser, Jens
- Die Praxis der deutschen Fusionskontrolle, Berlin 1981

Nutzinger, Hans G.
- Unternehmen und Gemeinwohl: Vaterlandslose Gesellen oder Beraubung der Anteilseigner? in: Schuppert, Gunnar Folke; Neidhardt, Friedhelm (Hrsg.): Gemeinwohl – Auf der Suche nach Substanz, Berlin 2002, S. 315-326
  (zit.: Nutzinger, in: Gemeinwohl – auf der Suche nach Substanz)

Noll, Bernd
- Wettbewerbs- und ordnungspolitische Probleme der Konzentration, Spardorf 1986

Oehler, Wolfgang
- Zur Problematik der Zusammenschlusskontrolle, ORDO 39 (1989), S. 321-328

Orth, Mark-E.
- Die Vertretung des Bundeswirtschaftministers im Ministererlaubnisverfahren EON/Ruhrgas, WRP 2003, S. 54-58

Ortwein, Edmund
- Das Bundeskartellamt, Baden-Baden 1998

Paulus, Melanie
- Das Prognoseproblem in der Fusionskontrolle: Eine theoretische und empirische Analyse am Beispiel des Falles „Daimler-Benz/MBB", Dortmunder Diskussionsbeiträge zur Wirtschaftspolitik, Dortmund 2001

Paulweber, Michael
- Regulierungszuständigkeiten in der Telekommunikation, Baden-Baden 1999

Pohlmann, Petra
- 7. GWB-Novelle: Eine Chance für die Europäisierung des GWB, WuW 2003, S. 1007

Raisch, Peter
- Verfahrensrechtliche Gestaltung entscheidend, Volkswirt 9/1970, S. 42 f.
- Zur Notwendigkeit einer effektiven Fusionskontrolle aus wettbewerbspolitischer und gesamtwirtschaftlicher Sicht, in: Raisch, Peter; Sölter, Arno; Kartte, Wolfgang: Fusionskontrolle – Für und Wider, Stuttgart u.a. 1970, S. 11-44 (zit.: Raisch, in: Fusionskontrolle)

Randzio-Plath, Christa; Rapkay, Bernhard
- Neue Herausforderungen für die Fusionskontrolle, Wirtschaftsdienst 2003, S. 116-121

Rauschenbach, Gerhard
- Die Hauptprobleme der Kartellnovelle für die Unternehmen und ihre Berater, NJW 1973, S. 1857-1864

Reich, Norbert
- Fusionskontrolle und Fusionserlaubnis, ZRP 1971, S. 234-243

Reiter, Stefan
- Der Unternehmenszusammenschluss Daimler-Benz/MBB im Zuge der strukturellen Veränderung in der Luft- und Raumfahrtindustrie, Düsseldorf 2001

Reuter, Wolfgang
- Heimliche Allianz, Der Spiegel Nr. 31/2003, S. 71

Riedel, Donata
- Clement will Reform für die Presse schnell umsetzen, Handelblatt vom 29.9.2003, abrufbar unter: http://www.3vhb.de/wuw/news/index.html (1.10.2003)

Rittner, Fritz
- Die Rechtssicherheit im Kartellrecht, WuW 1969, S. 65-78
- Konzentrationskontrolle – aber wie?, DB 1970, S. 669-675, 717-722
- Das Ermessen der Kartellbehörde, in: Barthomeyczik, Horst; Biedenkopf, Kurt H.; v. Hahn, Helmut (Hrsg.), Beiträge zum Wirtschaftsrecht, Festschrift für Heinz Kaufmann, Köln 1972, S. 307-325 (zit.: Rittner, in: FS Kaufmann)
- Wettbewerbs- und Kartellrecht, 6. Auflage, Heidelberg 1999

Robert, Rüdiger
- Konzentrationspolitik in der Bundesrepublik – Das Beispiel der Entstehung des Gesetzes gegen Wettbewerbsbeschränkungen, Berlin 1976

Röhling, Eike
- Die Fusionskontrolle nach dem neuen Kartellgesetz, DB 1973, S. 1585-1591

Roth, Steffen J.; Voigtländer, Michael
- Die Ministererlaubnis für den Zusammenschluss von Unternehmen – ein Konflikt mit der Wettbewerbsordnung, ZfW 2002, S. 231-250

Sachs, Michael (Hrsg.)
- Grundgesetz, 3. Auflage, München 2003
 (zit.: Bearbeiter, in: Sachs, GG)

Säcker, Franz Jürgen
- Der Fall „Tagesspiegel/Berliner Zeitung" – A Never Ending Story, BB 2003, S. 2245-2250

Schauerte, Hartmut
- Von der Minister- zur Mauschelerlaubnis?, FAZ vom 6.3.2003, S. 13

Schlecht, Otto
- Die Zielsetzung der Zweiten GWB-Novelle aus der Sicht der Bundesregierung in: Auslegungsfragen zur Zweiten GWB-Novelle, FIW-Schriftenreihe, Köln u.a. 1973, S. 1-8
 (zit.: Schlecht, in: Auslegungsfragen)
- Entscheidungslinien der deutschen Wettbewerbspolitik, ORDO 43 (1992), S. 319-335
- Einzelweisungen ans Kartellamt vermeiden, Handelsblatt vom 23. Juli 1996, S. 4
- Blamage für das Wirtschaftsministerium, FAZ vom 22.August 2002, S. 15

Schmidt, Hans-Dieter
- Die Fusionskontrolle aufgrund des Gesetzes gegen Wettbewerbsbeschränkungen (GWB) und einige Überlegungen zu ihrer Effizienz, in: Barfuß, Karl, Marten u.a., Konzentration in der Wirtschaft und ihre Kontrolle, Bremen 1977, S. 184-196
 (zit.: Hans-Dieter Schmidt, in: Konzentration in der Wirtschaft)

Schmidt, Ingo
- Wettbewerbspolitik und Kartellrecht, 7. Auflage, Stuttgart 2001
- Die europäische Fusionskontrolle – eine Synopsis, in: Oberender, Peter (Hrsg.), Die europäische Fusionskontrolle, Berlin 2000, S. 1-28 (zit.: I. Schmidt, in: Die europäische Fusionskontrolle)

Schmidt, Ingo; Röhrich, Martina
- Zielkonflikte zwischen dem Erhalt kompetitiver Marktstrukturen und der Realisierung von Effizienzsteigerungen durch externes Unternehmenswachstum?, WiSt 1992, S. 179-184

Schmidt, Karsten
- Kartellverfahrensrecht – Kartellverwaltungsrecht – Bürgerliches Recht, Berlin 1977
- Die Sanierungsfusion im Zielkonflikt zwischen Unternehmenserhaltung und Wettbewerbssicherung, AG 1982, S.169-175
- Europäische Fusionskontrolle im System des Rechts gegen Wettbewerbsbeschränkungen, BB 1990, S. 719-725

Scholz, Rupert
- Konzentrationskontrolle und Grundgesetz, Stuttgart 1971

Schrempp, Jürgen E.
- Unternehmen im Spannungsfeld von globalen Märkten und nationaler Politik, in: Hansen, Knud (Hrsg.), Megafusionen – eine neue Herausforderung für das Kartellrecht?, Bonn 2000, S. 54-66 (zit.: Schrempp, in: Megafusionen)

Schuppert, Gunnar Folke
- Gemeinwohl, das, Oder: Über die Schwierigkeiten, dem Gemeinwohlbegriff Konturen zu verleihen, in: Schuppert, Gunnar Folke; Neidhardt, Friedhelm (Hrsg.) Gemeinwohl – Auf der Suche nach Substanz, Berlin 2002, S. 19-64
- Gemeinwohl – ein schwieriger Begriff, Universitas 2002, 57. Jg., S. 910-927

Schwarze, Jürgen (Hrsg.)
- EU-Kommentar, Baden-Baden 2000 (zit.: Bearbeiter, in: Schwarze, EU-Kommentar)

Schwintowski, Hans-Peter
- Die Abwägungsklausel in der Fusionskontrolle, Göttingen 1983

Seele, Rainer
- Mehr Erdgasleitungen nötig, FAZ vom 22.9.2003, S. 34

Seemann, Ingo
- Fusionskontrolle und Partikulärinteressen, abrufbar unter: http://www.ub.uni-konstanz.de/v13/volltexte/1999/299//pdf/299_1.pdf, (20.08.2003)

Simmat, Udo
- Die fusionsrechtliche Ministererlaubnis und die Industriebeteiligungen des Bundes, Stuttgart 1980

Sinn, Hans-Werner
- Fusion E.ON-Ruhrgas, Wissenschaftliches Gutachten im Auftrag der E.ON AG, ifo Institut für Wirtschaftsforschung, unveröffentlicht

Sölter, Arno
- Wider die nationale Fusionskontrolle, in: Raisch, Peter; Sölter, Arno; Kartte, Wolfgang, Fusionskontrolle – Für und Wider, Stuttgart u.a. 1970, S. 45-86 (zit.: Sölter, in: Fusionskontrolle)

Spreng, Nicole
- Gesetz zur Änderung des britischen Wettbewerbsrechts: Enterprise Act 2002, RIW 2003, S. 433-437

Spieler, Ekkehard
- Fusionskontrolle im Medienbereich, Berlin 1988

Staebe, Erik
- Das Verfahrensrecht der Ministererlaubnis (§ 42 GWB) vor der 7. GWB-Novelle, WuW 2003, S. 714-725
- „Unzulässige Verhaltensauflagen" zu fusionskontrollrechtlichen Freigabeentscheidungen, WRP 2004, S. 66-72

Staebe, Erik; Denzel, Ulrich
- Die neue Europäische Fusionskontrollverordnung (VO 139/2004), EWS 2004, S. 194 – 202

Staudenmayer, Dirk
- Das Verhältnis der Art. 85, 86 EWG zur EG-Fusionskontrollverordnung, WuW 1992, S. 475-482

Steffani, Winfried
- Formen, Verfahren und Wirkungen der parlamentarischen Kontrolle, In Schneider, Hans-Peter; Zeh, Wolfgang (Hrsg.), Parlamentsrecht und Parlamentspraxis, Berlin 1989, S. 1325-1367
  (zit.: Steffani, in: Parlamentsrecht und Parlamentspraxis)

Steinbeis, Maximilian
- Analyse: Clements Mauschelerlaubnis, Handelsblatt vom 21.1.2003, S. 9

Stelkens, Paul; Bonk, Heinz Joachim; Sachs, Michael (Hrsg.)
- Verwaltungsverfahrensgesetz, 6. Auflage, München 2001
  (zit.: Bearbeiter, in: Stelkens/Bonk/Sachs, VwVfG)

Steindorff, Ernst
- Zur Novellierung des Kartellrechts, BB 1970, S. 824-830

Steltzner, Holger
- Berliner Medienträume, FAZ vom 29.9.2003, S. 11

Stockenhuber, Peter
- Die europäische Fusionskontrolle: Das materielle Recht, Baden-Baden 1995

Strohm, Andreas
- BASF/Pantochim/Eurodiol: Richtungswechsel in der europäischen Fusionskon-trolle, WuW 2001, S. 1203-1206

Theiselmann, Rüdiger
- Voraussetzungen und Grenzen der Ministererlaubnis nach § 42 GWB, WRP 2003, S. 612-615

Tichy, Gunther
- Fusionen und Wettbewerbspolitik, WiSt 1991, S. 357-360

Tietmeyer, Hans
- Der Einfluss des Staates auf den Wettbewerb aus Sicht des Bundesministeriums für Wirtschaft, in: Röper, Burkhardt (Hrsg.): Der Einfluss des Staates auf den Wettbewerb, Berlin 1986, S. 49-63 (zit.: Tietmeyer, in: Der Einfluss des Staates auf den Wettbewerb)

Veelken, Winfried
- Drittschutz in der Fusionskontrolle, WRP 2003, S. 207-242

Voigt, Stefan; Schmidt, André
- Mehr Rechtssicherheit in der Europäischen Fusionskontrolle, WuW 2003, S. 897-906

Volkers, Kerstin
- Erlaubnis wettbewerbsbeschränkender Unternehmenszusammenschüsse aus nicht-wettbewerblichen Gründen, Frankfurt a.M. 1995

Weitbrecht, Andreas
- Das neue EG-Kartellverfahrensrecht, EuZW 2003, S. 69-73
- Die neue Kartellverfahrensordnung (EG) Nr. 1/2003, Beilgage zu EuZW, Heft 3/2003

Weizsäcker, Christian von
- Deshalb ist die Ministererlaubnis nötig, FAZ vom 03.06.2002, S. 8

Westerhausen, Christian
- Die Relevanz von Effizienzvorteilen in der US-amerikanischen und deutschen Fusionskontrolle, Göttingen 1991

Westermann, Kathrin
- Die Einwirkungen der europäischen auf die deutsche Fusionskontrolle, Baden-Baden 1996

Wetzel, Daniel
- Für Werner Müller ist der Weg zu Ministererlaubnis voller Fallstricke, Welt vom 22.1.2002, abrufbar unter: http://www.welt.de/daten/2002/01/22/0122wi309419.htx (13.6.2003)
- Neue Zweifel an der Fusionserlaubnis für E.ON und Ruhrgas, Die Welt vom 3.9.2002, S. 14
- Chance verspielt, Die Welt vom 3.9.2002, S. 14

Wiedemann, Gerhard (Hrsg.)
- Handbuch des Kartellrechts, München 1999 (zit.: Bearbeiter, in: Wiedemann, Handbuch des Kartellrechts)

Wilkens, Uta
- Der Zusammenschluss E.ON/Ruhrgas und das deutsche Wettbewerbsrecht, Neues Wirtschaftsrecht, abrufbar unter: http://www.nwir.de/archiv/NWIR%202/E.ONUTA.pdf (1.9.2003)

Wolf, Dieter
- Konzentrationstendenzen in der Fusionskontrolle, DSWR 8/1999, S. 210-212

Wolff, Hans J.; Bachof, Otto; Stober, Rolf
- Verwaltungsrecht Bd. 1, 11. Auflage, München 1999

Materialienverzeichnis

Bundeskartellamt, Veröffentlichungen und Tätigkeitsberichte
- Bericht des Bundeskartellamtes über seine Tätigkeit im Jahre 1967 sowie über die Lage und Entwicklung auf seinen Aufgabengebieten und Stellungnahme der Bundesregierung, BT-Drucks. V/2841 (1968)
- Bericht des Bundeskartellamtes über seine Tätigkeit im Jahre 1968 sowie über die Lage und Entwicklung auf seinen Aufgabengebieten und Stellungnahme der Bundesregierung, BT-Drucks. V/4263 (1969)
- Bericht des Bundeskartellamtes über seine Tätigkeit im Jahre 1969 sowie über die Lage und Entwicklung auf seinen Aufgabengebieten und Stellungnahme der Bundesregierung, BT-Drucks. VI/950 (1970)
- Bericht des Bundeskartellamtes über seine Tätigkeit im Jahre 1976 sowie über die Lage und Entwicklung auf seinem Aufgabengebiet, BT-Drucks. 8/704 (1977)
- Bericht des Bundeskartellamtes über seine Tätigkeit im Jahre 1977 sowie über die Lage und Entwicklung auf seinem Aufgabengebiet, BT-Drucksache 8/1925 (1978)
- Bericht des Bundeskartellamts über seine Tätigkeit in den Jahren 1997 und 1998, BT-Drucks. 14/1139 (1999)
- Megafusionen – eine neue Herausforderung für das Kartellrecht?, Dokumentation der internationalen Kartellkonferenz, hrsg. v. Knud Hansen, Berlin 1999
- Bericht des Bundeskartellamtes über seine Tätigkeit in den Jahren 2001/2002 sowie über die Lage und Entwicklung in seinem Aufgabengebiet und Stellungnahme der Bundesregierung, BT-Drucksache 15/1226 (2003)

Bundesministerium für Wirtschaft / Bundesministerium für Wirtschaft und Arbeit
- Erfahrungsbericht über Ministererlaubnis-Verfahren bei Fusionen, WuW 1986, S. 788-793
- Erfahrungsbericht über Ministererlaubnis-Verfahren bei Firmen-Fusionen, WuW 1992, S. 925-932
- Verfügung vom 1. Februar 1974 IB5–810607 („VEBA-Gelsenberg"), WuW/E BWM 147 f.
- Verfügung vom 26. Juni 1975 IB6–221024/16 („VAW-Kaiser"), WuW/E BWM 149-152
- Verfügung vom 17. Oktober 1976 IB6–221024/26 („Babcock/Artos), WuW/E BWM 155-159
- Verfügung vom 1. August 1977 IB6–220840/20 („Thyssen-Hüller"), WuW/E BWM 159-164
- Verfügung vom 5. März 1979 IB6-220840/15 („Veba-BP"), WuW/E BWM 155-163
- Verfügung vom 9. Dezember 1981 IB6–220840/50 ("IBH-Wibau"), WuW/E BWM 177-182
- Verfügung vom 20. Februar 1986 IB6–220840/72 („VEW-Ruhrkohle"), WuW/E BWM 185-207
- Verfügung vom 6. September 1989 IB6–220840/93 („Daimler-MBB"), WuW/E BWM 191-207
- Verfügung vom 24. Januar 1990 IB6–220840/95 („MAN-Sulzer"), WuW/E BWM 207-212
- Verfügung vom 16. Juni 1992 IB6–220840/105 („BayWA AG-WLZ Raiffeisen AG"), WuW/E BWM 213-224
- Verfügung vom 22. Juli 1997 IB6–220840/112 („Kali+Salz/PCS"), WuW/E BWM 225-232

- Verfügung vom 5. Juli 2002 IB1-22 08 40/129 („E.ON/Ruhrgas I")
  = WuW/E DE-V 573 ff., abrufbar unter:
  http://www.bmwi.de/Homepage/download/wirtschaftspolitik/
  EonRuhrgas.pdf (10.11.2002)
- Verfügung vom 18. September 2002 IB1-22 09 40/129
  („E.ON/Ruhrgas II"), WuW/E DE-V 643 ff., abrufbar unter:
  http://www.bmwi.de/Redaktion/Inhalte/Downloads/Homepage_
  2Fdownload_2Fwirtschaftspolitik_2FeonRuhrgasVfg.pdf,property=
  pdf.pdf (10.11.2002)
- Wirtschaftspolitik, abrufbar unter:
  http://www.bmwi.Navigation/Wirtschaft/Wirtschaftspolitik/
  wettbewerbspolitik.htm (23.09.2003)
- Entwurf von Eckwerten einer 7. GWB-Novelle, abrufbar unter:
  http://www.bmwi.de/Redaktionen/Inhalte/Downloads/Homepage_2F
  download_2Fwirtschaftspolitik_2FGWB_Eckpunkte.pdf,property
  =pdf.pdf (5.3.2003); WuW 2003,
  S. 379 ff.
- Entwurf eines Siebten Gesetzes gegen Wettbewerbsbeschränkungen
  (Referentenentwurf) vom 17.12.2003, abrufbar unter:
  http://www.djv.de/downloads/Vorlaeufige_Gesamtfassung. pdf
  (15.2.2003)

Bundesregierung

- Entwurf eines Gesetzes gegen Wettbewerbsbeschränkungen,
  BT-Drucks. I/ 3462 und 2/1158 (1955)
- Entwurf eines Gesetzes zur Änderung des Gesetzes gegen Wettewerbsbeschränkungen, BT-Drucks. III/2293 (1960)
- Bericht der Bundesregierung und Gutachten des wissenschaftlichen Beirates beim Bundesministerium für Wirtschaft über Änderungen des Gesetzes gegen Wettbewerbsbeschränkungen,
  BT-Drucks. IV/617 (1962)

- Stellungnahme zum Bericht über das Ergebnis einer Untersuchung der Konzentration in der Wirtschaft, erstattet vom Bundesamt für gewerbliche Wirtschaft, BT-Drucks. IV/2320 (1964)
- Entwurf der Bundesregierung eines Zweiten Gesetzes zur Änderung des Gesetzes gegen Wettbewerbsbeschränkungen, BT-Drucks. VI/2520 (1971), abgedruckt in: WuW 1971, S. 531-568
- Die Energiepolitik der Bundesregierung, BT-Drucks. 7/1057 (1973)
- Entwurf eines Dritten Gesetzes zu Änderung des Gesetzes gegen Wettbewerbsbeschränkungen, BT-Drucks. 7/2954 (1974)
- Erste Fortschreibung des Energieprogramms der Bundesregierung, BT-Drucks. 7/2713 (1974)
- Zweite Fortschreibung des Energieprogramms der Bundesregierung, BT-Drucks. 8/1357 (1977)
- Dritte Fortschreibung des Energieprogramms der Bundesregierung, BT-Drucks. 9/983 (1981)
- Antwort der Bundesregierung auf die Große Anfrage der Abgeordneten Vennegerts u.a. und der Fraktion DIE GRÜNEN – (BT-Drucks. 11/3398), BT-Drucks. 11/4376 (1988)
- Jahreswirtschaftsbericht der Bundesregierung, BT-Drucks. 13/370 (1995)
- Stellungnahme der Bundesregierung zum Zehnten Hauptgutachten der Monopolkommission 1992/1993, BT-Drucks. 13/1597 (1995)
- Entwurf der Bundesregierung eines Sechsten Gesetzes zur Änderung des Gesetzes gegen Wettbewerbsbeschränkungen, BT-Drucks. 13/9720 (1998)
- Antwort der Bundesregierung auf die kleine Anfrage der Abgeordneten Rainer Brüderle u.a. (Drucksache15/381), BT-Drucks. 15/448 (2002)
- Pressevielfalt erhalten, Strukturwandel bewältigen, abrufbar unter: http://www.bundesregierung.de/servlet/init.cms.layout.LayoutServlet?gobal.navikot (29.09.2003)

Bundestag
- Datenhandbuch zur Geschichte des Deutschen Bundestages 1949-1999, Gesamtaus-gabe in drei Bänden, Band 1, Baden-Baden 1999
- Abgeordnete Dr. Böhm, Dr. Dresbach, Ruf und Genossen, Antrag, BT-Drucks. II/1269 (1955)
- Ausschuss für Wirtschaftspolitik, Schriftlicher Bericht über den Entwurf eines Gesetzes gegen Wettbewerbsbeschränkungen, zu BT-Drucks. II/3644 (1953)
- Fraktion der SPD, Entwurf eines Gesetzes zur Änderung des Gesetzes gegen Wettbewerbsbeschränkungen, BT-Drucks. III/2293 (1960)
- Fraktionen der SPD, FDP, Entwurf eines Zweiten Gesetzes zur Änderung des Gesetzes gegen Wettbewerbsbeschränkungen, BT-Drucks. 7/76 (1973)
- Ausschuss für Wirtschaft, Antrag zu dem von den Fraktionen der SPD, FDP eingebrachten Entwurf eines Zweiten Gesetzes zur Änderung des Gesetzes gegen Wettbewerbsbeschränkungen, BT-Drucks. 7/696 (1973)
- Ausschuss für Wirtschaft, Bericht und Unterrichtung vom 13. Juni 1973, BT-Drucks. 7/765 (1973) = WuW 1973, S. 581-591
- Bericht und Antrag des Ausschusses für Wirtschaft zu dem von der Bundesregierung eingebrachten Entwurf eines Dritten Gesetzes zu Änderung des Gesetzes gegen Wettbewerbsbeschränkungen, BT-Drucks. 7/4768 (1974)
- Schriftliche Fragen mit den in der Woche vom 22. März 1982 eingegangenen Antworten der Bundesregierung, BT-Drucks. 9/1512 (1982)
- Schriftliche Fragen mit den in der Woche vom 8. August 1988 eingegangenen Antworten der Bundesregierung, BT-Drucks. 11/2778 (1988)

- Abgeordnete Vennegerts u.a. und die Fraktion DIE GRÜNEN, Große Anfrage, BT-Drucks. 11/3397 (1988)
- Fraktion der SPD, Entschließungsantrag zu der Großen Anfrage der Abgeordneten Frau Vennegerts und der Fraktion DIE GRÜNEN, BT-Drucks. 11/4639 (1988)
- Entschließungsantrag zu der Großen Anfrage der Abgeordneten Vennegerts u.a. und der Fraktion DIE GRÜNEN, BT-Drucks. 11/4641 (1988)
- Schriftliche Fragen mit den in der Zeit vom 18. bis 28. März 2002 eingegangenen Antworten der Bundesregierung, BT-Drucks. 14/8714 (2002)
- Fraktion der PDS, Entschließungsantrag zu der Beratung der Großen Anfrage der Abgeordneten Kurt-Dieter Grill u.a. und der Fraktion der CDU/CSU (Bundestag-Drucksachen 14/7854 und 14/9171), BT-Drucks. 14/9548 (2002)
- Abgeordneter Rainer Brüderle u.a., Kleine Anfrage, BT-Drucks. 15/381 (2003)
- Abgeordneter Rainer Brüderle u.a., Antrag vom 2.4.2003, BT-Drucks. 15/760 (2003)
- Schriftliche Fragen mit den im Zeitraum vom 25.August bis 5. September 2003 eingegangenen Antworten der Bundesregierung, BT-Drucks. 15/1513 (2003)
- Abgeordneter Günter Nooke (CDU/CSU), Mündliche Anfrage v. 19.9.2003, BT-Drucks. 15/1555 (2003)
- Schriftliche Fragen mit den in der Woche vom 22. September 2003 eingegangenen Antworten der Bundesregierung, BT-Drucks. 15/1612 (2003)
- Fragestunde (2003) Schriftliche Fragen mit den in der Woche vom 3. November 2003 eingegangenen Antworten der Bundesregierung, BT-Drucks. 15/1949
- Plenarprotokoll (stenographische Berichte) 38/222 v. 3.7.1957

- Plenarprotokoll (stenographische Berichte) 11/146 v. 1.6.1989
- Plenarprotokoll (stenographische Berichte) 14/254 v. 27.6.2002

Kommission der Europäischen Gemeinschaften
- Grünbuch, Hin zu einer europäischen Strategie für Energieversorgungssicherheit, EU KOM (2000) 769, abrufbar unter: http://www.europa.eu.int/comm/off/green/index_de.htm

Monopolkommission
- Hauptgutachten I (1973/1975) Mehr Wettbewerb ist möglich, Baden-Baden 1976
- Hauptgutachten II (1976/1977) Fortschreitende Konzentration bei Großunternehmen, Baden-Baden 1978
- Hauptgutachten V (1982/1983) Ökonomische Kriterien der Rechtsanwendung, Baden-Baden 1986
- Hauptgutachten VI (1984/1985) Gesamtwirtschaftliche Chancen und Risiken wachsender Unternehmensgrößen, Baden-Baden 1986
- Hauptgutachten IX (1990/1991) Wettbewerbspolitik oder Industriepolitik, Baden-Baden 1992
- Hauptgutachten XI (1994/1995) Wettbewerbspolitik in Zeiten des Umbruchs, Baden-Baden 1996
- Hauptgutachten XIII (1998/1999) Wettbewerbspolitik in Netzstrukturen, Baden-Baden 2000
- Sondergutachten 2, Wettbewerbliche und strukturelle Aspekte einer Zusammenfassung von Unternehmen im Energiebereich (Veba/Gelsenberg), Baden-Baden 1975
- Sondergutachten 3, Zusammenschlussvorhaben der Kaiser Aluminium & Chemical Corporation, der PREUSSAG AG und der Vereinigte Industrie-Unternehmungen AG, Baden-Baden 1975

- Sondergutachten Bd. 4/6, Sondergutachten 4, Zusammenschluss der Deutsche Babcock AG mit der Artos-Gruppe, Sondergutachten 5, Zur Entwicklung der Fusionskontrolle, und Sondergutachten 6, Zusammenschluss der Thyssen Industrie AG mit der Hüller Hille GmbH, Baden-Baden 1996
- Sondergutachten 8, Zusammenschlussvorhaben der Deutschen BP AG und der VEBA AG, Baden-Baden 1979
- Sondergutachten 12, Zusammenschlussvorhaben der Burda Verwaltungs KG mit der Axel Springer GmbH/ Axel Springer Gesellschaft für Publizistik GmbH & Co., Baden-Baden 1982
- Sondergutachten 16, Zusammenschlussvorhaben der Vereinigten Elektrizitätswerke Westfalen AG mit der Société Nouvelle Sidéchar S.A. (Ruhrkohle AG), Baden-Baden 1986
- Sondergutachten 18, Zusammenschlussvorhaben der DAIMLER-BENZ AG mit der MESSERSCHMIDT-BÖLKOW-BLOHM GmbH, Baden-Baden 1989
- Sondergutachten 19, Zusammenschlussvorhaben der MAN Aktiengesellschaft und der Gebrüder Sulzer Aktiengesellschaft, Baden-Baden 1990
- Sondergutachten 22, Zusammenschlussvorhaben der BayWa Aktiengesellschaft und der WLZ Raiffeisen Aktiengesellschaft, Baden-Baden 1992
- Sondergutachten 25, Zusammenschlussvorhaben der Potash Corporation of Saskat Chewan Inc. und der Kali und Salz Beteiligungs-Aktiengesellschaft, Baden-Baden 1997
- Sondergutachten 34, Zusammenschlussvorhaben der E.ON AG mit der Gelsenberg AG und der E.ON AG mit der Bergemann GmbH, Baden-Baden 2002
- Ergänzendes Sondergutachten 35, Zusammenschlussvorhaben der E.ON AG mit der Gelsenberg AG und der E.ON AG mit der Bergemann GmbH, Baden-Baden 2002

- Sondergutachten 36, Zusammenschlussvorhaben der Georg von Holtzbrinck GmbH & Co. KG mit der Berliner Verlag GmbH & Co. KG, Baden-Baden 2003
- Ergänzendes Sondergutachten 38, Zusammenschlussvorhaben der Georg von Holtzbrinck GmbH & Co. KG mit der Berliner Verlag GmbH & Co. KG, Baden-Baden 2003
- Wettbewerbspolitik im Wandel, Colloquium anlässlich des 20jährigen Bestehens der Monopolkommission am 23. Juni 1994 im Wissenschaftszentrum Bonn, Baden-Baden 1995
- Ministererlaubnisverfahren bei Unternehmenszusammenschlüssen, abrufbar unter: http://www.monopolkommission.de/stellung/mine_t.htm (30.10.03)
- Gemeinwohlgründe in Ministererlaubnisverfahren bei Unternehmenszusammenschlüssen, abrufbar unter: http://www. monopolkommission.de/stellung/mine_g.htm (23.9.03)